Retrouver son équilibre intérieur

AVANT-PROPOS	6
INTRODUCTION	8
DÉCODAGE DE CE QUI M'EST RÉELLEMENT ARRIVÉ	38
MODE D'EMPLOI ÉNERGÉTIQUE DU VÉHICULE TERRESTRE	69
LES CHAKRAS	69
Préambule	*69*
Les couleurs des chakras	74
Chakra de base : Rouge, noir et marron	*75*
Le chakra solaire	*84*
Chakra sacré	*90*
Le petit moi	*95*
Les organes	*106*
Le chakra du cœur	*114*
Les effets du jaune du chakra solaire sur le jaune du 3ème œil et du coronal	*141*
Le chakra coronal	*157*
Mémo scolaire	*167*
Le chakra de la gorge	*169*
Les transferts d'énergie entre les chakras	178
C'EST VOUS LE MAÎTRE DU JEU	**193**
Le Yin et le Yang	*220*
Être un maître est-il synonyme de pouvoir ?	*240*
Les religions	*282*
De la religion aux restrictions de mouvement et de choix	*305*
MADAME LA LUNE	**310**
LES PROTOCOLES	**318**
Protocole pour calmer le chakra solaire par le cœur	319
Le protocole détox	324
Protocole pour ne pas être pollué par l'énergie des autres	329
Faire rayonner son soleil intérieur	*329*
Protocole d'ouverture et de fermeture des chakras	341

Autrice Frédérique A. LONGÈRE

Retrouver son équilibre intérieur

- PROTOCOLE D'ALIGNEMENT DES CORPS ÉNERGÉTIQUES 345
- PROTOCOLE DE MÉDITATION IRRÉLIGIEUX 353
  - *Méditation individuelle* *353*
  - *Méditation de groupe* *355*
  - *Méditation de l'animal totem* *357*
- PROTOCOLE POUR LA MONTÉE DE LA « KUNDALINI » 361

LE OM MANI PADME HUM 368

LE LEMNISCUS INCANDESCENT 373

L'ARBRE DES POSSIBLES D'UNE CONSCIENCE 387

LISTE DES PRESTATIONS 393

MON CURSUS ÉNERGÉTIQUE 396

MON MOI SUBTIL 401

☐
☐
☐

Retrouver son équilibre intérieur

Autrice Frédérique A. LONGÈRE

Retrouver son équilibre intérieur

Autrice Frédérique A. LONGÈRE

Retrouver son équilibre intérieur

Même autrice, et première partie de cet ouvrage ci : **« La face cachée de l'iceberg »**. Mon parcourt de vie jusqu'à comprendre qui nous exploitent dans l'ésotérique, et surtout comment s'en débarrasser.

Livres conseillés et cités dans cet ouvrage :
« Le nouveau dictionnaire des malaises et des maladies », Jacques Martel éditions Quintessence.
« Décodage biologique des maladies », Christian Flèche éditions Le souffle d'or.
« De la Nourriture Prânique à la Plénitude du Vide », Gabriel Lesquoy édition Inspire.

Image de couverture : Mes orgones créations réalisées en résine époxy, magnétisées par mes soins aux énergies des chakras. Disponibles sur ma **boutique Etsy : Jivasat Ananda.**

Livres en auto édition, Je n'ai pas accès aux différents supports des éditeurs nationaux, donc merci de diffuser l'information en partageant sur les réseaux sociaux les liens pour permettre au bouche à oreille de fonctionner. Et de laisser des commentaires sur les supports Facebook, YouTube et autres pour faciliter la diffusion de mes ouvrages.

Je suis également thérapeute et je reçois en consultations en distanciel pour vous aider à retrouver votre autonomie dans votre espace énergétique :

- les hypnoses régressives ésotériques :
  - 1ère sessions,
  - Vérification,
  - Investigation...
- Décodage biologique
- Bilan énergétique en lithothérapie...
- Formation en webinaire :
  - Initiation au magnétisme
  - Lithothérapie

Autrice Frédérique A. LONGÈRE

Avant-propos

Quand j'ai écrit le livre « La face cachée de l'iceberg », j'ai écrit mon histoire telle que je l'ai vécue de mon point de vue de victime. Dans celui-ci je vais décoder tout cela, et vous dire comment j'en suis sortie.

J'avais commencé à parler des techniques énergétiques que je pratique, et pourquoi certaines je ne les pratique plus officiellement. Je m'amuse à dire : « j'ai tellement de cordes à mon arc que c'en est une harpe et que je joue la partition qui correspond aux besoins de la personne qui vient me voir ». Comme le premier livre était déjà bien épais, j'ai pris la décision de faire un livre spécial protocoles.

En effet, une des plus grosses problématiques de notre époque, post new age, c'est que tout se mélange, les croyances religieuses et la spiritualité. Les protocoles de soins énergétiques sont pervertis par tout cela. Mettant les anges à toutes les sauces, même dans des protocoles amérindiens, dont le peuple a été éradiqué par les humains se revendiquant de ces dites religions. Bien que les Navajos aient intégré dans leurs pratiques les protocoles judéo chrétiens, cela ne veut pas dire que ce soit juste. Cela veut juste dire qu'ils ont su s'adapter aux injonctions de leurs envahisseurs pour survivre, cela porte un nom : le syndrome de Stockholm.

Étant une vieille âme et avec une vibration d'indigo, je n'ai jamais accepté les dogmes. Je vais donc vous proposer dans ce livre, un certain nombre de protocoles que vous pourrez utiliser pour vous ou pour les autres, sans risquer de vous faire polluer, en passant des pactes inconscients avec les entités négatives contrôlantes. De vous à vous.

Généralement quand on demande un coup de main dans l'énergétique, on appelle tout un tas de gugus censés nous aider. Ce n'est pas notre faute, on nous gave la tête avec ces protocoles depuis notre enfance. On nous dit aussi que nous sommes incapables d'y arriver par nous-même, que nous aurons toujours besoin d'un sauveur de l'humanité dieu,

Retrouver son équilibre intérieur

prophète, messie, de son fils ou de tout un tas de Devos sacralisés après leur mort terrestre. On vous a lavé le cerveau.

Ces êtres de lumièrde s'opposeraient en notre nom aux méchants anges déchus qui veulent se venger d'avoir été bannis du paradis et à tout un tas d'autres démons. Les listes sont tellement longues qu'on ne peut plus savoir qui est qui. En plus ils portent pour certains différents noms suivant les pays ou même ethnies dans lesquelles est racontée l'histoire. Mais comme nous avons pu le voir dans mon 1er livre il y a tout autre chose derrière cela, et ces belles histoires pour nous endormir, afin de nous garder en esclavagisme physique mais surtout énergétique.

Je vais vous expliquer pourquoi il n'est pas bon de faire des demandes à l'extérieur de soi. Qu'on ait été nettoyé ou pas de nos pactes, il y a des règles toutes simples à respecter si l'on veut rester souverain dans son espace personnel.

Petit rappel à toutes fins utiles, je suis multi dys, dont dysorthographique, et comme je l'ai dit dans mon précédent livre je suis thérapeute de l'être et non professeur de lettres. Bonne lecture ☺
☐

Retrouver son équilibre intérieur
Introduction

Je préviens derechef les ayatollahs du « il faut », que je vais l'utiliser, arrêtez de nous saouler avec ça, c'est un moyen parmi tant d'autres que les entités ont de vous détourner de ce qui est dit ou écrit. Arrêtez d'accorder plus de crédit à la forme qu'au fond. C'est comme le mot « pouvoir », pour moi il veut dire « je peux » et non « prendre le pouvoir sur ». Le « il faut » fait partie de tout un tas d'autres déclinaisons, que je vais également utiliser, mais surtout il serait temps de comprendre que votre mental lui, trouve cette excuse en ce moment pour vous « empêcher de... faire !!! ». Le mental c'est le bibliothécaire pas le décisionnaire, « il serait de bon ton » « cela vous sied-il mieux ? » de commencer d'arrêter de couper les cheveux en quatre pour ne pas sortir de votre zone de confort. Si vous avez l'impression que je me moque un peu, vous avez raison, lol. Le plus intéressant dans tout cela c'est de reconnaître nos peurs et nos limites et de les éradiquer au profit de notre bien-être et de notre liberté d'action.

Moi j'aurais plutôt tendance à dire : « faudrait peut-être arrêter de chipoter et se sortir les doigts du cul et enfin agir ! N'est-il pas ? » Je n'ai jamais eu peur de dire des gros mots quand ceux-ci sont nécessaires à la bonne compréhension des choses. J'aime imager avec des choses du quotidien, plutôt que d'utiliser des phrases où il faut aller chercher le dictionnaire pour en connaître la sémantique. J'appelle un chat un chat, et faire dans le style pompeux ce n'est pas mon truc. Je n'aime pas les gens qui se la pètent parce qu'ils utilisent un dialecte mongol, ou une langue morte depuis 10 000 ans. Et qui si tu ne retiens pas les mots après les avoir entendus 2 fois te considèrent inapte à recevoir leur enseignement.

Du charabia fait uniquement pour les initiés, pour valoriser leur position de moi je m'y connais et pas toi, donc tu me dois dévotion. Moi je pars du principe que comme l'énergétique se démocratise il serait temps de rendre les choses et les enseignements exotériques, afin d'éviter justement le grand n'importnawak qu'il y a en ce moment. Que

Retrouver son équilibre intérieur

les enseignements ésotériques, cachés au plus grand nombre, tombent enfin dans le domaine public, comme pour la musique, c'est 50 ans. Il serait temps d'enfin rendre la connaissance accessible au plus grand nombre, et intelligible. Vulgariser un enseignement pour le rendre compréhensible au plus grand nombre ne veut pas dire pour autant l'altérer.

Les contrôlants nous maintiennent en esclavagisme par l'ignorance, vous verrez plus avant comment ils s'activent à faire baisser le QI des gens. Donc partageons un savoir abordable intellectuellement par le plus grand nombre et qui soit libre et libérant.

Et pour nous libérer de nos croyances limitantes, libérons-nous de nos émotions négatives. Faisons en sorte de vivre cela comme une expérience qui n'a de conséquences que celles que l'on veut bien lui accorder.

*****

Quand on n'est pas bien, il y a une expression qui dit « qu'on est au 36ème dessous » : être perturbé émotionnellement, voire déprimé, dévalorisé. Utilisée au XIXème, l'expression vient du théâtre, qui parlait du troisième dessous, soit le troisième sous-sol, sous la scène, où se réfugiaient les comédiens mis en difficulté par le public. Être au 36ème dessous, c'est être bouleversé par les événements.

Comme je l'ai expliqué dans mon livre précédent, les entités négatives contrôlantes, se servent des émotions négatives pour nous pacter et obtenir l'accord d'entrer dans notre espace énergétique. Donc que pensez-vous qu'il va se passer si vous êtes bouleversé, ou dans une situation critique, et que vous ouvrez de vous-même une porte sur votre espace énergétique. Qui va-t-il y avoir au 36ème sous-sol, des êtres de lumière ?

Si vous vous trouvez dans la souffrance, ou que votre horizon personnel se trouve obscurci par tout un tas de blocages et tracas divers, dans le noir émotionnel, la moindre petite lumièrde vous

Retrouver son équilibre intérieur

paraîtra éclatante. Et vous l'accepterez, vous la goberez toute crue avec la coquille. Alors que si cette fausse lumière ou lumièrde se proposait à vous dans un moment émotionnellement très positif, vous ne la verriez même pas. Ce serait même un point flou ou terne autour de vous, insignifiant.

Il est facile pour les entités négatives contrôlantes de briller dans le noir, alors que quand nous sommes sur une fréquence ou énergie haute, en pleine lumière intérieure, c'est beaucoup plus compliqué pour eux. Je ne dis pas pour autant qu'il faut ne pas ressentir des émotions, mais les accepter et apprendre à les gérer, afin qu'elles ne mènent pas notre vie et nos actions à notre place.

Pour vous imager cela, c'est comme si nous étions faits pour fonctionner sur du 220 volts et les entités du 110 volts. Quand nous approchons trop près du 220 cela les dérange, car leurs implants et eux-mêmes tolèrent très mal ces fréquences plus hautes. Eux c'est au 110 qu'ils sont au top. Donc dès que vous commencez à trop approcher du 220, ils vont commettre ou faire commettre une interférence négative qui va vous déstabiliser et vous faire chuter émotionnellement, vous rapprochant alors de leur fréquence de 110.

Aux États-Unis ils sont encore au 110, les téléphones mettent deux fois plus de temps pour se recharger, la puissance de l'appareil ne va pas être la même, et il va mettre plus de temps pour faire la même chose. Le but étant pour nous humanoïdes terrestres de franchir le cap des 220, et de rester au-dessus pour être le plus plein d'énergies positives et donc plus stable. En nous réalignant régulièrement nous devenons plus stables émotionnellement. Cela ne nous empêche pas pour autant d'être contrariés, mais certaines choses n'ont plus l'importance que nous leurs donnions avant.

On utilise des expressions qui nous disent où on en est, comme : « marcher à côté de ses pompes », « être hors de soi ! » ; ce sont des expressions qui nous disent où se trouvent nos corps énergétiques,

Retrouver son équilibre intérieur

décalés. Marcher à côté de ses pompes veut tout simplement dire que nos corps énergétiques ne sont pas alignés avec notre corps physique. Être hors de soi cela veut dire qu'au moins un de nos corps est carrément hors de contrôle et pas du tout aligné avec le corps physique dense. Et là ça part en cacahouète à coup sûr. Et pour arriver à résoudre tout cela, en invoquant à l'extérieur, on fait appel à ceux qui mettent le souk, où est la logique là-dedans.

Vous croyez sincèrement que les êtres ascensionnés, ou maîtres de sagesse qui ont fait leur taff, qui ont trouvé leur alignement et qui ont fait le nécessaire pour être en pleine puissance énergétique et en pleine conscience, vont venir vous voler de votre propre expérience, qu'ils savent être un cheminement intérieur, en venant faire le boulot à votre place ?

Alors que de par leur propre cheminement, pour accéder à là où ils en sont, ils savent pertinemment que le but et l'objet de la quête est en vous et que s'ils interviennent ils vont vous priver de votre expérience et de votre ascension intérieure personnelle. Il est acquis pour eux que la réponse est en nous, et que de les invoquer et pour eux de venir répondre à cette invocation, nous prive de notre réalisation ou transcendance personnelle.

Ceux qui vont intervenir et répondre à vos invocations sont ceux qui y ont un intérêt personnel. Si vous laissez la porte de votre maison ou appartement ouverte, qui croyez-vous qui va rentrer ? Les gentils ou les méchants ?

Les vrais gentils ne vont même pas refermer la porte car ils connaissent le danger de vous donner la réponse avant que vous n'ayez eu le temps de comprendre et intégrer que ce que vous faites n'est pas juste pour vous. Car ils ont eux-mêmes eu à faire ce travail pour devenir des êtres bienveillants qui respectent leur espace énergétique et celui des autres. Ils vont voir la porte ouverte, mais ne vont pas intervenir, ni dans un sens, ni dans l'autre. Car ils peuvent aussi

Autrice Frédérique A. LONGÈRE

Retrouver son équilibre intérieur

comprendre que vous pouvez avoir besoin de laisser votre porte ouverte, même si ce n'est pas juste et que vous prenez des risques.

Le sage sait que tout est expérience et que rien n'est grave et que de vous donner la réponse avant que vous n'ayez eu conscience qu'il y avait une question à poser, n'est pas fait pour vous aider. Que cela va vous priver d'une expérience de vie qui deviendra ensuite une leçon de vie.

Et en plus vous risquez de ne même pas les écouter, et vous les prendrez pour des empêcheurs de tourner en rond. Cela peut tout à fait être considéré comme de l'ingérence et donc un vol d'expérience. Il fait partie de notre chemin intérieur d'apprendre pour devenir un sage, à ne pas être en ingérence. Ne pas se positionner en donneur de leçon, ni en sauveur, ne pas intervenir même si l'on voit l'erreur commise par l'autre. Le sage va te regarder, va sourire, et va te laisser faire ton erreur, jusqu'à ce que tu comprennes que c'est une erreur.

Pour une empathique c'est juste une torture, longtemps je me suis comportée en sauveuse, en voulant prévenir les gens de leurs comportements erronés, mais je devenais le bouc émissaire de leur chute, pour eux je l'avais programmée car énoncée, eux n'y étaient pour rien et je devenais le bourreau responsable de leur malheur, le triangle infernal. J'ai été également dans la position de victime, pendant longtemps. Maintenant que j'en suis sortie, quel bonheur !

Même si je détecte un comportement autodestructeur chez quelqu'un, tant que cette personne n'a pas trouvé les limites de son système de fonctionnement et qu'elle ne cherche pas à y échapper je n'interviens pas. Et même si j'interviens en tant que thérapeute pendant mes consultations, ce n'est plus en sauveuse ou en faiseuse de miracles, mais en accompagnant. J'accompagne la personne vers elle-même, je l'amène à comprendre qu'elle est la seule à pouvoir évoluer et se libérer de ses croyances terrestres limitantes, afin d'accueillir la pleine conscience de ses choix.

Autrice Frédérique A. LONGÈRE

Retrouver son équilibre intérieur

Ce livre n'est pas fait pour vous convaincre, car vous ne seriez que des cons vaincus ! Il est là pour apporter une autre vision des choses à ceux qui se posent des questions et qui cherchent des réponses intérieures. Si ce livre tombe entre vos mains et que vous n'êtes pas prêt il ne sera qu'une graine qui attendra patiemment de germer. Et moi je pourrai en attendant profiter de la vie, plutôt que de me faire du souci pour tout le monde. Je me suis détruit la santé à essayer de sauver tous les petits chats pouilleux qui passaient sur mon chemin, car j'ai porté leur fardeau comme étant le mien, c'est fini. Par mes livres je mets à votre disposition une partie de ma compréhension et si cela vous parle, à vous de faire la démarche de poursuivre plus avant votre travail personnel. Avec moi ou pas, chacun est libre de choisir son itinéraire.

*****

Il faut bien comprendre que si vous faites appel à des êtres extérieurs pour vous venir en aide, c'est que vous manquez de confiance en vous. Aucun jugement, je suis également passée par là. Et les entités négatives contrôlantes, qui ont élaboré tous ces protocoles pour passer par eux, exploitent nos doutes et notre naïveté. Un sage va avoir de la compassion, mais sera juste et intransigeant, voire énigmatique dans sa réponse, vous obligeant à faire votre propre chemin de réflexion. Une entité négative contrôlante va vous caresser dans le sens du poil et vous plaindre pour vous faire croire qu'il est bon pour vous, mais tout ce qu'il vous accordera comme bienfait sera en son avantage, non au vôtre. Le prix à payer en retour sera de lui appartenir et de la servir. Et pour les thérapeutes qui invoquent, c'est pareil, ça les rassure, mais ce qu'ils ne savent pas c'est qu'ils seraient encore meilleurs tout seuls, car ils auraient 100% de leur énergie pour eux.

Vous avez la toute-puissance de votre réalisation et de votre réussite en vous.

Même moi en tant que thérapeute je ne pourrai rien faire pour vous si vous considérez que c'est moi qui dois faire le travail, à moins que je veuille devenir rentière. Mon but ultime c'est de vous rendre votre pleine autonomie. Je suis médium, mais je ne fais pas de consultation médiumnique telle que les gens peuvent l'entendre, je ne vous dirai jamais ce qui va vous arriver. Car je pars du principe que c'est à vous de le décider. Je mets mes capacités au service de votre santé et de votre bien-être. Je vais vous dire ce qui vous empêche de faire ce que vous voulez, de créer ce que vous désirez, en cherchant avec vous vos fichiers erronés, et en vous aidant à comprendre en quoi cela vous met des bâtons dans les roues. Mais je ne peux en aucun cas vous ôter le bâton, c'est à vous de le faire, car c'est le vôtre. Et si vous n'y arrivez pas on ira voir en quoi cela vous arrange qu'il y ait ce bâton, quelle est la croyance transparente qui vous interdit de l'enlever. Car votre cohérence interne est des fois plus forte que votre volonté d'évoluer. C'est ce qui est arrivé à P. mon second mari, il a un énorme potentiel énergétique mais il ne peut pas l'utiliser, car sa cohérence interne estime que cela le mettrait en danger.

*****

Au départ quand j'ai pris conscience de mes capacités, j'ai cru que mon premier mari était un garde-fou, pour m'empêcher d'aller trop loin. Alors qu'après notre divorce, j'ai été plus loin, et ce sont les entités négatives me contrôlant qui n'avaient pas intérêt à ce que j'aille plus loin, car aller plus loin c'était trouver qui ils sont et comment me défaire d'eux. Ils sont d'une mauvaise foi incommensurable et ils sont prêts à vous mentir comme des arracheurs de dents pour vous garder sous leur emprise, et vont même jusqu'à inventer des flammes jumelles ou âme sœur pour vous maintenir en souffrance dans un couple complètement bancal.

Ce qu'ils espéraient peut-être dans les fichiers erronés dont j'allais hériter de mon père et de ma mère, c'est que ce soit les fichiers de ma mère qui seraient les plus forts. Mon père pendant qu'il était à l'armée, en 1968, il a refusé d'aller taper sur les étudiants, il en avait été un lui aussi, juste avant son service. Il m'a donc transmis en plus des fichiers erronés, celui de ne pas se soumettre à un ordre sans y réfléchir. Ne pas sauter du pont parce que tous les autres sautent, ne pas suivre le groupe pour être acceptée. Qu'une erreur commise n'est jamais justifiable par l'attitude de la masse, que ce soit pour se faire accepter, ou par manque de volonté. Et celui-ci a été ma clé de sortie, réfléchir à

Retrouver son équilibre intérieur

mes actes avant de les commettre, bon pas efficace à 100% mais efficace au final. Les actes commis par mimétisme à la masse ne sont pas la vérité pour autant.

Gandhi disait : « l'erreur ne devient pas vérité parce qu'elle se propage et se multiplie ; la vérité ne devient pas erreur parce que nul ne la voit ».

« C'est une erreur de croire nécessairement faux ce qu'on ne comprend pas ».

Vous êtes en train de lire ce livre car vous voulez comprendre et retrouver votre autonomie de décision et d'action, et cela ne pourra se faire que si vous faites appel à vos propres énergies. Et toute personne retrouvant son autonomie énergétique, son discernement au-delà des croyances limitantes, contribuera en se libérant au bien de tous.

Tous les protocoles d'alignements énergétiques que vous trouverez dans ce livre sont sans invocation. Car si vous ouvrez des portes sur votre espace énergétique, à des êtres dont vous n'avez aucun moyen depuis le plan terrestre de vérifier la véracité de leur identité, vous avez 100% de chance de vous faire interférer. Tous ces protocoles que je vais vous proposer sont là pour vous aider à raviver et valoriser votre propre lumière.

Car une lumière qui vient de l'extérieur projette en son opposé de l'ombre, où ils pourront se cacher de vous, alors qu'une lumière venant de l'intérieur ne projettera aucune ombre. Et si vous êtes plein de vous-m'aime personne ne pourra vous déstabiliser et vous utiliser, en venant combler un manque.

Je vous propose donc ce livre pour pouvoir vous transmettre des protocoles propres. Depuis que j'ai fait connaissance avec le fonctionnement de ces êtres négatifs contrôlants, j'ai revu tous mes protocoles et aussi ma façon de travailler et de vivre, sans aucune culpabilité des erreurs faites avant cette compréhension. Même si je

Retrouver son équilibre intérieur

n'ai pas de prime abord été formée ainsi, je me suis faite happer au passage par une éducation judéo-chrétienne qui nous impose une dévotion au dieu sauveur. Avec le new age, c'est le grand n'importnawak, tout est mis dans le même panier et vous piochez au petit bonheur la chance. Quand j'ai croisé l'hypnose régressive ésotérique j'étais comme tout thérapeute ou presque, de bonne foi, et je pratiquais tel que l'on me l'avait enseigné ou tel que je l'avais lu dans les livres, ou encore reçu intuitivement. Et comme je n'étais moi-même pas exempte de pactes et accords avec ces entités négatives contrôlantes, elles ont infiltré mon système, comme pour tout le monde. Bien que depuis 2007 je privilégiais une connexion de conscience à conscience cela n'a pas empêché les interférences préexistantes d'agir. Ma conscience ayant même fait exprès de se laisser prendre, pour réussir à se libérer, paradoxe qui a fait des nœuds dans mon cerveau quand je l'ai compris.

Dans notre société française nous vivons sous influence judéo-chrétienne, on nous impose une façon de penser, une façon d'agir calibrée sur cette croyance religieuse, en conflit permanent avec les autres croyances, exacerbées par les merdias. Dès la naissance on nous plonge dans le bain de cette culture. On nous impose des rituels et des fêtes devenus hyper commerciaux, à répétition, en nous culpabilisant si on ne les pratique pas ou plus. La plupart des jours fériés sont à connotation religieuse, hormis ceux pour commémorer les guerres et les morts. Fabuleux programme de contrôle.

On nous oblige à des repas de famille gargantuesques, où l'on finit toujours par se prendre la tête, où l'on mange trop, où l'on doit consommer, offrir des cadeaux, comme pour nous obliger à continuer les ex offrandes aux dieux : les orgies modernes.

Ne parlons pas de ces rituels mis au moment des solstices pour nous détourner des anciennes pratiques pré-christianisme, qui honoraient la nature et ses rythmes, voir des dieux encore plus sauvages et brutaux que les actuels. On se plaint en permanence, qu'il fait chaud en été, et

Retrouver son équilibre intérieur

qu'il fait froid en hiver. Nous sommes la seule race à vouloir adapter notre environnement à notre petit confort. L'eau, le soleil et les bactéries sont à l'origine de la vie.

Et si tu oses remettre en question le système capitaliste empreint d'une forte dualité ethnique sur fond de croyances religieuses, tu es limite lapidée verbalement. Ils te servent le chapelet des anciens rituels, que tu manques de respect à la tradition. Je ne vois pas à qui je manque de respect quand je refuse de fêter Noël, et de faire des cadeaux au nom d'un gros bonhomme rouge réapproprié par Coca-cola pour vendre ses sodas en hiver. Certains vont dire que c'est pour déstructurer la société, mais cela est valable uniquement si on ne remplit pas ce vide créé par autre chose. En ce moment ils cherchent à nous désidentifier du genre, à ce qu'on n'ait même plus d'identité sexuée, ça c'est beaucoup plus déstructurant que de refuser de vénérer un gros bonhomme rouge.

En plus vu qu'on rentre en capricorne quelques jours plus tôt, et que les grumeaux remontent dans la pâte à crêpe, et que l'on sature le chakra solaire de mal bouffe, un petit verre de vin par-dessus et voici le cocktail gagnant pour que ça parte systématiquement en cacahuète.

Personnellement je m'en passe très bien. Comme la Saint Valentin, la journée de la femme, la fête des mères et toutes les autres, uniquement faites pour déculpabiliser les goujats et ceux qui attendent qu'on leur dise quoi et quand le faire, c'est d'une hypocrisie sans nom. De plus en plus de gens remettent ces rituels en question. Non pas pour déstructurer la société, mais parce qu'on n'a pas besoin que l'on nous dise quand avoir conscience des autres et de leur offrir le meilleur de nous-même. Ce que l'on nomme l'esprit de Noël, peut se vivre au quotidien sans toute cette orgie de cadeaux et de bouffe. Cela s'appelle la bienveillance.

Remettre en cause des rituels faits pour nous détourner de nos rythmes naturels est bon pour nous. Noël sur le solstice d'hiver, Pâques

Retrouver son équilibre intérieur

au printemps, la fête de la musique sur le solstice d'été ! Vous croyez vraiment que c'est anodin ? Non c'est fait pour que l'on ne soit plus aligné avec ces moments de vibration énergétique importants pour notre alignement personnel. Pendant ce temps-là, ceux qui collaborent avec les interférents font des rituels sacrificiels pour faire baisser les fréquences de la Terre.

*****

Et quand au final les gens essaient de sortir du lot, de tous ces schémas contrôlants modernes, malheureusement ils le font en invoquant tout un tas d'êtres plus ou moins sympathiques, croyant en plus être au summum de leur art, ils vont chercher les anciens rituels d'invocation de ceux qui ont précédé l'ère judéo-chrétienne. Partant du principe que tout le monde il est bon, tout le monde il est gentil parce que quelqu'un l'a dit et que si on fait les choses avec le cœur, on ne risque rien. Se laissant ainsi interférer par toutes les entités contrôlantes environnantes, ou renforçant celles déjà présentes. Qui ont juste changé de costume pour correspondre à vos nouvelles croyances. Et qui continueront à exploiter vos bugs personnels. Le new age a foutu un sacré bordel dans tout cela d'ailleurs et a contribué à détourner les protocoles de base, déjà bien pervertis de base. Je vais faire un chapitre sur la lune plus avant dans le livre, mais comment depuis 3 ou 4 ans elle devient miraculeusement positive, alors qu'à la base elle servait les rituels sacrificiels, fais pour calmer la bête pour pas qu'elle nous mange ? Et maintenant elle serait devenue positive, peut-être par l'opération du saint esprit ? Je rigole.

Les rituels païens étaient aussi des rituels d'invocation, il serait temps d'arrêter les dévotions, les sacrifices et les offrandes extérieure, pour enfin valoriser notre intérieure et développer notre pleine puissance personnelle afin de ne plus avoir besoin de bénéficier de la protection d'êtres malveillants. Avoir une protection en échange d'offrandes dans mon monde à moi ça s'appelle la pègre ou la mafia.

Nous nous trouvons dans un flou artistique monumental où tout et n'importe quoi est pris pour un sauveur. Prenant des fantômes pour

Retrouver son équilibre intérieur

des êtres de lumière bienveillants, pour nos guides ou anges gardiens. Nous détournant de l'information principale, notre lumière intérieure personnelle, notre conscience.

Notre âme ou conscience ou soi supérieur ou quel que soit le nom que vous lui donniez, c'est vous, votre partie énergétique subtile, dans combien de protocoles on vous dit de vous connecter à elle, elle qui est vous et uniquement à vous. Que vous ayez reçu ou appris de vous-même dans les nombreux livres ou méthodes que vous pratiquez intuitivement, qui vous apprend à vous connecter à votre partie subtile et uniquement à elle ? Pour ensuite vous connecter à celle des gens que vous recevez en consultation ?

Recevoir la personne, se connecter à sa vibration d'âme, sans passer bien évidemment par aucun être extérieur, type : guides, ange gardien, saint, apôtre, prophète, dieu, Rinpotché, lama, dieu grec, égyptien ou esprit de la nature, ancêtres... Dans combien de vos protocoles faites-vous un lien direct d'âme à âme ? Sur les presque 150 personnes que j'ai eues en atelier dans un festival d'énergie, je n'ai eu qu'une personne qui a levé la main. J'en ai rarement plus d'un, et bien souvent c'est quelqu'un qui connaît déjà l'hypnose régressive ésotérique. Et que dire des autres thérapeutes, quand je vois à quel point ils sont merveilleux et qu'ils portent en eux une énergie extraordinaire, voir qu'ils se mettent au service de ces êtres contrôlants qui abusent de leur bonté d'âme, pensant bien faire, j'ai tellement de peine. Malgré cela je leur envoie beaucoup d'amour car ils ne savent pas. Il y avait même un jeune homme, c'est son tambour qui l'autorise ou pas à parler aux gens, c'est juste inadmissible, sa propre volonté est complètement écrasée par l'entité qui a investi son tambour.

Personnellement, je le faisais aussi, car je n'étais pas exempte des croyances tellement bien ancrées en tous, que je ne me rendais même pas compte que j'étais malgré mon irréligion depuis l'âge de 13 ans encore complètement sous leur influence. Bien que je valorisais les capacités de chacun, et que je me concentrais sur ce qui à l'intérieur

Retrouver son équilibre intérieur

d'eux leur mettait des bâtons dans les roues, je ne me rendais pas compte qu'une partie de l'information que je recevais était pervertie par les entités, les contrôlants. Et que leur mise en échec était programmée par ces êtres vils.

Avec la découverte de toutes ces informations et le passage au crible de toutes mes pratiques, j'ai fait un tri drastique de mes protocoles thérapeutiques. Chacun le fera à son rythme et à sa convenance. Il m'a fallu plusieurs années pour y arriver. Déjà j'ai supprimé toutes les phrases du quotidien utilisant des mots en relation directe avec les croyances religieuses. « Nom de dieu », « ce n'est pas dieu possible », « dieu m'en est témoin », « vain Dieu » … « promis juré craché si je mens je vais en enfer », qu'on dit bien évidemment quand on ment… je n'utilise plus non plus le mot essence divine pour parler de l'âme, le mot divin étant directement rattaché à dieu. Je préfère utiliser le mot de source. Mais même le mot âme est issu des textes religieux. Après je l'utilise encore car il est passé dans le langage commun et n'est plus relié aux religions.

Il n'a pas été aisé de faire cela, car toutes ces petites phrases font partie du problème, en se référant à ce sauveur extérieur hypothétique toute la journée on renforce notre croyance et les protocoles dont on nous a gavés, on nourrit l'égrégore. Et le monde chamanique qui prend un essor exponentiel ces dernières années n'est pas exempt de tout cela. Quand ils parlent d'esprit, ils parlent d'âme, mais les gens confondent avec fantôme. Car l'esprit est la partie supérieure de tout être vivant. Mais si après la mort de l'être incarné il ne réintègre pas sa pleine mémoire, il ne reste qu'un fantôme habillé par le costume de sa dernière vie. Un résidu énergétique d'un être mort est un fantôme, rien d'autre, et il reste dans la vibration qui était la sienne lors de sa mort, dans ses émotions et dans ses croyances limitantes. L'âme n'est incarnée que dans le vivant. Un fantôme n'est qu'un écho de cette incarnation, qui aurait dû réintégrer sa pleine mémoire et redevenir un avec toutes les autres expériences vécues. En plus un fantôme peut

Retrouver son équilibre intérieur

servir de portail organique ou sas d'entrée dans votre espace énergétique pour les contrôlants.

Quand je fais l'acquisition d'un tambour, je fais une session d'hypnose régressive ésotérique dessus, je libère le fantôme de la bête et je coupe la fréquence d'invocation pour ne garder que celle de connexion à la vibration de la conscience et donc la fréquence de soin énergétique. Quand je tape le tambour je me connecte à la vibration d'âme de la personne qui est en face de moi, je lui offre d'entendre sa vibration personnelle, pour qu'elle l'intègre et qu'elle la reconnaisse au milieu du brouhaha créé par les interférents.

*****

Mais il y a tout un tas d'autres phénomènes énergétiques dont nous n'avons même pas conscience, notre signature ! Nous validons des accords, des contrats, avec une tierce personne. Nous louons, achetons, vendons des objets, lieux, biens et tout est bon pour passer, quand vous avez apposé votre signature, ils considèrent que vous donné votre accord énergétique aussi.

Dans la période où je n'avais pas encore trouvé la porte dérobée par laquelle ils passaient, j'ai fait de nombreuses sessions, qui m'ont permis de voir tous ces points d'accès. Et également pendant les sessions avec mes clients. Et ne parlons pas des actes sexuels, consentis ou non. Vous laissez une personne rentrer dans votre espace énergétique personnel. C'est d'ailleurs la raison pour laquelle je n'ai pas encore franchi le pas de me remettre en couple.

Déjà que nous devons nous demander si la personne est vaccinée ou pas pour échanger nos fluides, mais il faut également calibrer de ne laisser entrer personne pendant l'acte sexuel. Bon ça je le fais déjà lors de soins énergétiques depuis longtemps, de n'autoriser aucune intrusion d'entités pendant le soin. Mais sur une relation sexuelle nous téléchargeons également tout l'historique du chakra sacré de la personne et de ses ancêtres, tous ses ancêtres et toutes les autres

Retrouver son équilibre intérieur

personnes avec qui elle a eu des relations sexuelles avant vous, et toute leur historique également.

Vous téléchargez toutes les lignées et relations de toutes les personnes ayant couché avec votre partenaire avant vous, il y a de quoi complètement surcharger le chakra sacré. Et moi je ne peux pas faire cela alors que j'en ai pleine conscience, j'ai nettoyé ces informations chez moi, et je l'ai refait depuis ma séparation, ce qui m'a le plus dégoûtée c'est d'avoir téléchargé les informations des éventuelles maîtresses, beurk. Surtout qu'au moins une était un pervers narcissique. Maintenant je serais en possibilité de me rouvrir à tout cela mais c'est un paramètre important, car comme vous le verrez plus loin le chakra sacré est important, c'est d'ailleurs pour cela qu'il y a autant d'agressions et qu'elles ne sont pas reconnues et condamnées, car elles sont utiles et utilisées par les contrôlants pour nous altérer énergétiquement, c'est un chakra important dans la concentration du chi du physique humanoïde terrestre au service du moi supérieur.

Le chakra sacré n'est pas que le siège de la sexualité ; il n'est qu'une partie de son fonctionnement, celui-ci devrait être alimenté par le chi inné et le chi acquis pour nourrir la montée de Kundalini et aller alimenter la glande pituitaire. Il est important dans la matière pour le cerveau mammalien pour la reproduction, mais comme la conscience, les chakras ont plusieurs niveaux de lecture.

Vous aurez de quoi satisfaire votre curiosité sur les chakras plus loin dans le livre.

*****

Nous sommes programmés dès la conception pour 95 voire 98%, nous ne pouvons donc agir que sur, au départ, entre 2 à 5%. Ce qui est déjà pas mal, plus nous allons prendre conscience de ces préprogrammations, plus nous allons augmenter ce pourcentage d'action consciente et donc d'évolution. Chaque continent ayant ses propres codes, croyances et rituels, ses propres légendes, nous ne sommes pas tout à fait tous programmés de la même façon. Mais avec

Retrouver son équilibre intérieur

l'avènement de l'ère numérique, ils ont aboli les distances et le temps. De nos jours une information peut faire le tour de la planète avant d'avoir fini de dire ouf et d'être rentrée chez soi. Nous sommes maintenant sous influence de multiples croyances, et comme nous avons vécu ou nous vivons simultanément toutes nos expériences de vie, nous croyons trouver en celle des pays ayant gardé leurs rites ancestraux plus de puissance et de vérité que dans les nôtres. Mais si on y regarde de plus près, les informations se ressemblent toutes et sont polluées à 99%. Suivant les ethnies il y aura d'autres expressions mais le résultat sera le même.

Il devient très difficile de trouver l'information juste dans tout ce fatras. C'est comme retrouver à faire une paire de chaussettes dans le panier à linge, il en manque toujours, comme si la machine les mangeait. Et avec la multiplication des thérapies, des thérapeutes et des salons de bien-être, cela met un éparpillement qui dessert totalement la cause énergétique. Pour avoir fait et organisé des salons depuis 2013, j'ai pu en voir la multiplication et le désastre annoncé. Il y en a tous les week-ends, les gens ne viennent même plus car ils se disent « j'irai au prochain », et on réduit complètement le rayon de déplacement des gens. Si on vient vous servir toujours le même plat tous les jours, même si c'est sur un plateau d'argent vous finirez par vous lasser.

Et comme finalement, nous oublions et nous habituons à tout, au pire comme au meilleur, les gens se lassent aussi des salons bien-être. J'ai décidé d'arrêter car les gens viennent, prennent l'info et voilà, après avec l'hypnose régressive ésotérique je sais qu'il n'y aura que 10% des gens capables d'appréhender le concept, et dans ces 10% seulement 1% passera le pas. Ce n'est pas un jugement, c'est un constat, donc je vais être, écrire, et rayonner l'énergie de ce que je suis, et les gens qui cherchent trouveront.

En écrivant ces livres je vide ma mémoire vive, et j'ai une mémoire d'éléphant, que j'arrive enfin à transférer également dans le cloud de

Retrouver son équilibre intérieur

mon espace énergétique. Ma conscience, comme elle était interférable à merci, ne voulait pas risquer de se faire voler ses infos, elle les a donc toutes inscrites dans le corps physique, toutes ses expériences de vies, c'est comme cela que j'ai pu confronter à mon baromètre interne toutes les informations qui arrivaient à moi : oui, non, je valide, je ne valide pas, juste en comparant ce que j'entendais ou voyais à ce qui était inscrit en moi. Sans même avoir la moindre idée de ce qui se passait réellement. Je l'ai compris en octobre dernier (2023) mais à cause des interférents je me souviens plus facilement des mauvais moments que des bons, car ils ne me laissent pas les oublier, car ils ont construit ma cohérence. Nous créons nos croyances dans des moments compliqués de la vie pour leur donner du sens, et ces croyances créent une cohérence interne qui nous permet parfois d'accepter l'inacceptable.

Mais maintenant que je suis mise à jour et donc en pleine possession de mon espace énergétique, que je vis au jour le jour, dans le « ici et maintenant » je vais beaucoup mieux, beaucoup, beaucoup mieux, je peux être en joie, alignée malgré des moments de vie harassants. Car j'ai mis de la compréhension sur ce qui m'est arrivé et ce qui m'a permis de libérer les croyances limitantes qui m'empêchaient de me réaliser pleinement, j'ai compris pourquoi et surtout j'ai laissé partir les conflits internes qui cristallisaient les réactions émotionnelles. J'ai complètement changé de trame, de ligne temporelle, de croyances (mode d'emploi). J'utilise maintenant les outils que j'ai, non plus pour me réparer mais pour construire. Le corps sait comment cicatriser, il le fait tous les jours, là maintenant c'est juste à plus grande échelle qu'une petite coupure.

J'ai avancé du plus que j'ai pu en fonction des infos mises à ma disposition. Aujourd'hui j'ai, nous avons accès à tellement d'informations, qu'il est parfois difficile déjà de faire un tri exhaustif. La multiplicité des thérapeutes et des thérapies est aussi là pour vous perdre. Nous partons chercher des informations sur un rituel et nous nous retrouvons à commander une paire de bottes.

Retrouver son équilibre intérieur

Et parlons des mini vidéos de moins d'une minute, qui défilent en permanence sur nos téléphones, si on a le malheur d'en regarder une jusqu'au bout, on n'a plus que cela ensuite. Tout est calibré dans l'algorithme en France, pour faire baisser notre QI. Alors que dans certains pays, l'algorithme est calibré pour faire monter le QI, afin qu'à plus ou moins long terme nous ne soyons plus capables de réfléchir et d'être objectif. Et dans certains pays le temps pour regarder ces mini-vidéos est limité automatiquement à 40mn pour les jeunes. Pas chez nous, ils nous saturent ainsi de dopamine, l'hormone de la récompense, que nous avons en temps normal après une action pertinente dans le physique, la satisfaction du travail bien fait, hé bien maintenant vous en êtes saturés en regardant ces petites vidéos.

C'était le même effet avec la confession, ou acte de foi, cela nous amenait une certaine satisfaction personnelle qui nous maintenait en dépendance. L'état et les religions étaient acoquinés pour nous maintenir en léthargie. Léthargie maintenant obtenue avec les algorithmes. Comme j'ai ma dose pas besoin de passer à l'action et d'être satisfait de soi pour l'avoir.

Nous vivons sous dépendances aux actions dirigées par le calendrier. Nous sommes censés vivre dans une société laïque où nous interdisons une représentation ostentatoire des croyances religieuses, interdisant certains vêtements dans les lieux publics laïcs, normal car source de conflit également, mais conflit qu'ils alimentent pour nous braquer les uns contre les autres. Mais en même temps on nous harcèle publicitairement parlant et commercialement parlant dans les agencements des allées centrales des magasins avec : Noël, Pâques, les galettes des rois, la Saint-Valentin etc. Faites ce que je dis mais ne faites pas ce que je fais.

Si on veut être vraiment laïc, on devrait se fiche de ce qui se passe chez l'autre et de sa façon de s'habiller et de décorer sa maison. De savoir si

Retrouver son équilibre intérieur

telle ou telle personne fête ou non des dates religieuses, comme si notre croyance était plus importante que notre identité.

Ma croyance vis-à-vis du tout ne se voit pas dans ma façon de me vêtir mais plutôt dans ma façon d'agir. L'être est plus important que le voir ou le paraître. Dans certaines écoles ils ont imposé des uniformes pour effacer les différences de classes sociales, que les enfants ne soient plus jugés sur les vêtements qu'ils portent. Comme si avoir des vêtements de marque faisait des gens qui les portent quelqu'un de meilleur. L'habit ne fait pas le moine. Ce n'est pas parce que tu portes le costume que tu as les qualités du dit costume. Bien au contraire, cela peut même t'exempter de certaines mises en application. Et souvent des plus basiques et contraignantes : le respect, la tolérance, l'ouverture d'esprit, et la compassion. Cela s'appelle le délit de sale gueule. Et actuellement il y a une revendication d'apparence ethnique, voire de genre, au point d'envisager d'interdire de dire « Bonjour monsieur » ou « Bonjour madame ». Là c'est délibérément fait pour déstructurer la société. Nous désidentifier pour nous annihiler. Le choix d'une miss France sans forme confirme cela, de faire gagner Conchita Wurst aussi. Démis Roussos était en robe, barbu, les cheveux longs, on n'en a pas fait tout un foin. Parce que c'est une nouvelle étape dans le processus de désidentification, ne plus savoir si on est une fille ou un garçon. Mais ce sont surtout les préprogrammes qui sont en cause dans la difficulté de ces personnes à se reconnaître d'un sexe ou d'un autre. Des parents qui veulent à tout prix une fille et qui ont un garçon, celui-ci ne reçoit pas l'approbation dans le ventre de sa mère d'être pleinement masculin. Et vice versa, encore plus flagrant chez les filles qui arrivent après le décès d'un garçon. Dès notre conception nous mettons un doigt dans un engrenage, qui est volontairement biaisé par les contrôlants pour nous maintenir dans un flou artistique, qui va leur permettre de nous mener par le bout du nez.

*****

Revenons aux effets secondaires commerciaux dans la perversion du système. Le but caché de ce rythme de fêtes calendaires est principalement d'accélérer le temps, et de ne pas nous laisser le choix

Retrouver son équilibre intérieur

que de consommer ce qui nous est imposé par ce rythme effréné. Ne plus avoir le temps de réfléchir par nous-mêmes, nous laisser happer par la peur de manquer. Avec le covid qui avec les confinements nous a réduit la période d'achat des cadeaux de Noël, avant covid ils étaient mis en rayon après les vacances de Toussaint, maintenant ils sont là avant Halloween, et avec le pouvoir d'achat qui s'amenuise, et l'obligation sociale du toujours plus on va bientôt avoir les jouets de Noël avant les grandes vacances. Vacances que l'on nous oblige à réserver en janvier de peur de ne plus avoir de place, car il y a obligation de partir en vacances, sinon on n'est pas de bons parents. La récompense pour avoir bien trimé toute l'année. Tout cela pour qu'on n'ait plus vraiment le choix. Et quand on veut se payer un stage ou un soin énergétique ou un séminaire, il faut sacrifier autre chose. Et même des fois remettre en question sa cohérence de croyances limitantes.

Avec les confinements ils ont obligé les parents à avoir les gosses avec eux à la maison, très compliqué au départ, mais il y a eu un effet secondaire indésirable sur lequel ils ont dû légiférer après, c'est qu'un certain nombre de parents, non négligeable, refusaient de remettre les enfants à l'école. Ils ont dû, sous couvert de supposées dérives sectaires religieuses, interdire l'école à la maison, pour soi-disant éviter les endoctrinements. Mais c'est le désendoctrinement de leur propre système éducatif qu'ils craignent le plus. Trop d'enfants allaient échapper au formatage de base pour devenir des bons moldus.

On nous gave dès le primaire avec la fausse histoire à apprendre par cœur, les rois de droit divin. Au collège avec les Dieux grecs, égyptiens, les guerres de religion, les invasions colonialistes, esclavagistes, annihilant les croyances ancestrales des peuples autochtones, au profit de ceux vénérés par les plus riches et les mieux armés. Ils nous lavent le cerveau, dès le plus jeune âge, pour que l'on n'ait plus aucune réflexion personnelle.

On nous oblige à écrire en sens antihoraire alors que notre façon de faire naturelle est en sens horaire. L'antihoraire baisse l'énergie,

Retrouver son équilibre intérieur

l'horaire monte l'énergie. Pour fermer on tourne en sens horaire, pour ouvrir en sens antihoraire, je n'ai jamais réussi à intégrer ça je suis toujours obligée à 55 ans de réfléchir avant d'ouvrir ou de fermer les poulies de ma remorque, je pars toujours dans le mauvais, ou bon finalement sens.

En maternelle la maîtresse de mon fils refusait de lui donner des ciseaux pour gaucher, se plaignant en plus que son travail n'était pas propre, à 5 ans il fallait qu'il en fasse lui la demande, alors que lui n'avait pas du tout conscience qu'il n'était pas dans « la norme », j'ai dit à son institutrice : « donc si on suit votre logique donnez des ciseaux pour gaucher à tous les droitiers et attendez qu'ils vous demandent le bon outil ». Elle n'a jamais voulu en démordre, il a fallu que j'explique à mon fils qu'il devait demander des ciseaux pour gaucher à sa maîtresse, il m'a regardé bizarre, car moi je ne lui avais jamais fait sentir qu'être gaucher était une différence. Deux de mes enfants sur les trois sont gauchers, mon second mari est gaucher. La société crée des gauchers quand il y a besoin de changement et il y a actuellement une explosion des gauchers, comme c'est étonnant, non ! Ils apportent des réponses différentes. Ils dérangent l'ordre établi, c'est pour cela que les gens rigides d'esprit et très peu flexibles ne les aiment pas, mais même un gaucher contrarié restera un gaucher, le chemin dans sa tête est différent quoi qu'il en soit.

*****

Plus tard, en terminale la prof de philo, qui est censée ouvrir l'esprit des enfants et leur faire faire de la méditation, les pousser à réfléchir par eux-mêmes, a fait à toutes les classes le même pitch, la même semaine, « les magnétiseurs sont des bonimenteurs ». Mes deux aînés étant dans le même établissement et en terminale en même temps bien qu'ayant 2 ans d'écart, m'ont remonté l'information, vu qu'ils savent eux que le point de vue de leur prof était faux, en ayant une maman magnétiseuse qui les avait déjà traités à de nombreuses reprises, ils avaient pu constater par eux-mêmes le phénomène. J'ai donc fait un courrier de 5 pages à ce professeur, signé de mon nom, vu que ce n'est pas le même que celui de mes enfants, lui rappelant les termes de son

Retrouver son équilibre intérieur

poste éducatif, d'ouverture d'esprit et non pas de polluer les enfants avec son propre point de vue personnel limité. Je n'ai bien évidemment eu aucun retour.

*****

Et ils continuent à abrutir les masses avec d'autres outils. Plus de la moitié des vidéos que je regarde sont actuellement en langue étrangère, aucun moyen d'y échapper, le contenu est devenu tellement pauvre que c'en est affligeant. Répétitif, on zappe, on n'écoute pas, on ne fait que regarder. Les vidéos de chatons, de soldats qui rentrent au pays, de catastrophes naturelles, de coach, de psy, comme si une vidéo d'une minute allait tout résoudre. Et les recettes de cuisine, plus immondes les unes que les autres. Plus ça dégouline, plus ça pue, plus c'est immonde plus ça plaît. Des tables remplies de nourriture sur laquelle on verse des casseroles entières de fromage caoutchouc fondu. Quand on sait qu'on n'a pas besoin de manger de nourriture physique pour vivre, juste de lumière c'est affligeant.

Cela nous vide de toute substance de réflexion, de choix et d'énergie. Ils nous retirent notre capacité à émettre un avis, un choix ou une action. Nous saturant de dopamine, d'adrénaline et de noradrénaline par l'intermédiaire des médias ou des mini-vidéos. D'informations négatives, plus stressantes les unes que les autres, faisant augmenter le niveau de stress, rendant les gens irritables car en manque de magnésium, qui est là pour réguler l'humeur, et que le stress dégrade. Et de temps en temps une info positive, en fin du carnage, pour nous donner un petit coup de sérotonine, ou d'endorphine pour qu'on n'aille pas se suicider tout de suite, pour qu'on continue d'avoir espoir en un monde meilleur, sous perfusion de mauvaises nouvelles. Ils nous maintiennent en état de léthargie, incapables de prendre aucune décision, nous faisant avoir peur de toutes et de tous, et à la moindre étincelle, poum tout saute. Tout le monde est border line et le moindre événement qui va leur demander de l'adaptabilité ils en sont incapables et pètent un câble.

Retrouver son équilibre intérieur

La majorité de la société actuelle est sous perfusion d'hormones, nous laissant scotchés dans nos canapés. Bon pas tous, heureusement, il y a de plus en plus de gens qui vivent sans ces outils, à la fraîche, en auto suffisance, dans des éco-lieux. Ou retapent des vieilles maisons pour créer des lieux de partage, d'échange. Mais ça aussi ils nous en limitent l'accès, pour soi-disant éviter le squat des gens du voyage, nous n'avons plus le droit de mettre des habitats type tiny house, yourte et caravane ou on veut même chez nous. Ha ! Avoir 3 ou 4 baraques fermées 9 mois sur 12 pour louer, hors de prix, en saison estivale ça tu as le droit, mais mettre un habitat mobile même sur un terrain privé, qui t'appartient ou dont tu as l'accord du propriétaire et qui est habité toute l'année par des sédentaires, tu n'as pas le droit. Ce qui crée une réelle problématique de logement à l'année dans certaines régions très touristiques, l'argent qui passe avant l'humain, la rentabilité plutôt que la solidarité.

*****

Limiter nos libertés sous couvert de la mise en sécurité.
Le deuxième effet « Kiss cool » !!!

Plus vous allez regarder les choses de près, plus ça va être le bordel. Et moins vous allez avoir l'impression d'aller dans le bon sens.

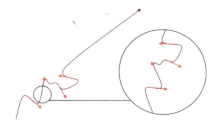

Plus vous allez être bien centré énergétiquement, plus vous allez prendre du recul, plus vous allez voir les choses clairement. Dans le schéma, ci-dessous, le centre c'est l'âme, la grande arche, on communique d'âme à âme. Le cercle le plus grand à plat c'est de

Retrouver son équilibre intérieur

physique à physique, puis le corps émotionnel, le corps mental et l'esprit et au centre au-dessus de tous les autres corps, l'âme.

Même avant d'être nettoyée je regardais d'âme à âme. Et j'ai toujours capté l'essence des gens.

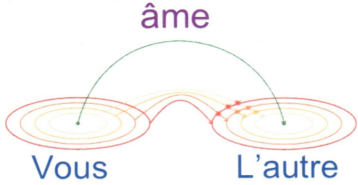

D'où voulez-vous regarder les choses ?

Je regarde la façon d'être et non l'apparence. J'écoute là où ils ne veulent pas aller pour les y accompagner. Car nous ne sommes pas du tout objectifs sur nous-mêmes. Il est plus facile d'accuser l'autre de ses propres manquements. En sortant de mon rôle de victime, cela a complètement déstabilisé P., et comme il n'avait plus de raison d'être dans son mode sauveur, teinté du faire plaisir, il m'a mise dans la case bourreau. Mais c'est son échappatoire pour ne pas remettre en cause son propre mode de fonctionnement, car je ne veux pas non plus endosser ce rôle. Je suis sortie du triangle des Bermudes, heu pardon de Karpman.

*****

Comme je l'ai dit plus avant c'est en 2007 que j'ai appris à regarder les gens d'âme à âme, avec la psychosophie. J'ai dès lors regardé les gens dans leur potentialité d'être au-delà des limites des croyances inscrites au fer rouge sur leur mode d'emploi. C'est cela qui fait que je regarde les gens autrement et que je peux lire dans leur énergie quels sont les fichiers erronés qui les gênent pour se réaliser pleinement et réussir.

Retrouver son équilibre intérieur

Je peux lire la vibration de l'âme et celle des différents corps énergétiques du véhicule humanoïde terrestre. Et voir où se trouvent l'incompatibilité et le manque de communication entre les deux. Je faisais cela donc depuis 2007, jusqu'en 2018 année où l'hypnose régressive ésotérique est venue se faire une place dans mon cabinet. Et avec le décodage biologique j'ai enfin eu le mode d'emploi de ma pratique pré hypnose, et je peux donc maintenant accompagner les gens du subliminal, de leur vibration énergétique la plus subtile, jusqu'à la mise en application dans la matière. En tenant compte des deux paramètres, cela me permet de pouvoir mettre à jour le conflit entre l'être et le faire plus aisément.

J'avais appris également à fermer ma bouche quand je ne suis pas en séance, et que l'on ne me pose aucune question, mais depuis le décodage biologique ça me saute tellement aux yeux qu'il faut que je me recalibre. J'ai une lecture beaucoup plus rapide des conflits que vous avez développés ; je sais que c'est votre problème pas le mien ! Mais c'est une torture de voir la réponse et de ne pas avoir le droit de la donner.

Je comprends bien évidemment que vous ne pouvez pas faire autrement que votre psyché est construite ainsi, et qu'il est difficile pour tout un chacun de remettre en question ses croyances limitantes, car elles nous maintiennent en vie, notre cohérence interne nous a permis d'accepter l'inacceptable.

Les thérapeutes sont normalement des personnes qui ont fait un certain travail sur eux-mêmes, qui ne sont normalement pas psychorigides, mais adaptatifs. Ils ont normalement plus de flexibilité que la moyenne. Je dis bien normalement, nous sommes parvenus à remettre en question notre cohérence interne pour évoluer et nous défaire de nos conflits intérieurs. Et comme tout un chacun nous creusons toujours plus loin, il est donc normal que nous ayons nous aussi des conflits. Un thérapeute qui dit toujours bien aller, ne jamais

Retrouver son équilibre intérieur

avoir de problème, c'est qu'il se leurre complètement, qu'il fait l'autruche, qu'il occulte les problèmes.

On ne peut aider les autres qu'à travers nos propres blessures, les thérapeutes qui n'ont pas conscience d'avoir souffert, ou même qui refusent d'avoir encore des choses à guérir en eux, ne sont pas de vrais thérapeutes.

On ne peut vraiment aider les autres qu'à travers les blessures qu'on a soi-même résolues. Les thérapeutes sont des porteurs de lumière pour les gens. Ils sont là pour accompagner le client vers sa propre lumière, par l'ouverture du cœur qu'il a lui-même atteinte sur son chemin.

En sanskrit « Udaya » : moyen efficace, méthode, qui désigne la capacité de choisir le meilleur moyen de guider les êtres en fonction de leurs besoins et possibilités propres, à un moment donné. Et le cœur, nécessaire à cet état d'être du thérapeute, ne peut s'ouvrir qu'après avoir saigné.

Un thérapeute ne connaît jamais la paix intérieure (enfin si), le travail n'est jamais fini. Pas de retraite possible, car il porte en lui la vertu de la charité. Il est en perpétuelle interrogation sur le sens de l'existence.

Il acquiert avec l'expérience toujours plus de flexibilité, qui lui permet d'évoluer et de lâcher prise sur ses propres croyances limitantes. Souvent pour en mettre d'autres à la place, mais qui seront moins contraignantes. Jusqu'à peut-être un jour arriver à transcender l'âme et la matière. C'est un chemin intérieur vers sa partie énergétique lumineuse, du soi supérieur. La Jiva ou âme incarnée dans la matière en pleine présence.

Penser que la thérapie ou le thérapeute va résoudre votre problématique sans que vous ayez quoi que ce soit à faire est complètement irréaliste. Le thérapeute va utiliser la thérapie la plus pertinente au moment T pour vous permettre de vous rapprocher de votre lumière intérieure, jusqu'à ce que vous ne soyez plus qu'un. Jiva-

Retrouver son équilibre intérieur

Sat Ananda : âme ensemble (dans le corps physique) paix et béatitude.

La technique est un outil pour que le thérapeute exprime ce qu'il a guéri en lui. Le thérapeute met en action pendant son accompagnement, ce qu'il a appris, compris et intégré dans sa propre existence, en en partageant la compréhension avec la personne qui vient le voir.

*****

Nous avons mis en place ces croyances limitantes pour rester en vie. Pour moi l'harmonie s'obtenait par le conflit, on est comme cela dans ma famille, à leurs premiers gros caprices les enfants sont adoubés comme étant bien « un Longère », lorsqu'ils braillent. Une grosse colère et tu fais partie de la famille, tu es validé comme faisant partie du clan, ce qui implique que tu seras protégé par le clan. Si tu remets en question cette croyance tu t'exclus du clan, et qui alors va te protéger contre l'ennemi et la mort, personne, donc ta psyché intègre cette information comme indispensable à ta survie.

Tout se joue dans cette intégration à la meute, au troupeau, nous avons un instinct grégaire de mammifère. Se conformer au groupe on devient comme eux pour qu'ils nous acceptent en leur sein, comme cela il va nous protéger des prédateurs. Si je ne me soumets pas aux codes du groupe, je suis en danger. C'est pour cela qu'on singe les attitudes des adultes environnants, pour ne pas être exclu de la meute. Et ainsi nous cristallisons au fur et à mesure des comportements, de génération en génération, n'écoutant pas notre vibration d'âme. Ces comportements transgénérationnels vont finir par s'incarner dans la matière par des maladies génétiquement transmissibles.

Si on s'aperçoit en cours de route que cela ne nous convient pas et qu'on évolue différemment on devient le mouton noir, le vilain petit canard, celui qui est rejeté. Mais c'est pour devenir un cygne, plus grand, plus majestueux, plus lumineux. Mais pour la famille nous serons toujours le vilain petit canard qui a remis en cause l'ordre

Retrouver son équilibre intérieur

établi. Et comme les entités négatives contrôlantes, nous choisissent la famille parfaitement incompatible, nous sommes tous à notre manière des vilains petits canards, eux aussi ont eu droit au même traitement.

Le thérapeute va évoluer et s'extraire de ses croyances miroirs, de l'instinct de survie, il va quitter la meute, pour construire une autre réalité non basée sur la peur du prédateur, mais sur la foi, la foi que l'on peut être autre chose que des proies à la merci des prédateurs.

« Certains seront des éternels vilains petits canards », « moutons noir », « brebis galeuses », ceux ou celles qui ne se conforment plus jamais aux règles de la meute. On va décider à un moment de s'auto exclure, à « notre insu de notre plein gré » de ces schémas répétitifs, ça arrache, ça remet des fois même notre propre existence en question, la transmutation est des fois pire qu'un tsunami. Pour moi il est évident actuellement, en pleine conscience, que ces schémas répétitifs et destructeurs ne peuvent plus décider à ma place, qu'ils doivent mourir, que cette partie de moi est morte. Ce qui implique que tout mon environnement a changé, que j'ai changé de clientèle et d'amis et de façon de travailler.

J'ai franchi un nouveau plan de compréhension et donc vont venir me voir les personnes qui sont en potentialité de le faire également. Ceux qui ont une flexibilité suffisante pour arriver à transmuter une croyance limitante et la laisser s'étioler et mourir, pour pouvoir évoluer vers une autre expression de soi. Un soi plus conscient et plus autonome vis-à-vis de la masse.

*****

Je sais maintenant que c'est inutile de rentrer en conflit, de rentrer dans des discussions virulentes afin d'imposer son point de vue. Et en plus pour bien couronner le tout, si on ne m'écoutait pas, c'est qu'on me manquait de respect, et je partais deux fois plus vite en cacahouète. Ah le joli cocktail Molotov en puissance, qui explosait des fois sans même que je sache que la mèche s'était allumée. Maintenant je m'en fiche, je sais que chacun a raison de son propre point de vue et que moi aussi d'ailleurs, que ce n'est pas parce que nous ne regardons pas par le même prisme du kaléidoscope que nous n'avançons pas tous dans la même direction.

Le plus important c'est d'avancer, d'agir, de créer autre chose que ce qui ne nous convient pas, plutôt que de tourner en rond en ruminant et en accusant tout le monde de notre propre immobilisme. Chacun est pour autant libre de végéter si cela lui convient. Et quel bonheur de ne plus rentrer dans des joutes verbales litaniques, voire des monologues sans fin pour persuader l'autre du bien fondé de lâcher sa croyance limitante. C'est comme dire à un tabagiste que ce n'est pas bon pour lui de fumer, il le sait déjà, mais pour autant il n'a pas toujours possibilité de lâcher ce fonctionnement. Car dans sa psyché ça à sa raison d'être et c'est cohérent pour lui et ça le protège. Même si ça le tue à petit feu, cela l'empêche de mourir tout de suite, cela lui laisse du temps. Donc fichez lui la paix, laissez-lui le temps de résoudre son conflit qui fait qu'il a besoin de fumer, et s'il n'y arrive pas c'est bien dommage mais c'est à lui de choisir pas à vous. Tout a un sens pour la personne, même si elle n'a aucune idée du sens.

*****

Un thérapeute est quelqu'un qui a compris qu'il vaut mieux lâcher prise sur ses croyances limitantes plutôt que de cristalliser voire mourir pour une cause perdue, qui pouvait avoir eu de la cohérence de notre quête de sens, à un moment donné de notre vie. Vous savez le : « On a toujours fait comme cela, je ne vois pas comment je pourrais faire autrement ! », « Ha mais c'est comme ça qu'on fait et pas autrement ! », « Ha moi je suis comme ça, soit tu me prends comme je suis, soit tu me laisses, mais je ne vais pas changer juste pour tes beaux yeux ! » ; « ce n'est pas à mon âge que je vais changer ». Que des phrases qui ancrent les croyances limitantes.

Vaut mieux entendre : « il n'y a que les cons qui ne changent jamais d'avis ! », beaucoup plus constructif. Généralement celui qui le dit peut rajouter : « Oui bon, c'est bon on n'en parle plus et on passe à autre chose ». À ce moment-là la personne vient de lâcher une croyance

Retrouver son équilibre intérieur

limitante et ça chamboule à l'intérieur, ça met un petit peu en danger. Donc il est bien de la laisser un peu tranquille pour qu'elle puisse mettre une croyance positive à la place. Si on la charrie de trop et qu'on lui répète son ancien comportement en boucle « t'es sûre ! Tu ne vas pas changer d'avis et retourner en arrière ? (sous-entendu revenir sur ton ancienne croyance limitante) », on va l'empêcher d'évoluer, empêcher la mise à jour.

Vaut mieux dans ce cas-là mettre une bonne tape sur l'épaule, et dire : « yes ! Bravo, go » et accompagner la personne avec le plus de positivité possible.

Sans aucune culpabilité sur notre ancien comportement, car nous ne ferions que le cristalliser à nouveau. Cela peut être très bouleversant de prendre conscience d'un comportement limitant, et des dégâts que cela a pu faire dans notre vie, et sur notre santé. Les thérapeutes ont cette capacité de flexibilité et d'accepter leur pleine et entière responsabilité dans leurs anciens comportements, les transcender et aller de l'avant. La déchirure que cela provoque laisse passer l'amour réparateur.

Le but de chacun est de se pardonner à soi-même et de rayonner cette nouvelle énergie pour pouvoir créer une autre réalité, les personnes qui ont fait partie de l'ancienne réalité ne seront pas toujours capables d'intégrer votre nouveau moi et peuvent vous rejeter pensant que vous les avez trahis. Vous avez en faisant votre mise à jour trahi votre ancien moi, celui qui collait à leur propre cohérence, mais ce n'est que leur vision des choses.

Certaines personnes avancent en même temps et continuent à partager votre vie. C'est comme si vous aviez changé d'étage, vous ne voyez plus votre environnement du même point de vue. Vous devez à présent aller à la découverte des personnes habitant déjà cet étage.

Retrouver son équilibre intérieur
Décodage de ce qui m'est réellement arrivé

Qu'est ce qui nous pousse à invoquer un sauveur extérieur plutôt que de croire en nous ? C'est énergétique. La réponse est dans notre réaction émotionnelle vis-à-vis d'une situation arrivée dans notre enfance, La peur, le doute, le stress, les angoisses…. Comment ça marche ?

Nous avons un corps physique type humanoïde terrestre, Homo quelque chose vous pouvez trouver la liste de tous les noms qu'ils lui ont donné, jusqu'à l'homo sapiens. Et les scientifiques n'arrivent pas à trouver comment le singe est devenu homme, ou tout simplement ne veulent pas dire que nous sommes issus d'un OGM de gènes reptiliens. D'après certaines théories que je valide, nous sommes des clones créés pour servir d'esclaves à une race qui est venue s'installer sur Terre. Je sais, cela peut vous paraître complètement halluciné ou déjanté, mais pour ma part quand j'ai eu cette information elle a résonné juste. Aussi absurde que cela puisse paraître, pour moi c'est complètement plausible. Pendant des sessions en hypnose régressive nous sommes tombés sur des fermes d'élevage de clones humains, où ceux-ci étaient en enclos comme des bovins, et certains mis en cocon dans des réserves alimentaires en attendant d'être mangés. Dans une session nous avons eu affaire à des géants à la peau noire, qui ont créé la race noire sur notre planète, une race avec des particularités physiques plus fortes, une meilleure résistance. Ce qui a créé la peur chez les autres clones qui les ont pris pour cibles. Les géants noirs sont repartis laissant leurs créations sur terre, s'en désintéressant et surtout se désintéressant des effets secondaires du conflit interracial créé. Nous avons trouvé cette dualité d'énergie dans un bébé sans plus d'explication, dualité mise en place par le fait que le papa est d'origine noire, et la maman d'une lignée blanche, il y avait conflit entre les deux énergies dans le véhicule de l'enfant. Puis dans une autre session pour son papa, nous avons eu le fin mot de l'histoire : il avait été incarné dans une des créations à l'époque des mutations génétiques faites par

Retrouver son équilibre intérieur

les géants noirs. Ces mutations datent de temps très anciens et viennent encore affecter les comportements des humanoïdes terrestres de nos jours.

Notre véhicule humanoïde terrestre est à la fois porteur de plein de programmes venant de l'évolution mammifère terrestre, et de programmes issus de ces mélanges OGM faits en laboratoire par d'autres races. Véhicule qui a accueilli une conscience, car toute vie est incarnée par une conscience qui fait une expérience. Cette conscience est omnipotente, elle garde toutes les mémoires de ses expériences de vie ici ou ailleurs, et cherche perpétuellement à communiquer, à créer un lien stable et fusionnel avec son expérience humanoïde terrestre.

Partant de ce postulat nous avons trois potentiels d'expression :

1 – notre but primaire : subvenir à la survie de la race, notre comportement grégaire issu de notre cerveau mammalien hérité de nos origines typiquement mammifères terrestres. Notre côté animal qui veut survivre et qui va avoir des comportements dictés par des instincts animaux. Se reproduire et protéger la progéniture, au péril de la vie des adultes, dans ce système l'enfant est la chose la plus importante au monde. Dans certaines ethnies, en cas de famine ou de mauvaises conditions de vie, les anciens, ceux qui ne sont plus en mesure de procréer et de produire, se sacrifient pour qu'il y ait assez pour les jeunes.

2 – notre but impliqué par notre nature de clones esclaves OGM : obtempérer aux ordres reçus de façon un peu zombie qui répond à des schémas préprogrammés par nos créateurs dans le cerveau reptilien. Ces entités négatives contrôlantes savent très bien exploiter nos diverses croyances inconscientes, imprimées dans notre psyché au cours des nombreux siècles d'exploitation esclavagiste. Nous avons été programmés pour être à leur service. Nous avons des mémoires antédiluviennes qui savent d'où nous venons et ce pour quoi nous sommes faits. Dans une session récemment j'ai pu constater que les

Retrouver son équilibre intérieur

mantides, (entités type insectoïdes, ressemblant à s'y méprendre à des mantes religieuses de deux mètres de haut), que j'ai déjà croisées sur des sites d'expérimentation de contrôle mental, ont une facilité à lire nos préprogrammes et à les exploiter. Et j'ai pu également constater que ce sont des menteuses hors pair. Et elles travaillent très souvent en sous-traitance des reptiliens.

Ils ont mis en nous des programmes d'obéissances qui nous limitent dans notre évolution, car nous nous sommes déjà rebellés à de nombreuses reprises, et dès que nous arrivons à une certaine remise en question du système, ces programmes se mettent en action et sur activent le mental de questionnement et aussi nous activent très fortement nos préprogrammes mammaliens de peur, afin que nous hésitions à passer le cran qui nous rendra libres, et qui fera qu'ils n'auront plus aucune influence sur nos décisions et donc sur nos réalisations personnelles.

3 – Nous mettre au service de l'âme ! Notre conscience qui est incarnée dans cette expérience et bien au-dessus de toutes ces considérations terrestres et de contrôle mental, c'est pour cela qu'ils tentent désespérément de nous en éloigner. Elle cherche à faire évoluer la matière, à s'exprimer à travers ce véhicule, son but n'est même pas de nous sortir de ces préprogrammations pour transcender cette expérience. La conscience envoie des informations qui vont nous permettre de créer, de vibrer à une autre fréquence, en fonction du lieu d'incarnation. Sur Terre nos véhicules sont doués d'émotions, et la plus pertinente est celle vers laquelle elle essaie de mener son expérience, c'est l'amour universel. Notre planète est amour, vie et les consciences sont cela également, elles aiment créer, explorer, comprendre comment ça marche. Elles ont en elles des vibrations de compassion, d'amour et de tolérance, qui dépassent complètement l'entendement terrestre. Elles cherchent à les exprimer dans la matière. Lorsque pendant une session elles se mettent à rerayonner de leur essence primaire c'est généralement très apaisant, calme mais d'une puissance extraordinaire, nous sommes alors baignés dans leur vibration et c'est

Retrouver son équilibre intérieur

waouh, il n'y a pas de mot terrestre pour exprimer une telle puissance positive, d'apaisement, de non jugement, à part peut-être un mélange de béatitude et de puissance extraordinaire. Certaines fois, à en pleurer de joie.

Être en pleine conscience de cette triple nature et de notre capacité à devenir des êtres éveillés qui peuvent échapper à leurs deux précédents schémas de fonctionnement non conscientisés peut tout changer. Non pas que ceux-ci soient totalement obsolètes, mais plutôt qu'il nous est possible à un moment donné d'agir en pleine conscience de nos choix, et de notre capacité à nous comporter autrement que ceux qui nous ont précédés. Non pas en allant chercher des rituels encore plus anciens car eux aussi sont pollués, par des peurs encore plus inconscientes.

Procréer ou pas, servir ou pas, transcender la matière jusque dans le concret de notre quotidien d'humanoïde terrestre, non pas dans le but de servir un système hyper capitaliste, mais bien d'être au service de la conscience de vie et de la pleine expression de ses vertus dans la matière. Pas les vertus déformées et transformées pour nous annihiler encore plus, par les principes dogmatiques terrestres, mais bien celles que l'on peut aussi appeler qualités d'âme.

*****

Dernièrement j'ai expérimenté la pleine conscience, c'était quelque chose de très paisible. Quand j'ai intégré intellectuellement ce concept il y a quelques années, du point de vue du petit moi, la question était, mais que vais-je devenir ? Moi ici dans la matière si je laisse la place à l'énergie de ma conscience ! Vais-je disparaître ? Est-ce que je vais être écrasée comme un vieux fichier obsolète ? Vais-je me dissoudre ?

Hé bien pour ce que j'ai pu constater durant ces quelques heures, j'étais pleinement consciente d'être sur un autre niveau d'existence tout en étant pleinement incarnée dans mon véhicule, et cette partie de moi qui avait peur de disparaître existait encore. Elle ne s'exprimait plus mais existait en moi. Je la sentais au niveau de mon chakra solaire,

Retrouver son équilibre intérieur

en joie de voir que nous étions enfin une. Et cette partie de moi qui est généralement plus dans ma tête, était pleinement le pilote du véhicule, elle s'exprimait directement comme lors d'une canalisation. Et je sentais bien que je m'exprimais d'un autre point de vue, cela était très agréable, et tout était limpide et clair. Plus aucune émotion négative, plus de considération bassement terrestres, mais présente à ce que j'étais en train de faire, et à ma double nature conscience incarnée dans un véhicule humanoïde terrestre et plus du tout dans l'obligation d'obtempérer aux injonctions esclavagistes.

J'ai eu depuis lors (24 octobre 2023) conscience que cet état d'être va faire des va-et-vient jusqu'à se stabiliser dans la pleine conscience perpétuelle, je ne sais pas combien de temps cela va prendre mais le processus est là. Nous tendons vers cela depuis des millénaires, et à chaque fois que nous approchons de cette intégration consciente, nos esclavagistes tentent désespérément de nous écraser en sur-exploitants nos préprogrammes de mammifères OGM esclaves.

Il est donc temps dans cette période de transition de booster les autres capacités se trouvant dans les chakras supérieurs, ceux qui peuvent justement se mettre au service de l'énergie de notre lumière intérieure, plutôt que de tourner en boucle dans notre petit moi moldu zombi. Retrouvons enfin ce que nous pourrions appeler notre magie intérieure, notre capacité à créer une réalité complètement libre de tous les schémas stéréotypés de la matière.

J'étais au téléphone avec une de mes télépathes quand un de ces épisodes s'est produit et je me suis entendue lui parler de leur connexion lors des hypnoses, qu'elles se connaissaient déjà, que Nadia avait l'habitude de parler avec cette partie-là de moi. En plus des mots il y avait la vibration et la façon de parler qui était la mienne sans être ma partie physique, mais bien cette partie énergétique que 'on connecte hors du corps lors des hypnoses régressives ésotériques.

Retrouver son équilibre intérieur

Je ne sais pas comment nommer cela autrement que pleine intégration ou fusion. Nous avons quoi qu'il en soit toujours une partie de cette vibration présente à l'intérieur du véhicule sinon nous ne serions pas en vie, mais là c'était une part consciente de moi sur un autre plan.

*****

Nous avons, dans le fonctionnement de notre véhicule, 7 chakras principaux, et une multitude d'autres chakras, mais nous allons déjà nous occuper des 7 plus connus. Car tout le monde en a déjà entendu parler, ou presque. Entendu parler mais très peu en connaissent vraiment le fonctionnement. Il est facile d'aller voir la couleur principale d'un chakra, la glande hormonale qui s'y rapporte, ainsi que les organes que chacun gère. Ce sont les ports USB entre la partie énergétique de notre être et la partie physique. Nous commençons seulement à comprendre, dans nos civilisations dites modernes, que le problème est énergétique voire quantique et non physique. Que la maladie vient d'une incohérence de communication entre l'être de la pleine conscience, et le faire induit par la capacité de notre véhicule à mettre en place les vibrations ou demandes de l'âme, en fonction des préprogrammations erronées héritées génétiquement et environnementales. Les chakras sont le système intermédiaire de traduction entre ces deux vibrations.

Il existe beaucoup d'ouvrages qui vont vous faire la liste des maladies se rapportant au dysfonctionnement d'un chakra, et nous avons aussi des traitements allopathiques qui peuvent soulager les effets secondaires. Si l'on connaissait le vrai chemin du processus de mise en place de la maladie, on ne prendrait des médicaments allopathiques que très rarement. Je ne dis pas qu'ils sont inutiles, cela m'arrive d'en prendre, quand ce que j'ai le nécessite.

Nous vivons dans un système qui agit principalement en : « Bobo là, je ne veux plus avoir bobo là ! ». Pourquoi, comment s'est installée la maladie ? On s'en tape le coquillard, on préfère penser que c'est une fatalité, plutôt qu'une résistance interne aux propositions énergétiques de la conscience.

Retrouver son équilibre intérieur

Quand vous avez mal à la tête, est-ce que vous cherchez pourquoi vous avez mal, avant de prendre un cachet pour le faire taire ?

Vous avez une chance infime que cela soit la bonne réponse. Déjà le paracétamol à haute dose va altérer le fonctionnement du foie, qui est déjà mis en difficulté par l'excès de sucre, vu que comme nous l'avons vu dans mon précédent livre beaucoup de frustrations et certains déséquilibres hormonaux nous poussent à en consommer toujours plus, ce qui sature le foie qui gère le manque. Le manque est un des outils le plus utilisé à l'heure actuelle par nos esclavagistes pour faire dysfonctionner le véhicule et nous rendre encore plus malades.

Si vous avez besoin d'une paire de lunettes, le paracétamol ne résoudra pas le problème, il atténuera la douleur pendant un certain temps mais n'améliorera pas votre vue et donc le mal de tête reviendra et augmentera…

Donc si vous n'allez pas chercher l'origine de votre douleur, vous n'enlevez pas le déclencheur du mal de tête, à plus ou moins long terme il reviendra plus fort. Il serait bien de pousser l'investigation plus loin.

J'ai une amie qui a pris rendez-vous avec le médecin pour son fils qui fait des migraines, réponse la même que pour mon problème digestif, c'est parce qu'il est en surpoids. Il faut le mettre au régime et le vacciner contre l'hépatite ! Hallucinant voire criminel. Mais alors que disent-ils aux gens qui ne sont pas en surpoids ? Ha peut-être que comme pour moi, en plus de mon surpoids, c'était parce que j'avais fumé pendant 24 ans, bien que j'avais arrêté depuis 4 ans. Je ne digérais donc plus les produits laitiers, parce que j'avais fumé, et au passage l'allergologue m'a traitée de folle dans son compte-rendu, car pour lui (un allergologue d'Annecy connu et reconnu) on ne pouvait tout bonnement pas devenir allergique aux produits laitiers à l'âge adulte.

Retrouver son équilibre intérieur

Juste à sentir des produits laitiers, une pizza, un chocolat chaud, ou une crêpe, je perdais la voix instantanément, cela me provoquant aussi des migraines photophobiques de plusieurs heures, et je perdais la capacité de calcul mental, donc troubles neurologiques. Puis au bout de 3 heures je devais aller dormir, sommeil très profond type narcolepsie, pendant 3 à 4 heures. Et si j'en ingère, encore maintenant 10 ans plus tard, je suis prise de diarrhées violentes, pouvant aller jusqu'à la perte de connaissance, à cause des spasmes et des sueurs froides.

Donc « dû au surpoids et au fait que j'ai fumé », morte de rire, à défaut d'être morte d'une diarrhée violente. Alors que maintenant je sais que c'est un dysfonctionnement du foie à cause du manque, et de mon héritage génétique qui fut ensuite aggravé par une intoxication au nickel. Mon foie a un mauvais fonctionnement dû au manque ressenti depuis mon enfance et encore longtemps après dans ma vie d'adulte. Il y a du coup une surproduction de bile qui altère le fonctionnement du duodénum et donc ma digestion. Car la bile est basique et un excès de basique est encore plus dommageable qu'un excès d'acide.

Dû en partie au fait, que j'aurais dû avoir un jumeau, et il ou elle m'a manqué toute ma vie. 50 % des grossesses sont gémellaires à la conception, sans même qu'on le sache. En plus de la génétique familiale, j'ai également hérité du dysfonctionnement de digestion de mon père, qui venait de survivre à une intoxication alimentaire au service militaire. Intoxication à la solanine qui est un glyco-alcaloïde, dû à la dégradation des pommes de terre qui avaient macéré toute une nuit. Cette intoxication crée une augmentation de la sécrétion des liquides et donc de la bile. J'ai donc été conçue avec une production excessive des liquides dans mon corps, qui n'était pas encore totalement guérie chez mon père. La vésicule biliaire déjà bien atteinte par le manque via la bile crée un dysfonctionnement du duodénum, phénomène encore augmenté par l'intoxication au nickel. On est bien loin des causes avancées par cet allergologue.

Retrouver son équilibre intérieur

Et quand j'étais bébé j'ai avalé de l'eau du bain qui contenait du savon. La soude contenue dans le savon est également alcaline, comme la bile, et m'a créé une intoxication, double couche de système basique. J'ai, depuis que j'ai compris cela, éliminé tous les aliments contenant du bicarbonate de soude et ma digestion c'est grandement améliorée. Je ne l'utilise plus non plus dans les produits ménagers, tablettes lave-vaisselle, lessive, savon... il y a des substances qui bien que réputées efficaces sont toxiques pour certaines personnes en fonction de leur état de santé.

Dans bien des cas, les acidités gastriques sont dues à une surproduction d'acide de l'estomac en réponse à une surproduction de bile basique, et pour résoudre le problème on donne aux gens un alcaloïde pour calmer l'acidité, augmentant ainsi le problème de la personne au lieu de le résoudre. L'estomac en réponse produit encore plus d'acidité. Les gens se trouvent alors dans une boucle infernale, et ne résolvent jamais leurs problèmes d'acidité, vu qu'ils agacent le système digestif avec trop de basique. C'est ainsi que l'altération due à l'intoxication au nickel a surchargé tout le système digestif déjà bien précaire.

De plus le système digestif est en relation directe avec l'identité de la personne, et comme j'ai une personnalité et une identité que je n'ai jamais osé exprimer, car hors du commun, mon système digestif a été mis en difficulté de s'affirmer face à la nourriture ingérée. Quand nous mangeons nous devons transformer un aliment qui est étranger à nous en nous. Pour que cet aliment vienne nous apporter les nutriments nécessaires au bon fonctionnement du corps. C'est ainsi que le manque d'affirmation de mon moi a mis mon système digestif en difficulté de transformer ces aliments. Ces aliments sont donc considérés comme des intrus dangereux par mon système digestif et expulsés du corps violemment et rapidement : diarrhée. On est bien loin de la folie et du surpoids et du fait de fumer... et plusieurs autres phénomènes dans ma vie courante, nous verrons cela plus avant.

*****

Retrouver son équilibre intérieur

Revenons au mal de tête, à quoi donc peut-il être dû ?
Plusieurs pistes :

1 - Fièvre ou pas ? Infection virale, bactérienne ou parasitaire ?

2 - Avez-vous besoin de lunettes ou d'en changer, si les yeux sont fatigués, ou trop faibles, vous allez devoir forcer pour lire, ou tout simplement voir. J'ai fait de nombreuses migraines avant de passer aux lunettes progressives, après plus aucun mal de tête. Mais pourquoi ma vue baisse, il y a une raison, laquelle ? Maintenant je le sais mais alors j'étais amoureuse, l'amour rend aveugle ne dit-on pas !!! Je ne voulais pas voir que je n'étais pas avec la bonne personne. La vision de près s'est donc altérée.

3 - Avez-vous eu un traumatisme plus ou moins violent, quel que soit l'endroit du corps de la tête au coccyx. Qui va créer un ralentissement ou un blocage du mouvement MRP (mouvement respiratoire primaire) d'une des vertèbres, et va créer une tension sur la dure mère. Sachant que celle-ci a une attache sur le coccyx, mais aussi sur l'ethmoïde. L'ethmoïde est situé au-dessus du nez, il contient la partie haute des sinus.

Quelle que soit l'ancienneté du trauma, même dans l'enfance. Cela s'aggrave tout doucement avec une souplesse n'allant qu'en diminuant, le réel problème vient de la restriction du mouvement naturel du corps, qui ne peut plus compenser le trauma. Cela tire sur la dure-mère et crée une demande toujours plus grande de compensation, et si cette tension est plus forte au niveau de l'ethmoïde résultat : mal à la tête. Il y a 3 vertèbres intra crâniennes, l'occiput, le sphénoïde et l'ethmoïde. L'occiput et le sphénoïde sont les deux os de l'axe principal de flexion-extension du crâne, le chef d'orchestre du mouvement crânien la symphyse spheno-basilaire, et l'ethmoïde est posé sur le sphénoïde.

En ostéopathie fluidique, on se doit de vérifier la cohérence de mouvement entre la tête et le coccyx, pour voir s'ils sont justement bien synchronisés dans leur mouvement extension flexion. S'il y a

Retrouver son équilibre intérieur

désynchronisation, c'est qu'il y a une vertèbre qui bloque voire même inverse le mouvement. Et alors que l'ethmoïde doit aller vers le haut et suivre le mouvement du coccyx qui va vers le bas, chacun tire de son côté et crée une tension entre les deux, comme si un cours d'eau voulait couler dans les deux sens à l'opposé l'un de l'autre. Mais personne ne s'inquiète de cela, tant qu'une douleur plus intense ne se positionne sur le dos en lui-même, non loin de l'endroit du trauma initial.

Un client est venu il y a quelques semaines chercher un bracelet en cuivre à ma boutique. Je n'en ai pas, j'ai quand même demandé pourquoi, car énergétiquement pour moi la demande n'était pas cohérente, pour savoir s'il n'y avait pas quelque chose de plus adapté : douleur à l'épaule, bruxisme. J'ai remarqué qu'il portait un bracelet de malachite et que celui-ci était fatigué, je l'ai informé qu'il portait déjà un bracelet de cuivre. Formule chimique de la malachite : $Cu_2(OH)_2Co_3$: Carbonate basique de cuivre. J'ai également remarqué que son bracelet était fatigué, bien qu'acheté très récemment, en le rechargeant j'ai eu les oreilles qui ont poppé, signe d'une forte tension crânienne. Après 5mn de conversation, il s'est avéré que le jeune homme a eu plusieurs accidents dont un avec déclenchement d'airbag, donc choc crânien, et sûrement d'autres traumas. Je ne lui ai donc pas vendu de pierre mais je lui ai conseillé de consulter un ostéopathe pratiquant le crânien, car c'était la tension crânienne qui tirait sur le trapèze qui a son insertion sur l'occiput, la clavicule à l'épaule, et finalement en inférieur sur D10, il a également des attaches sur C6-C7 et l'omoplate. Et comme son choc crânien avait mis sous tension la partie haute du corps, cela lui provoquait une douleur et inflammation de l'épaule. Après c'était du côté droit donc en lien avec le père... mais il n'a pas voulu aller sur ce chemin-là, c'est donc bien là que se trouve la solution ! Attraper le morceau en relation avec le père. J'ai dû pour des raisons personnelles, familiales, et économiques fermer les magasins, mais mon évolution dans la compréhension de problèmes de santé ne me permettait plus non plus de vendre un bracelet en cuivre alors que la relation au père était le vrai problème, certes la malachite était déjà beaucoup plus adaptée, car en lien avec le chakra du cœur elle pouvait plus aider ce jeune homme dans sa problématique au père, c'est d'ailleurs pour cela qu'elle était déjà très sollicitée et donc son énergie épuisée en quelques jours.

Il est bon de remonter le fil, jusqu'à trouver où est réellement accroché l'hameçon qui pique.

4 – les maux de tête peuvent également être dus à : une mauvaise circulation sanguine créant une mauvaise oxygénation du cerveau créée par un stress ou un choc, ou un problème physiologique, rétrécissant les foramens, ou une intoxication olfactive. Quelle qu'en soit l'origine, elle va réduire la mobilité et la circulation du sang dans la tête, en résulteront une mauvaise oxygénation et des maux de tête.

C'est grâce à un très fort mal de tête que j'ai détecté et du coup échappé à une intoxication au monoxyde de carbone à 28 ans.

C'est pareil, il peut y avoir de multiples origines à une mauvaise circulation sanguine. Défaut de mobilité des temporaux qui sont directement liés aux iliaques, et donc à la marche.

Inversement mon neveu qui est multiple champion de France de roller de vitesse avait mal aux adducteurs, pendant une compétition. J'étais allée les voir ce week-end là. Je lui ai demandé de se mettre devant moi, je suis partie de son adducteur douloureux, qui le tirait pendant la course, et j'ai remonté la tension, j'ai fini par lui demander s'il avait un appareil dentaire. Je ne l'avais pas vu depuis plusieurs mois. Et là il m'a fait un grand sourire forcé pour me montrer des bagues d'orthodontie. C'était le chemin inverse, son bassin était limité dans son mouvement à cause de sa mâchoire qui était sous contrainte et qui limitait le mouvement des temporaux. Et l'adducteur n'arrivait pas pendant sa mise sous contrainte pendant la course en plus de son travail sportif intense, à également compenser la tension créée par l'appareil dentaire. Ma petite sœur est allée avec lui chez l'ostéo qui a confirmé la chose. Il savait que son crâne était sous tension, la raison en était

Retrouver son équilibre intérieur

évidente, mais ne savait pas que cela pouvait avoir une incidence pendant les efforts intenses de la compétition.

5 - Un mental trop fort : une trop forte réflexion permanente, sans jamais lâcher prise, va créer une pression énergétique au niveau du frontal. Le penseur de Rodin se tient la tête, n'est-il pas ? Une tension musculaire, due au stress, va restreindre, toujours la mobilité des os du crâne, congestionnant les foramens, lieu de passage des veines, artères et nerfs. Altérant alors l'arrivée ou le retour sanguin dans la tête. Limitant l'échange d'oxygène et créant une mini asphyxie, mettant le cerveau en souffrance. Pouvant aller jusqu'à limiter la circulation du liquide céphalorachidien au niveau du quatrième ventricule et pouvant aller jusqu'à créer un état dépressif. Tout cela en créant une tension sur le sphénoïde. Qui se trouve juste sous le 3ème œil. Trop de tension mentale, sphénoïde tendu, frontal restreint en mobilité : douleur, ne dit-on pas se prendre la tête.

6 – en parlant de dépression : le coccyx bloqué, ce qui peut intervenir non seulement après un accident mais aussi un accouchement. S'il est bloqué en position de flexion, c'est-à-dire trop à l'intérieur, il va tirer sur la dure-mère, provoquant une tension au niveau de l'ethmoïde, comme on l'a vu tout à l'heure, et créer un mal de tête. Mais aussi induire un état dépressif, post natal ou post accident. Le baby blues, qu'on attribue au changement hormonal, est majoritairement dû au blocage du coccyx. Et pareil post accident, des maux de tête plus un état dépressif chronique, doivent vous faire immédiatement consulter un ostéopathe. En fait tout accident avec choc physique devrait déboucher sur une ou plusieurs consultations chez l'ostéopathe, pour réduire les blocages ou restrictions de mouvement du MRP, qui finiront par mettre en place une compensation physique qui finira un jour par faire mal. Mais surtout il serait bien aussi de savoir pourquoi nous avons eu un choc à cet endroit précis, là où s'est accroché l'hameçon, car c'est lui qui va nous dire à quel sujet se rapporte notre conflit intérieur.

Retrouver son équilibre intérieur

7 - Le digestif... le large sujet des intolérances alimentaires, que tout le monde pense qu'on exagère quand on dit que tout le monde en a. Mais les migraines peuvent tout simplement être dues à une intolérance au sodium, au sel. Pour moi en l'occurrence, sentir des produits laitiers me provoque des troubles neurologiques, ainsi que des migraines photo phobiques, avec juste l'odeur d'une crêpe. Même pas besoin de la manger, juste de la sentir. Je ne vous dis pas en Bretagne c'est galère. M'enfin bon il n'y a pas que les crêpes, les pizzas, les viennoiseries, tout ce qui déborde de beurre, crème, lait, fromage etc... quand vous, vous passez devant une boulangerie, et que vous sentez les bonnes odeurs, ça vous fait saliver, moi, ça me donne la migraine. Donc quelle que soit l'intolérance, cela peut provoquer des maux de tête, via le nerf vague. En ingestion l'intolérance vous dit que vous manquez d'affirmation de votre personnalité. Et en fonction des aliments concernés cela va vous dire ce face à quoi vous n'arrivez pas à vous affirmer. Le lait : la mère ; le gluten : le père ; tous les aliments ont une énergie propre à l'animal, la plante ou le minéral. Voir « Le dictionnaire des symboles » Jean Chevallier Alain Gheerbrant éditions Robert Laffont/Jupiter ou encore des livres comme : « La symbolique des aliments » de Christiane Beerlandt édition la corne d'abondance.

Fouillons, creusons, cherchons afin de mieux nous comprendre.

8 - Les entités de basses fréquences ou un lieu de basses fréquences : une chute conséquente de fréquence énergétique, peut provoquer des maux de tête, des nausées et une fatigue brutale voire chronique si nous fréquentons ce lieu régulièrement. Si en plus à votre travail, votre bureau est sur une cheminée tellurique négative, ou que votre lit est sur un croisement de réseaux Hartmann-Curry, ou que vous avez encore des entités dans votre espace énergétique, ou qu'après avoir été nettoyées d'autres tentent de vous infiltrer à nouveau. Vous pouvez déclencher des maux de tête.

Souvent les personnes avec qui je parle de tout cela dans ma boutique sont prises de maux de tête, car les entités qui sont dans leur espace

Retrouver son équilibre intérieur

énergétique veulent les voir partir de chez moi et créent une baisse de fréquences énergétiques, cela peut tout à fait créer un stress physique. Leur intérêt aux entités c'est que vous ne connaissiez pas la vérité sur leur existence, ils sont puissants car cachés, si vous intégrez intellectuellement leur présence, que vous acceptez dans vos croyances qu'ils peuvent vous interférer, et que vous acquérez la certitude de pouvoir vous débarrasser d'eux, ils savent pertinemment que leurs jours sont comptés. Donc ils vont tout faire pour vous empêcher de savoir, vous faire partir d'un lieu nettoyé, ou même vous empêcher d'y aller.

*****

Il faut donc connaître l'origine du problème si on ne veut pas aggraver la situation. Car couper le fil qui allume le voyant d'alerte ne résoudra pas le problème qui a fait allumer le voyant. Prendre du paracétamol ou un autre produit qui va éteindre le mal de tête pendant quelques heures ne vous garantira jamais qu'il ne va pas revenir.

Je ne vous dis pas de ne pas en prendre, mais prendre du paracétamol ou autre molécule sans connaître l'origine du mal de tête, s'il persiste, c'est comme enlever les piles du détecteur de fumée parce que la sonnerie induite nous dérange et négliger de regarder d'où vient la fumée. Et quand la molécule ne fait plus suffisamment effet passer aux ibuprofènes, c'est ouvrir la fenêtre pour aérer la pièce. Vous ne faites qu'aggraver le problème, car le corps lui est en souffrance quelque part et tant que l'on n'y va pas, le feu de la douleur augmentera pour que vous finissiez par regarder au bon endroit.

*****

Le corps s'adapte jusqu'à un certain point. Généralement, vous mettez à jour vos ordinateurs quand on vous le demande car vous savez que ça va beaucoup moins bien marcher sans, vos smartphones également. Vous savez également que si vous mettez le mauvais carburant dans votre voiture elle ne marchera pas. Si vous branchez un appareil électrique de 110 volts sur du 220 volts, il grille, et inversement il ne marche pas.

Retrouver son équilibre intérieur

Par contre pour vous, c'est désopilant, vous attendez d'être bien malade, pour finalement ne pas regarder d'où cela vient vraiment. Juste vous demandez que le symptôme d'alerte disparaisse, abracadabra. Mais vous ne cherchez pas le fichier erroné qui est à l'origine du conflit. Alors si c'est une petite altération, il se peut très bien qu'elle ne revienne jamais. C'est un coup de poker à chaque fois.

Si c'est digestif par exemple, le mal de tête vient d'une difficulté de digestion. Une fois l'aliment concerné digéré, douleur finie, jusqu'à la prochaine ingestion. Par contre si vous en mangez tous les jours, vous aurez mal à la tête tous les jours. Mais sur une grosse altération, il se peut très bien qu'il ne disparaisse jamais.

Une de mes clientes en décodage faisait une migraine à chaque fois qu'elle se sentait saturée, submergée par les problèmes de ses proches. Cela l'obligeait à aller s'enfermer dans le noir et à ce moment-là plus personne ne la sollicitait, ils lui fichaient la paix, ils se débrouillaient tout seul. Programme accompli, dès qu'elle estimait avoir assez pris de repos la migraine disparaissait. Ils exploitent sa capacité à résoudre tout, tout le temps. Si elle pose des limites elle n'aura plus besoin des migraines. Si elle accepte de prendre du temps pour elle, elle n'aura plus besoin des migraines.

Ceci est valable pour tout type de thérapie, reconnue ou non reconnue par le système de santé publique. Je l'explique largement dans mon premier livre, j'ai toujours refusé de faire de la bobologie. À chaque fois qu'une technique me cantonnait à en faire j'ai refusé de continuer à la pratiquer. Plus on va travailler à remonter le fil de la problématique et à trouver l'origine de l'altération ou de l'interférence, plus le travail fait va être efficace. La réponse d'autorégénération du corps va être plus ou moins rapide dans un sens ou dans l'autre. Car même si l'on fait un travail holistique, et que l'on trouve l'origine du conflit, qu'on le traite par la technique adaptée, si la personne continue à fonctionner pareil, à plus ou moins long terme, elle remettra en place les mêmes blocages. Ou alors le blocage va migrer vers un système périphérique, car le conflit intérieur existe encore et le cerveau trouvera un autre endroit du corps pour l'exprimer.

Il est également important d'aller regarder dans le subconscient les croyances transparentes qui nous obligent des fois à tomber malade, ou à agir toujours pareil. Si pendant votre enfance vos parents ou grands-parents, prenaient du temps et vous accordaient de l'attention uniquement quand vous étiez malade, vous allez, dès que vous aurez l'impression de manquer d'attention, déclencher une maladie. Qui au départ sera guérissable facilement, mais comme le corps est adaptatif, il va déclencher des maladies toujours plus graves pour obtenir cette attention, en rapport direct avec les fichiers erronés et les conflits intérieurs.

Nous devons donc reconnaître et accepter que nous ne sommes pas parfaits et que nous avons des conflits intérieurs entre l'être et le faire. Et avoir conscience que c'est notre propre attitude émotionnelle par rapport à ce que nous vivons ou avons vécu en réaction à ce que nous sommes ou devrions être qui crée le conflit. En décodage biologique nous pouvons désamorcer un conflit, j'ai fait cela au cabinet pendant des années sans en connaître le réel fonctionnement. Maintenant que j'ai fait la formation, et que j'ai compris le procès, je peux donc être encore plus pertinente sur les conversations avec les gens, pour les confronter à leur conflit intérieur et le désamorcer. Ensuite le cerveau lâche le blocage mis en place et le corps retrouve sa pleine santé à l'endroit concerné.

Nous nous autoguérissons de plein de conflits chaque jour. Quand j'ai fait une séance sur pourquoi je choisissais des hommes gentils, mais ne prenant aucune responsabilité, je suis tombée sur mon agression à 13 ans, j'avais développé une mauvaise interprétation du yang, pour moi il n'était pas protecteur, car assaillie à des fins sexuelles par mon prof de basket, qui était censé me protéger. Et dans l'incapacité de faire appel au yang de mon père qui aurait eu pour me protéger une réaction excessive. Un yang fort est devenu pour moi loin d'être protecteur, mais plutôt source de problèmes supplémentaires. Je me suis donc tournée vers des hommes yin, avec qui je me sentais plus en sécurité. Et je suis devenue forte, croyance limitante pour assumer seule face aux diverses agressions (si vous avez lu mon 1er livre il y en a eu 6, dont 3 à des fins sexuelles), et à l'éducation que j'ai reçue d'être parfaite.

En plus je trouvais l'être humain méchant, suite à un incident de canoé, à 15 ans, dans lequel j'ai failli me noyer. J'étais entraînée vers le fond par le courant et par l'eau qui le remplissait, je n'avais pas de jupe. J'ai dû remonter tant bien que mal prendre ma respiration et replonger à 3 reprises pour arriver à sortir du canoé et ne pas me noyer. Pendant ce temps les autres qui étaient là sur la berge n'ont pas bougé, et ils ont rigolé de ma mésaventure, plutôt que de me venir en aide. J'ai donc également choisi en plus d'être yin des hommes gentils très serviables, non pas pour les dominer, mais pour me protéger. Tout ceci a bien évidemment contribué à renforcer mon yang déjà trop fort.

Mais comme l'une et l'autre des solutions de compensation n'étaient pas justes, aucun de mes couples n'a tenu au long terme. Les fichiers de compensation mis en place n'étaient pas pertinents par rapport à ce qui me correspondait réellement comme binôme. Ce choix leur convenant également, cela exploitait aussi leurs croyances limitantes. Mais de traîner derrière moi quelqu'un qui accroche son petit wagonnet, ne prenant aucune responsabilité et se nourrissant sur mon énergie plutôt que de développer la sienne, n'a fait que me ralentir dans mon évolution énergétique. Ce vampirisme énergétique, et de pouvoir réellement partager mon quotidien avec quelqu'un qui assume sa position d'homme, augmente aussi le manque, et du coup augmente mes problèmes de digestion, tout en créant de la colère qui est une émotion également gérée par le foie. Et ils finissent par m'accuser d'être quelqu'un de trop hors norme, invivable et éternellement insatisfaite. Ma santé se dégradant inlassablement, car je m'efface pour leur laisser leur place alors que la vraie réponse c'est d'être celle que je suis au-delà de leurs propres limites et des miennes. Le but est pour

Retrouver son équilibre intérieur

moi de ne plus me sentir obligée d'être forte, pour stopper la mise en danger, afin de me prouver que je peux y arriver ; de ne plus vouloir atteindre la perfection, car elle n'existe pas, je l'ai compris. Si l'on cherche quelque chose de parfait sur terre, il faudrait aller dans une forêt où l'homme n'a jamais mis les pieds. L'écosystème est parfait, chacun prend la place qui est la sienne, chaque espèce végétal animal minéral existe dans son microcosme et le partage et grandit en fonction de la place qui est la sienne. À contrario les jardins de Versailles sont l'imperfection même, car on a agencé les espèces végétales pour que cela plaise à l'œil humain, et il y a éradications des espèces dites nuisibles par l'homme.

*****

Revenons à mon histoire, mes maris eux sont tombés amoureux de moi car ils sont yin, ils refusent de prendre toute responsabilité ou décision par switch ou autre, alors qu'ils en sont à la base pleinement capables. Mon second mari étant gaucher cela confirme qu'il est normalement yang et non yin. Et donc par décalage ou autre, ils choisissent des conjoints les déchargeant de ce qu'ils considèrent comme un fardeau non gérable et qu'ils n'ont pas envie de prendre. Un switch énergétique d'un événement que nous avons vécu dans notre enfance et qui nous a traumatisés et nous avons trouvé que cette solution d'énergie inversée était nécessaire pour que l'on puisse trouver une place dans le troupeau et être en sécurité. Paradoxal, vu que maintenant c'est ce qui me rend malade et ce qui m'a valu nombre de déboires dans ma vie. Leur manque de flexibilité, contrairement à moi, a créé un décalage et a mis fin à ces deux couples. Car leur incapacité à remettre en cause leur polarité, m'empêchait de moi-même revenir en yin, et augmentait mon conflit intérieur, plus j'essayais de le faire pour ne pas me réaligner. Ils étaient les maris parfaitement imparfaits pour comprendre mon propre décalage. Les deux couples se sont terminés sur la même question : « Mais quand est-ce que tu vas prendre tes responsabilités ? ».

Personnellement je suis arrivée à un point où je ne peux plus rester dans ce yang trop fort développé pour faire plaisir à mon père qui

Retrouver son équilibre intérieur

aurait voulu un garçon et qui n'a eu que des filles (demande tout à fait inconsciente de sa part). Ce côté garçon manqué me forçant à prendre toutes les responsabilités, même s'ils ont été adorables et très serviables avec moi et qu'ils ne m'agressaient pas physiquement, qu'ils me comblaient sur de nombreux points, ils m'empêchaient de redevenir une femme yin, et accessoirement de me protéger du monde extérieur. Afin que je puisse laisser libre cours à ma créativité, à mon intuition et à ma pleine réalisation.

En ne me laissant pas l'opportunité de me retrouver dans mon féminin qui a besoin d'un yang protecteur et qui partage les responsabilités, ma vraie personnalité, douce, aimante, prévenante n'a jamais vraiment pu se réaliser et exister, et ma réelle identité étant totalement écrasée par mon yang, ma digestion se dégradait de plus en plus. À ma troisième grossesse je me suis fait une entorse de l'appendice siphoïde au bout du sternum, un enfant de plus à prendre les responsabilités avec un mari qui fuyait toute prise de décision. Le chakra solaire a lâché physiquement de la charge supplémentaire. Je voulais cette enfant, je l'ai désirée tout autant que les 2 autres, ils ont tous les 3 été voulus, mais énergétiquement cela me maintenait dans une situation, voire aggravait une situation qui était déjà très tendue avec mon mari. C'est d'ailleurs un mois après sa naissance que j'ai acté que je ne me laisserais plus toucher par lui, et ma fille a cristallisé cela en faisant un eczéma XXL dès ses trois mois.

J'ai transmis à ma fille, à mes trois enfants d'ailleurs, le « sois fort » et assume et le « sois parfait », non pas que je le voulais mais cela était tellement fort dans ma vie, que je pensais que c'est ce qui les sauverait de ce monde absurde.

J'ai finalement compris que mon yang devait être fort mais pour moi et venir en protection de mon yin, pour qu'il puisse se déployer et s'exprimer sereinement. Finalement cette protection yang je devais me l'accorder à moi et non prendre les responsabilités des autres à ma charge, ce qui avait pour effet secondaire d'étouffer mon yin.

Autrice Frédérique A. LONGÈRE

Retrouver son équilibre intérieur
*****

Et dans mon second mariage, j'ai fait un très gros lumbago dès son emménagement avec moi, puis de nombreux autres, jusqu'à être en lumbago permanent suite à mon intoxication au nickel dans l'utérus, et mes problèmes digestifs n'ont fait qu'augmenter tout au long de notre mariage. Jusqu'à commencer à développer une fibromyalgie dans les derniers temps (tout cela sur 10 ans). Ce qui m'a mise en crise de colère tous les 15 jours les derniers mois par manque de solution et ça m'a poussée à me révolter. Je ne comprenais pas ce qui me faisait décliner physiquement de la sorte et pourquoi alors que je mettais toute ma volonté et mon énergie dans mon travail, notre chiffre d'affaires chutait inexorablement. Crises de colère qui ont provoqué son départ. Je ne comprenais pas pourquoi bien que je travaillais comme une dingue et que j'y mettais toute mon énergie jusqu'à l'épuisement tout se dégradait.

J'ai eu d'autres voyants qui se sont allumés, comme mon genou droit, qui me fait mal quand je me tais alors qu'on cherche à me faire plier alors que ce n'est pas moi qui suis en cause. Ou je fais une crise intestinale si je m'efface face à l'autre ou si je prends trop sur moi. Et les derniers temps j'en refaisais de plus en plus. Tous ces symptômes me signalaient que je me rabaissais trop face à l'autre, pour lui laisser une place à laquelle il avait déjà renoncé et voire même jamais envisagé de prendre. En fait, cela faisait plusieurs mois qu'il ne croyait plus en ce que nous faisions ensemble, qu'il avait définitivement renoncé à réussir dans notre entreprise, qu'il estimait que les techniques énergétiques que nous pratiquions étaient inefficaces. Et c'est justifié en cela sur mon état de santé qui se dégradait. Alors que mon état de santé se dégradait parce que plus il reculait plus je m'effaçais pour lui donner sa place qu'il n'a jamais prise au final. Et c'est cela qui me rendait malade et qui mangeait toute mon énergie. Cercle vicieux où nous avons tous les deux perdu pied.

Et à chaque fois que je trouvais une solution pour nous en sortir, il la sabotait inconsciemment, jusqu'à mettre avec lui au magasin une

Retrouver son équilibre intérieur

pervers narcissique, contre mon avis, sinon ce n'est pas marrant. Et c'était à moi (alors que je ne le savais pas), de compenser la perte d'énergie de cette intruse, dans notre société et dans notre vie privée.

Quand j'ai compris tout cela, je lui ai pardonné bien avant d'en avoir l'explication énergétique que je vous donne ici, car je l'aimais et j'acceptais ma part de responsabilité, mais comme lui n'a jamais intégré sa propre responsabilité dans cet effondrement, j'ai dû quitter la société et tout perdre pour me retrouver, je ne pouvais pas réparer ce qu'il avait décidé de détruire parce qu'il n'y croyait plus. Et comme c'était le président et légalement parlant il avait la main sur la société j'ai préféré laisser partir que de me battre encore. Cela aurait encore nourrit le « sois forte » qui n'est plus d'actualité. J'ai quand même assumé beaucoup de choses qui ne m'incombaient pas.

Et finalement je me suis fait trois hernies discales sur L2-L3, L3-L4 et L4-L5, et un effondrement du disque entre L5-S1, quand j'ai encore fait le travail seule et encore écrasé le cabinet de soins énergétiques en faveur du matériel du magasin de minéraux. Je niais encore une fois ma vraie nature de thérapeute, pour prendre une place qui n'était plus la mienne.

L2-L3 : centre de gravité du corps, équilibre entre le haut et le bas. On perd son axe.

L3 : obligé de se soumettre de se dévaloriser.

L4 : dévalorisation au niveau du travail

« Je ne suis pas dans la norme, je suis le mouton noir, je ne suis pas comme les autres, je ne veux pas de la place que l'on me donne. » (Il m'a quitté en me disant qu'il ne croyait plus en moi, en ce que nous faisions comme travail ensemble, en me laissant assumer toutes les responsabilités pour les deux).

L5 : Coup bas, trahison, être sapé à la base.

Retrouver son équilibre intérieur

Avec sciatique droite : « on m'oblige à faire quelque chose que je n'ai pas envie de faire. »

Je me suis occupée de tout débarrasser et rendre tous les locaux aux différents propriétaires, j'ai fait face à de très grosses difficultés financières encore une fois, pour arriver à me sortir de tout cela. Cela m'a pris 18 mois pour y arriver avec mon état de santé, mais je l'ai fait pour clôturer le dossier définitivement. Et j'ai changé d'avocat 4 jours avant le 1er rendez-vous au tribunal pour le divorce car l'attitude nonchalante de ce dernier faisait qu'il refusait de me défendre et qu'il voulait accepter un divorce par consentement mutuel contre mon avis. Et j'ai trouvé une avocate qui va me défendre.

Je ne vous dis pas le coup de stress. Mais quelques jours plus tard j'ai vécu une libération énergétique d'une attaque qui avait commencé en 1998, lors de mon arrivée sur Annecy. Attaque vouée à me faire perdre le plus de temps possible. Qui inclut les procédures avec la maison que nous avions fait construire avec mon 1er mari, les problèmes de scolarité de mes enfants en maternelle, les différents jobs, les refus de congés pour faire mes formations en énergétique, et les problèmes administratifs avec mon patron d'auto-école qui m'ont valu de devoir prendre à chaque fois des avocats qui traitaient mes dossiers par-dessus la jambe, m'enfonçant dans des procédures interminables, et ce fut l'avocate qui était en charge de me faire récupérer mes droits à la sécurité sociale et annuler les 25 000 euros de dettes créées par mon employeur à l'URSSAF, qui m'a fait rencontrer P. mon second mari.

Il a fait partie du scénario mis en place par les entités qui seraient encore là jusqu'en 2015, pour me ralentir. Il y avait plein de choses qui ne me convenaient pas, je l'ai quitté 3 fois dans les 2 premiers mois de notre relation, et il est revenu à chaque fois avec ses yeux de cocker en pleurant et j'ai craqué je l'ai repris. Donc j'assume mon choix de l'avoir alors repris, et les raisons pour lesquelles je l'ai alors quitté sont celles qui m'ont pété à la gueule au bout de 10 ans de mariage. Bien fait pour moi.

Retrouver son équilibre intérieur

À l'époque il a fait passer son ex pour la méchante et je me suis fait avoir, son attitude c'est de se faire passer pour la victime, alors que c'est lui qui détruit tout car il est incapable de résoudre son propre conflit intérieur. L'autre est un bouc émissaire qui lui permet de ne pas remettre en question sa cohérence interne. Ok validé.

Il a, finalement, toujours été là que pour me freiner (inconscient de sa part), lol, je prends acte de ma puissance car j'ai malgré tout bien avancé en 10 ans, et j'ai réussi je suis enfin en capacité de réussir, YES !!! Je ne sais pas en combien de temps j'aurais fait ce que j'ai fait sans lui, mais si ce n'avait pas été lui ça aurait été un autre. Car tant que moi je n'avais pas fait ma mise à jour de mes fichiers erronés après m'être débarrassée des interférents j'aurais continué à tomber sur le même type d'homme.

Je ne peux donc m'en prendre qu'à moi, cela ne m'empêche pas de faire valoir mes droits et de lui faire mettre les points sur les i et les barres sur les t. 50/50 il a lui aussi à assumer les responsabilités de ses actes et non-actes. Et faire l'autruche n'est pas une solution viable à long terme surtout en face de moi. J'ai fini de plier face à lui, je l'aime encore mais plus du tout de la même façon, je l'aime comme j'aime tout le monde, avec compassion, tolérance et ouverture d'esprit sur ce qu'il est et sur le travail qu'il est en train de faire, mais maintenant je me respecte, je me suis redressée et plus personne ne me fera plier et n'éteindra ce que je suis.

Ok je suis hors norme mais ça se voit au premier coup d'œil maintenant, je m'assume pleinement et j'arbore ma vibration comme un blason, je suis et je l'assume. Et je ne veux pas de quelqu'un qui croit en moi, ça je m'en occupe, mais de quelqu'un qui croit en lui, et avec qui je partagerais un chemin commun le temps que cela durera, et tant que nous serons compatibles en toute honnêteté. Au moment où j'écris ces lignes je suis bien au fond de ma grotte, j'hiberne en pleine conscience et ça fait du bien, de n'être que dans ma propre énergie, de moi à moi

Retrouver son équilibre intérieur

cela ne m'est jamais arrivé et ça fait un bien fou, pour un hyper empathique c'est juste du bonheur.

De toute façon, maintenant rien que d'aller boire un verre avec quelqu'un d'inadapté énergétiquement, suffit à me déclencher une crise. J'ai poussé le bouchon trop loin, je n'ai plus de marge d'erreur. Car tout ceci, ce ne sont que mes propres choix, l'autre ne faisant que renter dans la case que j'ai créée pour lui afin de pouvoir faire plaisir à mon père, qui n'en a même jamais eu conscience, et qui me poussait par son système éducatif à être forte et parfaite. Bien qu'il soit encore vivant, j'ai perdu ce lien quand j'ai arrêté le judo à 22 ans pour devenir maman. Et c'est ma petite sœur, qui est montée sur le même schéma, qui a pris la relève.

Je mets dorénavant fin plus rapidement, à des relations naissantes, amicales ou potentiellement autres, juste par réaction douloureuse de ces parties de mon corps qui ne sont pas encore réparées. Car c'est que mon attitude n'est pas juste, que je donne plus que je ne reçois, ou que je nie une partie de moi et que mon équilibre énergétique n'est pas respecté. Plus on est en connexion avec notre partie subtile, plus la réaction dans la matière est rapide. C'est pour cela qu'en post-session d'hypnose régressive ésotérique, il peut y avoir apparition de maladies, car la connexion étant rétablie avec notre être, si nous ne sommes pas dans le faire adéquat nous augmentons le conflit et la maladie fait une crise, plus forte, ou se révèle alors qu'elle était latente. C'est le deuxième effet « kiss cool ».

Je ne prends pas de cachet pour calmer la douleur, je prends du recul. Je me respecte, ho je donne une ou deux chances à l'autre d'agir autrement, mais quand il manifeste un refus de participer au travail énergétique proposé, je mets fin à la relation. Sans quoi je redéveloppe des douleurs persistantes. Et dès que je prends la bonne décision, la douleur s'en va, pouf comme par magie. Pour le moment aucun homme n'est ok pour ce travail, mais cela ne m'empêche en rien de continuer mon rééquilibrage énergétique yin yang, car le jour où il sera fini, seule

Retrouver son équilibre intérieur

ou en relation à l'autre je sais que les personnes qui partageront ma vie seront également en accord sur le sujet pour elles-mêmes. Je me fais ce cadeau-là, je m'offre en faisant ce rééquilibrage personnel, l'opportunité de croiser un autre type d'homme plus à même de partager les responsabilités et en capacité de comprendre que bien que je sois une femme avec une force intérieure omniprésente, j'ai aussi besoin de me sentir protégée. Et ça commence à porter ses fruits, je ne suis plus attirée par des hommes yin, qui fuient devant les responsabilités. Je commence à apprécier les hommes un peu plus poilus, barbus, je rigole, plus yang. Ma confiance dans le yang revient.

*****

C'est valable dans plusieurs paramètres de vie, maintenant que j'ai pleine conscience que je prends une part active dans ce travail, je pardonne plus facilement à l'autre, car nous sommes dans l'exploitation réciproque des problématiques communes. Responsable à 150 % de ce qui nous arrive. 100 % de mon propre comportement et 50 % du comportement réciproque. Idem pour l'autre, car il n'est que le reflet de nos propres failles et non-accomplissements.

Et je ne vois plus l'autre comme un problème mais comme une solution, un révélateur de mes propres failles. Ce n'est pas toujours évident d'accepter cela quand on a été en mode victime pendant plus de 40 ans. Les yangs dominants, ne pouvaient pas supporter mon hyper yang déséquilibré et venaient chercher à me le rabaisser, m'obligeant à plier sous leur autorité malsaine. Quoi qu'il en soit, il y a d'autres façons de faire que de taper ou tenter de violer une femme avec un yang trop fort, pour la remettre dans son yin. Il peut y avoir des hommes bien dans leur yang et qui sont des protecteurs nés, sans pour autant verser dans la rivalité malsaine. Le déséquilibre attire le déséquilibre. Je me sens maintenant beaucoup mieux dans mes baskets et dans mes choix, même s'ils ne sont pas compris.

Si je n'avais pas switché en yang fort pour jouer au garçon manqué pour faire plaisir à mon père, je ne me serais pas fait autant agresser. Mais ce n'était pas une demande verbalisée de mon père, c'est moi qui

Retrouver son équilibre intérieur

me suis mise dans cette configuration, pour qu'il ressente moins de manque. Il ne m'a rien demandé, j'ai répondu à une déception inconsciente et non verbalisée de sa part. J'ai quand même, malgré tout, perdu quelque chose, une part de son attention, quand j'ai décidé d'arrêter le sport masculin que je pratiquais pour être mère. Donc je satisfaisais bien quelque chose chez lui en me comportant ainsi, qui l'a déçu quand j'ai arrêté. Mais du coup je ne suis pas vraiment repassée en yin pour autant. Ce qui m'a également valu des grossesses difficiles, un yang n'est pas vraiment compatible avec une grossesse qui est une expression yin.

Du point de vue où je me place aujourd'hui, pas grave je préfère maintenant guérir que de faire plaisir à l'inconscient des autres, à leurs attentes non satisfaites, à eux de gérer leurs frustrations. Car comme la plupart du temps les gens n'en ont en plus même pas conscience, qu'eux sont parfaits et qu'ils préfèrent penser que c'est obligatoirement l'autre le problème, je me préserve et je coupe court à ce type de faire plaisir sans que la demande n'ait été verbalisée. Tant que vous penserez que c'est l'autre le problème rien ne changera dans votre vie. Mais ce n'est pas bien grave au final, si cela ne déclenche aucune maladie, ni aucun mal être c'est que vous n'êtes pas en conflit intérieur pour autant.

Et même si vous êtes malade et que cela ne vous dérange pas et même que ça vous arrange, let's go, continuez, ne changez rien à votre vie.

Allez, je vais finir sur une note plus positive, je ne sais pas si vous allez considérer cela comme tel mais moi oui. Il faut de toute façon partir du principe que les entités négatives contrôlantes qui sont dans votre espace énergétique ou qui y étaient, ont capacité de lire les préprogrammes de vos géniteurs, et qu'ils vont vous choisir la famille idéale, le ventre idéal, pour développer vos conflits intérieurs et se nourrir grassement dessus.

Retrouver son équilibre intérieur

En ayant les 2 sons de cloche, celui des préprogrammes et celui des énergies dont les entités se nourrissent sur les gens, il y a une corrélation parfaite entre les 2. Je peux de mon point de vue affirmer qu'ils sont au courant de tout cela et qu'ils exploitent à mort les fichiers erronés dont vous héritez et qu'ils vont même faire en sorte de les aggraver et de vous pousser vers de multiples conflits intérieurs exacerbés. Dans l'unique but de pouvoir récupérer le plus d'énergies négatives dont ils ont besoin pour eux.

Quand j'ai compris cela je suis restée médusée pendant quelques secondes tellement c'était machiavélique et parfaitement orchestré. Cela m'a laissée pantoise d'admiration et de dégoût mélangé, un juste équilibre entre l'admiration et l'envie de hurler. D'où la sidération, ne pas savoir quelle émotion exprimer tellement elles sont opposées. Ça m'a fait le même effet quand j'ai su que P. était le candidat idéal pour me freiner, j'étais écœurée qu'ils utilisent nos sentiments amoureux pour nous piéger, mais ensuite j'ai intégré qu'ils font cela a tellement de monde. Nous sommes plus que les dindons de la farce, nous sommes les cobayes d'experts en la matière, nous sommes sous l'emprise de génies de la génétique énergétique. C'est pour cela qu'ils nous considèrent comme des crétins de première. Et j'avoue que je me suis sentie très bête l'espace d'une seconde d'avoir pensé que certaines choses sont faites en dépit du bon sens, mais aussi très fière d'avoir compris comment ça marche. Et au final pouvoir déjouer leur système d'exploitation.

Ceci explique tellement de choses au final. Mais comme c'est eux qui nous ont créés pour les servir, normal qu'ils sachent comment ça marche. En plus cela fait des millénaires qu'ils nous exploitent. Nous avons vu plus haut notre triple nature, hé bien leurs interventions dans nos existences sont parfaitement calculées et exploitées. C'est pour cela que c'est difficile de les repérer et de les admettre comme facteur aggravant. Ils sont tellement collés à notre fonctionnement que nous avons du mal à comprendre que dans certains cas ce n'est pas nous qui pensons ou qui avons les pensées négatives qui nous habitent et qui

Retrouver son équilibre intérieur

nous mettent des bâtons dans les roues, ils ne font que pousser le bouchon dans le sens où il va déjà, mais trop loin.

Nous sommes donc issus de cette préprogrammation génétique du véhicule humanoïde terrestre qui est un OGM exploité par les entités négatives contrôlantes pour les servir et les nourrir. Cette surexploitation de leur part crée une exacerbation des conflits entre notre partie bassement terrestre et l'énergie de la conscience incarnée qu'ils tiennent volontairement à distance. Âme qui elle a un tout autre but : l'évolution et la réalisation de ses propres vibrations dans la matière par l'expérimentation, plutôt que de passer son temps à ruminer des émotions négatives. Et comme on nous raconte une toute autre histoire dans la matrice, on ne peut que subir inexorablement ces conflits intérieurs, pensant que ce n'est que fatalité, ou les desseins d'un dieu voulant nous mettre à l'épreuve, pour tester notre foi en lui. Ils ont même inventé eux-mêmes les histoires qui vont nous faire accepter tout cela comme normal.

J'ai à ce jour expérimenté deux périodes de vraie pleine conscience, où la partie vibratoire de la conscience proche de la conscience, celle que l'on connecte lors des hypnoses régressives ésotériques, est pleinement présente dans le corps physique et prend les commandes, en pleine harmonie. Et dans cet état-là, les chichis et le gnagnagna du petit moi sont inexistants. Je suis pourtant en instance de divorce et 4 jours avant le 2ème épisode j'ai lu les propositions de mon futur ex deuxième mari, j'étais bouleversée par son insistance à produire des faits inexacts ou arrangés à sa sauce pour obtenir gain de cause et ne pas prendre ses responsabilités sur les événements passés. Hé bien depuis que j'ai fait ma 2ème expérience de pleine conscience, pouf plus rien, je m'en tape le coquillard. Je l'ai regardé depuis ce point de vue et il n'était qu'un point à l'horizon, quelque chose qui n'avait plus aucune importance et toute la tristesse induite par son comportement s'est évaporée. La théorie du lâcher prise est devenue réalité.

Retrouver son équilibre intérieur

Et j'ai depuis pu faire mes choix, pour moi, et non pour trouver une solution à l'amiable, comme je l'ai toujours fait avant. La mise à jour de mes croyances erronées, « d'être forte » et « parfaite » ne sont plus à l'œuvre, je ne prends donc plus les responsabilités des autres et je ne m'oblige plus à assumer seule malgré tout, en me disant que je peux le faire. Maintenant je me respecte et je fais en sorte que l'on me respecte. Ce n'est pas parce que je suis capable de voir les choses autrement et que je ne réponds plus aux codes erronés de certains égrégores de la matrice que je dois me minimiser et ne pas rayonner ce que je suis. J'ai fini de me cacher énergétiquement pour ne pas déranger. Ce que les autres pourront en penser peut m'importe, et plus je suis moi mieux je vais. Et c'est ma carte de visite mon rayonnement.

*****

C'est en ça que les entités négatives contrôlantes sont fortes, nous avoir grugés pendant aussi longtemps, je comprends mieux pourquoi ils sont vénères et qu'ils s'en prennent à moi ainsi violemment depuis mon enfance. Car ils ont détecté bien avant moi que j'avais la capacité de leur échapper et de réussir à atteindre ce niveau de fusion avec ma partie subtile et de transmettre l'information. Ils ont compris bien avant moi ce dont j'étais capable.

Car maintenant j'ai les tenants et les aboutissants du réel fonctionnement de ce système et j'ai les clés pour le désactiver autant dans le physique que dans l'ésotérique, et ainsi aider à rendre la pleine autonomie à ceux qui en ont la détermination. Ils ne peuvent qu'abdiquer devant notre volonté et notre toute puissance d'âme incarnée en pleine conscience. Ils ne peuvent absolument plus rien faire pour empêcher un humanoïde terrestre de reprendre son plein pouvoir quelles que soient leur insistance et leur mauvaise foi. J'ai atteint un état d'être inaltérable dans la matière. Et même s'ils essaient encore de passer, de vraies teignes, je les détecte très rapidement car je me connais très bien maintenant, et chaque changement énergétique est perçu. Dernièrement j'ai été décalée pendant 2h, très perturbant, je les ai mis hors d'état de nuire rapidement, ils se sont servis d'un moment de très grande fatigue physique pour leur tentative. C'est pour

Retrouver son équilibre intérieur

cela que l'on doit bien se connaître pour détecter toute tentative. Bon ils ont aussi pété mon ordi, pour pas que le livre sorte, je les trouve quelque eu désespérés.

Ils sont sans foi ni loi, il est donc important d'être vigilant. Je suis très contente d'avoir su comprendre cela, et d'avoir enfin trouvé comment le véhicule humain fonctionne. Beaucoup de gens quand ils découvrent l'existence des entités cherchent à comprendre comment fonctionne l'ésotérique, avant même de comprendre comment fonctionne le véhicule, alors que les deux sont importants. Savoir ce qu'est l'âme, comment elle fonctionne, est important, mais savoir gérer son véhicule, pour qu'il ne soit plus interférable, l'est plus encore.

Ils ont déjà perdu, car nous avons enfin les codes d'extraction et de mise à jour et l'information circule. Et même s'ils essaient toujours de nous freiner ou de nous faire passer pour des fous ou des sectes, c'est trop tard pour eux. Ils le savent et c'est pour cela que la situation générale mondiale dégénère autant depuis ces dernières années. Des tentatives désespérées de reprendre la main sur leur business.

Ils essaient de nous maintenir dans une matrice de peur et de stress permanant pour ne pas nous laisser l'opportunité de réfléchir par nous-même. Et en mettant de l'attention dessus on la nourrit. Notre but c'est de mettre en place une réalité tout autre que celle qu'ils veulent nous imposer. De créer une matrice plus équitable, positive en accueillant cette possibilité à l'intérieur de nous, arrêter de subir créer.

Retrouver son équilibre intérieur
Mode d'emploi énergétique du véhicule terrestre

Les chakras

Préambule

À mon sens dans cette société nous manquons plus de connexion à la conscience que d'ancrage. Par contre, une fois que nous avons conscience de cet état vibratoire supérieur nous avons tendance à vouloir nous extirper du corps physique pour échapper à notre condition, plutôt que de vivre une incarnation en pleine conscience de chacun de nos choix et de nos actes. Plutôt que de faire en sorte d'avoir un véhicule apte à recevoir la vibration d'âme la plus proche du véhicule.

Chaque couleur de chakra a son utilité. On va plus souvent vous dire que vous manquez d'ancrage, c'est un classique et on va vous le renforcer et vous le remonter beaucoup trop haut. Les couleurs de l'ancrage sont le marron et le noir, et celles-ci se trouvent respectivement dans les pieds, et les genoux. Donc si on travaille son ancrage plus haut que les genoux, on enterre le véhicule et on le freine au lieu de le renforcer. On est là pour spiritualiser la matière non pour enterrer l'âme.

https://studio.youtube.com/video/xFnYc6x2aIQ/edit

Quand on trouve l'équilibre entre la connexion à la conscience et l'ancrage, on peut alors vivre la félicité, la paix intérieure et la béatitude, même au milieu du chaos. Et cela me plaît énormément. J'ai

Retrouver son équilibre intérieur

du coup pu vivre cela, j'étais déjà en perception de cette nouvelle possibilité depuis plusieurs mois, malgré un quotidien plutôt perturbé qui me mettait trop dans la matière, le travail énergétique produit dans cette période a été intense, très intense. Je suis passée par une redéfinition complète de l'être et du faire. J'ai dû tout poser et me redéfinir complètement, savoir ce qui était à laisser partir et ce qui était voué à rester pour perdurer. Qui suis-je, où vais-je dans quel état j'erre. Après avoir pris conscience de ce qui me prédéfinissait dans les attentes de mes parents à ma conception et dans les croyances limitantes que je m'étais créée lors des divers événements traumatiques qui me sont arrivés, j'ai dû faire un tri drastique, ce qui a pu générer un moment de flottement intense. Mais comme nous sommes en perpétuel mouvement ce ne sera encore qu'une étape vers la pleine incarnation.

Ce travail fait tout au long des années avec « Les Bambous bleus », je n'avais pas conscience de ce que cela voulait vraiment dire. Quand les bambous sortent de terre ils ont tout à l'intérieur d'eux, et il ne leur reste plus qu'à grandir, j'ai grandi avec eux. Et le bleu (que ce soit le bleu pâle ou l'indigo) permette une vision claire des choses et une créativité énergétique via l'intuition épanouie. Même si j'ai compris cela bien après que j'ai choisi ce nom, comme d'habitude au final, toujours par écoute de l'intuition, celle-ci était extraordinairement juste. Je l'ai choisi début des années 2000, quand j'ai créé ma première activité en libérale, le premier avril. J'avais déjà conscience qu'il fallait un nom qui dure après moi, que ce que j'étais en train de créer vivrait beaucoup plus longtemps que mon expérience personnelle dans cette ligne temporelle.

J'ai le chakra du cœur qui chauffe en écrivant ces mots et un large sourire éclaire mon visage, la joie est présente en moi, et je suis en harmonie avec toutes les parties de moi m'aime.

Je vais partager cette connaissance, avec les personnes qui viendront me voir et qui vont lire mes livres. Il est important de savoir comment

Retrouver son équilibre intérieur

l'on fonctionne, que cela ne reste pas l'apanage d'une élite qui s'en sert pour garder le contrôle sur vous. Il serait aussi bon de le mettre en application sans chichi, ni tralala. Car c'est cela qui manque le plus dans notre société, une action simple en pleine conscience.
D'arrêter de se comporter comme des moldus zombis qui suivent par peur de … de quoi d'ailleurs, ils en inventent chaque jour de nouvelles pour nous moldufier. Le mouton a peur du loup alors que c'est le berger qui le conduit à l'abattoir pour son profit personnel.

Vous allez pouvoir ainsi clôturer votre passé correctement pour qu'il reste l'expérience qui vous a permis de grandir intérieurement et non comme une blessure qui ne cicatrise pas. Il faut savoir que cela peut vous éloigner de personnes chères à votre cœur mais qui ne sont pas en capacité de vous suivre sur cette nouvelle fréquence. Car n'oubliez pas que les entités négatives contrôlantes vous ont choisi la famille parfaite, pour vous traumatiser et vous freiner. Même s'ils ne sont pas foncièrement méchants et qu'ils ont fait de leur mieux, et qu'ils vous aiment, ils n'ont souvent pas la même fréquence que vous. Car il n'est pas toujours nécessaire de vous traumatiser pour vous freiner, j'ai aimé mon second mari et je l'aime encore d'une certaine manière, il a été parfaitement parfait dans son rôle pour me freiner.

Tous ne sont pas des méchants, car ils sont eux-mêmes victimes du même système au final. Vos proches n'ont pas non plus choisi leur vie et ils ont fait de leur mieux en fonction des circonstances néfastes qui leur ont été imposées. Ils ne sont pas des bourreaux, ils sont également les proies de ces êtres sans scrupule, dont ils ont subi aussi les traumas. Le but est de s'extraire de ce cercle vicieux, de ce triangle des Bermudes, triangle de Karpman, sans pour autant garder de la rancœur, car c'est à nous que cette émotion mangera le cœur au final si nous n'arrivons pas à la transcender.

Pour ma part il m'a fallu plusieurs années de réparation et de va et vient entre les deux énergies, la rancœur et la joie, la vie de moldu victime et de l'intuition constructive, pour enfin me décider à laisser le

Retrouver son équilibre intérieur

passé derrière moi, rester suffisamment stable pour accéder à cette pleine conscience. Je les aime tous profondément. Et je sais qu'ils font partie intégrante de la matrice, même si certains qui m'ont suivie hors matrice, ont fini par y retourner par manque de ténacité ou de volonté ou de capacité.

Au final, on s'en moque je les aime toujours, je ne leur enverrai jamais que de l'amour, car toute autre émotion ne ferait qu'aggraver la situation, même s'ils ont cherché pour certains à me détruire en renonçant. Ils ont besoin de reporter la faute sur quelqu'un d'autre, en me dénigrant et en me considérant comme quelqu'un de néfaste. Cela leur évite de renoncer à la part d'eux-mêmes qu'ils ne veulent pas défier ou mépriser. Ce n'est pas facile de renier la cohérence de nos croyances limitantes. Ils ne sont pas encore prêts. Je le comprends, car ce chemin demande de l'abnégation et beaucoup de résilience, de la flexibilité pour renoncer à nos faux rêves de gloire et de candeur. Je prends le large, pour ma propre évolution je ne les attends plus, car cela m'a détruit la santé de chercher à les sauver malgré eux. Je m'extrais de ce triangle infernal. Mais cela ne les empêchera pas pour autant de m'y laisser à une place qui leur convient leur propre point de vue, pour donner du sens aux événements.

On ne peut se sauver que soi-même.

Le chemin que l'on parcourt nous amène principalement à nous-même. On ne peut pas savoir à l'avance ce qui va perdurer et ce qui va partir. Mais pour autant il est avant tout nécessaire de bien se connaître pour pouvoir être en harmonie avec l'autre.

Et tant que nous serons en incarnation sur Terre, nous aurons du travail à faire, car c'est un très vaste champ d'expérimentation, un grandeur nature, plus vrai que vrai. Nous sommes partie intégrante d'un grand jeu de Sims.

Et on ne nous donne pas les bonnes règles du jeu, pour qu'on perde indéfiniment. Et on nous met dans la mauvaise équipe, et on nous fait

Retrouver son équilibre intérieur

vivre de la merde par plaisir de nous voir nous gaufrer, en nous mettant des bâtons dans les roues toutes les deux minutes. À nous de nous reprendre en main et à décider que cela ne va plus se passer pareil, prendre du recul et prendre le temps de se comprendre et de faire nos propres mises à jour pour être plus performant et édicter nos propres règles. Et savoir comment fonctionne vraiment notre véhicule fait partie des étapes de maîtrise du véhicule humanoïde terrestre. Si nous savons comment nous fonctionnons, nous aurons une meilleure maîtrise de notre taux vibratoire et donc de nos fréquences.

Je ne vais pas parler de tout ce qu'on trouve déjà sur le sujet, je vais aller sur des infos nouvelles.

☐

Retrouver son équilibre intérieur
Les couleurs des chakras

Alors les chakras, ils sont au nombre de 7, pour les principaux. Il en existe des secondaires, mais on ne va pas s'éparpiller.

Chakras	Couleurs	Glande endocrinienne
Coronal	**Violet** – Blanc - Doré	Pituitaire-hypophyse
3ème œil	**Bleu indigo** – Jaune- Violet	Pinéale-épiphyse
Gorge	**Bleu pâle** – Turquoise - Argent	Thyroïde
Cœur	**Vert** - Rose	Thymus
Solaire	**Jaune**	Rate - Pancréas
Sacré	**Orange**	Gonades - Testicules
Base	**Rouge** – Noir – Marron	Surrénales

Alors il y a beaucoup d'informations concernant les chakras, moi, je vais vous parler des couleurs et des transferts énergétiques entre elles. On va prendre les noms français, aucun besoin de connaître leur nom asiatique pour les travailler, je déteste les gens qui se sentent supérieurs parce qu'ils les connaissent. Perso je trouve cela très condescendant et élitiste, ce qui du coup limite l'accès à l'information au lieu de la faciliter. Pour les couleurs, vous aurez remarqué qu'elles sont plus nombreuses que d'habitude, 16 au lieu de 7, car on prend généralement la couleur principale en négligeant les autres moins connues. Mais pour une meilleure compréhension des transferts d'énergies nous allons aller dans le détail.

Principe de base :

<u>Couleurs primaires</u> : bleu-rouge-jaune, comme dans l'imprimante avec ça on fait toutes les autres.

Retrouver son équilibre intérieur

<u>Blanc</u> : absence de couleur, je dirais même lumière en ce qui nous concerne. Je l'appelle aussi couleur cristal pour mes orgones. En lithothérapie le cristal de roche est énergétiquement lié au chakra coronal. Yin.

<u>Noir</u> : toutes les couleurs. Yang. En lien avec le chakra de base. Le yang protecteur du yin.

<u>Violet</u> : rouge et bleu.

<u>Vert</u> : jaune et bleu.

<u>Rose</u> : rouge et blanc.

<u>Orange</u> : jaune et rouge.

<u>Marron</u> : bleu, vert, rouge et jaune.

Les chakras sont des vortex ou roues permettant l'entrée des énergies de la conscience et de l'énergie vitale dans le véhicule. Mais aussi la capacité de mettre ses énergies en action.

Chakra de base : Rouge, noir et marron

Chakra en lien avec l'ancrage (marron et noir), la protection (noir) et l'énergie vitale (rouge).

On va prendre l'arbre comme référence. Un arbre n'a pas que les racines dans la Terre pour se nourrir d'elle, certes il en a besoin pour faire monter la sève dans toutes ses autres parties. Dans le but de faire pousser les feuilles, c'est une de ses sources d'énergie mais ce n'est pas son job.

Ce sont les feuilles qui font le vrai job. Elles ont comme fonction la photosynthèse, elles se nourrissent de la lumière du soleil, afin de transformer le CO_2 en oxygène. Les deux sources d'énergie sont indispensables, la sève et le soleil. Et où se trouve notre capteur

Retrouver son équilibre intérieur

d'énergie solaire dans notre corps pour que les deux s'allient et fassent leur travail ensemble ? Je vous le dirai plus loin dans le livre. Indice : la réponse est dans la question.

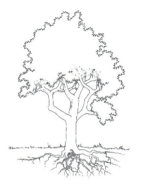 

Un arbre n'est jamais enterré jusqu'aux feuilles, ni même son tronc. Il n'a que les racines dans la Terre. Nous ne sommes pas différents de lui, on n'est pas là pour enterrer l'âme mais bien pour spiritualiser la matière. Et comme tout être vivant il a aussi une âme. Il est et vibre sa propre nature, il est capable de nous débarrasser de nos énergies négatives, ou même nous décharger de notre magnétisme quand on est en surchauffe parce qu'on ne l'utilise pas.

Un arbre avec peu de racines sera fragilisé mais continuera à vivre, même avec très peu de racines il aura toujours des feuilles, même le tronc éclaté ou creusé il aura encore des feuilles. Par contre un arbre sans feuille est mort, ou celui qui attrape une maladie aux feuilles ne pourra plus faire son job. Comme nous il a plusieurs modes d'alimentation énergétique et de nourriture pour faire son job d'arbre : le sol, la photosynthèse et l'âme et pour l'humain c'est pareil.

Tous les êtres vivants ont une âme, qui les alimente énergétiquement, c'est même censé être notre première source d'alimentation, alors que c'est la plus négligée, sans conscience incarnée il n'y a pas de vie. Il court une légende urbaine qui dit que seulement 20% des humains auraient une conscience, alors que c'est l'âme qui est à l'origine de toute incarnation. Sans âme pas de vie, donc pas de vie sans âme. Nous avons tous une âme, par contre nous sommes moins d'1% à être en pleine conscience de notre vrai pote-en-ciel,

Nous avons donc 3 sources d'alimentation énergétique et physique.

1 - L'âme, par le coronal. C'est d'ailleurs la glande hypophyse ou pituitaire, qui donne l'effet de satiété dans le physique et qui nous donne l'information qu'on est en pleine puissance énergétique.

2 – l'énergie solaire ou prana, ou chi, ou ki, le jaune est capté par le chakra solaire, via la rate. Qui est le point de rechargement du chi acquis. Qui au lieu de s'allier au chakra racine pour nourrir le sacré, nous sert actuellement uniquement à gérer une ribambelle d'émotions négatives que nous générons. Et en plus de cela nous dilapidons également cette énergie vitale à digérer les monstruosités alimentaires, produites par l'industrie agro-alimentaire, que nous ingérons et qui ne font que nous remplir au lieu de nous nourrir.

3 – le chi inné qui se trouve dans les reins, chakra de base, le rouge. Que nous recevons par génétique à la naissance. Cette pile n'est pas rechargeable. Et nous la dilapidons sans cesse, en ayant peur et en ne l'alliant pas au chakra solaire pour nourrir le chakra sacré. Nous ne nous nourrissons pas de la Terre par le chakra de base, nous y trouvons une certaine stabilité, un appui. L'ancrage est nourri par toutes les couleurs, pas par la Terre. Si nous voulons nous nourrir des énergies de la Terre, c'est via le chakra solaire et notre corps éthérique que nous pouvons le faire. Il est au chakra solaire le lien avec l'énergie de la Terre. Nous ne sommes pas des arbres capables de puiser dans le sol notre énergie. Nous la trouvons dans l'alimentation végétale ou animale, puis dans le prana plus nous sommes en conscience.

Les végétaux se nourrissent de la Terre et nous trouvons en eux les minéraux et oligo-éléments nécessaires, avec des produits sains et frais pleins de leur propre corps éthérique eux aussi. Et les animaux se nourrissent également des oligo-éléments issus du végétal et du minéral. La chaîne alimentaire est ainsi faite de par notre nature terrestre mammifère.

Nous ne nous sommes jamais nourris énergétiquement directement de la Terre par la base, mais bien par le chakra du chakra solaire via les corps éthériques. Cela remet beaucoup de choses en question. Le chi inné n'est pas rechargeable, Médecine Traditionnelle Chinoise. Le chi acquis oui. C'est comme cela que nous dilapidons le chi inné en ne l'alliant pas au chi acquis. Puis quand nous arrivons à la pleine conscience nous nous nourrissons d'énergie, via le prana et nous n'avons plus besoin d'ingérer de la matière pour vivre. Vous imaginez tout le temps que nous gagnerons pour faire autre chose quand nous n'aurons plus besoin de faire les courses, de cuisiner, de faire la vaisselle et nous pourrons passer du temps ensemble à faire autre chose que manger.

Avec mes soucis digestifs, cela me désociabilise, alors que moi c'est la rencontre et l'échange et le partage la joie d'être en présence qui me nourrissent. J'apprécie de juste passer du temps avec les gens, mais eux veulent systématiquement me servir quelque chose à boire ou à manger, et je me fais avoir aussi.

Combien sur les 3 sources d'énergie vitale utilisez-vous en pleine conscience de ce que vous faites ? Désolée mais, à 99,99 % nous ne nous servons malheureusement que de notre chi inné qui n'est pas rechargeable, le rouge de la base. Heureusement que le corps a une capacité naturelle à faire fonctionner les autres sources sans nous, sans qu'on en ait conscience. Certaines préprogrammations sont utiles finalement, nous nous nourrissons de prana ou chi ou ki de façon automatique sur une base de 20 à 25 % de nos capacités réelles.

Prenons l'exemple d'un rhume, vous n'êtes pas fatigué directement par le rhume mais plutôt indirectement. En fait, nous avons des capteurs de prana de l'air dans notre cavité nasale, et ceux-ci sont encombrés par les mucosités et donc ne fonctionnent pas, en fait nous ne pouvons

Retrouver son équilibre intérieur

plus les utiliser et nous ne pouvons donc pas récupérer ce chi-là. Mais comme nous sommes bien faits, on mange moins, donc on soulage le fonctionnement du chakra solaire qui prend en partie le relais. Sachant en plus que le rhume nous met à distance énergétique d'un conflit émotionnel avec quelqu'un ou quelque chose qui ne nous convient pas.

Le cerveau nous met en mode nez bouché pour éviter qu'on fusionne avec cette information énergétique qui ne nous convient pas. Il nous met en circuit fermé le temps qu'on gère nos émotions. Les gens ne nous approchent pas quand on est malade. Enfin moi je m'en fiche, car si je n'ai aucun conflit relationnel je peux vous approcher sans attraper le rhume.

En règle générale, si nous avons un conflit ouvert avec la personne avec qui nous vivons, comme nous sommes malades elle change temporairement d'énergie et prend soin de nous, le fait parce qu'elle nous aime malgré les différents du quotidien, et c'est derrière le chakra du cœur que se trouve le thymus, la glande hormonale du système immunitaire. Cet amour va relativiser le conflit et nous aide à guérir notre rhume.

Si c'est un collègue de travail, ou un ami ou toute autre personne c'est pareil. Nous avons déclenché un conflit intérieur (rhume) pour résoudre notre conflit extérieur sans avoir à nous positionner, nous mettons l'autre à distance le temps que la tempête se calme.

P. nous a fait cela au début de notre relation. Sa fille voulait nous interdire d'aller à une seconde journée de ski avec eux deux, consécutive à celle que nous venions de vivre le jour même tous ensemble avec mes filles. Je me suis opposée à son véto en lui expliquant qu'elle n'avait pas à nous interdire de venir au ski avec eux si nous avions envie d'y aller. Faut dire qu'elle voulait même que son père prenne un autre appartement pour qu'elle le voie carrément sans nous. Mais comme P. n'avait pas obtempéré, elle voulait malgré tout continuer à garder son père rien pour elle seule, le séparer de la

Retrouver son équilibre intérieur

nouvelle famille que nous étions en train de construire ensemble, pour maintenir l'emprise qu'elle avait sur lui.

J'ai expliqué à P. que ce n'était pas à une enfant de 12 ans de décider si nous avions, moi et mes filles le droit ou non d'aller au ski et qu'il allait devoir se positionner. Mais P. est quelqu'un qui refuse de se positionner et de prendre la moindre décision ou responsabilité, car son fonctionnement (sans jugement aucun) est celui du faire plaisir. Il accroche son petit wagonnet derrière celui du plus fort, il fuit toute source de conflit en obligeant l'autre à se positionner à sa place. Il passe ainsi toujours pour le gentil, car il donne systématiquement satisfaction à toutes les demandes de l'autre, il délègue ainsi à l'autre toute responsabilité. Ce comportement lui permet de ne pas avoir à prendre aucune décision, et le jour où ça part en cacahouète, il peut se décharger sur celui qu'il a obligé à décider à sa place.

J'ai compris cela grâce au travail que j'ai fait sur moi avec le décodage biologique, celui de ne plus prendre les responsabilités des autres, c'est en baissant mon propre curseur que j'ai vu comment il avait exploité chez moi cette capacité de décider. Mais là, ce jour-là, il avait affaire à 2 personnes qu'il voulait satisfaire et il devait faire un choix !

Le soir même il n'a pris aucune décision, remettant celle-ci au lendemain en espérant, que l'une au l'autre cèderait avant d'aller se coucher, ce qui ne fut pas le cas. Devinez quoi, le matin au lever alors qu'il pétait la forme la veille, il était malade comme un chien, un bon gros rhume bien chiadé, avec fièvre et tout et tout, incapable de tenir debout, qui l'obligeait à rester à la maison. Par ce moyen, il prenait de la distance avec le conflit extérieur en en déclenchant un à l'intérieur et échappait ainsi à un positionnement entre sa nouvelle vie et sa fille. Plutôt que d'affirmer son moi, il a préféré s'éteindre complètement en restreignant l'apport d'énergie par le rhume. La fuite est la seule réponse qu'il peut mettre en place. Son chemin est ainsi fait à cause de ses croyances limitantes du faire plaisir, à lui de le résoudre. Il est donc

Retrouver son équilibre intérieur

resté à la maison et nous n'avons rien pu faire, même en famille car il a tout plombé en tombant malade, les projets de sa fille et les miens.

Je ne regrette pour autant aucunement d'avoir passé 10 ans avec lui, car avec le décodage de ce que nous avons vécu, j'ai pu, pour moi et uniquement pour moi, réguler mes propres énergies afin que cela ne puisse plus se produire. Et je sais que c'est mon hyper responsabilité, induite par mon « sois forte », qui lui a permis d'accrocher son petit wagonnet derrière moi.

*****

Nous créons en permanence des conflits car nous pensons que le faire n'est que dans la matière, que la réussite n'est que matérielle. Que la vie de bon moldus, consommant à outrance des choses inutiles, soutenant leurs équipes, scotchés dans un canapé en cuir, avec une bière dans une main et la pizza dans l'autre, et en allant courir sur des tapis mécaniques va faire de nous des êtres équilibrés en bonne santé. Acceptant même pour un très gros pourcentage toutes les doses pour pouvoir aller voir les matchs, aller au restaurant et partir en vacances.

Pour certains matchs il faut même des équipes de sécurité doublées voir triplées, comme pour PSG-OM, parce qu'ils ne sont pas capables de comprendre que c'est juste un match de foot et non pas le début de la troisième guerre mondiale. Qu'ils ont tous donné leur argent si durement gagné à des multi-millionnaires voire milliardaires, qui s'amusent à envenimer le conflit via les merdias à leur botte. Et que les personnes qui se trouvent en face d'eux sont juste moldufiées exactement comme eux et qu'aucun des deux n'a assez de discernement pour comprendre que ce n'est qu'un sport. Dernièrement, un homme a même brûlé le maillot arboré par un enfant handicapé car c'était celui de l'équipe adverse.

Les gens s'identifient à tout un tas de choses extérieures car ils n'ont aucune identité personnelle. Parce que cette identité est complètement écrasée par le système, qui veut que nous soyons des bons esclaves incapables de réfléchir et de se dissocier de l'égrégore qu'ils créent

Retrouver son équilibre intérieur

pour nous. Ils veulent même nous pucer pour calibrer nos achats, nos déplacements et notre savoir. Histoire qu'on soit interchangeables et corvéables aux nécessités et besoins du système capitaliste. La puce nous interdira l'accès à certains endroits en fonction de notre aptitude à être ou non un bon citoyen obéissant.

Continuez à croire que la meilleure interaction sociale est un bon apéro dînatoire entre potes. À l'heure actuelle ceux qui sont pris pour les méchants ce sont ceux qui respectent les autres et qui demandent qu'on les respecte. Ceux qui réfléchissent et qui dénoncent le système. Ceux qui essaient de prévenir que c'est la merde. Les empathiques sont considérés comme des personnes déficientes incapables de gérer leurs émotions, alors que ce sont des personnes à l'écoute des autres. L'empathie n'est pas une maladie c'est le remède. Et plus les annihilateurs vont nous mettre la pression plus l'empathie va grandir chez ces personnes-là, en réponse à leur indifférence. Plus l'indifférence monte plus l'empathie monte, et nous ne sommes pas malades, nous sommes des êtres en ouverture d'esprit et en compréhension du malheur grandissant. Il y a comme je l'ai aussi dit plus de gauchers, car ils sont dans leur énergie profonde quand ils sont en capacité de l'exprimer : des empêcheurs de tourner en rond. Ils inversent tout. Et les empathiques, quand ils auront réussi à ne plus être envahis et submergés par les émotions négatives des autres, de émetteurs d'amour universel XXXXXXL. Je suis sur ce chemin et c'est waouh : surpercalifragilistique. Les deux apparaissent en nombre quand une société décline, la nature apporte des solutions nouvelles. Tout comme les cerveaux doubles capables de mettre en place des réponses à double polarité, yin et yang à la fois, esthétique et utile.

*****

Si on reprend à la base, une partie de l'énergie vitale est dans le rouge, au niveau du bassin, elle est en lien direct avec le sang et l'envie de vivre, la vivacité, le rouge. L'énergie du chi inné qui se trouve dans les reins. Quand il n'y en a plus, on meurt, impossible de le recharger, il est en lien direct avec notre génétique, nous portons le même potentiel énergétique de notre lignée familiale.

Retrouver son équilibre intérieur

Le chakra de base est aussi appelé chakra coccygien, rappelez-vous que quand il est bloqué, on déprime, car bloqué dans la matière. On manque de circulation d'énergie vitale dans le corps via la colonne vertébrale. Le coccyx étant l'autre point d'attache bas de la dure-mère.

La moelle, pour fabriquer les globules rouges, a besoin de l'énergie du chakra de base. Elle travaille également avec la rate, qui elle est en charge de la taille des globules rouges. Est-ce vraiment une coïncidence ou le corps sait des trucs que nous ne savons pas ou plus !

On peut mourir de peur, par épuisement instantané de l'énergie du rein. « J'ai eu une peur blanche » « blanc de peur », « blanc comme un linge », il y a une telle frayeur que la personne perd tout le rouge du chakra de base. Le sang est rouge, il transporte tout ce dont le corps a besoin pour vivre, et pour survivre. Il y a un tri de ce que nous ingérons via le duodénum, sous administration du chakra solaire. Certaines personnes, suite à une très forte peur, ont les cheveux qui deviennent blancs, d'un coup. C'est arrivé à la cousine de ma grand-mère, pendant la guerre ses cheveux sont devenus blancs à 40 ans du jour au lendemain, par une perte brutale de chi inné, à la mort de sa fille.

Donc oui, l'énergie vitale du chakra de base est importante, le rouge. Mais comme elle n'est pas rechargeable, il est préférable de travailler et d'utiliser pour nos interactions et actions dans la matière l'énergie vitale du jaune, du solaire. Et celle-ci a un lien direct avec le moi, donc avec nous et plus à notre lignée. Donc si nous voulons pouvoir faire évoluer les choses et nos conditions d'existence sur cette Terre, il est indispensable de savoir « qui on est » en dehors de notre génétique et du formatage que nous avons subi dans la tribu ou le troupeau dans lequel nous avons grandi.

Les sportifs se servent beaucoup du rouge, mais ils devraient plutôt se servir du jaune du chakra solaire. De la rate, tous les êtres humains sont en déficience de rate.

Retrouver son équilibre intérieur

Il y a recrudescence de crises cardiaques depuis plusieurs décennies. Les gens se battent pour conserver leur territoire, pour être la ou le meilleur. Nous sommes dans une société qui valorise le bien matériel et qui en même temps nous met dans la contrainte de se battre pour le conserver. Et quand il y a échec, préprogrammé par le système, l'organe qui est en charge de faire circuler le sang cesse de fonctionner. L'autre solution du cerveau c'est de mettre la personne en pat hormonal, en dépression, en inaction, en incapacité de produire quelque réaction que ce soit. Les deux systèmes ont un rapport direct avec le chakra de base. Le sang est notre lien à notre famille génétique, à nos ancêtres, aux peurs héritées des actions passées.

Le chakra de base gère la matière, trop de matière alourdit la charge de travail et la charge territoriale et empêche de suivre son intuition quand elle nous demande de lâcher prise. Le chakra de base ce sont nos fondations.

C'est pour cela qu'ils vous poussent à être propriétaires, à avoir plein de crédits et alourdissent les charges. À posséder plus que de nécessaire. Je suis en train de me libérer de la charge matérielle d'objets accumulés et conservés au fils des années et intergénérationnels. Accumulation augmentée par la peur de manquer. Peur, rein, chakra de base, manque, foie, chakra solaire. On y revient encore, le lien solaire de base est un enjeu permanent de notre existence terrestre !

Le chakra solaire

Il a une importance primordiale dans la captation du prana, pour alimenter le chi acquis, via la rate. C'est un capteur solaire. Dans des temps plus anciens, on enlevait la rate aux marathoniens, d'où l'expression, « courir comme un dératé ». L'effet secondaire, c'est qu'ils n'avaient plus la sensation de fatigue, qu'ils pouvaient courir plus longtemps et qu'ils finissaient par mourir de fatigue. C'est notre détecteur de fatigue, si on ne l'a plus on ne la ressent pas. Depuis

Retrouver son équilibre intérieur

toujours au lieu de dire je suis raplapla, je dis « je suis rataplat » : rate à plat, en manque d'énergie de rate, bien avant de faire de la médecine traditionnelle chinoise et de connaître son rôle. La rate est l'organe qui garde les autres organes en haut, c'est l'ascenseur montant du corps humain. Les gens qui sont en ptose d'organe sont en manque flagrant d'énergie de rate.

Elle recharge donc l'énergie de tout le corps. Et nous n'en prenons pas soin, nous altérons et dilapidons l'énergie du chakra solaire. Déjà parce que nous n'intégrons pas le prana solaire correctement, il y a toujours la partie automatique mais comme nous maltraitons le chakra solaire cela ne suffit pas toujours, nous tournons au minimum syndical. Car comme nous ne faisons pas du tout attention à gérer nos émotions, que nous les subissons plus qu'autre chose cela mange de l'énergie et fait baisser notre fréquence. C'est comme si notre voiture avait des panneaux solaires sur le toit et que nous mettions nos bagages dessus. Et après, on se demande pourquoi ça marche moins bien. Et ce n'est que le côté émotionnel.

Les énergies du chakra solaire sont donc altérées par les émotions négatives, les fameux bagages.

Le foie gère : la colère, la frustration créée par le manque. Le foie gère aussi le sang, il le filtre : « être rouge de colère », « j'ai perdu mon sang froid », « j'ai vu rouge ». Il y a donc un rapport direct entre le jaune du solaire et le sang rouge, cela confirme qu'il y a une interaction directe entre les deux chakras. Et c'est dans le duodénum que l'action de la bile et des sucs pancréatiques permettent de répartir les nutriments nécessaires dans tout le corps. Quand il y a manque, il y a dysfonctionnement de stockage et de répartition des énergies. Le foie crée trop de cellules adipeuses et le corps enfle. Il y a des déséquilibres sanguins, trop de ci, pas assez de ça.

Pendant la pandémie, et en post vaccination, il y a beaucoup de décès chez les sportifs, les gens pensent que faire du sport compense les excès de la vie quotidienne. Ils abusent de nourriture et de produits encrassant le corps et pensent que parce qu'ils sont sportifs cela va être éliminé. Mais non, certains aliments sont comme de la glue, et ne sont jamais éliminés. Novak Djokovic a bien compris cela, et il a tenu bon face à la pression se privant même de l'open d'Australie. Cela fait des années qu'il fait attention à son alimentation et à bien d'autres choses. Il a écrit un livre « service gagnant ». Il est très souvent critiqué pour cela, mais quoi qu'il en soit, il est toujours là bien qu'il ait dépassé l'âge de la retraite d'un sportif lambda. Il entretient son chi acquis, en faisant attention à son alimentation, enfin si tout du moins il ne le recharge pas, il ne le dilapide pas. Et quand on voit la tête de Nadal à côté on voit bien qu'ils n'ont pas la même hygiène de vie. Et qu'il peine à le battre pour ne pas perdre son territoire, d'où les problèmes cardiaques. Ils sont pourtant tous les deux sportifs de haut niveau. Mais ils ne gèrent pas l'information énergétique de la même manière. Novak n'a pas eu peur de ne pas aller en Australie, donc il n'a pas eu de perte de territoire, car sa décision de ne pas y aller, a été motivée par une croyance positive non une peur.

Il y avait aussi Jacques Mayol le plongeur en apnée, qui faisait du prana yoga, (yoga respiratoire) et il réalisait des performances au-delà de l'entendement, car il nourrissait son corps autrement, à savoir énergétiquement parlant ce qui lui permettait de rester plus longtemps en apnée. Car il était nourri d'énergie de lumière. Être pranique n'a rien à voir avec un jeûne, car on se nourrit d'énergie de lumière, ce n'est pas une diète.

La première fois que je me suis nourrie énergétiquement sur un champ de tournesol, j'ai éclaté de rire tellement l'énergie était puissante et joyeuse. Elle est d'ailleurs complètement différente suivant le moment de maturation de la plante. Au moment de la fleur, ça pétille, c'est pop et ça met en très grande joie, ensuite quand la fleur est en train de grainer, c'est plus lourd, sans être alourdissant, cela dynamise mais plus comme un générateur. On sent bien que ça part de plus bas dans le corps et que ça remonte. Les deux sont très agréables à ressentir. Par

Retrouver son équilibre intérieur

contre je ne me nourris jamais sur un fruit ou une fleur coupée, car je ne laisserais que de la matière aux autres. Ce ne serait pas correct. Imaginez que quelqu'un mange toute la garniture des cup cakes et vous laisse uniquement la génoise, pas glop.

Une fois j'ai eu une personne à ma boutique qui m'a acheté un hérisson rouge, en orgone que j'énergise par magnétisme, cette personne était anorexique. Cela m'a interpellée car elle fait carrément collection des hérissons.

Donc l'information du rouge ok validé, il y en avait un bleu, mais non c'était le rouge qu'elle voulait. Vu que je mets dans mes orgones les énergies des chakras, avec le rouge on était là bien dans une énergie de vie. Mais l'information importante c'est qu'elle fait cette collection de hérissons. Je suis donc allée voir dans mon dictionnaire des symboles celui du hérisson. C'est le symbole du feu, donc du père, première piste. Deuxième info il est aussi symbole de gourmandise, pour une anorexique c'est quand même extra comme collection. Le feu c'est l'élément en rapport direct avec le chakra solaire ! De nouveau un rapport direct entre le chakra de base et le solaire.

Je lui ai donc demandé quelle est ou était sa relation avec son père ?
Elle m'a répondu, qu'elle avait perdu sa raison de vivre à son décès, qu'il lui manquait trop, qu'elle n'avait plus de motivation, ni de raison d'être. Bingo ! Son fils qui était avec elle et qui ne croyait pas trop en l'énergétique est resté estomaqué par la concordance de l'information et par la justesse de ma question. Et il a dit : « donc sa collection de hérissons n'est pas anodine, elle a une raison d'être ? », « Oui ».

Hé oui ! Le rouge pour lui redonner envie de vivre, le hérisson pour lui redonner le lien à la gourmandise, au père, au feu du chakra solaire. Cette énergie qui a été mise à mal par une grande émotion négative qui a perturbé le fonctionnement de son chakra solaire et du coup de son système digestif. Ça lui a altéré une de ses sources d'énergie, elle se nourrissait de sa relation à son père. Il n'est pas facile de changer de

Retrouver son équilibre intérieur

mode d'alimentation énergétique. Le manque et le choc émotionnel ont également altéré le fonctionnement des organes régis par le chakra solaire. Modifiant de façon durable la demande de nourriture et le stockage de ce qui est ingéré. Et information complémentaire issue de ce dictionnaire, le hérisson aime se cacher dans les troncs creux et l'arbre est le symbole de la famille. Cette femme était donc en quête d'une nouvelle source d'alimentation énergétique, calquée sur son père.

*****

Lors du départ de mon mari, il m'a fallu plusieurs semaines pour passer par-dessus le choc émotionnel, et reprendre une alimentation normale. Certaines personnes n'y arrivent pas ou alors surcompensent et partent dans une surconsommation. Il ne faut jamais minimiser l'impact d'une émotion car ce sont elles qui ancrent le conflit entre l'être et le faire.
Nous avons donc de nouveau une interaction directe entre le solaire et la base. Entre le chi inné et le chi acquis, ce qui paraît somme toute logique, vu que ce sont les deux sources d'énergie liées à la partie physique du véhicule terrestre, il y a donc une interaction directe entre ces deux sources. Au final, nous devrions utiliser ces deux sources d'énergie en fonction de leur utilité primordiale. Et il paraît somme toute plus logique de se servir plus abondamment de celle qui est rechargeable, plutôt que de celle qui ne l'est pas.

Alors que tout est fait pour que le contraire se produise. Nous maintenir en permanence dans des peurs, par les merdias. Exacerbant en permanence la peur de l'autre, même maintenant en post pandémie, avoir peur des gens en bonne santé, car ils peuvent être au final des porteurs sains, c'est quand même un comble. La ségrégation de classe sociale, des personnes en précarité considérées comme dangereuses et à l'origine de tous les problèmes y compris de l'inflation. Alors qu'en ce moment c'est plutôt les multi milliardaires qui en veulent à notre vie. Plus ils sont riches plus ils veulent nous éradiquer et faire des coupes franches dans la masse.

Retrouver son équilibre intérieur

Arriver à ce que les gens s'en prennent aux personnes en grande précarité, les désignant comme les responsables de l'effondrement du système. Les gens se plaignent d'avoir à payer des cotisations sociales pour entretenir les indigents, ces cotisations sont actuellement aux alentours des 23%. Alors que ces mêmes personnes vont donner 1 milliard par mois aux banques, juste parce qu'ils paient tout en carte bleue, tous leurs achats. Ils ne se rendent pas compte qu'ils sont complètement sous emprise émotionnelle d'un système qui leur reprend les 77 autres % de leur salaire en réduisant systématiquement leur liberté de choix, et en les obligeant à rendre en totalité le reste de leur paie à des personnes bien prédéfinies.

En obligeant, en plus, les gens à baisser en gamme de qualité alimentaire, avec des aliments n'ayant plus aucun intérêt énergétique, juste de la matière à mastiquer, cela dilapide encore et toujours le chi acquis. Car on dépense plus d'énergie à digérer cette alimentation sans intérêt énergétique qu'elle ne nous en apporte au final. La digestion de ces aliments industriels ultra transformés vous fatigue au lieu de vous apporter du prana. D'où les coups de fatigue post repas, les ballonnements et éventuellement les maux de tête.

En infantilisant la société, en lui faisant croire qu'elle est en danger, qu'elle n'est pas capable de savoir se protéger par elle-même. En nous accusant de transmettre des virus à nos proches, juste en allant les voir, nous accusant de prendre en permanence les mauvaises décisions. Ils manipulent complètement notre vision de la réalité, nous maintenant en permanence en stress et cela en jouant directement sur les émotions et le chakra solaire. Qui passe son temps à compenser, et à ruminer plutôt que d'alimenter le corps en énergie vitale haute et performante.

Les nouveaux soi-disant symptômes du variant actuel (septembre 23) portent sur le système digestif, lol, ils ont détruit votre personnalité avec des mois et des années de manipulation mentale et c'est maintenant le système digestif qui est porteur de notre identité qui

Retrouver son équilibre intérieur

part en cacahouète. C'est la suite logique de tout ce sabotage. Perte de valeur et d'identité.

Le stress a une interaction directe avec le chakra du 3ème œil et du coronal. Au 3ème œil il va suractiver le mental au lieu de l'intuition, nous submergeant de questions sans réponse car sous l'influence directe des peurs. Et au coronal il va nous pousser à chercher un sauveur extérieur, étant donné qu'ils ont saboté toute notre confiance en nous, en nous infantilisant et en nous accusant de systématiquement prendre les mauvaises décisions, en ne suivant pas leurs consignes. Le doute est une des armes de la manipulation mentale de masse, plus vous doutez plus vous comptez sur les autres pour résoudre vos problèmes. Alors que la réponse vous l'avez en vous, si vous êtes en pleine possession de toutes vos énergies vitales, et qu'elles sont bien entretenues. Quand nous réapprendrons à gérer nos émotions, et que nous reviendrons à une alimentation plus saine, nous pourrons sortir des peurs de tout et n'importe quoi et nous passerons dans les énergies de cœur.

Certes une meilleure alimentation est plus chère, mais elle nous apportera plus de satisfaction gustative et énergétique, et nous mangerons moins donc cela revient au même. Il faut bien évidement travailler sur les manques pour réussir la transition. Cela nous apportera la stabilité au niveau des énergies du solaire qui pourra alors faire son travail de point énergétique d'expression du respect de soi. Nous aurons alors une meilleure analyse des choses et des événements et nous ferons preuve de discernement. Les émotions existeront toujours mais elles ne dirigeront plus notre vie, car nous apprendrons qu'elles sont source d'information, pour analyser qu'une situation nous convient ou pas, et une fois l'information comprise nous pourrons nous libérer d'elles, les laisser partir et ne pas les conserver indéfiniment comme des trophées justifiant notre inaction.

Chakra sacré

Retrouver son équilibre intérieur

Et tadam ! C'est le mélange des deux sources de chi, acquis et inné qui alimente le chakra sacré, pour créer la vie. Car comme tout le monde le sait rouge et jaune ça fait, gros suspense du …. Orange !!!

Ho dis donc, on l'apprend au collège ça.

S'il y a trop de rouge on est dans une sexualité débridée uniquement physique, sans émotionnel, qui va nous apporter certes du plaisir mais aucune énergie évolutive, au contraire cela va nous vider de notre énergie innée. Pour avoir une sexualité constructive évolutive du point de vue de la conscience, il est préférable d'avoir des sentiments pour la personne, car à ce moment-là les 2 chi s'unissent et peuvent créer une montée d'énergie dite « Kundalini », jusqu'au chakra coronal via la colonne vertébrale. Car le jaune du chakra coronal n'est pas vraiment jaune il est or. Pour faire la couleur or il faut du rouge, du bleu et du jaune. Si on regarde les chakras : rouge base, bleu 3ème œil, jaune solaire. L'or gère le mysticisme et l'engagement sacerdotal et s'il y a trop d'émotions négatives donc de jaune, pas assez de bleu discernement, on va dévouer cette énergie à des égrégores et non à sa propre lumière intérieure.

Il est donc primordial que le petit moi soit en équilibre pour bien alimenter énergétiquement le moi supérieur. Sans cet équilibre personnel physique et émotionnel, du véhicule humain terrestre, nous restons dans un circuit ras les pâquerettes attendant un sauveur extérieur. Nous serons alors dans l'incapacité de développer notre connexion de pleine conscience et notre souveraineté personnelle.

L'un des symptômes du coco, la perte de l'odorat. Qui lui est en rapport direct avec notre lien affectif à l'autre et donc à notre sexualité. Une perte d'odorat va nous couper de nos repères et de notre discernement concernant nos choix de partenaires. « Je ne peux pas le sentir celui-là », du coup on ne rentre pas en fusion. C'est l'odorat qui nous dit si une personne n'est pas compatible avec nous : je le sens et je le ressens.

Retrouver son équilibre intérieur

Sans ce discernement, on choisit les mauvais partenaires, et cela crée des émotions négatives, retour au chakra solaire. Pif paf pouf, la boucle qui vous maintient dans le petit moi est bouclée. Et comme on est hyper triste on va compenser le manque avec du sucré.

Sachant en plus que la relation à l'autre est également directement liée au goût. Deuxième sens altéré par le coco. « Il est à mon goût » et d'ailleurs pour le vérifier, la première chose que nous faisons c'est échanger notre salive, ou plutôt notre identité en nous embrassant, pour le vérifier. Je ne connaissais pas encore cette information, quand mon couple a commencé à battre de l'aile, j'avais très envie d'embrasser mon mari et quand j'arrivais vers lui je ne pouvais pas poser mes lèves sur les siennes. Et cela faisait bien longtemps qu'on ne se faisait que des smac, plus aucun contact avec la salive. Et son odeur corporelle m'indisposait depuis plusieurs mois. Tous des signes qui montraient que nous n'étions plus en accord énergétique. Son odeur et son goût ne me convenaient plus. Plusieurs semaines après notre séparation, il a bu dans ma bouteille au goulot et je n'ai pas du tout aimé recevoir son information par sa salive restée sur la bouteille.

Il y a quelques mois, j'ai fait la connaissance d'une personne, un jeune homme, qui prenait sa douche à chaque fois juste avant de passer me voir. Cachant ainsi son odeur, il sentait le savon. Pareil pour les parfums, vous vous cachez derrière. Mais bon, ce jeune homme que je trouvais charmant, était pourtant très lunatique. Et en fait était en train de me rendre redevable, il m'aidait dans une période compliquée pour moi, et par contre quand je lui proposais un échange et que nous devions faire quelque chose pour lui il partait en vrille et annulait au dernier moment.

J'ai trouvé le moyen d'échanger notre salive sans qu'on s'embrasse. Et une fois sa vraie identité intégrée par sa salive, j'ai eu son identité énergétique, j'ai repris la main sur les choses. J'ai vu sa manipulation, et j'y ai mis fin, alors qu'il tentait de me persuader que j'existais uniquement grâce à lui. Certes dans une période compliquée, il m'avait amené un certain nombre de clients en hypnose, mais tout cela pour se glorifier. Pour passer pour le mec sympa qui agit pour le bien des autres. Mais il exigeait un cadeau pour son anniversaire de plusieurs centaines d'euros, et que le lui fasse la 5ème séance gratuite, je lui devais bien cela.

Un manipulateur, il donnait le change car c'est un vidéovore, il se nourrit d'information sans jamais la mettre en application sur lui-même, il s'en sert pour connaître l'autre et l'utiliser. Et dès qu'en fait nous devions faire quelque chose qui l'aurait mis dans l'action énergétique concrète, il pétait un câble. J'ai pu voir son comportement car j'ai partagé sa salive. Sans cela il aurait pu continuer à faire virevolter le miroir aux alouettes pendant encore quelque temps. On peut se cacher derrière tout un tas d'artifices olfactifs, mais notre identité fait partie de notre salive, ne dit-on pas que quand on boit dans le verre de quelqu'un on peut lire ses pensées, en fait on intègre son identité.

Et comme toute personne incapable de passer à l'action concrète, de par ses croyances limitantes, il faut un bouc émissaire à leur inaction, il m'a donc dénigrée avant de partir comme si c'était moi la fautive. Il n'a pas été le seul. Mon hyper responsabilité a tendance à attirer les doryphores qui cherchent à se dédouaner de leur propre incapacité à prendre leurs responsabilités. J'ai été responsable de cet état de fait car mon curseur était trop haut dans la prise de responsabilité induite par le « sois fort » et « sois parfaite », qui impliquait que je pensais que ce n'était que ma faute. Je remercie ces personnes par leur comportement pour m'avoir fait comprendre cela. Je me suis débarrassée de ces croyances et dorénavant je n'assumerai plus les responsabilités des autres.

Dans plein de jobs mes collègues se déchargeaient de leurs fautes sur moi, cela a commencé depuis mon enfance où ma petite sœur m'accusait en permanence de choses que je n'avais pas faites pour me faire disputer à sa place. Pas facile d'avoir des relations justes quand

Retrouver son équilibre intérieur

nos énergies sont sous contrôle de nos croyances limitantes et cela a un impact direct sur nos relations à l'autre. Je prenais sur moi pour rester dans la tribu qu'elle voulait me voir quitter. Si notre moi est bien construit et que nous nous respectons, nous alimentons le chakra sacré avec moins de peur, et nous réajustons nos relations à l'autre, qui ne pourra plus exploiter nos défaillances énergétiques.

Pour en revenir à la salive, analysons le rituel du calumet de la paix, pour sceller une entente les indiens fumaient le calumet de la paix, en fumant tous la même pipe, une pipe pour tout le monde. Déjà en premier lieu le tabac est une plante initiatique de connexion à la conscience, et ils mettaient tous leur salive dessus, et chacun captait donc l'identité de l'autre, refuser de le fumer était un affront, car cela voulait dire que la personne avait quelque chose à cacher, et cela remettait en cause les accords de paix.

*****

Il est donc important pour avoir des relations justes et évolutives pouvant valoriser l'énergie du chakra sacré par l'acte sexuel, que nous soyons dans un respect de soi et de l'autre aussi. Que l'acte sexuel ne soit pas là pour décharger nos frustrations, ou encore nous faire sentir vivant. Les conquérants violaient les femmes des terres conquises pour fortifier leur race. De nos jours c'est plus fait pour altérer l'énergie vitale, c'est pour cela qu'il y a autant d'agressions sexuelles et qu'elles sont autant minimisées, car cela ne permet pas un équilibre du petit moi pour se mettre ensuite au service de la pleine conscience.

Les vikings agrandissaient leur territoire en mode mammifère en expansion et en besoin de faire perdurer la race, nous n'avons plus besoin de cela de nos jours, nous avons besoin de faire les choses en conscience.

Ce que je vais dire n'est pas très chic, mais me retrouvant célibataire, j'ai eu des échanges avec la gent masculine, et un de mes interlocuteurs, voulait d'une me sodomiser, donc me dominer, car mettre son identité sa semence dans mon intestin par la sortie, et en

Retrouver son équilibre intérieur

plus me cracher dans la bouche. Déjà ce n'est pas très respectueux, car cracher sur quelqu'un c'est l'insulter, voire dégoûtant, mais surtout ce monsieur voulait effacer mon identité en la remplaçant par la sienne. Me soumettre au-delà de tout entendement. Je ne suis même pas sûre qu'il en ait eu conscience, mais en tout cas moi cela a mis fin instantanément à nos échanges et je n'ai pas donné suite.

Chacun fait bien comme il veut, je ne suis pas là pour juger des mœurs des autres, j'explique les conséquences énergétiques de tels comportements. En plus j'aurais téléchargé tout son historique, beurk.

Maintenant que je me respecte et que je sais qui je suis et ce que je veux, je ne pourrai plus jamais offrir cette énergie à n'importe qui. Ni la laisser polluer d'ailleurs. À mon âge ce n'est plus une question de survie de la race mais bien une question d'évolution énergétique. Par contre ce n'est pas parce que la pouponnière est fermée que la salle de jeu ne peut pas être valorisée.

Le petit moi

Dans la relation aux autres, c'est la qualité de notre alimentation et de nos émotions qui recharge ou pas notre pile d'énergie acquise, c'est tout ceci qui va déterminer notre filtre social. Le chakra solaire détermine votre façon de vivre les choses et de les ressentir, alors que ce devait être le 3ème œil par l'intuition qui devrait le faire. Dans le film de Luc Besson « Valérien », les Pearls habitants de la planète Mül se saluent d'un geste de la main au niveau du 3ème œil, j'adore, c'est tellement juste.

*****

Mon second mari me vampirisait complètement mon énergie de chakra solaire vu que lui avait décidé à un moment donné de ne pas gérer ses émotions, de les occulter pour faire plaisir à l'autre. Il ne fonctionnait que sur le mental. Pensant qu'en occultant ses émotions cela lui permettrait de ne pas souffrir, alors que c'est justement ça qui le faisait souffrir. Il y a eu un événement ou un mode d'éducation qui lui a fait

Retrouver son équilibre intérieur

penser que l'autre passe avant lui, il a intégré cette information juste pour sa survie. Ce vampirisme de mon moi afin de se mystifier dans mes désirs, a eu comme conséquence de contribuer à me voler mes énergies pour se nourrir dessus, et cela a aggravé le fonctionnement de mon système digestif et a altéré l'énergie de mes lombaires. « À mon insu de mon plein gré ». Le chakra solaire étant rattaché à L3. Il ne l'a pas fait exprès, il n'en avait même pas conscience, c'était un comportement induit par ses croyances limitantes. Je ne lui en tiens aucunement rigueur, nous avons, tous les deux, été induits en erreur par rapport à notre préprogrammation de psyché erronée.

Personnellement j'ai omis d'écouter toutes ces informations pendant les 10 ans de notre couple, j'ai rejeté cet homme trois fois au début de notre relation avant de me mettre en couple avec lui. Il y avait des choses qui ne me convenaient pas et j'ai mis un voile dessus parce qu'il était adorable, et je me disais que l'amour que nous vivions ensemble était plus important que ses comportements qui ne me convenaient pas, et que ce n'était que passager comme comportement, eh bien non au final la cohérence interne mise en place par ses croyances limitantes a de nouveau été plus forte. On dit bien que l'on ne peut pas faire changer quelqu'un, c'est à cause de cela. La cohérence interne induite par nos croyances erronées est même capable de nous faire renier la vie elle-même. Nos valeurs les plus profondes, d'âme, peuvent être remises en cause par les croyances limitantes de notre cohérence interne.

*****

Dès qu'il a emménagé avec moi je me suis fait un lumbago, 3 semaines alitée, à dormir 15h par jour, comme nous l'avons vu plus haut L3 est le point de résonance du chakra solaire sur la colonne vertébrale. Je ne me suis pas respectée je l'ai payé direct. Et 2 mois plus tard l'intoxication au nickel m'a altéré le système digestif, mon identité, car c'était devenu un point énergétiquement faible chez moi, je m'effaçais devant lui, je n'écoutais pas mon intuition qui me disait de ne pas rester avec lui. Bien que nous ayons œuvré ensemble, que j'ai pu pratiquer mes thérapies, que j'ai avancé dans mon domaine pendant

Retrouver son équilibre intérieur

nos 10 ans de relation, nous l'avons fait à son rythme au lieu de le faire au mien. Lui l'a fait sans vraiment y croire, mais plutôt pour me faire plaisir et l'a fait pendant près de 7 ans sans aucune conviction.

J'ai donc tiré un poids mort pendant ces années et je me suis épuisée. Car je l'attendais, je cherchais à lui laisser une place qu'il n'a jamais voulu prendre. Après je l'ai fait parce que je voulais le faire, et que je l'aimais, mais cela m'a mise en grande faiblesse physique, et plus le temps avançait et plus il doutait car plus je me freinais pour l'attendre et plus j'étais malade, plus il remettait en question notre travail de thérapeute plus cela m'affaiblissait. Et avec ma croyance du « sois forte », je ne pouvais de toute façon qu'échouer, double peine. Plus je faisais d'efforts pour y arriver plus j'étais vouée à échouer et plus j'échouais moins il y croyait, et moins il y croyait plus il me vampirisait, un cycle infernal qui a eu raison de son amour. Et mes soucis digestifs s'aggravaient par là même car je n'avais plus non plus d'énergie à vouer à la transformation des aliments ingérés. Toute information extérieure était devenue impossible à transcender par manque de personnalité.

Du coup cela m'a mise en lutte pour arriver à maintenir ma bonne santé. Un énième pétage de plomb, de ma part, car ma santé allait de pire en pire, l'a mis face à son propre comportement et plutôt que de décider de dire la vérité et d'assumer ses doutes, il a pris la fuite, se sentant dans l'incapacité de me faire plaisir. Sa croyance du « faire plaisir » l'empêchant de vraiment faire ce qui aurait été salvateur pour notre couple : exister par lui-même et pour lui-même. D'exister et de développer sa personnalité au lieu de se fondre dans la mienne.

Et en seulement quelques semaines après son départ, j'ai pu atteindre un état de sérénité intérieure que je pressentais, depuis toujours. Mais qu'il m'était impossible de mettre en place en étant yang. Cela je vous l'expliquerai dans le chapitre du yin yang.

Retrouver son équilibre intérieur

Sous le foie il y a la vésicule biliaire : l'amertume et la rancœur, se faire de la bile. Quand on a la nausée et qu'on n'a rien mangé on vomit de la bile. La bile remonte trop haut, les émotions liées au manque remontent jusqu'à passer par-dessus le cœur. On est écœuré par le comportement d'autrui. On ne peut pas garder ça à l'intérieur de nous, faut que cela sorte. Et on vomit, pas très glamour mais très réaliste.

Certaines personnes n'ont plus de vésicule biliaire, ce qui est le cas de P., le manque de personnalité a été tellement grand qu'elles n'y ont pas résisté.

De quel manque parlons-nous ? Il y en a tellement ! En l'occurrence ici d'affirmation de soi, de sa personnalité dans son territoire. Mais il y a de multiples manques : manque d'amour, peur du rejet, suite à une trop grande souffrance. Impossibilité d'établir des règles et des limites. Les calculs dans la vésicule biliaire sont d'ailleurs très douloureux et font souffrir. La bile est quelque chose de très basique en-dessous du neutre et ça ronge de l'intérieur.

Une surproduction de bile va altérer le fonctionnement du duodénum et peut aussi créer un excès d'acidité gastrique, pour venir essayer d'éteindre le manque, quel qu'il soit. Pour calmer les acidités gastriques on mange, on compense par l'alimentation le manque. Mais comme il y a un manque de personnalité, ou de respect de ses frustrations, soit on s'efface par rapport à la demande de l'autre par manque de caractère, soit cela déclenche de la colère du feu. Quoi qu'il en soit il peut y avoir diverses expressions de ce manque. L'une étant de ne pas avoir assez de personnalité pour digérer les aliments que nous ingérons. Notre chi personnel est inférieur à celui de l'aliment que nous mangeons. Le manque de personnalité va faire soit des introvertis qui ne vont jamais oser, soit des extravertis qui vont compenser par un caractère fort colérique et dominateur. Dominant dominé même origine énergétique, manque de personnalité énergétique. Chacun va exprimer les choses différemment en fonction des autres croyances associées. Cela donne de multiples possibilités de lecture. Chez moi par

Retrouver son équilibre intérieur

éclatement en crise de colère, chez lui en rentrant dans sa coquille, en s'effaçant.

*****

Nous avons donc deux organes qui rentrent en conflit acido-basique et c'est le basique, contrairement à ce que l'on pense qui est le plus problématique au niveau digestif, ce qui n'est pas toujours su. Ce qui peut provoquer des reflux gastro-œsophagiens, que l'on corrige avec un plâtre, alors que le corps crée de l'acide pour compenser le trop de basique et on rajoute du basique. C'est comme rajouter de l'essence sur un feu pour l'éteindre. Alors qu'il faudrait trouver le manque que vit la personne et l'émotion en rapport direct pour stopper la surproduction de bile.

Mais comme tout est fait pour créer du manque dans notre société de consumérisme, le système contrôlant ne va pas aller tuer la poule aux œufs d'or. C'est pour cela que les intolérances alimentaires augmentent exponentiellement, parce que les gens n'ont plus aucune personnalité, ils essaient de rentrer dans des stéréotypes, prédéterminés par une société sous contrôle mental.

Altérer le fonctionnement du chakra solaire dérègle tout le fonctionnement des autres chakras ; pourquoi s'en priver quand le but de la société actuelle est de nous maintenir dans le petit moi et la matérialité du chakra de base. Un chakra solaire en bonne santé c'est une catastrophe pour les contrôlants, car nous serions alors capables de discernement. Alors que ce qui est voulu par les instigateurs du nouvel ordre mondial c'est qu'on reste manipulable et corvéable à souhait afin d'alimenter leur système capitaliste destructeur.

L'avoir au lieu de l'être : le chakra solaire en est une clé majeure. Le manque crée la frustration, du coup compensation alimentaire car moins de sérotonine qui est principalement produite par les neurones du système digestif. Si l'on n'est pas serein, on bascule dans la peur et donc dans les surrénales qui elles mangent l'énergie du chi inné du chakra de base, provoquant soit une suractivité physique par

Retrouver son équilibre intérieur

l'adrénaline, soit une sidération provoquant un manque de réaction par la noradrénaline.

Et pour nous satisfaire et essayer de combler ce manque on descend également dans le chakra de base dans l'hyper matérialisme. Il y a une explosion des garde-meubles car les gens accumulent des biens matériels à ne plus savoir qu'en faire, moi la première. C'est encore et toujours une compensation d'un manque. Les budgets diminuent, la taille des logements aussi et nous avons toujours plus d'objets accumulés. Il y a un certain nombre de personnes qui passent par le dénuement matériel pensant que cela va résoudre leurs problèmes relationnels et affectifs, ça ne marche pas non plus comme cela. Je suis en train de déstocker car je me suis débarrassée des croyances limitantes qui ont alimenté le manque et donc je ne peux plus supporter ce trop-plein. Mais n'avoir aucun attachement matériel n'est pas meilleur, on n'est pas dans la vie, ni trop ni trop peu, un juste milieu en tout.

*****

90 % des thérapeutes nous serinent que nous manquons d'ancrage. Et bim bam boum on renforce le chakra racine, alors que pour calmer tout cela il faudrait aller complètement à l'opposé sur le chakra coronal, mettre de la pleine conscience. Voir lien page 63. Mais comme nous omettons d'ouvrir le port USB de la conscience et de télécharger ces informations, que nous restons sur radio ras les pâquerettes, nous sommes en manque d'énergie personnelle. Et surtout nous cristallisons et n'avons plus assez de flexibilité pour remettre en question la cohérence de notre psyché.

Pour compenser ce manque et obtenir notre dose de sérotonine on va finalement vers les glucides, le sucré. Car quand la glande pituitaire n'a pas sa dose d'énergie de pleine conscience, elle se retourne vers toujours plus de sucre, plaisir fugace et inefficace. Et comme nous l'avons déjà vu, nous saturons le corps d'aliments ultra transformés, vides de prana, ce qui fait que la glande pituitaire n'est jamais satisfaite. Soit, elle ne produit pas assez de leptine et ne nous donne

Retrouver son équilibre intérieur

pas l'effet de satiété, et on continue à manger pour en avoir. Soit, nous perdons l'effet de satiété par accoutumance à la leptine, car en manque dans les 2 cas de prana. Ce qui produit une demande toujours plus grande de nourriture par frustration énergétique.

Ce qui m'a sauvée du clash émotionnel personnel et ramenée à moi rapidement après le départ de mon mari, c'est que je n'ai pas pu manger autre chose que des yaourts au lait de coco pendant plusieurs semaines, réduisant considérablement la surcharge digestive, et comme mon mari n'était plus là pour vampiriser mon chakra solaire, il est remonté énergétiquement et a pu de nouveau alimenter le moi, me rendant et rendant à mon corps sa capacité de transfert d'énergie de chi acquis vers le chakra sacré et la connexion à la pleine conscience. Et cet état de pleine conscience qui poussait depuis minimum 3 ans, voir 55 ans et sur laquelle je travaille en conscience depuis 2015 a pu continuer son processus d'intégration.

Ça a permis la fin de la métabolisation de ma dernière session d'hypnose, qui était en cours depuis 14 mois, et mon énergie est remontée d'un coup. Le premier effet a été de retrouver mon magnétisme que je n'avais même pas eu conscience de perdre en quelques jours. Je mettais tellement d'énergie dans mon entreprise en association avec mon mari, que je n'en avais plus pour moi.

Les gros chocs émotionnels négatifs comme positifs peuvent provoquer une ouverture ou réouverture des capacités. Car cela provoque un effet de souffle, une sidération qui crée une réaction d'ouverture pour ne pas mourir. C'est un moyen de survie. Dans mon cas cela a permis de recentrer mes énergies sur moi et m'a sauvée.

J'ai fait en sorte de garder ce réalignement malgré la difficulté de la situation. Toujours avancer, ne jamais attendre que les choses arrivent toutes seules, en se disant qu'elles se présenteront quand vous serez prêt.

Retrouver son équilibre intérieur

En faisant comme ça, vous laissez les autres décider à votre place, vous subissez en espérant que cela va passer tout seul. C'est quasi une légende urbaine, qui dit que vient à vous ce qu'il vous faut. Il y a en permanence des opportunités de tout genre, qui vous passent sous le nez, et qui vous échappent. Vous trouvez tout un tas de bonnes ou mauvaises raisons de ne pas le faire, ou vous les occultez par manque de volonté personnelle à mettre en action votre propre énergie, comme si réussir n'était pas dans votre intérêt.

Manque de temps, d'argent, manque de motivation…. Ou de volonté de faire autrement.

Six mois après notre séparation, alors que mon entreprise était en mauvaise posture financière et du coup moi aussi, une formation qui avait été annulée 18 mois plus tôt, s'est représentée à moi. Suite à cette information, et malgré des données contradictoires, mais comme mon radar intérieur s'est éclairé comme un immense feu vert, je me suis inscrite et donc formée au décodage biologique. Formation prodiguée par un médecin généraliste habitant à Lourdes, LOL, tout pour me faire reculer. Je n'ai pas écouté mes croyances limitantes et j'y suis allée.

Et même si j'ai implosé pendant cette formation, car cela a mis à jour un nombre de conflits intérieurs impressionnant, le château de cartes de ce que les entités négatives contrôlantes avaient choisi et envenimé pour me détruire, s'est effondré. Ma cohérence interne a complètement été remise en question, elle s'est effondrée et j'ai dû revoir ma copie.

J'ai été voir des thérapeutes, j'ai cherché les techniques les plus pertinentes pour moi, toutes ces techniques sont complémentaires. Il n'y a pas que celles que je pratique qui sont bonnes. Elles sont toutes bonnes, même celles qui ne marchent pas, car au final nous en chercherons une qui marche mieux, mais si nous allons voir des charlatans ou incompétents, c'est peut-être aussi qu'on n'a pas vraiment envie d'aller mieux ! Tous les choix que nous faisons sont implicitement décidés par notre cohérence interne.

Retrouver son équilibre intérieur

Après certaines techniques qui sont très bien ne fonctionnent pas sur nous car tant que nous pensons que c'est l'autre le problème et pas nous, nous stagnerons. C'est uniquement le jour où l'on comprend et que l'on accepte que l'on est 100% responsable de tout ce qui nous arrive, que nous pouvons vraiment arriver à mettre à jour les fichiers erronés. Ni le thérapeute ni la technique ne sont en cause, comme je le disais, des fois on va même inconsciemment aller vers une technique qui ne va pas marcher pour ne pas remettre en question notre cohérence interne, pour s'auto persuader que ce n'est pas nous le problème. On valide par l'échec notre version de l'histoire.

C'est pour cela que maintenant quand une information arrive à moi et qu'elle déclenche en moi un ressenti positif, je me sers de mon mental pour dire : « comment je vais le faire ? » et pas « pourquoi ? ». Le mental va sous conditionnement socio-économique de la matrice et des multiples blessures vécues avec les stratégies créées par les entités négatives contrôlantes pour vous traumatiser, vous décourager de faire quoi que ce soit. Les programmations induites par notre vécu sur la psyché vont nous auto-saboter, même après que nous ayons fait déménager les squatters.

On va même après un nettoyage sous hypnose régressive ésotérique, tourner en boucle sur les fichiers erronés du subconscient et continuer à agir selon ces anciens schémas compensatoires, qui sont devenus des croyances transparentes, voire des vérités. Aggravés par les préprogrammes que vous traînez encore de vos parents. Et toutes les fausses mauvaises raisons que votre mental énumère via les programmes erronés vont vous empêcher encore et toujours de passer à l'action, ou vont vous induire une action vouée à l'échec.

Et comme le plan des contrôlants maintient en permanence une pression socio-économique désastreuse inventant toujours plus de crises financières, médicales, guerres pour vous retirer volontairement et consciemment les moyens financiers, vous avez l'impression que vous n'avez toujours pas le choix. Quand j'étais seule avec mes enfants

Retrouver son équilibre intérieur

j'avais 3 jobs, et je ne m'en sortais pas financièrement, mais je n'ai jamais renoncé à comprendre à avancer et à me former et aller voir des personnes qui pouvaient m'aider à refaire surface, et donc j'ai continué. Sortir de cette situation de manque permanent était ma motivation, alors que je n'avais pas encore conscientisé tout cela. Je me disais que pour certaines personnes cela marchait alors pourquoi ça ne marcherait pas pour moi ? Pourquoi moi je n'arrivais pas à matérialiser une vie plus sereine, dans laquelle j'aurais pu être la maman calme, présente et aimante que mes enfants rêvaient d'avoir ?

Je fais parfois des choix que les gens ne comprennent pas. Car je prends le risque parfois de ne pas avoir de quoi m'acheter à manger pour aller voir un thérapeute ou pour finir une formation que j'ai commencée et que je sais pouvoir me donner les clés pour résoudre mes conflits intérieurs. Et je passe pour une irresponsable ou une arnaqueuse. Car dans notre société je vous rappelle que c'est les pauvres qui passent pour les méchants, ceux qui profitent du système et de la bienveillance générale. Oui, j'assume mes choix stratégiques ne sont pas toujours de passer pour une bonne citoyenne, mais plutôt de comprendre comment ça marche. Et ce n'est pas toujours bien vu.

Quand je vais voir un autre thérapeute j'ai surtout besoin de personnes neutres et objectives me permettant moi-même de me voir sous un autre angle. Qui ne me critiquent pas d'emblée, ou qui ne me tirent pas à boulets rouges dessus, même si leur information est juste. Certains sont malgré tout, des gros bourrins qui tirent sur quelqu'un qui est déjà à terre. Tous ces soins vont du physique à l'énergétique, et même les massages que je me suis fait faire, même s'ils sont très physiques, m'ont été faits par un tibétain, avec la connaissance des points d'acupuncture, et il est très intuitif. À chaque séance il me disait de ne pas manger de pomme de terre, il insistait sur ce point.

À la fois avec la méthode JMV, je savais déjà que la pomme de terre était toxique pour moi. Mais ce que je ne savais pas et que j'ai appris grâce à une connaissance acquise pendant la formation au décodage

Retrouver son équilibre intérieur

biologique, c'est que l'aliment à cause duquel mon papa avait failli mourir juste avant ma conception, avait son importance. Je l'ai donc appelé pour savoir : roulement de tambour, c'était des pommes de terre.

À la caserne, ils ont fait macérer les pommes de terre toute une nuit, alors qu'il faut un temps très court entre l'épluchage, le tranchage et la cuisson des pommes de terre, sans quoi cela aide à la prolifération de la solanine, qui est un glycoalcaloïde. Qui est très toxique, qui se trouve dans le vert des pommes de terre et dans les germes, impropres à la consommation, et qui se développe aussi en cas de blessure de la pomme de terre et bien évidemment après épluchage de cette dernière. Corvée de patates ! Ils avaient fait macérer des pommes de terre avec du maquereau ou du hareng pendant toute une nuit, ce qui avait créé une intoxication collective, nous étions alors fin 1967, et il n'y avait pas à ce moment-là autant de considération pour l'alimentation des troupes.

Ce type d'intoxication reste généralement bénigne, avec une grosse gastro, mais là ce fut beaucoup plus grave, certains en sont quand même morts. Mon père a du caractère et c'est sûrement cela qui l'a sauvé, je pense que ceux qui sont morts manquaient de personnalité. Blouson noir, qui a grandi dans la rue et qui avait un petit look à la James Dean. La première fois que j'ai vu une photo de mon père à 20 ans j'ai dit à ma mère mais tu es sortie avec un voyou !

J'ai donc été conçue avec cette sensibilité à la pomme de terre, car même si mon père en a réchappé de cette intoxication, son système digestif n'était pas encore complètement remis lors de ma conception. J'ai donc été conçue avec cette défaillance. Et comme je me suis construite tout au long de ces années avec une incapacité de m'affirmer dans mes capacités extrasensorielles et dans ma personnalité hors norme, mon système digestif était le terrain propice à accueillir un conflit xxl. Conflit qui s'est aggravé lors de ma mise en couple avec mon

Retrouver son équilibre intérieur

second mari, qui m'a maintenue dans une stagnation énergétique pour ne pas bouger lui-même.

Voilà ce que peut provoquer une mauvaise gestion des chakras inférieurs, pleinement reliés à la matière et à la sauvegarde de la race et non à la réalisation personnelle. Nous avons cette information inscrite dans nos préprogrammations de naissance, faire perdurer la race l'instinct animal. Et la réalisation personnelle ce n'est malheureusement pas le but premier du véhicule humanoïde terrestre, et elle est à l'origine de nombre de nos conflits intérieurs. Il y a quelques années je motivais ma réalisation par rapport à sauver l'humanité, c'est cet instinct qui s'exprimait. Non pas trouver une solution uniquement pour moi, mais qui pouvait sauver tout le monde.

Il y a généralement conflit entre le petit moi qui veut que la race survive et le moi supérieur qui veut se réaliser à travers l'expérience dans le véhicule humanoïde. Le moi supérieur est quant à lui là pour capter l'intention de l'âme et la mettre en application, désidératas qui ne tiennent généralement que très peu compte des contraintes de la matière. Moi j'ai réussi à accepter de faire le travail en l'élargissant à une nécessité humanitaire, ce qui m'a permis de dominer l'instinct animal, et permis d'avancer, maintenant je prends plus soin de moi, et je vais partager cela et l'apporter uniquement à ceux qui en feront la demande et qui seront motivés pour avancer. Je ne perdrai plus de temps à sauver tous ceux qui pensent que c'est à moi de faire tout le travail, ce que j'appelle la bobologie, j'en ai fait bien plus longtemps au final que ce que je pensais. Maintenant c'est fini ! Je vais accompagner uniquement les gens qui ont compris qu'il n'y a qu'eux, avec un accompagnement certes, qui peuvent comprendre que leur vie ressemble à leur vision des choses. C'est leur flexibilité à la mise en application personnelle qui pourra faire que leur vie va être ce qu'ils auront décidé qu'elle doit être.

Les organes

Retrouver son équilibre intérieur

Les poumons : la tristesse, la peur de mourir, quand on est triste, on pleure et on a des sanglots, du mal à reprendre son souffle, « avoir le souffle coupé ». On peut recouper et cumuler les informations en MTC et en décodage biologique, les deux sont sur des plans différents mais très complémentaires. Le tabagisme n'est pas un facteur déclenchant mais aggravant. Et les photos qui sont sur les paquets sont juste là pour fabriquer des pensées négatives qui elles aussi contribuent à la baisse de fréquence du corps en général. Le tabac est une plante initiatique de connexion à la conscience, utilisée par les chamans et hommes-médecine dans des rituels de guérison de purification, détournée par l'industrie capitaliste, transformée avec tout un tas de produits chimiques, cassant l'énergie de base du tabac et augmentant l'addictologie. Et c'est cela qui pose réellement problème, beaucoup plus que le tabac lui-même. Au lieu de faciliter la communication à la conscience la plante devient par modification chimique une drogue.

*****

Le couple rate pancréas : le souci, l'insécurité, la rate est notre capteur solaire de prana. Le pancréas gère l'insuline, et je vous rappelle que quand on manque de sérotonine, donc de sérénité on compense par le sucre, d'où les maladies du pancréas qui augmentent. Les sucs pancréatiques sont également basiques, ils arrivent également dans le duodénum, au même endroit que la bile, double couche de basique. Et la rate qui est censée amener de l'énergie à tout cela et nous revitaliser, n'apporte pas l'énergie nécessaire au bon fonctionnement des organes digestifs. Perte d'énergie en mangeant des aliments inadaptés ou compensatoires et perte d'énergie acquise.

Donc comme on se retrouve souvent en déficience d'énergie de la rate, et de pancréas, (respect des désirs personnels), cela crée un lien direct avec la frustration et le manque, compensés alimentairement par le sucre. Le duodénum est surchargé par une deuxième arrivée de substance basique. Cela peut découler sur une maladie de Crohn, ou si c'est un conflit qui reste au niveau pancréas du diabète. Tous ces organes sont gérés par le chakra solaire, en surcharge non seulement émotionnelle mais aussi alimentaire.

Retrouver son équilibre intérieur

Nous nous confrontons en permanence à l'autre, dans le relationnel et dans l'alimentaire, nous testons à chaque fois notre personnalité, notre identité. Que ce soit par rapport aux autres humains, mais aussi aux aliments, car on doit transformer un aliment étranger qui n'est pas nous en nous pour qu'il devienne utile à notre bon fonctionnement. J'ai perdu toute identité personnelle, en attendant pendant 10 ans que mon mari s'affirme et existe. Je soumettais à son approbation la moindre de mes actions, alors que lui n'avait aucune idée de ce qu'il voulait et vivait à travers mes désirs. Et son indécision et ses mensonges m'ont plongée dans une autodestruction irrémédiable de mon système digestif par manque de personnalité, ne voulant pas m'imposer sur lui j'ai rongé mon frein, et la frustration et le manque de réactivité de sa part, ont fait ressurgir la colère en moi, par saturation du manque de personnalité. Compensée par de la sur possession matérielle.

Et comme je m'énervais contre lui, beaucoup ont pensé que c'était moi qui lui pourrissais la vie. Alors que c'est son inaction qui exacerbait mon manque et donc ma colère. Après, quoi qu'il en soit, toute relation est une exploitation réciproque de problématiques communes. Lui aurait dû savoir ce qu'il voulait et l'affirmer, et moi j'aurais dû arrêter d'attendre une décision de sa part. Je ne pouvais concevoir de ne pas lui demander son avis car pour moi nous étions deux, alors que lui n'a même jamais été un, ou alors 1/2 à travers l'autre.

Notre couple vivait dans une fausse harmonie, instaurée par son manque de personnalité et l'effacement de la mienne. Je lui souhaite vraiment de trouver de quoi il a envie et surtout d'arriver à mettre en action tout le savoir qu'il a cumulé pendant toutes ces années ensemble. Car tout le temps qu'a duré notre couple il a vécu à travers moi, attendant soit que je lui dise quoi faire, soit comment le faire. Et il essayait non pas de faire les choses comme lui, mais comme moi. Et cela ne fonctionne pas. En faisant cela il m'a vampirisée et il n'a jamais mis en fonctionnement son propre circuit énergétique.

Retrouver son équilibre intérieur

Et moi bien que je ne voulais pas encore tirer la charrue comme dans mon premier mariage je me suis effacée, jusqu'au point d'implosion qui l'a fait fuir. J'avais de plus en plus mal partout, alors que je faisais hyper attention à mon alimentation. Mais ma réelle personnalité écrasée, par mon choix de le respecter, je ne pouvais pas me confronter à quoi que ce soit d'extérieur, seule la courgette est restée moins forte que moi et le poulet, pathétique.

Mon système digestif est devenu incapable de s'imposer et de digérer un nombre impressionnant d'aliments n'ayant plus aucune identité affirmée. Mon mari est parti la nuit de la pleine lune du lion, mise en place de la nouvelle personnalité.

Et ensuite malgré la peine et la douleur, je me suis révélée sur le reste du cycle énergétique de l'année 2022. Ma mémoire de chaman a pris le dessus, 21 mois qu'elle poussait, mes antennes se sont déployées, mon moi s'est affirmé. Bien que certaines personnes aient essayé d'exploiter mes fichiers erronés, prenant ma tristesse pour de la faiblesse, j'ai avancé. J'ai mis à jour mes mémoires cellulaires, j'avais encore certaines résistances intérieures, qui ont maintenant sauté. Ces fameuses préprogrammations ainsi que les fichiers induits par les divers traumatismes vécus. J'ai tout mis à jour, un sacré reset qui m'a mise en difficulté, j'ai été déstabilisée dans mes fondements même. Resurfaçage qui était totalement nécessaire à ce renouveau.

Je suis entrée en conscience de cœur, en compréhension encore plus poussée de tous les tenants et aboutissants de nos vies terrestres soumises aux multiples programmes de la matrice. Tout du moins celui que nous subissons actuellement.

Mais surtout je l'aime toujours, malgré tout cela je ne lui en veux pas, j'ai compris le processus énergétique qui nous liait et le travail qui nous était proposé ensemble. Je me suis fait une luxation de la rotule pour essayer de lui laisser sa place malgré son refus de vouloir faire sa part du chemin pour sauver notre couple après le clash. Jusqu'au jour

Retrouver son équilibre intérieur

où j'ai dû installer un stand dans un fauteuil roulant, là j'ai décidé que c'était trop, que je ne deviendrais pas handicapée pour lui. Mais la descente aux enfers physiques ne s'est pas achevée avec son départ, car vu que j'ai dû résilier le bail du cabinet, après son départ, car trop éloigné des boutiques, je ne pouvais plus tout gérer seule. Après des mois de lutte pour arriver à le redémarrer et conserver un cabinet de soins et une boutique de minéraux j'ai dû fermer une des deux boutiques aussi, et pas celle que je voulais. Et comme ce sont les minéraux qui ont pris l'ascendant encore une fois, alors que moi je voulais préserver le cabinet, je me suis fait 3 hernies discales, en essayant malgré tout de sauver notre entreprise seule. J'ai donc quitté l'entreprise pour me sauver énergétiquement et physiquement.

Et comme rien ne correspondait vraiment à ce que je voulais faire, mes lombaires (siège de l'énergie du chakra solaire et de ma personnalité) n'ont pas tenu face à la contrainte énergétique du yang, contrainte de faire face à la responsabilité de faire tout cela seule. J'ai donc été obligée de lâcher prise et de quitter ma seule source de revenu. Quitter notre entreprise pour repartir à zéro sur quelque chose qui n'est empreint que de mon énergie. Et ma prochaine activité est basée sur les soins énergétiques, l'écriture de livres et la création d'objets énergétiques. Ces activités sont yin, c'est ça qui poussait fort pour s'affirmer et c'est ça qu'il me faut respecter en moi pour guérir.

J'ai redressé la barre, mais comme je l'ai dit il m'a fallu faire un reset total de mes fichiers erronés ce qui m'a complètement perdue pendant plusieurs mois. J'ai compris aussi, en même temps, que mon insistance à trouver qui sont les êtres qui nous pourrissent la vie dans l'ésotérique, n'était même pas une quête personnelle. Je l'ai également héritée de mon père, qui subissait des attaques le soir, quand il était enfant, dans son lit. Et comme il venait de survivre à une intoxication alimentaire, cela a sûrement dû réactiver ses questions existentielles par rapport à la vie et à son sens, pour que cette quête soit si forte chez moi.

Retrouver son équilibre intérieur

Donc ma quête de vérité n'était même pas la mienne ; que faire de cette information ? Qui suis-je au final ? Je me suis retrouvée en plein doute, en pleine traversée du désert. Jusqu'à ce qu'en moi, je plonge et je cherche mes qualités fondamentales, et que je décide que oui j'aime aider les gens. Que ce chemin que j'ai parcouru à titre personnel pour trouver les réponses aux questions de mon père et me libérer également de ce contrôle malsain, les gens méritent aussi d'y avoir accès et de se retrouver eux aussi.

Les accompagner pour se débarrasser de ces êtres négatifs contrôlants, et de pouvoir faire leurs propres choix en dehors des programmations inconscientes que nous subissons en fonction du ventre qu'ils nous ont choisi pour grandir, est pour moi quelque chose de fondamental.

Que toute cette connaissance que j'ai acquise par apprentissage ou par expérience personnelle ne reste pas lettre morte. J'ai toujours aimé accompagner les gens vers leur propre liberté de penser et d'agir, j'ai toujours ressenti de la joie en les voyant grandir et reconquérir leur vie.

Transmettre et enseigner m'a toujours mise dans une quiétude intérieure qui m'habite maintenant en permanence et j'aime pouvoir transmettre cela aux personnes qui sont en marche vers cette liberté. Donc oui je ne veux plus être vendeuse même si c'est dans un domaine fortement lié à l'énergétique. Je veux pouvoir avoir le temps de les accueillir et de trouver les verrous qui les freinent. Je vais donc valoriser mes capacités de thérapeute. Et continuer à écrire sur le sujet.

Et là je sais que le switch est fait mais il faut clôturer le passé et remonter la pente en continuant à me découvrir en même temps, en prenant le risque de ne plus avoir de revenu fixe, encore une fois, à 55 ans ça fait mal. Et gérer toute l'humiliation que cela m'a fait vivre d'échouer encore une dernière fois. Et en décidant de ne vivre que de mes séances de thérapie alors que ce bouleversement a vidé temporairement mon cabinet. Mais cette refonte de moi-même était indispensable, nous avons été préprogrammés, transformés (mutation génétiques reptiliennes) pour obéir, et on nous a détournés de notre nature profonde en nous mettant un bordel sans nom dans les protocoles énergétiques, nous éloignant de notre réelle source d'information, donc oui ça bouleverse beaucoup de choses de reprendre la main là-dessus. Et ça crée des fois de vrais tsunamis énergétiques qui ravagent tout, et il faut faire un reset, accepter de redémarrer le logiciel central pour vivre autre chose.

Je décide d'être cette nouvelle moi, autonome, confiante en l'avenir et en cette nouvelle aventure qui s'offre à moi, et plutôt que de déprimer, j'écris ce livre. Je transcende ma transformation. J'accepte le temps qu'il m'est demandé de prendre soin de moi et de me reposer, afin de laisser mon dos se remettre de la forte contrainte qu'il a subie depuis 8 mois. Car la lutte et le combat contre moi-même m'a épuisée. J'écris tout ce que j'ai compris pour le partager avec vous et vous proposer de vous accompagner sur le chemin de la réconciliation avec vous-même.

Voilà tout ce qui se cache derrière les chakras du petit moi, une affirmation de soi en dehors des considérations bassement terrestres du plaire à l'autre, pour ne pas finir seul. Rien d'égotique, juste du respect de soi, de son énergie personnelle. Être à l'écoute de nos réactions émotionnelles non pas en rendant l'autre responsable, mais bien entendre nos propres limites en fonction de notre réaction. On cherche en l'autre ce qui nous manque de nous. C'est une exploitation réciproque des problématiques communes. Et les relations quelles qu'elles soient ne sont là que pour nous parler de nous, elles nous permettent de venir bousculer ce qui n'est pas en équilibre. Ce qui est intéressant malgré tout c'est que le déséquilibre crée l'opportunité de mouvement et donc d'évolution. Je suis une empêcheuse de tourner en rond ☺. La routine a toujours été une petite mort pour moi, eh bien je suis servie.

J'ai eu 55 ans terrestres, le 19 septembre 2023 et je commence ma vraie vie, celle en pleine conscience de ce que je suis, et d'action en

Retrouver son équilibre intérieur

toute confiance dans l'optique de réussite cette fois ci. Je n'ai aucunement envie de prendre ma retraite dans 9 ans, la moyenne d'espérance de vie des femmes dans mes 2 lignées familiales est aux alentours des 90 ans, j'ai encore donc de nombreuses années devant moi pour exprimer mon moi supérieur en pleine conscience.

De 0 à 20 ans j'ai grandi physiquement.

De 15 à 55 ans j'ai grandi énergétiquement et spirituellement.

De 55 ans à … je vais continuer à apprendre et je vais enfin vivre une vie qui me ressemble et qui sera le reflet de mon moi intérieur. Mon chakra solaire ne dirigera plus ma vie et mes choix, il sera juste une source d'énergie et un filtre pour définir si quelque chose est nécessaire ou pas à ma réalisation.

Je connais beaucoup de personnes qui préfèrent rester seules car incapables de s'adapter à l'autre ou de l'accepter tel qu'il est, et de partager sur le long terme, car ils sont tellement persuadés que c'est eux qui ont raison qu'ils en deviennent incapables de se remettre en question, ils cristallisent dans leur cohérence de survie qu'ils ont mise en place dans leur enfance. Je suis persuadée que l'humain n'est pas fait pour vivre seul, mais il n'est peut-être pas non plus fait pour ne rester que 2. La vie en communauté m'attire de plus en plus, l'échange et l'interaction sociale est une réponse au fait qu'ils essaient désespérément de nous séparer de nous faire nous haïr les uns, les autres, je ne parle pas de polygamie, mais bien de lien communautaire, c'est inscrit dans nos gènes de mammifères, la sociabilisation et faire partie d'un troupeau que l'on aura choisi en fonction de nos valeurs profondes cette fois-ci.

De nous retrouver dans notre unité, retrouver notre équilibre intérieur et que les indigents comprennent que la violence n'est pas une réponse, que l'amour en est une mais pas un amour mièvre et cucul la praline, un amour fort intense, palpitant qui nous galvanise et nous rend tellement plus fort intérieurement que l'autre ne nous fait plus peur, qu'on sait qu'il est une valeur ajoutée à ce que nous sommes. Que la solution n'est pas dans la critique, mais bien dans le respect de soi et dans le boycott de ce qui ne nous convient pas. Contre la masse ils ne peuvent rien c'est bien pour ça qu'ils veulent diminuer le nombre, nous moldufier et nous isoler.

Et si l'humain a une double polarité, masculin, féminin, au-delà du genre, plutôt dans le yin et le yang, c'est bien pour trouver son équilibre personnel et son identité propre et la partager avec l'autre, en complémentarité et en harmonie. Un couple harmonieux n'est pas l'absence de conflit, mais la capacité à les résoudre ensemble. Refuser de se mettre en couple c'est juste refuser de se voir soi-même et de faire ce travail. Car si nous sommes clairs avec nous-mêmes nous sommes clairs avec l'autre. Si nous acceptons que nous ne sommes pas parfaits, personne ne pourra exploiter nos failles contre nous.

Je me connais et j'assume pleinement qui je suis et toute personne cherchant à me déstabiliser dans son intérêt ne fera que me montrer où je dois encore me regarder en toute objectivité, et ce que l'autre prend pour une faille n'en est peut-être pas une pour moi, mais une pour lui.

Sortir du petit moi pour passer dans le moi supérieur ouvre la conscience de cœur. Mais tant que le petit moi chipote, le cœur n'est pas au centre, c'est le solaire qui lui vole la vedette. Et crée tout un tas de maladies par résistance à ce que nous pouvons vraiment être. C'est l'émotion ressentie lors d'un événement qui va ancrer cette information et la rendre problématique. Si nous libérons nos émotions et que nous les acceptons comme source d'information, l'organe qui les gère va les transcender et fonctionner normalement et ne pas surconsommer de l'énergie. Si nous cristallisons une émotion nous allons cristalliser ce blocage énergétique dans la partie du corps qui la gère et rendre cette partie du corps malade le temps de lâcher prise, et cela va consommer énormément d'énergie, comme un vélo rouillé, il va falloir pédaler plus fort pour avancer. Nous perdons notre fluidité

Retrouver son équilibre intérieur

d'action et de mise en forme et en réalité d'existence nos valeurs profondes.

Le chakra du cœur

Le cœur : la joie, « S'en donner à cœur joie » « Avec la joie du cœur ». J'ai longtemps eu du mal avec cette énergie de cœur, car ce qu'on me présentait me paraissait un peu trop cucul la praline.

J'ai compris avec le temps que certaines personnes pensent être dans le cœur, mais elles n'y sont pas. Elles sont encore dans le chakra solaire et dans une compensation d'un besoin de reconnaissance, ou d'un besoin d'être aimées. Elles ne savent pas dire non, et ce n'est pas du cœur, c'est de la peur du rejet.

Quand on est dans le cœur il n'y a plus de rancœur, ni de peur du rejet, si on ne vient pas en aide aux autres. Dans ce faux cœur l'autre est indispensable à notre bien-être. Ce n'est pas de l'énergie d'amour universel, c'est un besoin de reconnaissance voire de satisfaction de soi, pour obtenir sa dose de dopamine.

Dans la vibration de cœur il y a une pleine conscience de soi et des autres, et il est très facile de dire non à l'autre, si c'est juste pour nous, sans avoir peur du rejet. Une fois qu'on est dans l'acceptation de soi et dans l'amour de soi, aucun rejet n'est difficile à vivre, car il est juste de se respecter et de faire en sorte que l'autre nous respecte. Ceux qui ont comme programme limitant : « fais plaisir », ne font pas les choses pour leur évolution mais pour servir l'évolution de l'autre, mais cela ne marche pas, ni pour l'un ni pour l'autre. Car celui qui fait plaisir rentre en ingérence et celui à qui l'on fait plaisir va attendre sa réussite de l'autre, donc tout est biaisé. Je suis passée par cette configuration qui m'a énormément freinée. Il y a des choses que je n'aurais pas faites si l'on ne m'avait pas mâché le travail, et du coup je me serais moins éparpillée. Mais quoi qu'il en soit, en plus, cela m'a coûté ma santé car je n'étais pas concentrée entièrement sur la vraie chose à faire. Ma

Retrouver son équilibre intérieur

santé va aller de mieux en mieux, car maintenant le conflit entre l'être et le faire se lève. Car les limites que je m'imposais par mes croyances erronées ne sont plus là.

Dans l'énergie de cœur, il n'y a plus aucune difficulté à mettre en place des limites, car elles sont indispensables à l'expression de son identité propre. Les personnes incapables de mettre des limites, ne sont pas dans l'énergie de cœur, elles sont dans la peur. Et donc les love, love, ou cucul la praline ne sont pas dans le respect d'eux-mêmes. Je sais que cela ne va pas plaire ce que je suis en train de dire. Je n'écris pas ce livre pour plaire mais pour éveiller une prise de conscience, ou même tout simplement planter une graine qui prendra du temps pour trouver sa place et germer. On ne peut dévouer sa vie aux autres sans respect de soi ; et si l'on n'a pas fait son introspection, si l'on ne s'est pas encore regardé dans le blanc des yeux, analysé nos motivations et décidé intérieurement que l'on fait cela en pleine conscience sans que cela nous coûte de l'énergie, qu'on n'a pas fait le chemin pour être pleinement en accord avec soi, alors c'est que nous sommes encore en compensation d'un manque.

Si vous n'aviez pas besoin de travailler pour vivre, que feriez-vous ?

Une personne en conscience de cœur a conscience d'elle-même, de ses défauts comme de ses qualités, et ne fera les choses qu'en pleine conscience et ne viendra jamais reporter sur l'autre aucune de ses erreurs. L'autre n'étant que la parfaite pièce du puzzle qui vous permettra de comprendre vos propres manques ou erreurs. Cela n'enlève aucunement le fait que l'autre aussi a sa part active dans la relation, que ce soit professionnel, amical ou en couple, ça marche à tous les niveaux. Nous tombons en relation amoureuse ou autre des capacités que l'autre a à nous faire comprendre nos propres défaillances.

J'aime faire des rencontres car cela me parle aussi de moi. En ce moment la rencontre des autres me permet de comprendre où j'en

Retrouver son équilibre intérieur

suis. Ce qui est sûr c'est que je détecte beaucoup plus rapidement les gens qui n'ont pas l'intention d'avancer, mais plutôt de se nourrir de ma connaissance sans pour autant passer à l'action, d'agir sur eux-mêmes. Et en fonction de qui se présente à moi je vois qui je deviens. Aucun égocentrisme dans cette constatation, juste l'envie d'enfin m'accorder le meilleur.

Je suis thérapeute énergéticienne et je n'ai pas à me faire vampiriser mes connaissances sous prétexte que l'autre est en demande. C'est mon travail. Mais je constate qu'actuellement depuis l'avènement des réseaux sociaux et de la démultiplication des salons de bien être, les gens veulent tout savoir sans rien payer. Mes 40 ans d'expérience professionnelle ça se valorise, et cela fait partie aussi du travail de revalorisation que je fais de mon identité. Et d'ailleurs depuis que je fais cela ma digestion s'améliore grandement. Avant de faire la formation en décodage biologique je me suis encore fait avoir, jusqu'à ce que j'intègre complètement l'information et que je me repositionne. Il y a des thérapeutes qui sont dans la séduction pour se rassurer eux-mêmes, et quand ils ont en plus beaucoup de failles communes cela peut être très perturbant. Certains n'en ont même pas conscience, que la séduction fait partie de leur approche de l'autre.

Ces thérapeutes ne sont pas dans la relation de cœur, ils sont dans la réparation de leurs propres peurs. Certes on fait tous le métier qui correspond à notre nature profonde, mais nos fichiers erronés viennent interférer notre propre comportement. On doit tous commencer un jour et passer le pas vers l'autre, mais dans quel but ?

Quels sont vos buts dans la vie, ou motivations, pourquoi vous faites ce que vous faites ? Citez-en 5 :

-
-
-

Retrouver son équilibre intérieur
-

-

Tout est fait pour vous détourner de vous-même du réel équilibre intérieur afin que vous soyez plus en mode réparation et attentisme d'une solution extérieure, on va vous saturer au niveau hormonal. Le cœur produit l'ocytocine, une des 5 hormones du bonheur, celle du lien et de l'attachement, et si nous ne sommes pas alignés et en paix intérieure, si nous nous sentons en danger, ou en manque elle ne se déclenche pas.

Je vous rappelle que les chakras ce sont les ports usb de téléchargement entre notre partie énergétique et notre partie physique. Que l'énergie que nous captons de notre partie plus subtile va être transformée pour déclencher une hormone par la glande se trouvant derrière le chakra. Et actuellement la plus grosse problématique de l'hyper industrialisation ce sont les perturbateurs endocriniens juste faits pour que l'on dysfonctionne. La joie apporte l'ocytocine, mais l'ocytocine apporte la joie, la confiance en soi et la paix intérieure. Posez votre main sur votre cœur organe, et demandez-lui de produire de l'ocytocine…. Attendez une vingtaine de secondes pour qu'elle se diffuse, alors comment vous sentez-vous ? Moi je le sais vous avez le sourire, vous vous sentez bien apaisé, ce n'est pas plus compliqué. Mais c'est la pleine conscience qui alimente l'énergie de cœur pas le moi, l'énergie qui l'alimente ne vient pas du bas du corps elle vient du haut. C'est l'alignement du petit moi qui se met alors au service de la vibration subtile du moi supérieur qui permet l'activation du chakra du cœur, pas le sacrifice. Ni dans la dévotion à des êtres extérieurs, même si on les considère comme éveillés, de lumière ou autres.

Actuellement ils altèrent également les hormones avec toutes les vidéos courtes, elles créent de la dopamine, hormone de la récompense sans passer à l'action. Vous avez votre dose de dopamine et donc vous ne faites plus rien, vous perdez des heures sur ces systèmes, pensant

Retrouver son équilibre intérieur

tout connaître mais cela ne reste qu'un pseudo savoir, pas de mise en action concrète dans la matière. Alors que nous sommes là pour cela : expérimenter la matière, la spiritualiser. Et plus vous regardez ce genre de vidéo moins vous aurez envie de passer à l'action car vous aurez reçu votre récompense à ne rien faire. Et là viennent de sortir les lunettes vision, 6 000 euros, et cela se vend comme des petit pains. Les gens voient les écrans plusieurs en même temps et voit aussi dehors, mais nous on ne voit pas ce qu'ils regardent, et ils font des petits gestes pince mi pince moi pour naviguer. Juste envie de vomir.

*****

Toute cette connaissance acquise sur le fonctionnement de tout cela, je dois m'en servir vis-à-vis de moi-même, elle doit à un moment me servir pour aller mieux ! Un jour j'ai remangé des chips, cela faisait plusieurs mois que je ne pouvais plus en manger, mon estomac a commencé à ballonner, j'ai soulevé mon vêtement et je me suis adressée directement à mon estomac en lui disant : « tu es quand même plus fort qu'une patate ! », « tu ne vas pas me faire croire que tu vas perdre contre une patate, « que diable » (il est partout lol), un peu de courage, au travail. » et les ballonnements se sont calmés. Cela veut dire que je peux modifier les choses par la simple volonté de le faire.

Je me suis affirmée en conscience face à moi-même, j'ai envoyé de l'énergie depuis le chakra du cœur sur mon chakra du chakra solaire. J'ai dit à mon estomac qu'il était fort et capable de le faire et il l'a fait, parce que je me suis mise en configuration de vraiment le faire.

Il n'est pas toujours facile de faire passer les énergies de cœur au solaire pour le calmer, pour qu'il gère ce qui est en train de vibrer, surtout si c'est une émotion violente, pas toujours simple de le faire en direct. Vous avez un petit exercice de transfert d'énergie dans les protocoles qui suivent pour y arriver plus facilement : « calmer le chakra solaire par le cœur ». Car le diaphragme est un axe majeur entre le petit moi et le moi supérieur et il n'est parfois pas aisé de le franchir. Tous les exercices qui vous sont proposés dans ce livre seront des exercices que vous pourrez faire à votre rythme. Comme toute chose

Retrouver son équilibre intérieur

plus vous les ferez régulièrement plus ce sera facile, et plus vous aurez des résultats concrets dans votre vie de tous les jours.

Je fais cela régulièrement et je renforce ainsi ma capacité à gérer voire digérer l'émotion qui me perturbe ou l'aliment que je mets dans mon corps. Ce que je fais pour les aliments qui ont du mal à être digérés, je pose ma main sur mon estomac et je demande que ce qui s'y trouve soit mis à ma fréquence, par magnétisme, il suffit d'y penser ; ma main chauffe ainsi que mon estomac et la digestion et les ballonnements ou tensions s'apaisent quasiment instantanément. Je magnétise l'aliment avec mon énergie pour faciliter le travail de mon estomac, je le fais uniquement en cas de difficulté, car si je le fais systématiquement mon corps n'aura plus aucun moyen de savoir s'il est capable ou pas de digérer ce que je mange, car j'aurai modifié sa fréquence avant de l'ingérer, cela biaise l'expérience.

Et j'ai repris la main sur mon mental qui me ramenait à ruminer sans cesse le passé.

« Et pourquoi il a fui, plutôt que de me parler ? »

« Et pourquoi, il ne comprend pas que je lui ai pardonné ? »

« Et pourquoi je ne vais pas le voir pour en parler avec lui ? »

« Et pourquoi il a choisi de me mentir, quand je lui ai posé les bonnes questions ? »

« Et pourquoi et pourquoi et pourquoi ?????? »

« Et comment je vais faire pour m'en sortir seule financièrement ? »

« Et comment je vais faire pour vider les stockages avec mes 3 hernies ? »

« Et comment lui faire comprendre que c'est à lui qu'il fait du mal ? »

« Et comment et comment et comment ?????? »

Retrouver son équilibre intérieur

Et ce genre de pensées parasites me réveillaient à 4 ou 5 h du mat, sur l'énergie du foie, le manque, manque de solutions. Mais de quoi je manque, d'argent, de nourriture, d'aide, de de de de …… si je laissais faire je manquerais surtout et avant tout, de confiance en moi et en cette nouvelle personnalité qui se met en place. Un jour alors que mon émotion m'envahissait encore une fois, (après c'était le jour de notre anniversaire de mariage) je ne regarde jamais vraiment le calendrier, dès le réveil j'étais chafouin, et tout allait de mal en pire. Jusqu'à ce que je voie la date, j'ai eu une amie au téléphone et pendant la conversation, pendant que mon mental était occupé à discuter et à expliquer la raison de mon mal être, mon intuition est passée. La personne qui nous a enseigné le décodage biologique nous a répété tout du long : « raison, piège à con ! ». En fait, depuis la séparation il y avait en moi deux personnes, celle qui est triste et qui pleure régulièrement et celle qui est alignée et qui comprend que tout cela est juste. Cette ambivalence s'est mise en place dès le 1er jour, je dirais même depuis les 1ères minutes, alors que j'étais en train de hurler au milieu de ma cuisine, « Nonnnnnn ! Ce n'est pas possible, il n'a pas pu partir comme ça en plein milieu de la nuit, me quitter m'abandonner au bout de 10 ans de vie commune sans un mot sans une explication, NONNNNNNNN !!!!! » Juste après avoir trouvé ses placards vides en me levant le matin. Une autre partie de moi, se regardait faire la crise et s'exprimait aussi en même temps : « Et tu crois que de te mettre dans cet état-là va changer quelque chose, il est parti, oui et alors, de hurler ne le fera pas revenir ! ». La partie en crise écoutait mais ne voulait pas entendre, le choc était violent. 18 mois plus tard elle est à 95% apaisée, bien que la violence de l'acte est terrible, quand on a un syndrome d'abandon.

Pour notre anniversaire de mariage, le 1er après son départ, alors que la triste était en train de discuter au téléphone, de pleurer de geindre, la sereine l'a prise dans ses bras pour lui faire un gros câlin, pour apaiser sa peine. Je me suis visualisée, l'une en face de l'autre, la sereine prendre celle en peine dans ses bras lui faire un gros câlin et lui dire : « t'inquiète tout va bien se passer, on va s'en sortir, tu en es

Retrouver son équilibre intérieur

capable, je sais que tu l'aimes encore et que tu souffres de son absence, mais il est temps de guérir. » et je me suis envoyé tout l'amour possible via le chakra du cœur, beaucoup d'amour, de compassion et de compréhension. Aucun jugement, aucun reproche, surtout pas de bons mauvais conseils comme les gens bien intentionnés peuvent faire, et qui commencent par : « mais quand même avec ce que tu sais… ou fais… », ou « depuis le temps, tu devrais… », ça c'est destructeur au possible, cela vous met à nouveau en constat d'échec, chacun a sa propre façon de réagir à un événement en fonction de sa cohérence interne. Après le gros câlin celle qui était en peine s'est apaisée et s'est dissoute en celle qui est sereine, et depuis cette partie de moi est beaucoup plus sereine, elle guérit de cet effroyable choc.

Il faut accepter que certaines parties de soi n'ont pas toujours réussi à guérir de la peine ou de la trahison, ou de la peur, ou du manque d'estime de soi, ou du manque de confiance, ou du manque d'amour. Il faut l'accepter et l'accompagner. Pour ceux qui ont lu mon premier livre, ils savent ce que j'ai vécu, hé bien tout se guérit, je n'ai plus aucune rancœur contre personne, encore des fois de la tristesse, tout est conscientisé et accepté comme faisant partie de l'expérience de cette autre ligne temporelle sous interférence. Cette ligne a existé et existera toujours quelque part, mais elle est maintenant pour moi inactive. J'ai quitté cette potentialité.

J'ai dit stop et j'ai décidé de faire confiance à ma capacité à créer une réalité dans laquelle je réussis à me sortir de tout cela facilement. Je me suis réalignée sur mes vibrations du chakra du cœur et sur mon intuition. Cela fait des années que j'y travaille, à fusionner avec ma partie subtile, et que je cherche à mettre à jour mes traumas, à ce qu'ils n'interviennent plus dans mes décisions.

Depuis que je travaille sur le moi et que je me respecte, malgré les résistances des autres, à poser des limites plus franches et plus rapides, ma jambe droite très affectée par mes 3 hernies, me porte mieux, et elles sont moins douloureuses. Je me redresse

Retrouver son équilibre intérieur

énergétiquement et physiquement, j'ai pu vider deux magasins, et trois stockages, certes en plusieurs mois. Il m'a fallu des fois plusieurs semaines entre deux pour m'occuper des suivants, au milieu de cela j'ai fait la 3ème partie de la formation de décodage sur les croyances limitantes, je dirais même je me suis mise en condition pour la faire, j'ai décidé que c'était important donc j'ai mis l'intention et l'attention dessus. Je ressens des émotions des fois encore violentes comme lorsque j'ai établi mon dossier de divorce, mais elles ne déterminent plus mes décisions, je prends du recul et ensuite je décide quoi et comment faire.

Et me voilà de nouveau opérationnelle, mais plus sur un mode « je dois être forte » et « assumer », sur un mode je m'occupe de mes affaires un point c'est tout. J'ai laissé partir plein de choses, de souvenirs, de meubles, de bibelots… des choses auxquelles avant j'étais très attachée émotionnellement et qui maintenant avec le travail que j'ai fait sur moi de libérer les émotions négatives, n'ont plus du tout la même importance.

Et ce n'est plus mon mental qui décide avec la charge émotionnelle mise dans l'objet qui décide, l'esprit alimenté par l'énergie de la conscience décide.

Et si je n'avais plus aucune motivation à aller travailler, c'était simplement parce que ce que je m'obligeais à faire pour prouver que je pouvais y arriver, n'était pas juste pour moi, cela m'a détruite à petit feu. Je le faisais pour les bonnes mauvaises raisons (raison piège à con). Pareil pour mon couple. Et maintenant, la confiance, la clarté d'esprit et la joie de vivre existent dans ma vie. Et je suis en train de remettre en place le cabinet de soins. Une nouvelle énergie a émergé et je suis à nouveau motivée, le feu est revenu, mais pas un feu ravageur, une douce flambée apaisante et revivifiante.

Le mental ne doit en aucun cas vous plonger dans la peur sous l'influence d'un chakra solaire déstabilisé. Le mental doit vous apporter

Retrouver son équilibre intérieur

les solutions pour résoudre une situation, ou au pire se taire pour laisser passer les informations qui viennent des capacités extrasensorielles dans l'indigo et le violet du 3ème œil, afin de faire ce qui est juste pour soi.

Voilà, ce que c'est les énergies de cœur, l'acceptation de soi dans la reconnaissance de la part active de l'autre dans ce processus. On est tous interconnecté mais on n'en perd pas pour autant notre personnalité affirmée.

Et tant qu'on ne se respecte pas on tombera sur des personnes qui ne nous respecteront pas. Dans mon premier couple je n'ai pas respecté l'autre, dans celui-ci je l'ai trop respecté au point de me mettre en danger de mort. Mais d'un point de vue extérieur, cela peut donner l'impression de deux mêmes histoires alors que pas du tout.

Dans mon premier couple j'ai complètement écrasé l'autre, ma colère était une exigence de domination, d'hyper maîtrise, pour ne plus subir les agressions à répétition et dominer tout mon environnement. J'ai fait mon chemin jusqu'à devoir le quitter car sa soumission yin me pesait et n'était plus vivable pour moi. Et dans le deuxième, je me suis tellement effacée que la réaction égotique pour me sauver la vie a pu passer pour une domination, alors qu'elle était là pour me faire réagir sur ma perte d'identité. Pour me faire comprendre que j'attendais de quelqu'un une décision que je pouvais prendre toute seule, alors que lui ne manifestait aucune intention de n'en prendre aucune. Deux comportements complètement opposés puisque l'un est yang et l'autre yin. Parce que j'ai hérité en préprogramme de ma mère la peur de ne pas y arriver seule, qu'elle venait de vivre de façon xxl, pendant l'intoxication de mon père. Elle s'est sûrement projetée veuve avec son bébé de 6 mois, et cela a suffi pour ancrer l'information dans ses cellules et me la transmettre, en tombant enceinte juste après.

Si l'on veut apaiser le chakra solaire par la conscience de cœur, il est préférable de savoir qui on est et ce qu'on veut et le mettre en action

Retrouver son équilibre intérieur

par sa volonté propre. Ne pas se sacrifier pour l'autre, ne pas attendre de l'autre qu'il nous sauve, exister pleinement sans rien attendre des autres mais en partageant tous les moments comme de bons moments. Ou au pire des expériences de vie à ne pas réitérer.

Quand on est en conscience de cœur on peut laisser les gens sortir de notre vie en posant ses limites, ce qui n'est pas la même chose que de les fuir ou les rejeter par insatisfaction.

Car si l'on garde des rancœurs, (rendre son cœur, être écœuré) la suite de la digestion ne sera pas là pour régler la problématique mais bien pour la révéler.

[L'intestin grêle : les émotions refoulées, « Je n'ai pas digéré sa trahison ».

Le gros intestin : la culpabilité. « Fait chier, je me suis trompé ! »

Constipation : gérer la merde les autres, trop plein impossible de tout gérer et d'évacuer ce qui ne m'appartient pas.

Diarrhée : mettre la saloperie dehors le plus vite possible.] Extrait du livre Décodage biologique des maladies par Christian Flèche.

Autres expressions :

« Avoir la peur au ventre »,

« Ça me fend le cœur »,

« J'ai un nœud à la gorge »,

« Ça m'est resté sur l'estomac »,

« Ça me troue le cul »,

« Ça me gonfle »,

« J'en ai ras le bol », ou plein le cul ...

« Être aigri »,

Retrouver son équilibre intérieur
« Être chiant »,

« Être bileux »,

« Avoir un air constipé »,

« Chier dans son froc »,

« Avoir le ventre noué »,

« Avoir des papillons dans l'estomac »,

« Se mettre la rate au court-bouillon » ….

Si vous avez ce genre de symptômes, vous n'êtes pas dans l'énergie de cœur, vous êtes dans le petit moi.

Toutes ces expressions établissent un rapport direct entre les émotions et les organes qui les gèrent. Tout est sous nos yeux et on ne voit rien. On les dit tous les jours et pourtant on ne fait rien pour s'en débarrasser. Car on fait en sorte de respecter les limites de notre cohérence interne. Alors que toutes ces émotions alourdissent le fonctionnement du chakra solaire et nous prennent de l'énergie.

Si on veut dépasser ces limites cela nous met en insécurité, et donc en conflit intérieur, entre l'être et le faire ce qui crée les maladies, et ce sont les émotions ressenties alors qui ancre le conflit.

Alors qu'avec le cœur on renforce notre système immunitaire, vu que la glande endocrine qui est concernée par le chakra du cœur est le thymus. C'est pour cela que les vrais soignants n'attrapent pas les microbes des patients car ils sont alignés.

Cela ne veut pas dire qu'en conscience de cœur on n'a plus d'émotions, elles sont là mais relativisées, actées comme une information, et le système digestif pourrait les digérer et les éliminer sans créer de conflit intérieur. Le but principal du chakra solaire est de gérer toutes ces émotions négatives, alors que nous le détournons et nous le

Retrouver son équilibre intérieur

saturons de mauvaise bouffe. Il passe tellement de temps à digérer la mauvaise nourriture que nous lui donnons à manger, qu'il n'est plus capable de gérer les émotions, nous les enfouissons sous la nourriture et nous devenons des personnes irascibles, incapables de communiquer paisiblement, toujours prêtes à bondir sur l'autre. Nous avons en permanence le mors aux dents, prêts à sauter sur tout le monde.

Quand on est en colère : « Je vais le bouffer ! », « se prendre un pain, une châtaigne, un marron ». « Lui mettre la misère ». Alors qu'il faudrait arriver à s'en foutre, que ce que fait l'autre dans sa neurasthénie ne nous interfère pas, ne pas devenir neuneu comme lui ou elle.

Arriver à prendre du recul, sur les choses et les événements. Pas toujours facile. Rappelez-vous votre dernier repas de famille. Plus on est proche affectivement, plus on prend les choses à cœur. Regardez les petits mouchoirs de Guillaume Canet, une merveille d'expression des croyances limitantes inconscientes. Celui ou celle qui l'a écrit, a une très bonne analyse des relations humaines, ou c'est tout simplement inspiré de son vécu. Et le seul à être droit dans ses bottes c'est le pêcheur, car il parle peu mais vrai, et quand il parle tout le monde l'écoute. Car lui, il ne peut pas reprocher quoi que ce soit à la mer et aux éléments, il se respecte et il respecte le rythme de la vie. Et s'il ne le fait pas il se met en danger, et dans la vie il est pareil, on pourrait appeler cela de l'humilité, mais pour moi c'est de la compréhension et de l'acceptation que certaines choses sont ainsi et de s'énerver ou de pleurer n'y changera rien. Il exprime de la contrariété, de la colère même et de la tristesse, mais il prend sur lui pour faire ce qu'il y a à faire.

Et il prend sur lui pour rendre hommage au mort à sa façon, malgré ce qu'il a dit aux autres et ce qu'il en pense. En amenant une part de lui pour l'accompagner et rester un peu avec lui, vrai, plein et entier sans un mot. Le guerrier pacifique, rien qu'en le regardant on sait qu'il ne

Retrouver son équilibre intérieur

faut pas le chatouiller là où il ne faut pas, et même s'il n'est pas parfait, on le respecte. Parce qu'on sait qu'il sait et qu'il assume.
Mais quoi qu'il en soit ils sont tous cohérents dans leur besoin de sens, pour se sentir en sécurité.

*****

Il est de notre devoir de gérer nos émotions, de ne pas nous laisser submerger par elles, de prendre sur nous, de rectifier nos curseurs et de calmer la tempête qui fait rage à l'intérieur de nous. De nous respecter et de nous accorder cette paix intérieure, afin de pouvoir entendre ce que notre conscience a à nous dire. Elles sont des indicateurs, elles disent que nous sommes en train de vivre quelque chose qui ne nous convient pas. Les émotions nous parlent de nous pas de l'autre, elles ne doivent rester que des indicateurs, pas gérer notre vie.

*****

Les maladies que nous développons sont des dialogues avec nous-mêmes, entre l'information énergétique qui nous est proposée par la conscience, l'être, et ce que nous sommes réellement en capacité de faire via la force d'opposition de nos croyances limitantes à le mettre en action. Cela crée ce conflit intérieur ancré par les émotions ressenties, que le cerveau transforme en maladie. La maladie c'est du temps de réflexion supplémentaire pour mettre en action la proposition de l'âme.

Si le cerveau ne trouvait pas une solution pour temporiser, le corps mourrait instantanément en cas de conflit entre l'être et le faire. C'est donc une opportunité de ne pas mourir tout de suite, il y a des petits conflits et des gros conflits, mais tous peuvent être entendus et résolus. Le cerveau nous accorde du temps pour comprendre que nous ne sommes pas alignés. Que nous n'écoutons pas notre for intérieur et que nous laissons le petit moi faire son caca nerveux et nous désaligner. Le petit moi pioche dans tout un tas de bonnes mauvaises raisons pour faire sa tête de mule et ne pas évoluer, par manque de flexibilité.

Retrouver son équilibre intérieur

La conscience de cœur c'est de la flexibilité au service de l'évolution de l'être.

*****

Nous allons donc voir dans ce livre comment il est possible de prendre soin physiquement et énergétiquement de notre véhicule pour ne pas avoir à en changer trop tôt. Du point de vue de l'âme nous ne sommes qu'expérience. Elle change de corps comme les humains changent de voiture. À nous de faire en sorte que nôtre véhicule dure le plus longtemps possible.

Un scientifique qui n'arrive pas à prouver sa théorie, va stopper ses recherches et expériences et chercher à prouver une autre théorie. L'âme mène une expérience également, l'expérience de la matière. Et si le cerveau estime que la demande de l'âme n'est pas cohérente avec le potentiel de vie restante du véhicule, il va mettre fin à l'expérience, s'il estime que le temps restant permet une résolution du conflit il va créer une maladie. Et heureusement pour vous et moi, quand il crée une maladie, il estime dans son calcul que vous avez encore la possibilité de rectifier le tir et réaliser votre potentiel. Il préfère créer la maladie pour vous laisser du temps, que de vous tuer directement, il est cool finalement. Donc considérez la maladie comme une source d'information, plutôt que comme une fatalité inexorable. Elle vous informe de là où est votre conflit. Elle vous informe de là où vous êtes en mal d'être.

C'est pour cela également qu'il peut y avoir apparition de maladie ou aggravation en post hypnose régressive ésotérique, car nous rétablissons une meilleure connexion avec l'être. Et beaucoup ne font toujours pas leur part de travail dans le faire, ne remettent pas leur propre comportement en question, rejettent la faute non plus sur l'autre mais sur les entités négatives contrôlantes. Sans la mise à jour des croyances limitantes créées suite aux traumas vécus dans la matière, le conflit va perdurer, voir s'aggraver, d'où ce livre. Elle est là la vraie raison de nos problèmes, notre résistance à mettre en action les propositions énergétiques de la conscience.

Retrouver son équilibre intérieur

En conscience de cœur nous acceptons notre pleine et unique implication dans ce processus et nous nous mettons en action de créer plutôt que de subir. Une création éthique, durable, pour soi et dans le respect des êtres vivants qui nous respectent aussi. Nous n'acceptons plus les comportements vaporisateurs et autodestructeurs de ceux qui n'ont pas encore fait ce chemin. Nous ne les jugeons pas, nous leur faisons comprendre que s'ils veulent avancer avec nous c'est en assumant leurs actes et non acte, en faisant de vrai choix réfléchit que nous ne pouvons pas faire pour eux.

*****

Il y a cinq pierres que je préconise en cas de « maladie dite grave » : je sais que la lithothérapie est décriée, mais au final elle colle à la perfection à ce type d'observations faites par le Docteur Hammer.

1 - La rhodocrosite, qui est rose donc reliée au chakra du cœur, qui travaille sur les angoisses, la digestion et les désordres cellulaires, tiens donc. Une association d'idée cohérente.

2 - La Séraphinite, chakra du cœur également, c'est une pierre qui apporte de l'amour inconditionnel, elle aide à la régénération cellulaire. Et à avoir plus de discernement, posée sur le troisième œil. L'amour inconditionnel qui permet le discernement ! Elle est verte est en relation avec le chakra du cœur.

3 - L'Émeraude : travaille sur le diabète, les douleurs de la colonne, soulage les peines de cœur, toujours une pierre du chakra du cœur. Elle apporte de la lumière sur les choses, et calme l'émotionnel.

4 - Et tout simplement **l'aventurine**, une pierre qui permet une meilleure relation à l'autre par le chakra du cœur, qui calme l'hyper activité, empêche le vampirisme d'énergie, et qui soulage les problèmes de peau. On calme l'émotionnel et la relation à l'autre et cela améliore les problèmes de peau !

5 - Ensuite on a **la labradorite** : alors elle, elle nous dit tout sur le chakra du cœur, elle facilite l'amitié, elle permet de ne pas se laisser

Retrouver son équilibre intérieur

envahir par les problèmes des autres, elle nous permet ainsi d'activer nos propres capacités, car nous avons plus de temps pour nous. Et finalement elle active notre capacité d'auto-guérison. Quand on prend soin de soi, avant de prendre soin des autres, on va mieux ! Car on développe ses capacités personnelles et donc on améliore notre relation à nous-même.

*****

Et pourtant elles n'ont lu aucun livre, elles n'ont pas besoin de comprendre pour exister, ni qu'on les apprécie d'ailleurs. Car cela marche même si on n'y croit pas, ça mettra plus de temps à faire effet pour certains qui le font sans grande conviction personnelle et qui attendent que ce soit la pierre qui fasse tout le travail, car elle nous aide mais ne fait rien à notre place. C'est pour cela que ça peut augmenter le conflit intérieur, quand vous pensez que c'est l'autre le problème et pas vous, jusqu'à ce que vous acceptiez de prendre la bonne décision. Elles ont tout compris, y compris de ne pas faire le travail à notre place mais de nous accompagner dans notre processus d'évolution. L'obsidienne œil céleste est peut-être la plus têtue de toutes, car elle insistera jusqu'à ce que vous compreniez que c'est vous le problème et pas l'autre, elle est porteuse de vérité c'est pour cela que les gens qui ne se remettent pas en question et ne l'aime pas. Ils vont même aller dire qu'elle est néfaste, que c'est une pierre négative. Et il y a aussi les entités négatives qui vont vous embêter deux fois plus, car cette pierre dissout les émotions négatives et ils ne veulent pas que vous la portiez, donc tant que vous n'aurez pas fait votre hypnose régressive ésotérique, ils vont vous empêcher de la porter, à moins que vous soyez prêt à accepter que tout vient de vous. Personne ne pourra jamais rien pour vous à long terme si vous ne l'intégrez jamais.

*****

Nous sommes humains et vivons des choses humaines dans la matrice, même si on le sait cela n'empêche rien. Événements qui déclenchent des émotions et c'est normal. Je suis personnellement en train de vivre des événements qui certains jours reprennent le dessus et créent de grosses contrariétés, des émotions négatives, qui pourraient me faire

Retrouver son équilibre intérieur

rebasculer sur mon ancienne ligne temporelle pré hypnose régressive ésotérique à laquelle l'origine de ces événements appartient et je travaille énergétiquement chaque jour pour réparer tout cela et lever les conflits en relation, ce qui crée parfois des baisses de fréquence. Je reste vigilante et je continue à maintenir cette nouvelle énergie pour rester alignée et gérer tout cela avec la nouvelle moi.

Quand nous sommes dans les énergies de cœur on va mieux. Quand on se pardonne et qu'on pardonne aux autres, on va mieux. On n'est pas pour autant obligé de ne plus les fréquenter, mais on a aussi le droit de passer à autre chose quel que fut notre lien. On arrête de revenir sans cesse sur ce qui nous a blessé, ou sur ce qui nous culpabilise, on fait en sorte de le réparer. Et surtout si l'autre n'est pas content, s'il est en colère, cela lui appartient, c'est sa propre vision des choses. Après m'avoir reproché d'être en colère, P. l'a été lui aussi, le manque a commencé à s'exprimer en lui, super c'est que quelque chose bouge. Je lui souhaite avec toute sincérité de se trouver, de trouver son équilibre intérieur, d'aller à la rencontre de ses propres désirs pour enfin évoluer et ne plus reproduire comme tout un chacun ses schémas de fuite en boucle.

*****

Une émotion est toujours juste, elle n'est jamais erronée, elle nous parle de notre ressenti, c'est à la personne de faire son chemin intérieur pour calmer sa colère, ses angoisses ou toute autre émotion négative. Nous ne pourrons rien faire pour cela, car parfois se justifier ou essayer de trouver des solutions malgré l'autre ne fait qu'envenimer les choses.

Et si la personne avec qui vous êtes en conflit n'apprécie pas que vous puissiez aller bien malgré tout, c'est que son attitude est, en partie, faite pour vous blesser, donc n'ayez aucune culpabilité à prendre de la distance. Si l'autre souhaite votre malheur, en continuant à alimenter le conflit malgré vous, c'est que lui-même n'est pas bien et plutôt que d'alimenter vous aussi le conflit, envoyez-lui tout l'amour que vous avez pour elle ou lui, et si vous n'y arrivez pas faites un travail sur vous

Retrouver son équilibre intérieur

pour au moins rester neutre. À un moment il faut sortir du triangle des Bermudes du triangle de Karpman. Une personne pour se positionner en victime, si elle veut vous rendre responsable de ses problèmes, va vous positionner en bourreau, et toute personne essayant de la ramener à la raison sera aussi un bourreau. On n'est pas obligé d'endosser l'étiquette que l'autre veut nous faire endosser pour garder sa cohérence interne et prouver que c'est vous le problème et pas lui ou elle.

Et si vous n'arrivez pas à avoir des sentiments de compassion de tolérance et d'ouverture d'esprit par rapport à une situation conflictuelle, dites-vous bien qu'eux aussi tout comme vous ont connu la difficulté et ont des besoins non assouvis, eux aussi cherchent à réussir leur vie, eux aussi tout comme vous cherchent le bonheur.

Eux aussi sont victimes de cette matrice terrestre, ils n'ont pas choisi le ventre dans lequel ils ont grandi, eux aussi sont interférés et ne sont pas toujours libres de penser et d'agir à leur guise. Et s'ils sont nettoyés et continuent malgré tout c'est qu'ils n'ont pas assez de flexibilité pour remettre en question leur cohérence interne. Le discernement n'est pas chose aisée, il demande d'avoir la capacité de prendre du recul et de pouvoir en toute objectivité se mettre à la place de l'autre. Cela demande de voir les choses avec neutralité, de s'extraire soi-même de la problématique en résolvant nos propres fichiers erronés. Je suggère de temps à autre aux clients qui viennent me voir et qui ont un lien affectif très fort avec la personne concernée, de se demander qu'elle serait leur réaction ou action si c'était un inconnu qui leur faisait cela ?

Cet été une amie s'est mise en colère contre moi. Je l'ai vu, j'ai demandé pourquoi, elle me l'a dit. J'ai voulu lui répondre en reprenant tous les points qu'elle me reprochait, et puis j'ai tout effacé et j'ai répondu « ok ». Je comprends et j'accepte ce qu'elle dit, mais ce n'est que son point de vue. Elle m'a aidée, et estime que ma position actuelle lui manque de respect et que je suis une arnaqueuse. Elle me demande de prouver le contraire, en faisant ce qu'elle exige de moi sur le champ, elle le fait en

Retrouver son équilibre intérieur

sachant très bien que je suis dans l'impossibilité de le faire actuellement. Donc ses conditions sont là pour me mettre en échec, c'est une amie très proche et elle connaît très bien ma situation. Par cette attitude elle ne fait que se conforté dans sa version des choses. Même si cela m'a beaucoup attristé quelle agisse ainsi, je l'ai accepté et je la laisse prendre ses distances, même si elle est allée voir mes amies de longue date pour essayer de les retourner contre moi, qu'elle a enquêté sur moi pour se prouver qu'elle avait raison, elle a même fait plus de deux mille kilomètres, en allant dans ma région d'origine et tenté de rencontrer physiquement l'une d'elles. Et alors moi je sais ce qu'il en est et même si elle s'appuie sur des faits avérés cela ne veut pas dire que sa conclusion est juste, c'est son interprétation des événements en fonction de son vécu, elle m'a même comparée à des personnes de son passé pour se justifier. Cela veut tout simplement dire que cet événement la touche elle dans ses blessures antérieures. Moi de mon côté je fais ce qu'il faut pour un jour résoudre la problématique de base, aussi chez moi, en ça je prends la responsabilité de ma propre action, pas comme elle le voudrait mais comme moi je le peux actuellement.

Je ne lui ai jamais rien caché de ma situation. Moi je sais ce qu'il en est, elle s'est sentie trahie, car elle met une importance toute particulière, de par ses croyances limitantes, sur le sujet qui l'oppose à moi. Elle considère que mon attitude est inadmissible pour elle, et elle a détruit notre amitié car cela allait au-delà des limites de sa cohérence interne.

Moi j'ai compris pourquoi et comment mes propres croyances me mettaient dans ce genre de situation, je travaille dessus, mais il me faut remonter la pente, ce que je suis en train de faire pour que cela n'arrive plus jamais. J'ai compris les tenants et les aboutissants de cette situation, mais je ne peux pour autant pas lui donner satisfaction dans ces demandes tant que je n'aurais pas comblé le désordre matériel que cela a produit.

Retrouver son équilibre intérieur

Elle s'est sûrement fait reprendre, par les entités négatives contrôlantes, il y a plusieurs mois, elle est retournée dans ses anciennes addictions et remet en place ses anciens comportements addictifs dans la matière. Elle devait faire une vérification et la repoussait sans cesse, jusqu'à ce que suite à sa colère elle décide de l'annuler complètement. Je sais qu'elle n'est plus maître de ses émotions, que les entités qui ont réinvesti son espace énergétique la manipulent. Elle a préféré s'en prendre à moi, plutôt que de se débarrasser d'eux, c'est son choix. Ils se sont servis d'un point de désaccord entre nous pour mettre la zizanie, afin qu'elle ne fasse pas sa session de vérification. « Ok » si elle valide ça, moi aussi.

Le point de friction existe, bien que je travaille dessus, pour le moment je n'ai pas capacité à le résoudre, elle le sait, malgré tout elle s'en sert contre moi alors qu'elle connaît les tenants et les aboutissants. « Ok », elle a fait son choix, je fais le mien en conséquence. Je ne lui en veux pas c'est comme cela. En attendant comme je ne peux rien y faire je lui envoie des énergies positives et quand je n'y arrive pas je reste au minimum neutre. Je lui pardonne de s'en prendre à moi ainsi, cela n'a même rien à voir avec elle, parce qu'elle est revenue à la charge après plusieurs semaines de silence le jour où j'ai mis mon 1er livre en ligne. Elle ne le sait pas mais c'est calculé de leur part pour me déstabiliser et m'empêcher de le faire. Dans mon monde les coïncidences n'existent pas. Elle s'entête malgré tout, « ok » je valide.

Et comme j'ai géré ça de façon très calme et que cela ne m'a pas plus perturbée au final, et que j'ai tout de même mis mon livre 1er livre en ligne, ils se sont servi d'une seconde personne dès le lendemain pour tenter de me faire croire que mon livre ne se vendrait pas à cause des fautes d'orthographe. Trois jours avant que je le présente pour la première fois sur un festival. J'ai envoyé bouler la personne en lui disant que je lui interdisais de dire que je ne vendrais pas mon livre. Et je l'ai remerciée pour son agression, qu'elle prenait pour un conseil, fait pour m'aider.

Retrouver son équilibre intérieur

Je l'ai remerciée car cela m'a permis de réfléchir à quoi répondre aux gens qui m'attaqueraient sur ce sujet. Et comme j'ai compris qu'ils se serviraient de cela contre moi pour faire passer que ce que j'ai écrit comme nul et non avenu, j'ai fait une vidéo où je dis que je suis fière de moi, que même s'il y a des boulettes orthographiques et grammaticales dans mon livre, je suis extrêmement fière d'avoir osé l'écrire, et d'y être arrivée. Et au final si les entités négatives contrôlantes sont à ce point prêtes à tout pour que je ne le sorte pas malgré les coquilles, c'est que le fond les dérange eux bien plus que la forme. J'ai donc réussi ce que je voulais, arriver à informer le grand public sur leur présence et leur influence dans notre vie de tous les jours.

Mais comme je le dis déjà dans « la face cachée de l'iceberg » on m'a également, sous couvert de me prévenir, menacée de poursuites pour plagiat. J'ai donc modifié ma façon de présenter l'information, sans rentrer dans les détails de la méthode utilisée, en expliquant seulement comment les entités fonctionnent, en citant la méthode et la personne qui l'a élaborée. J'ai énormément de respect pour lui et son travail. Je reste donc alignée sur mon moi supérieur, je ne descends surtout pas dans les peurs que les autres veulent m'imposer. Certaines de ces personnes ont pourtant des capacités extrasensorielles développées ou sont dans une volonté d'aller mieux et de travail sur elles, l'une d'entre elles étant même une de mes anciennes cliente, devenue praticienne d'hypnose régressive ésotérique suite au travail fait ensemble. Ces personnes, quelles que soient leurs motivations ne se rendent pas compte qu'elles limitent l'expression et la révélation de ce système contrôlant, en voulant appliquer les règles restrictives édictées et mises en place par ces même entités négatives contrôlantes pour nous faire taire. Elles sont pourtant de bonne foi, mais utilisent des illusions de la matrice contre moi pour éviter que mon livre sorte.

Ce que j'ai entendu des entités qui sont derrière tout cela, hors de ma sphère énergétique, sinon ils ne passeraient pas par des tiers, c'est qu'ils voulaient me ruiner avant que je puisse éditer mes livres. Me mettre en telle difficulté par de multiples attaques extérieures que je

Retrouver son équilibre intérieur

ne serais plus en capacité de maintenir mon alignement et mon intention positive sur la réalisation de mes projets énergétiques. Raté ! Ils me font perdre du temps mais n'arrivent pas à m'arrêter. La volonté acquise par le « sois forte », même si elle a été très dévastatrice m'a donné malgré tout une résilience qui fait que je n'abandonne jamais. Je chutais plus souvent que de nécessaire mais je me suis toujours relevée, tellement de fois qu'une de plus ne reste au final qu'une histoire de plus à relater dans mes livres.

Ils font croire aux gens, qui me prodiguent leurs « bons conseils » que c'est de la bienveillance alors que c'est fait pour exacerber chez moi mes programmes limitants, réactiver le manque de confiance en moi par rapport aux traumatismes qu'ils m'ont fait vivre pendant toute ma scolarité, où l'orthographe venait écraser tout mon travail, la réponse est juste mais on ne la prend pas en compte parce qu'il y a plus de 5 fautes, éliminée. À mon BEP comptabilité informatique j'aurais pu échouer si la dactylo avait été en une seule épreuve, mais elle a été en deux, j'ai eu zéro à l'épreuve de vitesse et orthographe, mais vingt sur vingt à l'épreuve de réorganisation des informations en tableau. Ce qui m'a permis d'avoir dix au final, donc la moyenne sur cette épreuve. Invalider une réponse parce qu'elle n'est pas la copie conforme de celle qu'ils attendent, celle qui a été préalablement formatée pour que tout le monde se ressemble et réfléchisse pareil, lol. Formatage = Forme + matage, je dis que cela.

Toute ma vie on m'a dénigrée dans mes propos, soit à cause de ma dysorthographie et ma lenteur, lenteur qui était due à la croyance de devoir « être parfaite », soit de par ma position sociale qui ne me permettait pas de m'exprimer sur le sujet concerné, et là je tombais dans ma croyance d'être acceptée au mérite, par le « sois forte ». Les deux personnes qui ont tenté de me discréditer pour mon livre ont utilisé ces deux ex failles. Ma fierté d'avoir enfin réussi à écrire ce livre a surpassé leurs tentatives de me faire douter et du coup renoncer.

Retrouver son équilibre intérieur

Dernièrement c'est une assistante sociale qui me suit pour remonter la pente, suivi obligatoire, sans quoi je perds mes aides, qui a par son discours tenté de me faire croire que j'étais vieille à 55 ans proche de la porte de sortie et que je n'avais pas trop le choix par rapport également à mon état de santé. Waouh, j'ai dit oui à tout ce qu'elle me disait car c'est un rendez-vous officiel, pour ne pas perdre mes droits, mais intérieurement je me suis dit : « Je ne suis pas la personne qu'elle voit, je suis certes en difficulté physique et financière, suite aux multiples attaques, mais j'ai aussi la capacité à me remettre de cela, mon corps sait comment se réparer. Et je n'ai jamais eu l'intention de prendre ma retraite à l'âge ou ils veulent nous l'imposer. ». De nos jours beaucoup de gens n'attendent que cela prendre leur retraite, parce qu'ils ne font pas ce qu'ils sont, ils tournent en rond dans la matrice à alimenter un système illusoire, à s'épuiser énergétiquement et psychiquement. Moi j'ai quitté cette illusion il y a 10 ans pour faire ce qui vibrait en moi, et maintenant que j'ai trouvé la clé de sortie, il faudrait que je m'arrête dans 9 ans parce que la société en a décidé ainsi. Morte de rire, j'ai toujours dit à mes enfants que je prendrais ma retraite avant la reine d'Angleterre, donc avant 96 ans, ce qui fait que j'ai au moins encore 40 ans devant moi.

Voilà ma réalité à moi, l'âge n'est qu'un chiffre sur un bout de papier, qui en plus avec le fait qu'ils accélèrent le temps, ne veut plus rien dire, donc j'ai peut-être même encore plus de temps que cela. Vous n'êtes que des fruits dans une centrifugeuse qui accélère pour vous soutirer toute votre énergie vitale et on vous met à la retraite quand il n'y a plus rien à en tirer de substantiel.

Moi je ne quitterai ce que je fais que le jour où je serais morte, j'utiliserai tous les jours qu'il me reste pour continuer à évoluer, accompagner et transmettre.

*****

L'amour le vrai est puissant, fort, il est objectif et nous permet de poser des limites et de se respecter et de respecter l'autre. Il est la force la plus puissante dans toutes les dimensions, il répare tout et il nous

Retrouver son équilibre intérieur

protège également de la méchanceté des autres. Et j'ai trouvé cela en moi, j'ai trouvé la définition de l'amour tel que je la percevais depuis l'enfance, bien loin des cucul-la-praline et des love-love.

Par contre il ne faut pas le dilapider cet amour, avant d'en donner aux autres il est préférable d'en être plein soi-m'aime. Ne jamais donner le verre pour la soif. Plutôt faire en sorte qu'il déborde, le rayonner, c'est la meilleure façon de tenir à distance les gens néfastes. Car s'ils voient qu'ils ne peuvent pas entrer dans votre espace énergétique et vous déstabiliser, si vous êtes avant tout plein d'amour pour vous, que vous êtes conscient de vos failles, même si elles ne sont pas encore complètement dissoutes, ils ne pourront pas les exploiter, ils n'auront donc plus rien sur quoi s'accrocher. Un peu comme une savonnette sur une planche mouillée.

Vous allez rapidement détecter les tentatives de déstabilisation qu'ils vont utiliser contre vous, ou leurs tentatives de vous obliger à faire les choses à leur place, à résoudre leurs problèmes, à vous rendre responsable de tout, en palliant à leur propre neurasthénie. Mais toujours garder en tête qu'une tentative de déstabilisation est une opportunité d'évolution. Donc pas grave, l'accueillir comme une potentialité de faire autrement.

À un moment donné, personne ne pourra plus vous culpabiliser de ne pas subvenir à ses attentes, car vous savez qui vous êtes et comment vous, vous en êtes arrivé là, en prenant vos responsabilités et pas eux. Accepter que nous sommes notre propre sauveur. Et sans aucune culpabilité accepter, que certaines fois on a besoin d'être accompagné pour réussir à aller au-delà de sa propre cohérence interne pour en vivre une autre plus flexible et plus adaptée à notre évolution.

Manquer d'objectivité dans une situation émotionnellement impactante n'est pas rare c'est même notre lot quotidien, se faire accompagner par un thérapeute pour trouver les fichiers erronés concernés ou pour faire déménager les squatters est une preuve de reconnaissance de nos limites. On a tous le droit d'avoir un petit coup de mou. Le thérapeute vous accompagnera et vous aidera à mettre en lumière les zones de conflit intérieur. Mais quoi qu'il en soit, on est le seul et unique responsable de notre propre réussite ou échec. Et c'est également en nous que se trouve la solution. Les gens rendent les autres responsables de tous leurs malheurs, alors que si chacun prend ses responsabilités et se réaligne sur son for intérieur pour donner le meilleur de lui, c'est à lui qu'il rendra service en premier, car chacun sera bien et apaisé et cela évitera beaucoup de malentendus.

Nous sommes tombés dernièrement dans une session, sur des entités qui géraient une matrice sur Terre (et ailleurs aussi) qui s'alimentait sur les conflits homme-femme et dirigeants-peuple. Ils exacerbaient les préprogrammations, pré choisies par une mantide sous-traitante pour des reptiliens, basées sur les conflits de genre et sur agaçaient donc également les conflits des peuples avec leurs dirigeants, nous avons fait chuter cette matrice. Je sais qu'il existe des milliers de programmes contrôlants comme celui-ci et que ce n'en est qu'un, mais je suis impatiente de voir se métaboliser cette séance au niveau planétaire.

*****

Depuis que je suis passée en énergie de cœur les gens sont beaucoup plus apaisés en face de moi, et ils me disent plus bonjour, et je passe de meilleures journées. Et quand je tombe sur quelqu'un de désagréable je le remets en place avec le sourire, même s'il m'insulte, et je lui dis avec le sourire d'aller se faire voir ailleurs. Je n'autorise plus personne à me manquer de respect, à déverser ses poubelles énergétiques de frustrations sur moi. Et si je sais que je ne vais pas être agréable je me tais, car moi aussi je fais attention maintenant de ne plus utiliser mon ancienne croyance que l'harmonie s'obtient par le conflit. J'avais un autre fichier erroné, de penser que si on ne m'écoute pas, on me manque de respect. Et vu que je voulais qu'on reconnaisse ma vaillance et le mérite que j'avais à avoir accompli tout cela, j'étais comme Bridget Jones atteinte de diarrhée verbale. Voulant en permanence apporter la preuve des efforts et des tracas auxquels je faisais face, pour qu'on me félicite de ne pas renoncer malgré la difficulté. Ce qui me mettait dans

Retrouver son équilibre intérieur

un perpétuel besoin de reconnaissance. Hé bien c'est fini, certes j'en parle ici, non pas pour me faire plaindre mais pour vous faire comprendre que l'on peut en sortir, même en partant de loin. J'utilise consciemment les rouages du système pour faire valoir mes droits, car mes devoirs je les assume depuis bien longtemps. J'ai toujours donné le meilleur de moi-même, même si cela n'a pas toujours suffi, je l'ai fait.

Maintenant quand ils insistent et cherchent vraiment à me déstabiliser, je dis un truc tout simple mais qui fait mouche pour me débarrasser d'eux rapidement, s'ils sont chez moi, et je les invite à quitter les lieux sur le champ. Autrement je pars, je quitte l'endroit où je me trouve si je n'ai pas de raison d'y rester plus longtemps. Si j'ai une raison d'être là je reste jusqu'à ce que je suis venue faire soit fini, malgré la situation conflictuelle et je fais ce qu'il faut pour que cela se termine rapidement. Je me fais ce cadeau de ne pas rester dans un environnement négatif, plus que de nécessaire. Et je fais en sorte de prendre mes distances avec les personnes qui sont systématiquement en critique et en dévalorisation des autres, ou en complainte perpétuelle.

Avant j'en étais incapable, j'étais un vrai pitbull, mais je me suis rendu compte en rentrant dans les énergies de cœur que c'est à moi que je faisais du mal. Que de vouloir faire admettre à l'autre sa vision erronée je m'épuisais, et je ne me respectais pas. Et en plus la version que les autres voient de leur propre point de vue, elle est ce qu'ils en font au final.

Nous sommes en plus à l'heure actuelle, avec tout le bordel que les contrôlants mettent, en augmention constante de stress de façon exponentielle, car sous pression permanente. Et au lieu d'être plus solidaires entre eux, les bons moldus bien influençables, par l'infantilisation mise en place, s'en prennent aux gens qui se trouvent dans la même galère qu'eux. Les gens sont devenus irascibles, n'ont plus aucun discernement et s'énervent pour un rien.

Retrouver son équilibre intérieur

Au lieu de chercher à s'extraire de cette boucle infernale ils la maintiennent en place par leur manque de flexibilité sur leurs croyances limitantes. Il y avait une phrase qui marchait bien aussi quand je n'arrivais pas à faire entendre raison à quelqu'un sur un comportement nocif et qui portait préjudice à mon commerce : « Et pourtant vous estimez sûrement être quelqu'un de bien, mais cela ne vous empêche pas de … (cause du manque de respect) ! ». Et là ils se redressaient et se disaient en eux « oui je suis quelqu'un de bien ! » et ils se rendaient compte que leur comportement n'était pas en corrélation avec ça, et du coup renonçaient à gêner l'accessibilité à mon commerce. Les gens disaient toujours en avoir pour 5 mn et restaient là une ou deux heures, pendant que leur voiture bloquait l'accès à ma boutique. Et moins je m'énervais et plus ils partaient vite. Quand je ne les voyais pas, je laissais sur leur pare-brise une phrase de Gandhi qui dit : « change en toi ce que tu veux voir changer dans le monde ! ».

Dans ma boutique en zone touristique j'avais mis : « Si en vacances vous manquez de patience, imaginez que moi je suis au travail. ».

Nous ne sommes pas obligés de subir dans notre espace énergétique la neurasthénie des autres, nous avons déjà bien assez à faire avec la nôtre, non !

Les effets du jaune du chakra solaire sur le jaune du 3ème œil et du coronal

Donc nous avons vu que les émotions altèrent le fonctionnement du chakra solaire, altérant la digestion, ainsi que la production de sérotonine, l'hormone de la sérénité, qui quand on en manque nous pousse à manger des glucides (sucre). Donc encore plus de nourriture cracra. Pour compenser le manque et la frustration et tout un tas d'autres émotions. Et comme nous avons pu le voir dans mon 1er livre, il y en a de partout.

Retrouver son équilibre intérieur

Mais ce n'est pas tout, il y a aussi du jaune dans le chakra du 3ème œil et celui-ci résonne avec celui du chakra solaire. Donc si les émotions du solaire sont mal gérées elles vont créer un déséquilibre aussi au 3ème œil. D'où le manque de discernement.

Indigo : intuition – créativité – imagination.

Violet : capacités extra-sensorielles.

Jaune : intelligence – mémoire – structuration – capacités d'analyse et de synthèse.

Le jaune du 3ème œil, par des émotions mal gérées, va suractiver le mental. Et le manque de sérotonine, qui est censée nous mettre en sécurité, va provoquer un sentiment d'insécurité chez nous. Et comme nous sommes des mammifères c'est tout bonnement inacceptable. Le but primaire du mammifère est la sécurité et la survie de la race, donc cela va nous mettre en mode insécure qui va nous empêcher d'évoluer, car l'évolution est dangereuse car individuelle. En plus nous ne serons pas satisfaits, pas de dopamine non plus donc incapacité de prendre une décision objective et de passer à l'action consciente, que des réflexes archaïques, se battre ou fuir, tuer ou être tué, protéger notre progéniture au péril de notre propre vie. Et pour compenser la frustration on va manger plus qu'il ne faut, d'où l'augmentation des problèmes de poids.

Si nous avons un chakra solaire en équilibre, le jaune du 3ème œil sera apaisé, et quand nous chercherons une réponse à nos questions, le jaune au lieu de se fixer sur les mémoires cellulaires transgénérationnelles traumatiques va se tourner vers les mémoires énergétiques de l'âme, et passer le relais au violet qui va nous apporter des réponses évolutives. Et le bleu indigo qui porte l'intuition, la créativité, l'imagination, va pouvoir capter la réponse et la rendre intelligible par le cerveau qui ne créera pas de conflit, mais créera une solution non stressante et constructive. Le violet est lui en lien avec nos capacités extrasensorielles, car il résonne ou raisonne avec le violet du chakra coronal et donc avec la conscience. Vous savez le truc qui quand on ne l'écoute pas on se crée des conflits qui induisent des maladies.

Nous ne devrions pas dire capacités extra-sensorielles, mais écoute de notre partie subliminale, de notre soi supérieur, de notre partie énergétique subtile. Ce n'est pas extérieur, c'est une partie de nous tellement subtile que nous avons du mal à déjà comprendre qu'elle existe et encore plus à décoder les messages que nous pourrions lire en elle, c'est à dire nous. Elle devient un murmure tellement lointain par rapport au brouhaha du mental, suractivé par les merdias, que nous préférons écouter ceux qui parlent fort plutôt que notre voix subtile ou lumière intérieure.

On demande au glacier de décoder le message qui se trouve dans l'humidité de l'air. Cette partie tellement vaporeuse qu'elle ne se voit pas à l'œil nu mais qui est faite de nous. Enfin c'est plutôt nous qui sommes faits d'elle. Son énergie s'infiltre dans les véhicules humanoïdes terrestres qu'elle incarne via le chakra coronal. Nous devrions être à l'écoute de cette énergie et non de nos émotions exacerbées par le contexte mis en place par les entités négatives contrôlantes dans la matière.

En relisant ce passage je viens de comprendre la double signification du titre de mon 1er livre : « la face cachée de l'iceberg », cette métaphore sur le glacier et l'humidité dans l'air, peut me permettre d'encore plus pousser la raison pour laquelle j'ai choisi ce titre. Dans ce livre je parle de tout ce que l'on nous cache : l'interaction des entités négatives contrôlantes dans nos vies. Mais cela peut également s'appliquer à ce que l'on nous cache de notre propre état d'humanoïde terrestre, car ils savent très bien comment nous fonctionnons physiologiquement. Et au lieu de nous le dire ils l'exploitent contre nous pour nous maintenir en mauvaise santé et nous rendre physiquement esclaves de leur système capitaliste. Ils font tout pour cristalliser les croyances limitantes, en nous polytraumatisant dès la plus tendre enfance, en nous faisant baigner en permanence dans une

Retrouver son équilibre intérieur

eau saumâtre. Exacerbant ainsi les comportements du cerveau mammalien, afin qu'on ne puisse jamais passer au-delà des effets secondaires nocifs des émotions négatives pour ne pas réussir à récupérer les mémoires d'âme. MACHIAVELIQUE !!!

Ce qui m'a permis d'atteindre mes propres mémoires d'âme c'est que ma conscience, étant elle-même consciente d'être interférée, à tout stocké dans le corps physique, la graisse est porteuse de mémoire. Le cerveau c'est du gras et du sucre, je les ai tellement éliminés de mon alimentation que mon corps en a fabriqué malgré tout. Car elle s'est servie de l'archétype mammalien des animaux porteurs de la mémoire et du savoir, l'éléphant et la baleine. D'où ma surconsommation de sucre pour que le foie le transforme en graisse. Elle a utilisé mon métabolisme pour inscrire sa mémoire dans mon corps pour ne pas se faire voler l'information par les entités qu'elle savait avoir dans son espace énergétique.

Et c'est toutes ces informations inscrites dans mon corps physique qui m'ont permis de calibrer la véracité ou pas d'une information, ce que je nomme « logique » dans mon enfance, est en fait : « vrai », car cohérent avec l'information qui est inscrite dans mes mémoires cellulaires et acquises car vécues dans une autre des potentialités de mon âme. Je reste pantoise devant cette information que j'écris en même temps que je la conscientise. Je savais que mon physique, tel qu'il est, avait une raison d'être, mais je ne m'attendais pas à cela.

Et en plus lorsque que nous en avons parlé avec Françoise en consultation, un des archétypes qu'elle a utilisés est celui du sumotori. Et je sais qu'une de mes incarnations est au Japon, ils sont vénérés pour leur puissance, leur force, et leur masse corporelle. Et comme dans mes croyances j'ai « d'être forte » et reconnue par mon mérite, cela a facilité la prise de poids de mon corps, pour imprimer toute cette mémoire. Ma partie subliminale m'a utilisée comme un disque dur externe.

Retrouver son équilibre intérieur

Bon ce qui est positif là-dedans c'est que du coup j'ai eu des facilités à apprendre et retenir tout un tas d'informations, et que cela m'a permis de comprendre ce que je suis en train de vous expliquer donc ok, je valide. Les médecins m'ont toujours dit que j'étais en surpoids morbide, alors que ce sont les informations pour vivre autrement et libre qui sont inscrites en moi. J'ai d'ailleurs toujours eu des analyses de sang dans les clous, au grand dam de mon médecin généraliste qui pestait car lui était mince et ses analyses étaient mauvaises. En voilà l'explication, je me suis servie de ces mémoires inscrites en moi pour évoluer, pas lui !

C'est extraordinaire, même si j'ai fini par accepter d'avoir un corps en « surpoids morbide » et que cela m'a valu nombre d'insultes, je n'avais pour autant pas du tout envie de le considérer comme cela, pour moi il avait sa raison d'être que je n'avais pas encore trouvée. Et aujourd'hui, ici et maintenant, j'ai ma réponse et du coup je suis encore plus fière de ne pas avoir obtempéré face aux multiples tentatives de culpabilisation de mon entourage, ainsi que d'inconnus, et injonctions du corps médical pour m'exhorter à m'affamer et finalement perdre cette capacité de stockage. Suite à la consultation avec Françoise le processus s'est inversé car maintenant que mon espace énergétique personnel est safe, (en sécurité car mis à jour) je vais pouvoir retransférer tout cela dans le cloud.

*****

Revenons au 3ème œil, s'il y a trop de jaune, l'intuition est mangée par le mental et son analyse désastreuse, conditionnée par les peurs et par les préprogrammations de nos ancêtres via le striatum. Dans le petit moi, nous ne sommes pas à l'écoute de notre conscience. Nous n'en sommes tout bonnement pas capables.

Sauf si nous avons des capacités plus poussées que les autres par génétique et que nous avons une conscience qui ne va pas lâcher le morceau. Pour ma part de ce que j'ai pu en comprendre, il y avait des capacités extra sensorielles sur une des branches de ma famille déjà sur 4 générations. Mon arrière-grand-père du côté de mon père via sa

Retrouver son équilibre intérieur

mère, s'était à un moment donné de sa vie abonné à la revue spirite d'Allan Kardec, étant donné qu'il trouvait que les croyances religieuses chrétiennes qu'il suivait ne le satisfaisaient pas plus que cela. Je suis moi-même passée par là avant d'aller plus loin. Une réappropriation du chemin qu'il a un moment parcouru pour pousser plus loin. Ma grand-mère sa fille avait des visions, mon père son petit-fils ressentait la présence des entités, et est clairaudient. Et moi ! Qui nais juste après que mon père ait failli mourir, bingo !

Ma grand-mère quand elle se réveillait le matin, des fois retombait dans une espèce de transe et voyait ce qui allait se passer, si bien que quand mon père l'a appelée pour lui annoncer la naissance de son premier enfant et l'informant que c'était une fille, elle le savait déjà. Elle avait déjà capté l'information, nous étions en juin 1967.

Mon père, quant à lui quand il était petit a senti des choses le toucher le soir dans son lit, s'appuyer sur lui. Et quand on a parlé de clairaudience avec ma tante Josette, au décès de mon autre grand-mère, elle me demandait si ce n'était pas trop compliqué à gérer pour moi d'entendre des voix. Il s'est mêlé de la conversation, comme ça alors qu'il n'en parlait jamais de ces trucs-là, il a dit : « moi j'ai coupé le son, pour ne plus rien entendre ». Réussi papa ! Il est sourd comme un pot appareillé aux deux oreilles depuis des années. Et une fois que nous sommes allés ensemble chez quelqu'un pour récupérer des pièces auto, en repartant de chez cette personne, il m'a dit : « ce gars a un cancer ! ». Je pratiquais déjà des soins magnétisme et reiki à l'époque, je me suis donc concentrée sur cette personne et il avait raison. Il a donc des capacités en ce sens qu'il n'a jamais exploitées.

Je suis donc la première de la lignée à les accepter et à chercher à les développer dans un but professionnel. Ce qui n'a pas été simple, vu qu'en faisant cela j'ai boosté, par rebond énergétique, les capacités génétiques de ceux me côtoyant et cela n'a pas plu à tout le monde. Ma grand-mère avait même prié pour qu'on lui retire ses capacités. Et bien que n'ayant déjà pas eu une vie simple de par le choix d'incarnation de mes contrôlants c'est devenu encore pire ! Car lorsque je me suis positionnée ouvertement à vouloir développer mes capacités ma vie n'était déjà pas simple.

Moi c'est la kunzite, pierre composée de lithium qui m'a permis de lisser et baisser l'intensité de mes émotions, pour rester à l'écoute de mes intuitions, au-delà de la tempête de mes émotions.

Avant que je fasse connaissance avec la lithothérapie, suite au décès de ma cousine, le médecin m'avait mise sous antidépresseurs, première fois à 27 ans que je prenais ce genre de choses, j'avais pourtant déjà subi 5 agressions et vécu de nombreuses galères auxquelles j'avais fait face tant bien que mal, grâce à mon « sois forte ».

Mais là le choc du décès de ma cousine en suite de couche, on attend une bonne nouvelle on en a une mauvaise c'est dévastateur, elle n'avait que 31 ans. Je prends donc ces fameux anti-dépresseurs, au bout de 15 jours j'ai été voir une magnétiseuse en lui disant : « Vous faites ce que vous voulez mais je ne veux plus prendre ces trucs, ça m'éteint complétement la capacité de réflexion et d'action et ce n'est pas possible. ». J'avais deux enfants en bas âge et je ne pouvais pas rester en mode larve. Pourtant je n'étais pas non plus une hyper active comme maintenant, mais cet état de vide cérébral ne me convenait absolument pas. Je découvrirais la lithothérapie 4 ans plus tard, qui a pris le relais de façon extraordinaire. Et là je découvrais la kunzite, un outil extraordinaire qui faisait taire mes émotions et me permettant de retrouver une certaine stabilité dans mon intuition et mon pouvoir de décision.

Ce qui n'était pas du luxe, vu que pendant ces quatre ans, j'étais devenue une troisième fois maman, je faisais face à une procédure en prud'homme suite au harcèlement moral de mon patron. Après une longue période de chômage mon mari avait enfin retrouvé du travail, mais mon couple allait de mal en pire. Mon fils était harcelé par la maîtresse de maternelle car gaucher. Et dans l'école précédente il y

Retrouver son équilibre intérieur

avait eu une prise d'otage de l'institutrice de mes enfants avec toute sa classe. Par l'autre institutrice qui la menaçait avec une arme blanche, pour une question d'adultère avec le mari et directeur de l'école. Comment vous dire que même en allant voir la magnétiseuse régulièrement cela ne suffisait pas vraiment.

Il faut du mental pour réfléchir et raisonner, mais pas trop non plus, comme toute chose, trop ou pas assez même problème. Moi je voulais apaiser les émotions c'est tout. Je ne connaissais pas encore trop l'énergétique, j'étais encore en mode néophyte découverte de mes capacités et il n'y avait pas de salon bien-être à l'époque (1996-2000), mais je savais que les anti-dépresseurs ne me convenaient pas.

*****

J'ai subi tellement de choses. Avant de comprendre que c'était en moi que se trouvait la solution. Je vivrais encore la même chose, pendant plus de 25 ans, vu que la situation avec mon premier mari était en résonnance avec celle de mon second mariage. Tout le monde les prenant pour des gentils et moi pour une hystérique. Quand je tentais d'en parler à ma mère, lors de mon premier mariage, elle le plaignait toujours lui : « pauvre A. il travaille lui ! » quand je me plaignais qu'il ne m'aidait pas. Et quand les rôles se sont inversés et que son attitude était toujours aussi irresponsable, j'ai eu droit à : « pauvre A., il est toute la journée avec les enfants à la maison ce n'est pas simple, c'est beaucoup de travail ! ». C'est là que j'ai compris qu'au final en étant irresponsable, en ne prenant aucune décision et en m'envoyant systématiquement au casse-pipe, il se faisait passer pour la victime de ma colère, je sais maintenant qu'il se planquait, lui aussi, derrière mon hyper-responsabilité.

J'étais dans un stress permanent qui m'empêchait de le voir et qui me mettait en crise de colère par tous les manques que cela suscitait, j'ai malgré tout réussi à me rendre compte qu'il jouait de cela et que cette situation bien qu'il s'en plaignait l'arrangeait au final.

Retrouver son équilibre intérieur

La compréhension de cela m'a permis de divorcer. Cela n'a pas fait baisser mon stress, car ensuite pour me faire payer l'affront de l'avoir quitté, le soumis et en plus revanchard, il m'a mise en difficulté financière. Répétition du scénario actuel. Merci la kunzite elle m'a permis de ne pas me suicider à l'époque, et de résister au harcèlement des entités qui pendant cette période ont été pires que tout. Ma clair-audience n'était pas encore sous contrôle et c'était un enfer.

Pour mon burn out en 2009, mon médecin m'a prescrit des antidépresseurs, elle savait que je n'allais pas les prendre, elle m'a dit par contre allez les acheter, car si j'avais un contrôle il fallait que je les aie achetés. Elle avait raison, j'ai eu un contrôle, instigué par mon patron. Elle se protégeait plus elle que moi, mais bon. Elle appelait mes méthodes énergétiques du sirop de coquelicot. Mais n'empêche qu'à cette époque c'est encore et toujours les techniques de soins énergétiques qui m'ont aidée à m'en sortir. En me permettant de me réaligner intérieurement et de mieux résister aux diverses attaques extérieures et intérieures.

J'ai toujours refusé de prendre un traitement qui m'éteint complètement la tête, il y a des options intéressantes, là-haut, certes les voix négatives devaient se taire, mais celles qui me sauvaient la vie devaient rester et ça coupait les 2, inadmissible pour moi. Ce mode moldu zombi décérébré me coupait de mon intuition aussi, cela m'enlevait mes capacités extra-sensorielles alors que je savais que la solution était là.

La kunzite apaise les émotions négatives, encore une pierre rose du chakra du cœur pour réguler le flux émotionnel et permettre d'être plus apaisée et capter l'intuition. J'arrivais donc à apaiser le mental, même si vu depuis aujourd'hui il était encore largement hors de contrôle.

Pour pouvoir prendre une bonne décision, objective, qui soit juste tout d'abord pour soi et ensuite pour ceux qui sont encore sous notre

Retrouver son équilibre intérieur

responsabilité, il ne faut surtout pas le faire avec ses émotions exacerbées. Ne jamais vouloir se venger ou prouver à l'autre qu'il a tort de notre point de vue. Juste réussir à prendre une décision qui va nous permettre de résoudre une contrainte physique, émotionnelle, mentale ou comportementale de l'autre qui ne nous convient pas. Pouvoir choisir également, des fois il n'y a malheureusement pas de bon choix à disposition, mais faire celui qui va réduire la contrainte le plus possible, le temps de trouver une réelle solution.

Quand j'ai rencontré mon second mari, je me suis faite avoir par les sentiments que j'avais pour lui, enfin quelqu'un qui prenait soin de moi, qui me comprenait et qui était à mon écoute. Je n'ai pas vu qu'il le faisait en me limitant. Qu'il le faisait en me freinant, mais comme cela faisait 10 ans que j'élevais seule mes enfants, avoir quelqu'un qui enfin me considérait comme sa priorité, comment y résister, la tentation était trop agréable. A posteriori je ne regrette aucunement les 10 ans passés avec lui, car c'est vraiment ce dont j'avais besoin. Et nous étions très bien assortis pour faire le travail sur nous qui nous était demandé par l'âme. Après comme moi je l'ai fait et que lui non, ça a fini par clasher aussi. Il ne l'a pas fait exprès, il a été choisi et mis sur ma route pour me freiner, je l'ai compris dernièrement et cela m'a permis de mettre une réponse plus adaptée que celle que j'envisageais pour me sortir de là.

Refouler ses propres émotions pour ne pas souffrir ça ne marche pas, se réaliser dans le bonheur de l'autre non plus. L'autre ne doit jamais passer avant soi-même. Mais la peur de perdre nous fait faire de mauvais choix. Ma conscience n'a jamais tenu compte des contraintes de la matière et comme pour elle c'était normal qu'il y ait des entités contrôlantes dans son espace énergétique, elle n'a jamais cessé de m'envoyer des infos et elle n'a jamais considéré leurs présences comme un frein à notre travail conjoint. Cela m'a mis une très grosse pression, prise en étau entre ma partie subliminale qui voulait se réaliser malgré les contraintes imposées par les entités contrôlantes dans la matière et l'insistance des entités à vouloir me voir échouer, dans cette action demandée. Cela créait une opposition de force et j'étais prise entre deux feux. Et des fois ce n'est pas les freins qui étaient les plus difficiles à gérer, mais plutôt l'insistance de ma conscience.

Si beaucoup de consciences sont éteintes, contraintes et emprisonnées, elle n'a jamais cessé de me solliciter. Et pour elle je devais malgré leur présence faire ce qu'elle transmettait. Elle n'a jamais considéré leur présence comme néfaste, bien qu'elle soit elle-même limitée. C'est pour cela que malgré leur présence la partie subliminale a continué à communiquer avec moi et me mettre une pression de fou pour que je me réalise malgré eux. Après quand je parle de elle et de moi, j'ai tout à fait conscience que cela peut paraître comme une dichotomie, mais ce n'est pas le cas, je sais que c'est une autre partie de moi plus énergétique et que nous ne sommes pas deux mais une, c'est juste que pour la compréhension je fais la différence entre les deux parties de moi.

En août 2023, j'ai dû faire une session car elle me mettait une pression de dingue pour sortir le premier livre, alors que les entités, depuis l'extérieur me pourrissaient la vie par l'intermédiaire de tierces personnes pour que je n'y arrive pas. Les entités ont occulté ma boutique pour que je sois en banqueroute financière et que je ne puisse pas éditer le livre. J'ai fini par le faire éditer car ma conscience était encore pire dans le harcèlement télépathique que les entités via des personnes de mon entourage. Elle voulait que je l'aie avec moi sur un salon, je l'ai reçu le jour de mon départ pour aller m'installer. J'étais prise en étau entre les deux énergies, je suffoquais et j'ai dû demander aussi à ma conscience de se calmer. Les contraintes de la matière ne l'intéressaient encore aucunement, c'était à moi de gérer et d'y arriver malgré tout. Elle commence seulement à comprendre que le but des entités est de me couper l'accès au financier pour limiter mes choix à simplement survivre. Et que donc il faudrait qu'elle en tienne compte dans sa propre exigence dans les actions qu'elle me pousse à commettre dans la matière. Aujourd'hui suite à un déménagement de

Retrouver son équilibre intérieur

ma box internet il y a 9 mois qui a pris 4 mois, je me retrouve encore sans internet depuis 1 mois. Ils savent que je dépens d'internet pour mon travail et ils agissent de l'extérieur pour m'empêcher de travailler, et comme P. m'a laissé toutes les affaires pros sur le dos en disparaissant cela fait 9 mois que je suis empêtrée dans les problèmes administratifs, financiers et matériels. Je ne me laisse pas abattre, car je sais que je suis capable de me réaliser malgré tout et c'est bien pour cela qu'ils insistent autant à me faire harceler par des tierces personnes, maintenant qu'ils n'ont plus accès à moi directement. La pression extérieure peut tout à fait être aussi contraignante que celle qu'ils produisaient quand ils étaient dans mon espace énergétique, cela demande une réelle volonté de continuer malgré tout cela, pour rester alignée et pour continuer à faire passer le message. Mon ordinateur à succombé à une mise à jour système 15 jours avant la sortie du livre, j'ai failli perdre le fichier. C'est chiant mais ça prouve au moins une chose c'est que je les emmerde vraiment avec mes livres, et moi rien que de savoir ça je m'éclate encore plus à les écrire, et j'ai déjà le thème des 2 prochains. Tou, Tou, Rou, Tou, Tou, Rou, Tou Tou !!!

*****

Ma partie énergétique sait que tout est possible du point de vue énergétique. L'exigence du moment, est que j'habite dans une maison de 200 m2 avec un étang, un cours d'eau issu d'une source sur le terrain, plusieurs hectares de forêts et prairies, pour construire des zomes, un grand pour la salle de cours et 7 petits pour héberger les gens. Afin de recevoir des gens pour des séminaires d'une semaine en immersion totale dans leur propre énergie, dans un lieu sécurisé et propice à cela.

Et que je sois seule, sans aucun revenu (ça c'est en train de s'améliorer mais ce n'est pas encore Byzance) et à 1 000 km de ma famille, en instance de divorce et en prochaine liquidation de ma deuxième entreprise suite au divorce, et trois hernies discales, ne sont pas des paramètres qu'elle voudrait avoir à prendre en compte. C'est à moi de trouver une solution dans la matière pour faire ça. Et elle n'en démord pas. Pour elle il y a suffisamment d'argent sur la Terre pour faire cela et

Retrouver son équilibre intérieur

je dois faire appel à des mécènes pour y arriver. Qui seront ok pour investir ou plutôt faire un don conséquent, et qui n'auront surtout pas leur mot à dire vu que c'est elle qui décide. Et que je dois exporter ce concept sur plusieurs sites en France et à l'étranger. Voilà, voilà, et en ce moment je vends mes meubles pour manger et ne pas perdre mon appartement. Hé bien des fois je me demande pourquoi j'ai autant voulu me libérer, si la solution est des fois pire que le problème. Ma partie subliminale ne veut entendre parler que d'énergétique, jamais des contraintes de la matière, elle sait que c'est possible donc elle me met la pression. Certains jours j'aurais aimé être amnésique ou me faire lobotomiser pour avoir 24h de répit.

Bien que le magasin soit fermé depuis plusieurs semaines car complètement à l'arrêt, je me suis dit un vendredi, allez demain c'est samedi, je n'ai pas de salon, je vais ouvrir le magasin. Hé bien ce matin-là je me suis levée malade. Le dos en vrac et mal à la gorge. Et me voilà devant mon ordi pour finir d'écrire le second livre qu'elle voudrait que je sorte pour début décembre, nous sommes mi-septembre. Nous sommes maintenant mi-janvier et je suis encore sur la relecture, sans internet depuis mi-décembre. Tout cela est fait pour me détourner, me ralentir et me contraindre à m'occuper d'autre chose que de mon second livre. Et mi-février plus d'ordi, ha ha ha !

Heureusement, ça y est j'ai enfin repris ma pleine puissance créatrice et mon énergie remonte, les mises à jour faites courant 2023 font leur effet !

Les entités comptent sur l'indifférence ambiante, pour me mettre en difficulté. Toutes ces personnes qui s'en prennent à moi ne savent même pas les tenants et les aboutissants de leur attitude. Les gens doivent comprendre que nous sommes tous pris dans les mêmes sables mouvants et que de s'en prendre à ceux qui sont comme eux enlisés jusqu'au cou ne donnera rien de bon.

Retrouver son équilibre intérieur

Quand on arrive à s'en sortir mieux qu'eux, plutôt que de soutenir celui qui est en train de se libérer de la contrainte des entités négatives contrôlantes, ils deviennent leurs sbires pour continuer leur travail à leur place, pire que les sims, car ils pensent en plus bien agir. Je n'en veux plus à ces personnes, mais je mets en place des stratégies qui vont me permettre d'échapper à ces contraintes avec le moins d'effets secondaires négatifs. C'est pour cela que j'ai démissionné de ma propre société, car comme j'étais associée à P. mon second mari, qu'il a été choisi pour me freiner et que cette entreprise a été démarrée ensemble sous interférence, je la quitte pour me libérer de toute ancienne interférence. Ils ont encore accès à moi par cela sinon, je repars de zéro en zone libre (enfin pas vraiment, car j'ai des acquis et mon expérience).

*****

Nous sommes là pour spiritualiser la matière et non enterrer l'âme. Alors je vous rassure, toutes les âmes ne sont pas comme la mienne, loin de là. La mienne sait que nous sommes au cœur d'un effondrement de civilisation et que la pression qu'ils nous mettent en ce moment c'est pour l'effondrer à leur avantage, en nous mettant en quasi obligation de leur obéir au pied de la lettre, pour qu'ils gardent le contrôle sur nous. C'est pour cela que ma partie de moi consciente de cela me met une telle pression pour m'en extraire et donner aux gens les clés de leur système énergétique afin de les libérer de cette contrainte et laisser effondrer leur système sans nous annihiler. Il y a actuellement encore le temps de faire s'effondrer les projets de transhumanisme, de lobotomisation, et de faire chuter les croyances erronées. Et le fait d'en avoir connaissance me désigne comme une cible à freiner coûte que coûte.

Si seulement toutes les personnes qui ont des capacités qui les utilisent déjà pour faire du bien aux autres, se calaient sur leur propre énergie d'âme et se faisaient nettoyer des entités contrôlantes qu'il y a dans leur espace énergétique, cela suffirait à faire disparaître l'illusion du sauveur extérieur. Car ensuite ils inciteraient toutes les personnes en quête de mieux-être qui viendraient les voir pour une séance à en faire de même. Vu le nombre exponentiel de thérapeutes qui se mettent à leur compte chaque jour en France nous ferions chuter les puissances occultes en quelques heures.

Si une prise de conscience collective se faisait aujourd'hui dans le monde des thérapeutes holistiques sur l'existence de cette manipulation mentale de masse, sous couvert du new age, cela amènerait suffisamment de lumière pour tout changer. S'ils arrêtaient tous aujourd'hui de fournir de l'énergie à ces êtres, le panthéon de l'illusion chuterait suffisamment pour une prise de conscience collective. Mais malheureusement ils sautent d'une croyance erronée à une autre et saturent le marché du bien-être.

Déjà en ayant conscience de la multidimentionalité de mon être et des différentes potentialités de mes multiples existences, cela a permis à toutes mes incarnations dans tous les règnes de bénéficier de la mise à jour de la session de 2021, je suis encore plus puissante. Il m'est déjà arrivé de rencontrer des personnes en session d'hypnose régressive ésotérique qui faisaient partie de ma branche pourrie, et qui étaient en train de métaboliser le changement. Une tierce personne, quand j'ai posé la question de savoir si cette cliente était au-dessus ou en-dessous de moi, a cru que je le faisais par volonté de prise de contrôle. Alors que je me suis réjouie qu'elle se soit trouvée en-dessous, car elle était en train de bénéficier de la mise à jour aussi. Et j'ai également eu comme information par une autre conscience, que son véhicule était encore en vie grâce à cette reprogrammation. Ça fait du bien même si cela n'a pas été facile de savoir que des personnes ont bénéficié de mon travail, avant même que je n'en sois moi-même consciente.

La tierce personne qui a supposé que je posais la question en vue de domination, a une personnalité de manipulateur, donc pour lui toute intention est manipulatrice. Il n'a pas compris que toutes mes décisions sont dans le but de libérer l'autre, et rien d'autre. J'ai déjà bien assez à faire avec ma propre potentialité pour ne pas avoir à m'occuper des autres au quotidien. Lui ne vit que de l'admiration que les gens portent

Retrouver son équilibre intérieur

à son savoir, alors que moi je l'encourageais à agir et à mettre en application ce savoir, donc il a fallu qu'il me fasse passer pour ce que je ne suis pas, pour continuer à pouvoir manipuler et garder sous son emprise son entourage. Pour moi c'est un beau parleur qui vit en doryphore, sur l'espérance des gens qui l'écoutent, le jour où ils comprendront qu'il ne met jamais rien en application il perdra de sa superbe. La fable du corbeau et du renard, il est propre il présente bien il a du répondant, il connaît beaucoup de choses, mais comme je l'ai dit aucune mise en application, dommage. Quand il a vu que je ne me laissais pas manipuler, et que j'avais vu son petit manège, il a retourné tout le monde contre moi. Personnellement je m'en fiche, je l'exprime ici pour vous faire comprendre qu'il vaut mieux quelqu'un qui échoue en essayant que quelqu'un qui sait mais qui n'essaie jamais. La première personne avancera, l'autre stagnera.

Personnellement je n'ai pas besoin de la reconnaissance ni de l'admiration de l'autre pour exister, et être en pleine conscience et je ne suis pas du tout en train de donner le change pour me faire passer pour quelqu'un que je ne suis pas, comme cette personne. C'est pour cela que je peux me révéler au point où je le fais dans mes livres, car je suis ok avec ce que je suis et si les erreurs que j'ai faites et que je ferai encore ne sont pas pardonnables pour vous, bye bye, tchao Bella. Hasta la vista babe.

Moi je suis ok avec moi-même.

Dans une consultation je vais me caller sur un cas particulier en tête à tête et on va aller à la rencontre des conflits de la personne en face de moi, et je vais l'accompagner pour qu'elle arrive à les résoudre. Le reste du temps, je me respecte et les choix que je fais sont pour moi et ensuite pour l'humanité. Tout le monde ou personne. Et presque même la Terre elle-même, car si elle est libérée, sa fréquence va changer et de nombreux êtres négatifs contrôlants vont popper et disparaître de son champ énergétique instantanément. Ainsi qu'une grande partie des moldus zombies d'ailleurs. Ils n'ont pas tout à fait tort, c'est la masse, la

Retrouver son équilibre intérieur

quantité d'humains incarnés sur Terre qui pose problème, mais au lieu de dégager ceux qui sont complètement zombifiés et qui alourdissent le fonctionnement de la matrice, les contrôlants veulent éradiquer les bien-pensants, ceux qui ont compris le problème de leur comportement et qui se désolidarisent de leur emprise.

Au lieu de chercher à monter les fréquences et libérer l'humanité, ils veulent baisser les fréquences pour éradiquer toute élévation spirituelle, et continuer à garder leur emprise sur ceux qui restent. Il ne faut donc pas que l'humain sache de quoi il est capable tout seul. Il est donc dans leur intérêt que l'humain reste sclérosé dans ses émotions afin de cristalliser les croyances limitantes, afin de garder une cohérence qui les met eux, les esclavagistes, en position de potentiel sauveur, plutôt que de nous permettre de redevenir autonome.

En cela ils connaissent très bien le processus des émotions négatives, des influences de tous les produits chimiques sur le système hormonal et le fait que cela altère le discernement. C'est fait exprès !

Et l'humanité, moldus ou pas les érudits aussi, galope comme une gazelle apeurée, en espérant que celui qui la course aura pitié d'elle et va s'arrêter.

Moi je me suis arrêtée je l'ai regardé droit dans les yeux et je l'ai encouragé à mettre à exécution ses menaces, hé bien vous savez quoi je suis encore là. Ils sont tous comme le magicien d'Oz, un petit truc, avec une grande gueule, qui se cache derrière un rideau d'illusions, et qui ne peut rien nous faire si on ne l'y autorise pas.

C'est cela le discernement, comprendre qu'une menace n'en est pas une, une menace est une tentative de manipulation par des effets de manche, et le 3ème œil s'il n'est pas manipulé par les émotions c'est ça son job, discerner l'illusion de la vérité.

Le chakra coronal

Retrouver son équilibre intérieur

C'est le port USB de l'âme. C'est par là que nous arrivent les informations de la conscience. Il a trois couleurs : violet, or et blanc.

- **Le violet** correspond à l'énergie de : capacités extrasensorielles, clairvoyance, visions. C'est par là que la partie subliminale conscience rentre dans le véhicule. Qu'elle communique avec nous, c'est le chakra qui gère le reste du corps. La glande pituitaire gère tout le système hormonal. Elle gère la leptine qui produit l'effet de satiété. Les hormones de croissance, pour nous faire grandir, au sens propre comme au figuré. Elle gère la croissance des os, notre structure interne sans laquelle nous ne serions que des limaces.

Elle travaille de concert avec la glande pinéale (3ème œil) Descartes les a définies comme étant le siège de notre âme, ho ! René Descartes homme français, né en Lorraine, mathématicien, physicien et philosophe. Tiens la réflexion philosophique et scientifique ne sont donc pas incompatibles. Il est même considéré comme un des fondateurs de la philosophie moderne. Né en France en 1596 et mort à Stockholm en 1650 à 53 ans.

C'est donc ensemble qu'elles vont intervenir dans des processus comme le sommeil, la relaxation, le vieillissement, l'équilibre de la thyroïde... tiens le chakra de la gorge !

Ses couleurs sont donc :

Le violet : en lien avec les capacités extra sensorielles, mais aussi la clairvoyance et les visions méditatives.

Le jaune, plutôt **doré** : mysticisme, engagement sacerdotal.

Le blanc : qui lui est en relation avec la spiritualité, la synthèse et la conscience universelle, mais on n'y accède pas si le jaune est trop jaune et pas assez doré. Car dans ce cas-là, l'engagement sacerdotal est tourné vers l'extérieur et pas vers l'âme.

Retrouver son équilibre intérieur

Le doré gère le mysticisme et l'engagement sacerdotal, et s'il est trop stimulé par les émotions négatives, il va nous pousser à chercher un sauveur extérieur, qui viendra nous sortir de cette situation, par manque de discernement. Vu qu'on n'a pas vraiment accès à notre propre intuition et à nos propres réponses, qu'on n'a pas trop accès au violet et au blanc, par prise de pouvoir du mental la réponse ne peut alors être qu'à l'extérieur de nous. La connaissance doit être un outil de réalisation, pas une limite.

En plus on nous l'enseigne comme cela, depuis toujours. Et remettre en question une information qu'on nous répète depuis notre plus tendre enfance, qui est presque inscrite dans nos gènes, transmise de génération en génération, n'est pas chose aisée. Et parfois cette croyance extérieure est tellement forte et renforcée par les êtres contrôlants qui ont tout intérêt à ce que cela ne change pas, que cela peut mener à des actes violents et sans rationalité provoquant ce qu'on appelle chez nous des attentats.

Les gens sont tellement persuadés que c'est leur version de la fausse histoire qui est vraie qu'ils vont jusqu'à servir de martyre à la cause. C'est pour ne pas perdre leur cohérence interne. Bon je vous rassure, 95% des actes de sacrifice de ce genre sont faits sous hypnose, par contrôle mental. Ils prennent des personnes qui ont déjà beaucoup souffert, ils leur pourrissent la vie encore plus, ils les poussent dans leurs retranchements pour qu'ils cèdent leur existence aux contrôlants qui vont les posséder pour décider et agir à leur place. L'esprit humain abdique devant la pression opérée par les contrôlants dans la matière et dans l'ésotérique. Les contrôlants exacerbent les peurs et cristallisent les croyances limitantes, jusqu'à ce que la personne admette comme normal d'éradiquer des populations pour le bien de tous. Ils sont tellement persuadés que leurs croyances sont au-delà de toute remise en question que la mort des « hérétiques » est indispensable à la survie du plus grand nombre.

Retrouver son équilibre intérieur

Ces personnes sont vraiment incapables de remettre en question ces croyances (religieuses ou non) inculquées depuis la conception, malgré les milliards de morts pendant toutes les guerres saintes de la planète. Malheureusement l'histoire en regorge sans fin, personnellement j'ai repéré cette dichotomie, c'est ce qui m'a ouvert l'esprit au collège à 13 ans. On nous rebat les oreilles, on fait baptiser les enfants pour les laver du péché commis par les parents et on les met sans leur consentement sous pseudo protection de nos propres croyances. Pensant bien évidemment que cela va les sauver eux aussi.

Nous altérons dès leur plus tendre enfance leur capacité de discernement en leur imposant nos propres peurs et neurasthénies. Pensant évidement bien faire, ça fait des millénaires que ça se passe comme cela, pourquoi remettre en question le système. Et de toute façon les autres religions, ou autres façons de penser, ce sont des méchants ils essaient de nous éradiquer. Tout le monde se renvoie la balle pour justifier son propre comportement sans jamais réfléchir ni analyser la chose objectivement. Ce sauveur extérieur est une tradition, on ne remet pas en cause les traditions sinon on est excommunié. Heureusement que notre conscience veille au grain sinon on serait encore tous enchaîné et fouetté.

Nous sommes donc maintenus par ces systèmes en insécurité totale, bien incapables de passer à l'action pour soi-même tant que notre attention est focalisée par le cerveau mammalien sur la survie de la race. Oups non pas de la race, du troupeau qui pense comme nous. L'insatisfaction permanente de soi et de ce que nous vivons et mangeons, nous pousse dans les bras de ce sauveur extérieur, qui en plus a permis une pêche miraculeuse et multiplié les petits pains. Il nous donne même à manger si on a faim.

Merde si j'avais su je n'aurais pas autant manqué, ironique bien sûr. Car pour m'isoler j'étais sous le faux karma : de pauvreté, d'isolement et de solitude extrême, sans aide car on ne me voyait même pas. Que les mêmes qui nous font croire au sauveur extérieur, m'imposaient. Ce

Retrouver son équilibre intérieur

sont les mêmes qui nous pourrissent la vie et qui nous font croire qu'il y a un sauveur. Qui n'arrivera jamais d'ailleurs. En dehors des croyances religieuses, il y a le beau prince charmant sur son cheval blanc, qui vient sauver la belle princesse des griffes de la marâtre. Dis donc il n'y en a pas une qui se transforme en dragon ? Toutes les princesses du monde cherchent leur prince charmant, toutes les fillettes se voient dans une belle robe blanche disant oui pour l'éternité à ce sauveur. Et le conte de fée s'arrête là, car ensuite ça part en cacahouète mais faut pas le dire.

Voilà comment, par la non gestion de nos propres émotions, par manque de confiance en nous, par les belles fausses histoires qu'on nous raconte pour nous endormir, ou nous traumatiser, nous nous tournons vers des invocations d'êtres néfastes. Invocations faites aux faux dieux qui nous maintiennent dans une vie de peur, de stress et d'angoisses permanentes, de la peur du jugement dernier.

Les entités négatives contrôlantes savent que c'est comme cela qu'ils nous garderont sous leur coupe. Nous mettre dans une cogitation mentale sur les soucis du quotidien, nous focalisant télépathiquement sur nos problèmes, et nous faisant croire que nous sommes des incapables. Nous infantilisant et nous empêchant ainsi de voir la vraie solution. Un enfant ne sait pas ce qui est bon pour lui, il doit avoir l'aval d'une autorité supérieure pour le protéger. Exploitation dans leur intérêt personnel des réflexes mammaliens.

Par télépathie ils vous ramènent sur une pensée obsédante 10, 15, 20 fois par jour, dans les moments où l'on commence à prendre du bon temps, ou méditer, cette pensée vient nous réveiller. Ou quand on capte enfin notre intuition, ils n'ont de cesse de nous dévaloriser pour nous faire renoncer.

Nous n'avons que très rarement la maîtrise de ces pensées obsédantes. Cela m'a pris des années pour les éradiquer. J'ai fini par trouver une

Retrouver son équilibre intérieur

chanson que je passais en boucle jusqu'à ce que ça les fatigue eux : « savoir aimer » de Florent Pagny. Qui remontait mes fréquences.

Et en plus nous captons les pensées obsédantes de la masse. Je le sens bien quand j'approche des zones commerciales : « Acheter ! » « Acheter ! », moi : « mais quoi j'ai besoin de rien ? », réponse : « acheter n'importe quoi, on s'en fiche, de quoi tu manques ? » la voix dans ma tête n'est pas celle d'entités mais bien la résonnance du collectif à ce moment-là ! Généralement très portée sur la bouffe. Et à Noël c'est carrément du harcèlement. Je suis allée cette semaine en ville, et le même effet, je me suis questionnée jusqu'à rentrer dans un magasin et voir qu'il y avait les soldes.

Pour ma part je ne fête plus les fêtes commerciales et donc je ne fais plus attention aux dates, et si j'ai le malheur d'aller faire les courses à ces moments-là, l'horreur totale. En dehors des interférences des entités négatives, il y a cette pensée collective qui est entretenue par les médias, l'éducation, les rituels, les croyances... ACHETER !!! Trouver le cadeau idéal pour compenser les frustrations. Mais les gens ont déjà tellement tout qu'on leur achète n'importe quoi.

La peur de manquer est un outil extraordinaire, elle met tout le monde en mode petit moi, même ceux qui ont de l'argent en veulent toujours plus, plus, plus. Ils ont réussi à vous faire croire que l'avoir était plus important que l'être. En vous privant du plus important, votre discernement, qui au final vous coupe de votre conscience. En vous infantilisant, en vous parlant comme à des demeurés décérébrés incapables de prendre une décision tout seul. En vous faisant douter de vous.

Vous donnant des bons points, des images et des bonnes notes quand vous étiez capables de ressortir par cœur le blabla qu'ils vous ont fait ingurgiter à l'école. Vous interdisant de remettre quoi que ce soit en question, tout esprit de rébellion étant sanctionné par des punitions. Nous mettant dans la case des cancres. Je me rappelle un TP où on nous

Retrouver son équilibre intérieur

faisait tous faire le même solitaire en forme de pentacle dans un rond, moi je l'ai fait dans un ovale.

Je me suis refusé de faire les réunions trimestrielles parents profs. J'ai été à une seule au premier trimestre de la 6ème de mon aîné. Une torture, je me suis revue assistant à ces entretiens avec mes propres parents, subissant l'humiliation des professeurs qui me rabaissaient, je n'ai pas voulu imposer cela à mes enfants, ni à moi d'ailleurs.

Pour nous effacer, nous invalider dans notre capacité à exister par nous-même, ils sont même en train d'essayer de nous faire croire que rien ne nous appartient plus, en ce moment sur FB, ils essayent de nous spolier notre droit à l'image et à nos contenus si on ne paie pas ce qui nous appartient déjà.

Ils veulent invalider la propriété du sol, notre maison nous appartiendra, mais plus le terrain sur lequel elle se trouve et bien qu'étant propriétaire nous devrons payer une location pour occupation du sol, tout cela pour nous enlever notre territoire, qui est très important pour les mammifères. Même les propriétaires ne seraient plus totalement propriétaires de leur bien.

Sous couvert de respecter les non genrés nous n'aurons bientôt plus le droit de nous présenter en tant qu'homme ou femme pour ne pas offusquer ceux qui ont perdu toute identité de genre. Parce que cela les arrange que l'on perde notre identité. Surtout la sexuelle, car vous le verrez dans les transferts d'énergie entre chakras, le chakra sacré est très important dans la construction d'un moi affirmé et stable.

*****

Nous pouvons intervenir sur tout cela, c'est nous qui avons le pouvoir intérieur d'enrayer la machine, nous devrions avoir la maîtrise de nos pensées et de nos émotions, et l'intention d'aller chercher nos propres réponses à l'intérieur de nous dans notre partie subtile. Comme sur notre poste de radio ou de télévision, avoir tout d'abord la possibilité

Retrouver son équilibre intérieur

de changer de longueur d'onde ou de fréquence, de chaîne. D'éteindre la fréquence ras les pâquerettes, pour se mettre sur radio âme.

D'arrêter de vouloir obtenir la meilleure note et l'approbation d'un système oppressant. Les bons points et les images ont été remplacés par les billets de banque. Quoi qu'il en soit il serait bien de reprendre notre capacité de discernement, de décision et d'action consciente. De choisir quoi faire, ne pas se contenter de cette pseudo récompense, gagnée en étant asservi par un système qui nous oblige à tout lui rendre en limitant nos choix aux objets soi-disant bons pour nous, mais qu'ils ont pris bien soin de nous imposer.

Nous y sommes déjà arrivés et nous sommes encore en passe de tout effondrer. Les clones humanoïdes terrestres que nous sommes se sont déjà révoltés plusieurs fois. À chaque effondrement de civilisation, en dernier recours, les contrôlants provoquent un cataclysme, qui va tuer un grand nombre de personnes, pour maintenir les survivants dans la peur. Qui se remettent du coup à faire des invocations, des prières et des offrandes, au gros méchant Dieu qui a tenté de nous exterminer. Parce qu'on a osé remettre en question sa suprématie. Et nous voilà repartis dans une boucle temporelle incessante.

Ils font tout pour que les gens sensés qui disent la vérité quittent les réseaux sociaux pour maintenir les autres sous dépendance. Ils veulent contrôler le flux d'information dans un seul et unique but : vous donner une seule et unique version de l'histoire. Car cela cristallise les croyances.

Et le scénario de ces dernières années, n'échappe en rien à la règle. Céder au chantage des multidoses, pour obtenir des faveurs : restaurant, cinéma, vacances… tout cela fait dans l'urgence car il faut sauver les vies des personnes fragiles. Oui parce qu'ils veulent vous fragiliser, les personnes déjà fragilisées cela les arrange.

Retrouver son équilibre intérieur

Être de bons citoyens, au service du système des autorités contrôlantes, pour bénéficier des avantages acquis qu'on avait déjà avant, mais qu'on nous a retirés pour notre « bien ».

C'est le principe du syndrome de Stockholm. Nous priver de toutes nos libertés, et nous en rendre très peu, comme ça on est content d'avoir déjà récupéré celles-ci. Faut déjà s'estimer content de les avoir retrouvées. Perte de pouvoir d'achat, mais ce n'est pas grave on n'a pas perdu notre job sous-payé, car le salaire est en déflation. Ils nous poussent à bout, dans un état de stress permanent, luttant les uns contre les autres, pour maintenir cet état d'insécurité même en dehors des fausses crises. Ils changent même les mots pour ne plus utiliser de termes négatifs, remplaçant récession par la croissance n'est plus positive.

Et bim qu'est-ce que le cerveau retient : positive. Ah ben ça va alors.

C'est ce qui s'est passé avec le prix de l'essence. En 2019 les gilets jaunes se sont révoltés à 1,50€, une pandémie, 4 confinements, et l'essence en 2022 est à 2€ et personne ne dit rien. Pourquoi ? Tout simplement parce que les personnes sont tellement contentes de pouvoir à nouveau aller où ils veulent que cela n'a pas de prix. Plus besoin de s'auto autoriser de pouvoir aller à un kilomètre de chez soi. La liberté quoi !

Saupoudrée du spectre de la guerre, qui leur permet d'augmenter le prix des produits de première nécessité. Nous avons un cocktail parfait doux, sucré, amer, qui nous fait avaler n'importe quelle couleuvre. Qui nous fait recharger les cassettes programmantes des peurs héritées de nos parents et grands-parents sur les conditions drastiques vécues pendant la dernière guerre. Et voilà vous courez acheter des pâtes et du p-cul en quantité irraisonnée. Vous ne savez même pas pourquoi, mais vous le faites. C'est toujours et encore la peur de manquer inscrite dans vos mémoires cellulaires.

Autrice Frédérique A. LONGÈRE

Retrouver son équilibre intérieur

En plus l'augmentation des prix, nous pousse à prendre les produits les moins chers dans les rayons, ils baissent la qualité de l'alimentation, en même temps qu'ils exacerbent les émotions négatives, la boucle est bouclée. Appauvrissement de la qualité d'énergie ingérée. J'ai déjà expliqué le fonctionnement de la glande pituitaire, gérée par le chakra coronal et son rapport direct avec l'alimentation, dans mon livre « La face cachée de l'iceberg ». Et le fonctionnement du chakra solaire dans celui-ci. Mais c'est pour exacerber le jaune dans le 3ème œil, et dans le coronal afin de nous ôter tout discernement. Car comme nous cherchons à être sauvés par quelqu'un de plus compétent que nous, nous n'écoutons pas notre propre réponse intérieure. Car ils nous l'ont bien dit nous ne sommes compétents en rien.

Ils savent exactement ce qu'ils font et pourquoi ils le font. Et vous galopez comme des petits lapins, de trois semaines, manger la carotte daubée, qui vient d'Espagne ou du Maroc alors que nos exploitants français meurent sous les charges. On leur a dit de produire plus, ils ont investi dans des outillages, à coup de prêts. Et maintenant on leur fait jouer une concurrence déloyale avec les pays étrangers et leur production leur reste sur les bras, au bord de la faillite ils sont rachetés par les grands groupes qui vont produire de la merde, made in mont machin. Perte de territoire, le conflit intérieur qui en résulte c'est la crise cardiaque, si en plus c'est une exploitation familiale depuis plusieurs générations, c'est encore plus rapide. Ce qui est aussi à l'origine d'un grand nombre de suicides. Le plus grand propriétaire de terres agricoles aux États-Unis c'est Bill Gates. Vous commencez à comprendre.

Et en plus vous courez ventre à terre pour aller l'acheter à prix d'or la carotte pourrie et vous la mangez jusqu'à la crise cardiaque, les 4 pieds dans le plat. Quand on voit les émeutes pour des pots de Nutella on peut se dire que ouais ils sont forts. Et quand ça commence à sentir le roussi, que vous tombez malade, vous demandez aux mêmes qui vous ont mis dans cette situation de vous en sortir : les entités négatives

Retrouver son équilibre intérieur

contrôlantes, en les invoquant via tous les protocoles fallacieux qu'ils ont eux-mêmes pervertis et mis en place avec le new age.

*****

Le chakra coronal devrait être autant travaillé que le chakra de base, pas plus de racines que de feuilles, sinon il y a un déséquilibre énergétique. Si nous travaillons correctement notre chakra coronal la glande pituitaire sera pleine d'énergie qu'elle pourra redistribuer au corps par le chakra de la gorge via le cœur, organe qui fait circuler la vie dans le corps. Cela aura un effet secondaire positif, elle demandera moins de nourriture, pour avoir de l'énergie et donc moins peur de manquer et moins besoin de tirer sur l'énergie innée qui est dans les reins. La peur de manquer dilapide le chakra de base et le solaire. Préservant ainsi le corps d'une fatigue qui peut devenir chronique.

Retrouver son équilibre intérieur
Mémo scolaire

Revenons aux couleurs. Pour commencer celles du chakra du 3ème œil, indigo, jaune et violet. Depuis quelques mois je fais des orgones sur le thème des 7 chakras, pour se réharmoniser ou réharmoniser une maison. Je travaille sur toutes les couleurs de chaque chakra, 16 en tout. Ce ne sont pas de jolies décos en plastique made in China, qui ont la même fréquence qu'une bassine, fabriquées à la chaîne. Je les magnétise avec la bonne fréquence correspondant à l'information énergétique de la couleur.

J'utilise des paillettes pour ajouter les autres couleurs et qu'elles se voient à l'œil nu sans altérer la couleur de base. Je donne à l'orgone en teinte de base dans la masse la couleur la plus connue du chakra et ensuite je mets des paillettes pour les autres couleurs. Pour le chakra du 3ème œil, j'ai donc teinté la résine en bleu indigo et j'ai mis des paillettes jaunes et des paillettes violettes. Et quelle ne fut pas ma surprise de voir les paillettes jaunes virer au vert.

*****

« Ho mince, ce n'est pas cool ! » fut ma première réaction j'ai foiré mon orgone. Et une information m'est arrivée, aussitôt : « C'est normal ! » me dit mon intuition avec un air tout contente. Moi « Ha bon comment ça c'est normal ? ». Il faut déjà savoir que j'étais donc dans la vibration du chakra du 3ème œil en la faisant, car je donne aussi la vibration énergétique à mon orgone donc je me calibre aussi sur sa vibration pour la faire. Donc je suis en état d'alignement sur l'information du chakra concerné pour le faire. L'information qui n'a déjà pas de mal à m'arriver en temps normal, était encore plus forte à ce moment-là.

Et là je capte le reste de l'information : « rappelle-toi de tes cours de dessin au collège, comment fait-on du vert ? »

Mon mental répond tout fier de lui : « ben, en mélangeant du bleu et du jaune ».

L'intuition : « tu as ta réponse ! »

Autrice Frédérique A. LONGÈRE

Retrouver son équilibre intérieur

Saperlipopette, mais c'est bien sûr, si le jaune est trop fort, on suractive le mental, mais si c'est l'indigo qui domine et prend bien sa place, les émotions sont apaisées et le chakra du 3ème œil nous donne non pas une information issue de la cogitation du mental, mais une réponse en lien avec la vibration subtile de mon être, l'intuition. Et comme c'est par le chakra du cœur que l'on exprime la vibration d'amour de la conscience qui va apaiser le chakra solaire, normal que le jaune vire au vert. Rhooooooo trop fort !!!!

La réaction physique confirme bien la fonctionnalité énergétique des chakras. C'est cohérent. J'avoue que j'étais un peu atterrée de n'avoir pas compris cela avant. Une information sur les couleurs que j'ai depuis le collège, qui me remonte en faisant des orgones 40 ans plus tard. Les cours de dessin et de techno étaient mes cours préférés, on ne se demande pas pourquoi, c'est les seuls finalement qui disaient la vérité. Mais c'était également les seuls pour lesquels je recevais des compliments au lieu des sempiternels reproches.

Et donc, il est normal qu'à un moment, si l'on veut pouvoir avoir une vision objective des choses, il faut sortir de l'émotionnel basse fréquence. Apaiser notre chakra solaire afin de capter l'intuition. Tant qu'on prend des décisions d'un point de vue émotionnel, on a beaucoup plus de chances de se tromper. Car non seulement le jaune intervient dans ce processus, mais aussi le rouge, car pour faire du violet il faut du bleu et du rouge. Et les peurs se trouvent où, dans les reins, organe régit par le chakra de base et qui est porteur du chi inné. C'est merveilleusement bien fait.

C'est extraordinaire comme juste mettre des paillettes pour faire une orgone peut vous amener à une telle compréhension du fonctionnement des énergies des chakras. En plus avant de rééquilibrer mon yin, j'ai toujours fui les paillettes. Et là j'adore les utiliser, cela donne de la profondeur et un rayonnement plus grand à l'objet créé. Il me fallait donc bien revenir dans mon yin pour analyser toutes mes connaissances acquises par l'intuition et non par le mental.

Le chakra de la gorge

Nous voilà arrivés à la mise en application de tout cela. Car oui le chakra de la gorge est le chakra de l'expression de soi. Du soi supérieur, pas du petit moi. Si tant est que nous soyons sortis des méandres du chakra solaire, toujours pareil.

Si le chakra du cœur alimente le dessous du bras le chakra de la gorge alimente le dessus du bras. Donc une mise en action parfaite est teintée de créativité inspirée par la glande pituitaire et par le cœur via la thyroïde.

Nous avons comme couleur :

Le bleu pâle : éveil de soi - communication intérieure.

Le turquoise : volubilité – communication vers l'extérieur – écoute des autres.

L'argent : modération.

Oups, le mien est très développé. Trop même, comme dirait Marc Darcy je suis prise d'incontinence verbale. Mais il y a tellement de choses dans ma tête qu'il faut que cela sorte. Et comme je vis seule, dès que j'ai l'opportunité de communiquer, le barrage est tellement plein que cela provoque un raz de marée d'informations. Voilà pourquoi j'écris, cela va me permettre de transmettre toutes ces connaissances, et me soulager de la pression que me met ma conscience de révéler tout cela. Je me suis rendu compte dernièrement que je parle, certes encore mais beaucoup moins qu'avant.

Je travaille dessus depuis plusieurs années, j'apprends à me taire, même si je connais la réponse. Je ne donne des informations que si on me sollicite sur le sujet, mais comme cela bouillonne à l'intérieur, dès

Retrouver son équilibre intérieur

que j'ouvre les vannes je me fais moi-même submergé par mon enthousiasme. Je vois tellement de choses dont je n'ai pas le droit de parler parce que les gens n'en sont pas arrivés là que cela me frustrait.

Même s'ils sont en train de se taper la tête contre les murs, à un mètre de la porte et donc de la solution juste, rien le droit de dire. Ou comme la souris dans Tex Avery, qui panique et court dans tous les sens, l'information cours dans ma tête, en disant « hou ! hou ! Je sais, moi je sais, demande moi ! Allez demande-moi ! » Je n'ai pourtant pas le droit de rentrer en ingérence et de leur donner la solution. Saperlipopette pas simple de devenir consciente que chacun est libre de tourner en rond si ça lui convient.

*****

Ho pour comprendre qu'il ne fallait pas le faire, bien évidemment je l'ai fait, j'ai prévenu les gens, j'ai essayé de leur éviter de se planter. J'ai tenté de les prévenir des conséquences qu'allait avoir leur comportement à plus ou moins long terme. Mais comme ils n'avaient pas encore remis en question ce phénomène et qu'ils n'en voyaient pas les limites, j'avais droit à : « pfff, n'importe quoi ! ». Et un jour bam, ce dont je les avais prévenus arrivait. Et que croyez-vous qu'était leur réaction ? Hé bien ils me traitaient d'oiseau de mauvais augure et disaient que c'est moi qui avais, en le verbalisant, fait en sorte que cela arrive. Je les avais maraboutés !!!! Waouh, je me disais quel culot tout de même, je prends la peine de les prévenir et c'est moi la fautive au final. J'étais leur bouc émissaire pour ne pas se remettre en question.

J'ai donc fini par ne plus prévenir personne. Ne plus rien dire, une vraie torture pour moi. À les laisser se mettre le nez dans leur propre mur. Et quand ils venaient se plaindre à moi, ensuite en me disant mais je ne comprends pas pourquoi ? Je leur disais : « ben à cause de ça, ça et ça ! »

Et là ils me regardaient stupéfaits et me répondaient : « mais pourquoi tu ne me l'as pas dit plus tôt ? ». Ma réponse : « parce que tu ne me l'as pas demandé ! »

Retrouver son équilibre intérieur

C'est souvent que je le dis, j'ai raison beaucoup trop tôt. Je vois les conséquences bien avant que la personne que j'observe les vive. Et c'est très frustrant au final de ne pas pouvoir agir pour l'aider, enfin bon c'était très frustrant, ça ne l'est plus aujourd'hui. J'ai compris que tout est juste, que les gens sont victimes de leurs choix, mais surtout et avant tout de leurs non-choix. Et que je ne suis responsable d'aucun d'entre eux. Même ceux qui ne savent pas dire non, c'est eux qui pensent que cela est la bonne façon de faire.

Nous avons tous dans notre entourage des gens qui viennent en permanence nous solliciter pour résoudre leurs problèmes à leur place. Souvent les mêmes et pour les mêmes raisons, à quelques détails près. Si vous avez détecté cela et que vous ne savez plus comment aider cette personne, car tous vos bons conseils ne sont pas écoutés, ou négligés ou tout simplement pas de son niveau de réalisation. Une petite phrase pour sortir la personne de son fatalisme et lui redonner la main sur sa vie, demandez-lui : « et qu'est-ce que tu fais pour que cela change ? ».

Obliger la personne à réfléchir par elle-même à une solution à son problème. Elle va peut-être piocher dans les multiples solutions que vous lui aviez déjà proposées, mais qu'elle n'avait alors pas écoutées. Car elle n'avait pas conscience que c'était à elle d'agir. Elle voulait être prise en charge.

Quand un enfant n'arrive pas à faire ses devoirs, vous ne prenez pas son cahier pour noter la réponse dedans, refermez le cahier et lui dites qu'il peut aller jouer. Pourquoi ? Parce que vous savez qu'il n'aura rien appris et qu'il ne saura pas faire la prochaine fois. Donc pourquoi avec les adultes vous faites cela, faire les choses à leur place. À l'enfant vous lui réexpliquez la leçon, vous lui répétez la règle jusqu'à ce qu'il la comprenne et du coup la retienne, il est beaucoup plus facile de retenir quelque chose dont on a compris le fonctionnement que le contraire. Éventuellement vous lui donnez une petite astuce qui à vous vous a

Retrouver son équilibre intérieur

permis d'y arriver, il n'y a pas qu'une façon de faire. Mais au moins il en a une en attendant de trouver la sienne.

Vous lui permettez d'acquérir une compétence supplémentaire, pour vous c'est normal, c'est un enfant en apprentissage. Alors considérez toute personne qui n'y arrive pas comme en apprentissage de la vie, expliquez-lui, sans pour autant la dévaloriser. Il y a 3 méthodes d'enseignement :

- <u>la méthode magistrale</u>, on donne toutes les informations, en bloc.

- <u>la méthode interrogative</u>, on donne une partie de la réponse et on questionne pour que la personne réfléchisse par elle-même à la finalité.

- <u>la méthode démonstrative</u>, on montre comment faire et on demande à la personne de répéter l'action.

Aucune méthode ne vous dit de faire à la place de l'autre. Si vous le faites, c'est que vous-même avez besoin de reconnaissance, ou d'être aimé et apprécié. Vous êtes un « faire plaisir ». Vous avez en vous une faille qui fait que vous vous valorisez en faisant les choses à la place des autres. Un sauveur de pacotille, rien de péjoratif, j'aurais pu dire au rabais. Il y a une expression pour cela : « l'enfer est pavé de bonnes intentions ». La bonne intention n'est pas gage de neutralité, bien au contraire, elle est même souvent commise en ingérence totale de la volonté ou demande réelle de l'autre.

Votre façon de passer à l'action est motivée par une faille dans votre croyance limitante créée par réaction du chakra solaire et non par une réelle action de cœur. Très souvent « les mères Térésa » comme je les appelle, se sacrifient dans leur aide à l'autre, leur moi n'est pas construit. Cela part d'une bonne intention mais ce n'est pas motivé par la bonne énergie. Le moi n'est pas construit, donc on ne se respecte pas et on s'oublie complètement dans cette aide à l'autre. Et la satisfaction que l'on en retire c'est un besoin de reconnaissance ou d'être aimé à travers cette action.

Retrouver son équilibre intérieur

Et ces personnes ne le voient pas tant qu'elles ne sont pas au bord de l'épuisement physique ou en pleine crise de fatigue intense. Qu'elles n'arrivent plus à se reposer tellement elles en font pour les autres. Il y en a beaucoup dans les métiers du médical, aides-soignantes, infirmières, aides à domicile, thérapeutes énergétiques. Mais aussi dans plein d'autres métiers. Elles sont sursollicitées par la direction qui les exploite jusqu'à l'os. Mais comme ça les valorise et qu'elles en ont besoin, elles ne s'en rendent pas compte avant le burn out. Avec un soupçon de « sois parfaite ».

Et ceux qui se respectent eux s'en sortent beaucoup mieux, ils s'impliquent beaucoup moins émotionnellement. Ils ne sont pas pour autant plus justes, mais ça c'est une autre histoire. Et les « mères Térésa » les trouvent d'un égocentrisme puant, non c'est juste qu'ils se respectent et pas elles. Le respect de soi est une étape importante de la construction du moi. Car sans cela la mise en application des choses est biaisée.

- Pas assez de moi, trop de prise en charge de l'autre qui mène au sacrifice, pour obtenir la considération que l'on ne s'accorde pas, manque de personnalité, d'avis et de présence à soi-même.

- Les autres ont souvent trop de moi pour elle, pas de prise en considération de l'autre, je fais que ce que je veux, quand je veux et je m'en tape des conséquences. C'est une autre carte des croyances limitantes une autre lecture, le manque d'empathie n'est pas non plus une très bonne chose. Car l'empathie est le remède de cette société sclérosée.

P. dans son « faire plaisir » n'a jamais pu devenir un thérapeute accompli, car on ne peut pas aider l'autre uniquement en lui faisant plaisir. Car justement révéler au client que ce sont ses propres bugs qui le mettent ne fait en difficulté ne va pas vraiment lui faire plaisir. Et en répondant à toutes mes demandes, ne m'a pas permis de voir que certaines n'était pas adaptées ou hors de propos. Il n'a fait que

Retrouver son équilibre intérieur

renforcer mes propres croyances limitantes et précipiter la chute. S'il avait exprimé son avis, pas toujours ok avec moi cela aurait ouvert la discussion même houleuse, mais au moins avec un autre avis que le mien, je me serais alors peut-être rendu compte plus tôt que je me fourvoyais. Sans opposition de sa part aucune possibilité de m'en rendre compte. Son départ a permis que je me remette en question, par contre lui ? Je ne sais pas et je ne saurais peut-être jamais, mais ce n'est plus mon problème, cela n'a même jamais été mon problème au final.

*****

En ce moment dans notre société l'empathie est considérée comme un problème, alors que c'est la meilleure chose qui peut nous arriver. Il faut juste apprendre à se respecter et à poser des limites. Car une fois le moi construit cela vous permettra de savoir qui vous êtes, de reconnaître l'autre dans ce qu'il est. De pouvoir vous mettre en osmose avec l'autre, sans vous dissoudre dans ses énergies et ses émotions. Le comprendre, l'accepter dans son fonctionnement et l'accompagner pour trouver une solution adaptée à ce qu'il est. Et non ce que vous estimez être juste, pour lui, de votre prisme de la réalité que vous êtes en train de vivre. Ou de vous laisser embarquer dans son émotionnel et vous perdre dans son labyrinthe intérieur.

Il ne peut y avoir une créativité juste, s'il n'y a pas écoute de soi et de l'autre et respect des deux aspects. C'est un travail ardu et qui demande un très bon équilibre intérieur. C'est surtout d'être neutre émotionnellement. Les derniers temps à chaque fois que nous étions ensemble avec P. je partais en vrille, c'était très dérangeant pour lui et pour moi, jusqu'au jour où je me suis rendu compte que ce n'était pas mes émotions que j'exprimais, mais les siennes par empathie. Et que lorsque que nous vivions encore ensemble nos deux chakras solaires s'exprimaient à travers moi, lui étant rentré dans un mutisme hermétique.

Mais mon empathie qui était encore mal gérée faisait que je m'emplissais de son mal-être, créant une réaction exponentielle, car cela réveillait en moi les émotions que j'avais réussi à plus ou moins

Retrouver son équilibre intérieur

gérer. J'ai remarqué que c'était au final à chaque fois que nous étions ensemble que je ressentais cela, donc c'était lui pas moi. J'ai donc appris à rester sur moi. Mais comme pendant notre mariage il n'existait qu'à travers moi, cela ne faisait que continuer car il n'avait pas pris conscience de lui. À moi de ne plus laisser les émotions des autres s'exprimer à travers moi, mais quand on est impliqué très fortement dans l'échange cela n'aide pas. Tout ce qu'il se refusait d'entendre et exprimer c'est mon chakra de la gorge qui l'exprimait en sa présence.

Les anciens magnétiseurs disaient bien, qu'il ne faut pas travailler sur les proches, à cause tout simplement du manque de neutralité et de l'implication émotionnelle.

Pour avoir une action correcte, ou une parole juste, il faut avoir cette neutralité et cette distance émotionnelle, et ce regard extérieur sans jugement. On a le droit d'avoir un avis sur la situation, mais on n'a pas le droit de l'imposer à l'autre. C'est ça l'empathie, pouvoir comprendre le déséquilibre de l'autre et lui apporter les outils adéquats pour qu'il se restabilise, sans jugement. Mais bien souvent notre avis va être lui-même teinté de nos propres traumatismes et conflits non résolus avec la personne si nous avons un lien et une histoire commune. Les gens détectent chez l'empathique sa capacité à apporter une réponse à leur déséquilibre.

Dans un de mes ateliers magnétisme au mois d'août 2023, j'ai dit aux gens qu'il fallait envoyer de l'amour à notre président, ou au pire rester neutre et ne pas le critiquer. Les gens ont eu une réaction de rejet. Je les comprends, mais à la fois en critiquant on nourrit le plan qu'ils nous imposent, et que ce soit par écrit ou verbalement on exprime le petit moi. Je dis bien Ils nous imposent, car le président n'est qu'une marionnette qu'on agite devant vos yeux. Déjà ce que je vois, c'est que cet homme a choisi une femme bien plus âgée que lui, donc il a cruellement manqué de sa mère. Je précise que je n'ai aucunement fait d'investigation en ce sens, mais toute personne allant chercher une personne bien plus âgée que lui ou elle, cherche en l'autre le repère

Retrouver son équilibre intérieur

d'un parent défaillant. Il « fait plaisir » à ses donneurs d'ordre, ceux qui lui permettent d'avoir ce poste. Que cela ait des conséquences néfastes sur nous ou la planète il s'en tape, il n'est pas capable d'émettre un avis personnel sur le sujet, s'il en avait un il ne serait pas là. Regardez Nicolas Hulot, il n'a pas pu rester au gouvernement, il a un avis bien personnel qu'il n'a pas pu mettre en action, il est donc retourné là où il pouvait le faire.

La grande majorité des personnes gouvernantes, le sont parce qu'elles font partie d'une catégorie de personnes bien définie, hyper formatables, qui obéissent quelle que soit l'énormité de ce qu'on leur demande de faire. Ils ont des croyances qui leur imposent d'obéir. Ce sont des sbires sans aucun discernement ni remise en question des ordres reçus. Ils ne font que ce qu'on leur demande de faire et ils le font tellement bien qu'ils restent en place malgré l'opinion publique. Parce que l'opinion publique, ceux qui décident derrière ils s'en tapent le coquillard comme de l'an 40. Cet homme n'a aucune personnalité ni avis personnel. Ce qui fait qu'il s'en tape aussi de ce que vous pouvez bien penser de lui, pour la bonne et simple raison qu'il n'y a que l'avis de ses pairs qui compte. Il est fidèle à ceux qui lui ont donné cette place et tous les avantages qui vont avec. Et plus vous nourrissez de pensés négatives vis-à-vis de lui et du système, plus vous vous focalisez sur ce qu'ils font pour vous annihiler, moins vous passerez à l'action pour vous et créer une réalité alternative sans eux. Ils détournent votre attention et votre intention créatrice à leur service. Et ça marche.

C'est pour cela qu'au mieux il faut être indifférent à leur manège et les laisser pour ce qu'ils sont : des sbires des entités négatives contrôlantes. Je pourrais personnellement avoir même de la pitié pour eux tous. Mais je vous rassure je n'ai que des émotions positives à leur offrir, je ne leur impose pas, je leur mets à disposition, et encore vraiment seulement quand quelqu'un aborde le sujet, parce que le reste du temps, je mets mon énergie ailleurs : pour moi, dans un système de pensée où ils n'ont aucune place. Car le jour où nous serons

Retrouver son équilibre intérieur

dans une énergie suffisamment haute pour faire s'effondrer leur château de cartes, ma place sera bien meilleure que la leur.

Moi je serai autonome, indépendante, je saurai comment pourvoir à ma propre survie physique. Je sais me contenter de peu et surtout je sais où vivent les raviolis. Je rigole. Mais oui je peux et je sais vivre de peu contrairement à eux. Eux ils vont passer des palaces 5 étoiles à Koh Lanta.

On peut créer une réalité hors système contrôlant. En m'excluant et en m'imposant ce karma de misère, ils ont fait de moi quelqu'un de résistant et résilient. Et qui sait se défendre physiquement et verbalement mais qui ne le fait pas dans le vide. Fini de me battre contre des moulins à vent, le don quichotte des cas désespérés, maintenant mon énergie est mise au bon endroit au bon moment. Et c'est très efficace. Il faut un certain temps pour que cela se matérialise dans la matière, mais c'est en train.

J'ai toujours su que s'il arrivait une catastrophe mondiale, je serais des personnes qui y survivraient, car j'en ai la capacité et les connaissances nécessaires. Et c'est pour cela que les émissions comme Koh Lanta, pékin express et autres fonctionnent aussi bien, car nous savons que l'autonomie et la débrouillardise sont plus importantes que tout pour survivre.

Un bon couteau dans la poche et un esprit intuitif, créatif, tu peux tout faire.

Le chakra de la gorge vous permet de créer ce que vous voulez si vous êtes dans la bonne vibration, celle qui correspond à ce que vous êtes en train de faire. Si vous créez avec le doute, le doute se réalisera. Si vous créez en ayant peur de rater, vous raterez. Si vous créez en étant sur de réussir, vous réussirez.

Cela s'appelle de l'auto maraboutage, pas besoin des autres pour cela, juste d'écouter la mauvaise fréquence. Et pour que le chakra de la

Retrouver son équilibre intérieur

gorge vibre sur la bonne fréquence il est préférable qu'il soit l'expression de la pleine conscience alliée au cœur plutôt que l'expression neurasthénique du chakra solaire en pleine tempête émotionnelle.

Retrouver son équilibre intérieur
Les transferts d'énergie entre les chakras

Nous pouvons donc voir maintenant les transferts d'énergies. À savoir que le transfert d'énergie que l'on nous propose dans la majorité des enseignements vis-à-vis des chakras est erroné. Beaucoup trop simplistes et surtout mal répartis.

Ce que l'on trouve généralement dans les manuels et livres concernant les chakras en mode new age occidental :

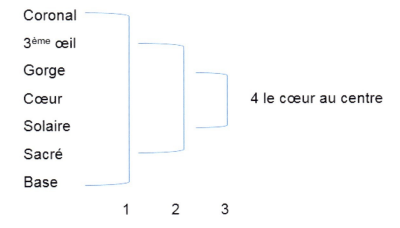

1 transfert Coronal - Base
2 transfert Sacré - 3ème œil
3 transfert Solaire – Gorge
4 le cœur au centre

Ce transfert énergétique n'est pas juste. Il ne tient pas compte de la chromatique et des réelles interactions des couleurs. Avant d'être le lien entre le petit moi et le moi supérieur le cœur n'est pas au centre, il est voué à l'être mais ne l'est pas derechef, il le devient en fonction de notre évolution. C'est bien évidemment le chakra solaire qui nous décentre du cœur et il faut donc que l'on calme le solaire pour recentrer le cœur.

Retrouver son équilibre intérieur

Voici ce que nous vivons comme transfert énergétique tant que le petit moi est dominé par les émotions, la sexualité animale et la peur.

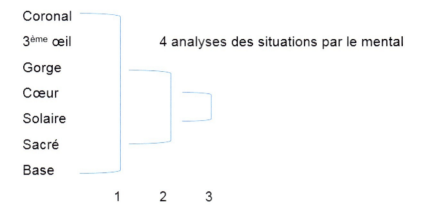

1 - Ce transfert est juste, la conscience et l'ancrage vont de pair. Par contre, trop d'ancrage pas assez de connexion à la conscience = hyper matérialisme = déprime.

Si trop de connexion à la conscience, on plane et on n'est plus dans la réalité des choses (beaucoup plus rare que le trop d'ancrage), mais cela met de l'eau au moulin des gens qui pensent que quand on est dans l'énergétique on plane. D'une part parce que les gens qui découvrent la spiritualité et virent dans un excès de mysticisme, ont du mal à faire face au quotidien, et se barrent en méditation sortie de corps dès que possible (voyage astral ou pas) oubliant que nous devons fusionner avec l'âme dans la matière et non fuir le corps physique pour passer notre vie dans l'illusion de l'astral et de nos croyances. Là on peut dire que les gens sont en déséquilibre ils ne manquent pas réellement d'ancrage, mais passent trop de temps dans le monde des illusions mystiques, sans que cela ne soit vraiment un manque d'ancrage, mais plutôt une envie de fuir un système oppressant.

Retrouver son équilibre intérieur

D'autre part, quand on commence à rentrer dans une réelle évolution spirituelle, que l'on commence à se respecter et à respecter ses vibrations et que l'on prend de la distance avec l'émotionnel ras les pâquerettes des fois cela isole de nos proches, jusqu'à parfois changer complètement d'entourage, et avoir une attitude distante avec les anciennes relations, et certains prennent cela pour des comportements pseudo-sectaires. Car comme on l'a vu notre comportement mammifère nous impose un certain comportement pour être adoubé dans un troupeau volontairement « mal » choisi par les entités, donc quand on se réapproprie notre réelle énergie de pleine conscience on part à la recherche de ceux qui vibrent sur les mêmes fréquences que nous. Donc rien à voir avec l'ancrage, le sang, rouge, nous reconnectant à notre lignée héréditaire, nous nous désidentifions à cela pour passer dans la vibration du coronal, donc pas un manque d'ancrage mais une identification à notre nature d'âme plutôt qu'à notre nature animale.

2 – Il y a un transfert énergétique entre la Gorge et le sacré, ce sont les 2 chakras de la créativité. Le sacré dans le petit moi, procréation physique de bébés, pour la survie de la race, réflexe mammalien. La Gorge, via les mains et la voix, création énergétique, réalisation personnelle, expression écrite, orale, artistique… issue soit du petit moi, soit quand la personne en est sortie, expression créative de la vibration d'âme.

Et dans la roue chromatique le orange est l'opposé du bleu pâle, ils sont donc complémentaires à plus d'un titre.

3 – Le transfert entre le chakra solaire et le cœur. Je ne vais pas refaire l'explication du transfert énergétique entre ces deux chakras, vous les avez un peu plus haut dans le livre.

Vous me direz alors mais le cœur est bien au centre des choses quand même. Je vous dirais que oui il y revient à un certain moment.
Lorsque nous avons réussi le transfert solaire-cœur et que nous avons du point de vue du 3ème œil une vision objective des choses, le solaire

Retrouver son équilibre intérieur

fait alors son vrai travail énergétique et devient la deuxième source d'énergie du corps physique, le cœur peut alors être vraiment au centre.

4 - le 3ème œil pédale dans la choucroute en attendant que l'on sorte de notre petit moi, la conscience attendant désespérément qu'il puisse enfin faire une analyse objective de la situation en sortant du mental suractivé par l'émotionnel. Car tant que le transfert solaire cœur n'est pas fait il omet de prendre en considération l'intuition, ce faisant il néglige la principale source de connaissance et d'information : l'âme.

Ce n'est pas grave en soi, c'est une étape évolutive, et comme le véhicule humanoïde terrestre est encore très empreint de ses comportements mammaliens et qu'il est sous obligation d'obéissance aux entités négatives contrôlantes cela peut prendre du temps. Surtout quand tout est fait, par le système, pour nous maintenir dans des fréquences basses.

Ne jamais culpabiliser de cela, toujours se dire que nous avons été mis à l'endroit idéal pour provoquer cet état, mais que notre partie subtile elle fait tout pour en sortir, et que nous sommes en passe d'y arriver.

*****

Retrouver son équilibre intérieur

Le but ultime des transferts énergétiques est la mise au service du petit moi pour la fusion de la partie subtile vibratoire de l'âme et du

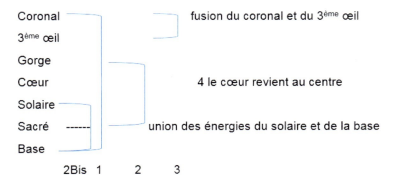

véhicule.

1 – toujours valable quelles que soient les circonstances, une fois l'équilibre atteint, le Coronal alimente en informations le corps, et on l'écoute, la partie subtile de l'âme en lien avec le véhicule fusionne avec lui. L'ancrage est équilibré et ne remonte pas plus haut que le genou et alimente notre protection énergétique.

À ce moment-là les énergies d'ancrage sont mieux utilisées et placées au bon endroit. Il y a trois couleurs dans le chakra de base :

<u>Le rouge dans le bassin</u> : force vitale, chi inné, l'envie de vivre.

<u>Le noir dans le genou</u> : la protection et une partie de l'ancrage. L'énergie du genou est la force physique la plus puissante du corps, si on l'utilise bien, toujours pareil. Nous sommes bien installés dans notre centre de gravité et très difficilement déstabilisable. Le principe du judo et du tai chi, utiliser son centre de gravité pour trouver son équilibre et déstabiliser l'autre, ou utiliser son instabilité pour se défendre, non pas pour attaquer mais bien pour se défendre.

Le judo est un art martial de défense, pas d'attaquer. Jigoro Kano a mis au point cette technique en observant une branche de cerisier ployer

Retrouver son équilibre intérieur

sous le poids de la neige, la branche s'est ainsi débarrassé de son surpoids et a repris sa place initiale. La branche s'est donc servie de la force de son adversaire pour se débarrasser de lui, le concept du judo est de créer une déstabilisation dans l'équilibre de son adversaire et de se servir de ce déséquilibre pour se défaire de l'attaque.

Le tai chi ou art de la perte, nous permet de nous effacer devant l'assaillant et d'utiliser sa force contre lui. Ce que nous prenons pour des mouvements certes harmonieux et de relaxation, sont en fait des parades qui face à un adversaire nous permettent de nous effacer et de le pousser dans le sens où lui-même a mis sa force. Certaines fois avec une petite poussette pour accélérer le mouvement de l'autre et le pousser dans le vide que nous avons créé devant lui en nous effaçant. Se servir de la force que le l'adversaire met contre nous pour la lui rendre, cette pratique m'a été d'un immense secours pour lâcher prise sur toute la colère qu'il y avait en moi, sur cette envie d'en découdre en permanence pour arriver à m'en sortir. Et comprendre que ma plus grande force est ma propre stabilité, physique et émotionnelle. Et qu'il vaut mieux s'effacer que de se battre coûte que coûte même si on a raison, et que si notre refus de combattre peut paraître pour de la lâcheté, c'est en fait de la sagesse, ne pas perdre de l'énergie sur un combat inutile.

Ce que j'ai fait avec mon entreprise. Prendre du recul et me dire que ok j'ai mis beaucoup dans cette réalisation, mais l'énergie a été pervertie par des tierces personnes et que je ne vais pas dilapider le peu de force qu'il me reste pour encore lutter afin de réparer les dégâts des autres. Je fais le choix, de lâcher prise, de me défaire de ce combat perpétuel « d'être forte » malgré tout et d'utiliser mon énergie pour me restabiliser et me réparer. Je laisse partir le dernier lien qui me reste avec mon passé, même s'il fut un jour l'expression de ma volonté, il a été trop abîmé par l'attitude de ces tierces personnes pour que je sois en potentialité de le sauver sans en payer un lourd tribut à ma santé physique.

Autrice Frédérique A. LONGÈRE

Retrouver son équilibre intérieur

Mon genou est d'ailleurs une des parties de mon corps qui a le plus souffert pendant les 8 mois où j'ai tenté de sauver l'insauvable. Luxation de la rotule et début d'algodystrophie, douleurs qui diminuent à chaque fois que je fais un pas de côté pour prendre mes distances. Pas simple de renoncer à son rêve, mais quand il tourne au cauchemar c'est une question de survie.

<u>Le marron dans les pieds</u> : ancrage et protection. Le marron est fait de rouge, de bleu et de vert. Énergie vitale, discernement et cœur, au service de l'équilibre du physique.

À ce moment-là, il est préférable de ne plus monter l'ancrage jusqu'au bassin, on n'est pas là pour enterrer l'âme, et cristalliser nos peurs mais bien pour spiritualiser la matière. En mettant le chakra du cœur au centre de notre existence. Respect de soi, respect des autres pour exprimer notre plein « pote-en-ciel » ou vibration subtile de l'âme.

2 – le transfert sacré gorge est toujours bon aussi mais avec une prédominance de la gorge, pour la créativité personnelle. Ce transfert se fait pour certain post-parentalité. Bien que maintenant nombre de jeunes adultes ne veulent pas d'enfant et placent leur réalisation personnelle en premier. Et c'est juste, ils suivent leur intuition.

Nous sommes arrivés à un point où notre survie ne tient plus à la reproduction animale pour la survie de la race, je pense qu'on est suffisamment nombreux, mais bien à la réalisation de l'ÊTRE.

2 bis - le sacré étant le siège de la « Kundalini » union des énergies vitales du véhicule, cette montée d'énergie dans la condensation énergétique des deux chis, due au repositionnement du solaire dans son action d'alimentation énergétique du chi acquis via la rate. Il y a un nouveau transfert d'énergie qui va se mettre en place, une alimentation de la totalité du corps physique au service de l'âme. Par la fusion entre les deux points d'énergie vitale du corps, le chi inné et le chi acquis. N'oublions pas nos cours de dessin, le orange est fait de rouge et de jaune.

Autrice Frédérique A. LONGÈRE

Retrouver son équilibre intérieur

Quand les 2 points d'alimentation d'énergie du petit moi, sont actifs et utilisés à bon escient, ils se condensent dans le chakra sacré et créent une montée d'énergie dans tout le corps physique jusqu'au coronal, ce qui alimente en énergie vitale la glande pituitaire, ce que l'alimentation ne suffit pas à faire seule. Et la glande pituitaire va via la glande pinéale, alimenter à son tour la glande thyroïde, dans l'expression du soi supérieur et non dans la satisfaction du petit moi.

Une autre façon de faire le transfert d'énergie du sacré à la gorge, via la conscience, en pleine harmonie de cœur.

3 – il y a fusion du 3ème œil et du coronal, ce que certains appellent le mariage dans les cieux, moi la corne de la licorne, la fin de la dualité entre le petit moi et le moi supérieur.

Le 3ème œil se met au service de l'âme, via l'esprit et le mental se met au service de l'intuition, pour fournir les modes d'emploi de la mise en application de cette même intuition dans la matière sans résistance ni peur. Le bibliothécaire se met enfin au travail de comment au lieu de pourquoi.

Et comment fait-on du violet ? En mélangeant du bleu et du rouge. Une bonne énergie vitale non dilapidée dans les peurs, alimente le corps physique et permet une bonne stabilité. C'est l'énergie vitale de couleur rouge qui doit monter jusqu'au coronal et non l'ancrage. Les racines permettent à la sève de monter dans l'arbre et le nourrir pour qu'il développe ses feuilles. C'est le chi inné qui doit faire ce job associé au chi acquis via le chakra sacré, on ne doit jamais faire monter l'ancrage au-delà du genou, pour pouvoir amener de l'énergie, l'ancrage permettant juste de rester stable dans son centre de gravité pour pouvoir s'ouvrir à la pleine réalisation de nos énergies subtiles.

4 - Le cœur peut prendre sa place centrale, teinté de compréhension, de tolérance et de gratitude pour chaque expérience de vie. Amenant ainsi la joie, la béatitude et la paix intérieure.

Retrouver son équilibre intérieur

Sachant que les bras sont alimentés pour le dessus par le chakra de la gorge et pour le dessous par le chakra du cœur.

Le moi supérieur est alors en capacité d'action dans sa réalisation de création énergétique d'âme, alimenté par les deux forces vitales réunies au sacré. Le chakra coronal transfère vers le chakra de la gorge via le chakra du 3ème œil l'énergie créatrice.

La glande pituitaire travaille alors de concert avec la glande pinéale, Il est là le mariage dans les cieux, la fin de la dualité de l'être entre le petit moi et le moi supérieur. Le véhicule se met au service de la réalisation de la conscience via l'esprit. Et le chakra de la gorge travaille dans la réalisation de l'information émanant du mariage dans les cieux, conjointement au chakra du cœur. Cette action conjointe de la gorge et du cœur devient alors la pleine expression des qualités ou valeurs de l'âme.

*****

Les gens captent de plus en plus leur réalisation d'âme mais ne sont pas toujours nettoyés donc la moindre perte d'énergie ou la valorisation d'une invocation extérieure au lieu de leur propre énergie, va détourner leur mise en application au profit des entités négatives contrôlantes. Qu'ils prennent l'apparence de votre guide ou ange gardien, ou des esprits de la nature etc. Il est très compliqué de faire entendre cela à un collègue, car ils sont tellement persuadés de travailler avec les vrais qu'ils seraient pour certains complètements dévastés d'entendre cela et d'admettre cette vérité. Leur cohérence interne et leurs croyances limitantes issues de la matrice terrestre les empêchent de remettre en question leur pratique.

J'en ai vu certains, complètement arrêter après avoir compris qu'ils se sont fait leurrer. Ne pas accepter de s'être fait rouler dans la farine. Et d'autres tellement persuadés qu'ils ont fini par trouver les bons se reprendre un pacte dans la foulée et continuer à se faire avoir, tellement persuadés maintenant qu'ils travaillent avec les bons. Et pourtant ce sont des personnes extraordinaires mais incapables de flexibilité et de renoncer à leur cohérence interne de la nécessité d'un sauveur extérieur.

*****

La seule vraie bonne source de lumière, de savoir et d'énergie qui existe actuellement sur Terre c'est votre conscience et uniquement elle. Il existe des êtres ascensionnés mais ils savent qu'il ne faut pas intervenir, car ils sont passés par ce chemin et savent que la solution est en vous et s'ils intervenaient même dans une bonne intention ils vous détourneraient de votre propre lumière. Donc un être de lumière n'interviendra jamais. Comme avec l'enfant qui n'arrive pas à faire ses devoirs, Il ne les fera jamais à votre place. Il vous laissera avec votre conscience, soi supérieur, vibration subtile ou lumière personnelle résoudre votre problème par vous-même.

C'est à vous de vous relier à votre propre énergie subtile, elle est toute puissante et elle n'attend que cela. Il n'y a que comme cela que vous serez qui vous êtes en dehors de vos vieux réflexes mammifères.

*****

Parlons plus avant du chakra sacré et de son énergie créatrice. Passé un certain âge, elle ne sert plus à procréer et à faire perdurer la race, mais plutôt à alimenter énergétiquement le coronal par la « Kundalini », et le chakra de la gorge pour la réalisation personnelle. Elle peut y servir avant aussi, c'est vous qui décidez, on ne fait pas l'amour que pour faire des bébés, tout du moins je vous le souhaite.

Le véhicule est à tout moment en plein potentiel énergétique pour la réalisation personnelle, dans un but universel ou plus personnel, tout le monde ou personne. L'ego, le moi équilibré, au service de la réalisation énergétique et non du matérialisme.

C'est pour cela qu'il est préférable de se construire un solaire fort, pour se respecter et arriver à poser des limites afin de se réaliser. Les gens confondent l'ego et l'égocentrisme. Quand on est égocentré on ne peut pas se mettre au service de l'ensemble. Car pour ce faire, il faut se

Retrouver son équilibre intérieur

respecter, se faire respecter et respecter l'autre. C'est indispensable pour une action juste et équilibrée entre le soi et l'ensemble.

On ne peut pas se mettre au service de l'âme si on n'est pas pleinement conscient que l'on fait partie du tout et qu'on a un rôle indéniable à jouer dans ce processus. Sans respect de soi on devient les esclaves des égocentrés afin d'alimenter leur petit moi aux dépens du tout. Et c'est pour cela qu'ils ont aussi une sexualité débridée et complètement altérée. Ils abîment ainsi la possibilité de fusion énergétique et la montée de Kundalini de la masse. Ils pervertissent ces énergies-là pour éviter le plein potentiel énergétique des clones humanoïdes terrestres et l'action en pleine conscience qui en découle. C'est fait exprès !

*****

Nul n'est indispensable mais tout le monde est important. Un être éveillé et équilibré éveillera les autres rien que par son rayonnement et sa présence. C'est pour cela que quand on est en conscience de cœur, on accepte tout le monde comme il est, car l'autre est en train d'apprendre. Et quel que soit son niveau d'apprentissage, on sait que chaque étape mène à l'éveil.

Par contre nul besoin de forcer l'autre à comprendre qu'il est dans une mauvaise vibration, tant qu'il ne le verra pas lui-même et qu'il n'aura pas touché ses propres limites, il ne se remettra pas en question. P. a touché ses limites avec moi, car en entrant dans cette configuration de respect de moi, j'ai stoppé son vampirisme énergétique, inconscient bien évidemment. Un « fais plaisir » a besoin d'un mentor, de quelqu'un à servir, il n'est pas autonome, mais en même temps il se nourrit de l'énergie du mentor pour exister, il le vampirise, lui vole son énergie de réalisation. Car inconsciemment pour conforter son positionnement en sauveur, qu'il pense être juste, il a besoin que l'autre soit en difficulté, cela valorise sa place, il se sent utile. Il aide l'autre pour exister, avoir sa place dans le troupeau pour y être accepté et être protégé, généralement par le plus puissant du troupeau. Il peut être aussi un peu lâche, dès qu'il y a des problèmes il se planque derrière le mentor. Un « sois fort » est idéal pour lui comme mentor, car le « sois fort » fait

Retrouver son équilibre intérieur

face à tout, il va à l'échec pour prouver sa valeur et sa capacité à affronter toutes les situations même catastrophiques ou conflictuelle ; s'est une aubaine pour le « faire plaisir ».

En évoluant et en intégrant ma nouvelle énergie subtile, ma propre capacité à me réaliser seule, au-delà des préprogrammations, en métabolisant la nouvelle puissance de ma partie subliminale reprogrammée, je lui ai cassé son jouet.

N'étant plus interférée et interférable à merci, j'avais malgré tout encore une immense perte d'énergie, ma santé se dégradait de plus en plus. J'ai donc continué à chercher d'où cela venait et je tombais sur P. à chaque fois, je lui en ai fait part à plusieurs reprises et je continuais à travailler sur moi en même temps, sachant qu'en plus j'étais en pleine métabolisation de cette nouvelle potentialité, cela me demandait d'encore plus me respecter, alors que c'était le contraire qui se passait. D'où l'augmentation du conflit intérieur qui m'affaiblissait encore plus que son vampirisme et l'augmentation de ma demande pour comprendre en quoi il me freinait, ce qui créait une tension grandissante entre nous deux. Car non seulement cela portait atteinte à ma santé mais également était en train de faire couler notre entreprise. Je n'arrivais plus à maintenir un niveau énergétique suffisant pour la réussite du projet.

Dans son « faire plaisir » il précipitait ma chute, car mon « sois forte » a besoin d'échouer pour prouver sa valeur, c'est très con. Et en plus vu qu'il avait comme moi le « sois parfait » mais avec pour lui l'humiliation il a beaucoup moins bien accepté le nouvel échec qui se profilait, tout en étant pleinement acteur de celui-ci par son attitude de suiveur attentiste, que je trouve la solution, pour la mettre en action avec non pas son énergie mais la mienne, il m'a poussée encore plus vite vers ma propre implosion. Auto destruction mutuelle programmée par l'exacerbation de nos schémas de cohérence interne. Mais comme j'avais plus de flexibilité j'ai cherché à m'extraire de cette spirale descendante qui me coûtait ma santé, elle se dégradait de jour en jour,

Retrouver son équilibre intérieur

je devais trouver la porte de sortie. J'ai donc exprimé une énième fois mon mal-être qui était exacerbé par empathie du sien donc double résonnance. J'ai fait ce même jour une crise intestinale très violente, car je devais mettre dehors de moi cette partie de lui qui m'affaiblissait, car il avait besoin que je sois en difficulté pour exister.

Je n'avais plus besoin d'aide, j'intégrais et développais toute ma puissance, donc impossible pour moi avec cette nouvelle potentialité de me maintenir dans ce petit jeu de mise en échec, je n'avais donc plus besoin d'être sauvée.

Car avec cette nouvelle potentialité je suis maintenant en capacité de me sauver moi-même. La mise à jour de ma partie subliminale a complètement redistribué les cartes. Il n'y a plus cette place de sauveur dans cette nouvelle partie, car je suis sortie du triangle de Karpman. Il avait alors plusieurs choix à sa disposition à ce moment-là, accepter de sortir de son propre schéma de « faire plaisir » et d'enfin se réaliser par lui-même, de prendre ses responsabilités dans ce processus au lieu de finir par me rendre responsable de tout ; ou de trouver une autre personne à sauver, en se déchargeant à nouveau de toute décision sur elle. Il a malheureusement choisi la deuxième solution. Qui n'a pas fait long feu, car il a, quoi qu'il en soit, atteint un point charnière de lui-même, il a un potentiel de fou, qu'il n'a jamais mis en action finalement. Je lui souhaite vraiment d'arriver à comprendre que c'est sa propre réalisation qui importe. C'est ce que j'ai tenté de lui faire comprendre, pas toujours de la bonne façon, je n'avais pas encore cette compréhension-là. Je l'ai poussé dans ses retranchements car je ne pouvais plus me limiter pour maintenir son système au détriment du mien et il a fui plutôt que de remettre en question ses limites. C'est son choix je n'y peux rien. J'assume mon « sois forte », mais je n'assumerai pas le fait qu'il ait dit oui pour me « faire plaisir », c'est son schéma pas le mien. J'ai malheureusement pris cela pour de la reconnaissance, alors qu'il exploitait mon schéma limitant au service du sien.

Retrouver son équilibre intérieur

Heureusement que j'ai en même temps pris du recul sur tout cela, en continuant d'évoluer, car ça a mis du sens à ce qui s'est passé, sans cela j'aurais pu sombrer dans une forte dépression. La remise en question de nos propres croyances limitantes peut fortement nous déstabiliser, car cela remet en question notre cohérence interne et il n'y a rien de pire pour le mammifère que nous sommes. C'est notre système de croyances qui nous maintient dans une illusion de sécurité, c'est comme se mettre en danger de mort de faire cela. Mais ces croyances limitantes générées par notre véhicule humanoïde terrestre doivent mourir pour nous laisser nous réaliser dans notre expérience d'âme. Et c'est notre propre responsabilité.

C'est également pour cela que les vrais êtres ascensionnés ou êtres de lumière ou les vrais sages ne donnent pas de réponse et n'interviennent pas dans notre processus d'évolution, car ils savent que c'est à nous de trouver nos limites. Celles qui nous empêchent de parcourir le chemin afin de fusionner avec notre partie subtile et d'acquérir la paix intérieure de la sagesse qui nous permettra de nous réaliser. Et c'est en trouvant nos limites le plus vite possible que nous y arriverons.

Les seuls à intervenir et à se mêler de notre processus d'évolution, sont ceux qui y ont un intérêt personnel, à détourner votre énergie en exploitant les croyances limitantes et en les exacerbant pour les ancrer plus fortement, à leur profit. Mais eux aussi se trompent, car ce n'est pas en nous volant notre énergie qu'ils évolueront, c'est également en se connectant à la leur. Ils ont compris l'avantage de nous « faire plaisir ». Mais tant que vous croirez que les êtres qui ont atteint la sagesse vont vous aider à faire votre ascension intérieure, vous remettrez entre les mains des entités négatives contrôlantes votre réalisation personnelle.

Retrouver son équilibre intérieur

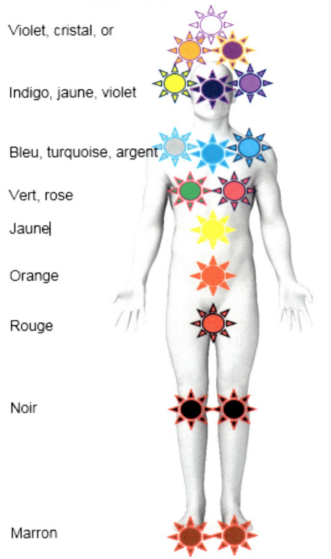

Autrice Frédérique A. LONGÈRE

Retrouver son équilibre intérieur
C'est vous le maître du jeu

En tant que thérapeute, je peux par ce livre vous amener cette information, des protocoles de travail propres. Je peux en séance de soins énergétiques vous aider à comprendre où sont vos conflits. Coacher votre conscience en session d'hypnose régressive ésotérique pour qu'elle se débarrasse des entités négatives contrôlantes, tout cela pour vous accompagner sur le chemin de votre travail personnel. Mais il sera toujours à faire, à un moment, je ne pourrai plus rien pour vous si vous voulez continuer à vivre comme des moldus, ou si vous attendez que je fasse le travail pour vous. À rendre les autres quels qu'ils soient (conjoint, état, entités, amis) responsables de tout, à vous positionner en victime du système, vous continuez à ne pas prendre vos responsabilités dans votre propre existence, personne ni même le meilleur des thérapeutes ne pourra rien faire pour vous.

*****

Petite histoire de moldu s'éveillant à l'énergétique.

Souvent votre conscience n'en peut plus d'essayer de vous faire parvenir l'information juste. Cela fait des fois des dizaines de vies qu'elle tente de le faire. Certes elle n'a pas toujours conscience des interférences mais partons du principe que des informations vous parviennent un petit peu. Parce que vous commencez à prendre conscience qu'il n'y a pas que la matière pure et dense.

Gontran : « j'en peux plus de cette vie de stress, métro, boulot, dodo, aide-moi à aller mieux s'il te plaît. Dis-moi ce que je dois faire ? J'ai été dans un salon de bien-être, un ou deux trucs m'ont causé j'ai plusieurs possibilités, mais j'ai un budget limité et j'ai aussi besoin de vacances » C'est bien évidement caricaturé. J'ai choisi ce prénom pour que personne ne se sente visé.

La conscience de Gontran, elle ne nous parle pas comme cela bien évidemment mais c'est une simulation : « Alors pour t'en sortir, je te conseille de faire un travail personnel, pour retrouver ta sérénité intérieure, il y a un séminaire d'une semaine là qui te permettra d'aller

Retrouver son équilibre intérieur

à la rencontre de toi-même. » « Là-bas, le club vacances ça brille c'est joli mais c'est un piège ».

Les entités négatives contrôlantes dans l'espace de Gontran : « lol son truc de ouf hors de prix et qui demande de faire des efforts. En plus t'es nul, tu ne vas jamais y arriver, tu vas te planter comme d'hab, les autres vont se moquer de toi. Et après tu vas avoir un mal de chien à t'en remettre comme d'hab. Tu vas pleurer pendant 8 jours, si ce n'est plus. » « Viens plutôt voir par là on a trouvé un truc super extra pour toi », « hé les gars allumez la lumièrde on en a un là, il est chaud bouillant ! ».

Gontran en réponse à la conscience : « Oui mais cela me demande des efforts ton truc, et pis c'est cher, je viens de m'acheter le dernier i-machin, je n'ai plus beaucoup de sous. Et puis en plus faut que je réfléchisse, je vais encore me planter, pfffff. T'es sérieuse... et j'aurais plus de sous pour partir en vacances » « Là-bas ça brille, c'est chouette, et ils m'ont dit que je n'avais rien à faire, que je serais comme un coq en pâte. Et j'ai une réduction pour le club, je vais pouvoir prendre soin de ma santé, je vais faire du sport et de la méditation aussi ! Les vacances idéales ».

La conscience : « Le coq en pâte, c'est une expression qui dit qu'on te caresse dans le sens des plumes, pour gagner ta confiance et flatter ta beauté extérieure, les apparences. Je ne te parle pas de beauté extérieure, je te parle d'équilibre intérieur ».

Les entités NC : « hé poto tu vas ressembler à un.e dieu (déesse) après une semaine au club, et tu vas trouver des célibataires à gogo »

Gontran : « Hein quoi j'ai décroché, tu as dit quoi me faire caresser dans le sens du poil, oui c'est ça que je veux. Oui je vais essayer ça, on verra bien, au pire ce n'est pas grave y a pas mort d'homme. Je serai plus beau (belle) et je trouverai plus facilement mon âme sœur », « c'est garanti sur la brochure une semaine de rêve. » « J'y vais bye... à plus merci pour ton aide ».

Retrouver son équilibre intérieur

La conscience : « Je disais, que l'équilibre se trouve à l'intérieur pas à l'extérieur, qu'il faut t'aimer toi avant de vouloir trouver l'autre ».

Les entités NC : « t'as vu service 4 étoiles, la classe à ce prix-là, (50 balles moins cher que le stage de développement personnel) et il y a de la méditation, du sport et de la fête tout en un, let's go, popopo ho popopo ho, let's go !»

Gontran : « Trop bien, cet hôtel spa 4 étoiles, ho lala, yes, massage, ça me détendra les muscles après la salle de sport, et le matin méditation. Impeccable ! Je vais me faire une semaine aux petits oignons. »

Une fois sur place :

Gontran : « ho et puis les petites viennoiseries à l'entrée trop bon, charmante attention. J'ai trop bien fait de réserver ici. »

Les entités NC : « hé oui faut profiter c'est les vacances ! »

Gontran : « très bon choix pour les vacances, ah oui parce que c'est les VACANCES ! Quand même faut pas oublier, c'est un peu cher mais ça en vaut la peine, je vais en profiter un max. Bon allez je vais commencer par un massage. » « Insistez sur l'estomac, pendant votre massage, faites ça bien, je suis un peu ballonné, trop de stress… »

La conscience : « Tu es ballonné à cause des viennoiseries, et du cocktail de bienvenue, et parce que tu ne m'écoutes pas ».

Les entités NC : « bienvenue à galaswinda darla dirladada ! Y a du soleil et des nanas, darla dirladada ! on va s'en fourrer jusque-là ! darla dirladada… »

Gontran : « bienvenue à galaswinda, y a du soleil et des nanas, darla dirladada ! on va s'en fourrer jusque-là ! darladirladada… Ce soir je ferai plus attention, on va faire un petit repas léger avant de voir ce qu'ils proposent pour FAIRE LA FÊTE !!! Il ne faut pas que j'abuse, dix secondes dans la bouche, dix ans sur les hanches. (Rire) »

Le soir venu Gontran : « Bon alors c'est quoi le programme, soirée pizza karaoké, oh oui trop bien, après tout, on n'a qu'une vie et puis on

Retrouver son équilibre intérieur
est en Vacances, on fera attention demain. » « Bienvenue à galaswinda, y a du soleil et des nanas, darla dirladada ! On va s'en fourrer jusque-là ! darladirladada... »

Les entités NC : « t'a vu boissons à volonté, YES ! »

La conscience : « n'oublie pas que demain matin il a méditation tion tion tion tion.... ».

Gontran : « Yes boissons à volonté !!! », « oui promis je m'y mets demain ! » « Allumer le feu ! ALLUMER LE FEU !!! Mojito, téquila ou punch de bienvenue, waouh la classe !!! Deux parasols et une grande paille c'est les Vacances ».

Le lendemain :
Gontran : « Holà ce matin, c'est trop dur le réveil, j'ai un peu abusé sur les boissons gratuites, et les petits fours à l'entrée trop bon... c'est quelle heure, 11h ah merde j'ai loupé la méditation à 8h, pas grave, de toute façon avec ce mal de tête, je n'aurais pas pu... »

La conscience : Pour une fois qu'il aurait pu être calme 5mn et que j'aurais pu lui parler plus clairement : « Bonjour, un petit jus citron, fenouil, cactus au bar à jus, ça détoxifie le foie, ça te fera du bien »

Les entités NC : « t'as vu le buffet de petit dèj à volonté, compris dans le prix c'est de ouf ! »

Gontran : « Bonjour un café bien serré s'il vous plaît, avec une larme de lait, j'ai trop fait la fête hier soir, je ne pourrais rien avaler de plus » « Oh un petit croissant ou deux de derrière les fagots, ils étaient trop bons ceux d'hier ». « On a le droit de fumer au bar ou pas ? Oui, cool, merci ».

La conscience : « ... bip bip bip »

Gontran : « une semaine de malade, j'y retourne l'an prochain ! »
Bilan de la semaine : fête tous les soirs, aucune méditation de faite...

Retrouver son équilibre intérieur

Au retour des vacances, bronzé, mais fatigué, lunettes de soleil tatouage et deux ou trois 06 en poche… de retour dans la circulation, les embouteillages et la pollution.

Gontran : « Oh putain de bordel, je vais arriver en retard au travail, je n'ai pas encore repris le boulot que le stress est déjà revenu… Hé toi là-haut mon ange gardien, tu ne peux pas me trouver une place de parking rapidos, que je ne perde pas trop de temps, ça coûte cher l'essence. »

« Et si je me prends un PV, je ne pourrai pas le faire ton truc qui coûte une blinde là. Tu ne te rends pas compte de ce que je vis moi ici ! »

Dring le téléphone sonne « Allô, oui j'arrive, je suis juste en bas, je me gare ».

« Tu vois maintenant à cause de toi, je vais être en retard et mon patron, il va me faire chier toute la journée, si c'est toute l'aide que tu peux me donner je ne vois pas l'intérêt de t'écouter, t'es jamais là quand il faut ».

« Je ne vais même pas avoir le temps de me fumer une clope et de boire mon café ! »

La conscience : « bip bip bip… »

Les entités négatives contrôlantes : « tiens ta place, toute belle rien que pour toi. » « Yes on a réussi notre coup ! On l'a bien eu celui-là et en plus avec un minimum d'effort, j'adore les humains ».

Gontran « ah ben voilà quand tu veux, tu vois que tu peux faire un effort ! Ce n'est quand même pas difficile de me filer un coup de main de temps en temps ».

Les entités NC : « check man, on n'a plus qu'à enlever le voile sur le panneau de limitation de stationnement à 1h 30 et à midi on mange de la colère, open bar, appelle la troupe ça va chauffer ! On va se régaler, préparez les fauteuils et le popcorn »

La conscience : « bip bip bip … »

Retrouver son équilibre intérieur

Votre conscience n'est pas un service de groom. Et elle tente désespérément de communiquer avec vous depuis des années, voire des vies. Et des fois, elle a même renoncé, ou alors elle est prisonnière des entités négatives contrôlantes, qui sont dans votre espace énergétique. Il y a tellement d'implants énergétiques pour parasiter la communication entre vous deux que plus rien ne peut passer ni dans un sens, ni dans l'autre. Ce qui est encourageant c'est qu'il y a toujours une part de votre conscience, donc de vous qui se trouve hors matrice terrestre et qui vous apporte malgré vous et même des fois malgré elle les informations nécessaires. Heureusement que malgré tous les efforts des entités négatives contrôlantes, ce petit filet d'informations, de mémoire nous parvient. Car si nous n'étions pas liés à notre énergie d'âme nous ne serions tout bonnement pas en vie. Nous sommes là bien qu'ils déploient des efforts journaliers, toujours vivants donc toujours liés à elle. Il y a un mythe urbain qui dit que seulement 20% de la population aurait une âme, sans âme pas de vie, donc c'est bien 100% des êtres vivants qui en ont une.

*****

Malgré qu'une infime partie de cette information d'âme arrive jusqu'à nous, il y a 95% des thérapeutes qui vous disent : « Vous manquez d'ancrage ». Non l'humain ne manque pas d'ancrage, il manque de connexion à la conscience.

Nous manquons surtout d'action en pleine conscience, d'objectivité et de volonté. Ce qui pose réellement problème c'est que dès que les gens commencent à s'intéresser à l'énergétique, et qu'ils commencent à méditer ils ne cherchent qu'à fuir leur quotidien.

En cherchant à faire des sorties de corps pour aller voir ce qui se passe ailleurs. Et ils ne changent rien de leur fonctionnement dans leur quotidien. Comme si de seulement méditer, ou faire faire des soins énergétiques allait tout changer par miracle dans leur vie.

À la fois, certes c'est ce que nous faisons en hypnose régressive ésotérique, nous mettons la personne ou l'opérateur de support

Retrouver son équilibre intérieur

télépathe en modification de conscience, et en sortie de corps, nous voyageons dans son espace énergétique, dans le temps, dans l'espace, dans le multivers, mais pour coacher l'âme, faire qu'elle aille nettoyer et recréer un lien propre et stable entre sa partie énergétique subliminale et son véhicule dans la matière.

Quand les gens vont faire spontanément ce genre de voyage dans l'astral et dans l'énergétique, ils n'ont généralement pas une assez bonne connaissance des mondes ésotériques, ce qu'ils en connaissent c'est les belles histoires qu'on leur raconte via le bordel mis par le new age. Les guides, les anges, les ancêtres, les saints machin ou bidule, qu'il faut invoquer pour obtenir ce que nous espérons dans la vie. Ils n'ont pas capacité à déterminer s'ils sont en face d'un égrégore leur appartenant ou appartenant au collectif, ou encore à un hologramme produit par leurs contrôlants pour les conforter dans leurs illusions. Quand j'ai vu Marie dans la chambre de ma grand-mère, c'était un hologramme produit par ces contrôlants.

Ne parlons pas de la mode des dragons, ça c'est plus grave, les gens acceptent la moindre entité négative contrôlante dans leur espace énergétique sous prétexte qu'il leur donne à voir l'hologramme de leur attente et de leur croyance. Ils ne savent pas comment vérifier si c'est bien le vrai ou si c'est une projection de leurs attentes pour les piéger. Avec la mode des dragons, ils n'ont même plus besoin de faire semblant, pif paf pouf, je suis ton dragon et ça passe comme une lettre à la poste, alors que ce sont les chefs des reptiliens qui nous interfèrent le plus sur terre. Allez-y entrer le tapis rouge est déployé ! ☹

*****

Le but de vous réaligner, c'est de prendre soin de votre véhicule afin de mettre de la cohérence entre votre véhicule et votre conscience, c'est de fusionner et de mettre en place des actions concrètes qui vont avoir un réel impact dans la matière. Si vous continuez à agir exactement de la même façon, en ne remettant aucune de vos croyances limitantes à jour, en post nettoyage, en attendant que cela change tout seul, hé bien rien ne changera et voire même ça va empirer.

Retrouver son équilibre intérieur

Je ne suis pas là pour vous faire peur. Mais bien pour vous informer que vous avez certes à votre disposition un être de lumière positif qui est votre conscience, qui a plus d'énergie que toutes les centrales nucléaires de la planète, mais auquel vous ne faites jamais appel, ou de façon marginale au milieu du fatras. C'est vous sur un autre plan vibratoire. Oui, vous ! Votre partie subtile qui est là et qui attend juste que vous vous mettiez en harmonie avec elle, avec vous. Que vous vous fassiez une vraie place dans votre existence. Elle est déjà là sinon vous ne seriez pas vivants, mais en mode veilleuse, avec les exercices vous pourrez la conscientiser en augmentant votre fréquence vibratoire.

Si la fréquence du corps physique est basse l'intégration énergétique sera moins stable, voire inexistante. C'est d'ailleurs pour cela que les entités négatives contrôlantes vous pourrissent la vie, pour vous maintenir dans une fréquence incompatible avec votre partie subtile énergétique. Qu'ils vous racontent des belles histoires pour vous leurrer et vous endormir. Pour détourner votre attention et intention à l'extérieur de vous. Vous inventant tout un tas de sauveurs extérieurs qui vont venir vous accorder tous les bienfaits que vous devriez vous accorder vous-même.

Votre corps est un temple en vrac, squatté, abîmé, prêt à clamser, dans lequel vous voudriez accueillir une énergie qui peut vous protéger instantanément et réparer avec vous vos blessures. Plus la dichotomie est grande plus le cerveau va avoir du mal à maintenir une cohérence, et s'il décide que vous êtes trop altéré et incapable avec le temps de vie qu'il vous reste de faire le nécessaire, à ce moment-là, il décide de péter le véhicule, Game Over. Son but 1er c'est de créer quelque chose de réparable, mais si l'équation est sans solution, il va faire dysfonctionner un organe vital et mettre fin à l'expérience.

Post hypnose régressive ésotérique, cela va changer votre vie, car tout ce que vous avez fait jusqu'à aujourd'hui était sous influence de ces entités négatives contrôlantes : votre couple, votre non couple, vos

Retrouver son équilibre intérieur

enfants, votre job, votre famille, vos loisirs, le sport... toutes vos décisions ont été biaisées par ces êtres qui ne voulaient qu'une chose : exploiter vos préprogrammations inconscientes, aux fins de voler votre énergie ou faire des expériences sur vous. Préprogrammations qu'ils vous ont eux-mêmes choisies.

En post-session vous devez prendre soin de mettre à jour les mémoires cellulaires du corps physique, pour vous détacher des traumatismes que vous avez vécus sous l'influence des entités négatives contrôlantes. Ces mémoires cellulaires traumatiques ou héritées sont autant de barrières à franchir pour se réaliser.

Ils nous ont choisi, à plus de 80%, le ventre dans lequel nous avons grandi. Ils ont donc choisi soigneusement cette préprogrammation, que nous subissons depuis notre conception au quotidien. Notre « chemin de vie » est sous influence des attentes de nos parents lors de cette conception. Nous sommes également sous influence de leurs croyances, de leurs peurs, de leurs doutes, de leurs questionnements, de leurs éducations reçues de leurs propres ancêtres. Un transgénérationnel à l'origine des maladies déclarées dans la petite enfance. Tout cela nous limite dans nos actions, par rapport au niveau social, à l'ethnie, et au continent sur lequel nous grandissons, par rapport aux croyances majoritaires dans notre région, aux gouvernants qui nous imposent leurs nécessités économiques liées aux exigences des 1% les plus riches.

Aggravant outrageusement tous ces préprogrammes, voulant faire de nous des bons moldus zombis, obéissants, ne remettant pas en question leur suprématie, car nous sommes aussi par OGM programmés pour leur obéir. Accord obtenu de nous par des pactes consentis involontairement lors des rituels mis en place par eux-mêmes pour nous leurrer.

Parce qu'il ne faut pas s'illusionner, ils savent très bien comment cela marche. Et si en ce moment cela se dégrade autant c'est parce qu'il y a

Retrouver son équilibre intérieur

de plus en plus de gens comme vous et moi qui prennent conscience de tout cela. Et en nous reconnectant par hypnose régressive ésotérique et ensuite par notre travail personnel, à notre propre énergie vitale et subtile, nous nous extrayons du système de la masse. Et il y a un seuil critique que nous approchons dangereusement pour eux et dont ils connaissent les signes, qui mènent à l'effondrement de leur système de contrôle. Ils tentent par tous les moyens de le freiner, pas de le stopper, ils savent qu'ils ne peuvent pas le stopper, c'est déjà trop tard. Ils ne peuvent que le freiner. Et ils sont prêts à tout pour y arriver, afin de garder le contrôle lors de l'effondrement.

*****

Donc oui l'ancrage est important mais pas plus que la connexion à la conscience et oui il est indispensable d'avoir un corps bien dans ses baskets pour que l'âme puisse s'y installer convenablement et durablement. S'il y a trop d'ancrage, il y a trop de matérialisme, c'est ce que les contrôlants créent pour baisser nos fréquences par la peur de manquer. La conscience ne peut alors pas assez interagir avec nous. La conscience n'a pas de considération matérialiste, elle a des considérations énergétiques et il est donc primordial d'arriver à un plein équilibre entre les deux. Le luxe n'est pas indispensable, par contre il est préférable de vivre dans de bonnes conditions malgré tout, car la faim et le froid et un véhicule au bord de la crise cardiaque sont en tout cas pour elle contre-productifs.

Rappelez-vous que les maladies sont issues des conflits entre l'être et le faire. Donc si vous êtes dans un faire motivé par la peur de manquer, impossible de mettre en place la sérénité nécessaire au bien-être. La conséquence principale sera l'apparition de maladies correspondant au point de friction entre les énergies relatives aux propositions d'âme et votre capacité à les mettre en action au quotidien dans la matière.

Mes trois hernies discales viennent du fait que je suis thérapeute et non vendeuse. Donc je quitte le magasin pour aller mieux et être thérapeute, pas théravendeuse.

Retrouver son équilibre intérieur

Et en-post session vous avez dégagé le terrain, la communication est meilleure, donc la demande va être encore plus explicite et du coup les conflits peuvent être exacerbés.

Car comme il n'y a plus les interférents et que vous êtes en lien direct, c'est comme passer du minitel, à la fibre. Ça pulse et ce qui n'a plus raison d'être implose sans qu'on ne puisse rien y faire et si on s'y accroche, « scabouche » on implose (scabouche = la prise du petit doigt dans kung fu panda lors du combat avec Taï lung). « Ce n'est pas le changement qui est compliqué, c'est la résistance que nous opposons au changement ». Par changement entendez évolution, le but ultime de la conscience dans toute expérience dans la matière c'est l'évolution. La seule chose qui peut nous permettre d'évoluer en post-session, c'est d'avoir encore plus conscience de notre pot-en-ciel et de l'utiliser à bon escient, si vous vous obstinez à le nier, vous allez augmenter le conflit et aggraver votre état de santé. Si vous faites une hypnose régressive ésotérique en espérant pouvoir continuer votre petite vie planplan, à tourner en rond comme avant et ne rien remettre en question, raté !

Dans les protocoles que je vais vous présenter dans ce livre, vous allez trouver des exercices, pour vous nettoyer énergétiquement et vous réaligner. Pour que vous arrêtiez de marcher à côté de vos pompes, ou que vous ne finissiez pas hors de vous. Je ne vous donnerai aucune recette alimentaire car il faut savoir ce à quoi vous êtes intolérants, avant tout, et chacun est différent, pas de règle de base. Il n'y a pas d'aliment bon ou mauvais pour tout le monde. C'est pour cela qu'ils sont passés aux injections, car notre alimentation est trop diversifiée. Mais ils sont en train d'y remédier en augmentant tout et en vous restreignant le choix. En réduisant les budgets ils vous poussent vers l'alimentation industrielle.

Moi je suis intolérante à la vitamine C, donc je digère très mal tout ce qui est fruits et légumes crus. Et je ne vous parle même pas du citron sous toutes ses formes du coup, une usine à vitamine C, à lui tout seul. Et dans tous les protocoles détox que l'on voudrait me voir adopter

Retrouver son équilibre intérieur

pour mon bien il y a du citron, qui est potentiellement dévastateur pour moi actuellement, alors que mon arrière-grand-mère en prenait tous les jours, et comme elle a vécu jusqu'à 97 ans, c'est pour certains grâce à ça ! Je suis également intolérante aux pommes, aux poireaux, à l'ail et à l'huile d'olive. Si je prends ces aliments je vais mettre mon corps en inflammation et je vais obtenir exactement le contraire de ce que ces aliments sont censés faire, dans l'inconscient collectif.

Appliquer le régime crétois à tout le monde est une hérésie, c'est leur génétique qui fait que ce régime leur va. Avec le temps elle s'est adaptée à leur alimentation, et leurs conditions de vie, qui du point de vue stress ne sont pas franchement les mêmes que pour un Parisien ou un Newyorkais. Donc manger comme eux n'aura pas du tout le même effet ailleurs.

Les gens confondent contexte et alimentation, matière et énergie, même si tu vas méditer 5mn tous les jours au milieu de central park, ça m'étonnerait que tu arrives à atteindre le niveau de vibration énergétique d'un crétois même s'il ne fait jamais de méditation.

Donc quand vous faites des cures de compléments alimentaires vous avez de fortes chances de vous intoxiquer par trop de… au lieu de manque de… Toutes les personnes qui ont fait des cures de zinc pendant le coco pour renforcer leur système immunitaire, n'ont pas pris la peine de vérifier avant s'ils en avaient vraiment besoin. Le « on m'a dit que c'était bon pour ! », ne fonctionne pas toujours, le thymus est la glande endocrine du système immunitaire et elle est gérée par le chakra du cœur, donc si on est en réelle conscience de cœur, respect de soi et des autres, tout va bien, notre système immunitaire est en forme. C'est comme cela que j'ai pu continuer à faire des câlins pendant le coco, pas peur de l'attraper, ni de mourir et en activant l'énergie de cœur pendant les câlins aucun risque qu'il puisse passer.

On a parlé des énergies des organes plus avant dans le livre, les poumons c'est la peur de mourir, et sur quoi ils ont insisté pendant leur propagande, le risque de mourir et les gens mourraient de graves infections pulmonaires. Vous commencez à comprendre ? Ils savent et s'en servent contre nous et nous traitent de complotistes quand on vous le dit, parce qu'on dévoile leurs stratégies d'annihilation. Et ils n'aiment pas cela.

Je vais donc vous parler d'énergétique, et pas besoin d'avoir fait bac + 5 pour comprendre comment faire. C'est même un désavantage d'avoir un niveau d'étude élevé. Car cela indique que vous avez été plus formatés et formatables que moi par exemple. On a remplacé votre intuition par des informations calibrées pour vous empêcher de réfléchir par vous-même. Rappelez-vous Léonard de Vinci, il n'a pas été à l'école ! On vous a par formatage scolaire, alimentaire et infantilisation, retiré votre capacité à réfléchir par vous-même et à remettre en question leurs soi-disant « bonnes intentions ». Ils veulent que vous pensiez qu'ils font cela pour votre bien, d'ailleurs toutes les propagandes pour vous faire croire que les directives qui sont prises, le sont pour votre sécurité c'est du pipeautage. Ils le font pour vous maintenir en état de larve cérébrale obéissante.

*****

Déjà et avant tout, s'enlever de l'idée que pour méditer il faut être assis en tailleur mode yogi. Si certains y arrivent tant mieux pour eux, moi j'ai une désaxation des rotules, je suis même incapable de m'assoir par terre. Je me mets donc très confortable dans un joli fauteuil bien douillet et je fais des méditations de folie.

Donc trouvez votre position confortable, pour méditer. Il est préférable que le corps ne soit pas dans une position douloureuse ou inconfortable, sans pour autant être en mode ultra détendu je me fais une petite ronflette. Et il n'est pas nécessaire de voir des trucs, pour réussir une méditation. Au départ, il va déjà des fois être compliqué de faire le vide, de stopper le fameux mental suractivé par les émotions. On va avoir des pensées parasites qui vont venir nous faire cogiter de droite et de gauche. Le mental : « Oh, il y a un espace de libre il faut le remplir ». L'idéal serait de laisser passer les idées, les observer et les

Retrouver son équilibre intérieur

laisser continuer leur route, ne pas les attraper et mouliner dessus, les scroller.

Et si vous n'avez pas encore fait votre nettoyage des contrôlants dans votre espace énergétique, ils vont s'en donner à cœur joie, pour vous empêcher d'y arriver ou alors ils vont vous emmener dans une belle illusion, un joli petit film de vos attentes, un miroir aux alouettes. Définition de « miroir aux alouettes » : ce qui trompe en fascinant.

Les entités NC : « alors avec quoi on va lui pourrir sa méditation ? Ah oui, les vacances où on a réussi à le faire aller au club plutôt qu'au stage de développement personnel ! On met la cassette souvenir des vacances, avec la petite musique qui va bien, et une image de la belle blonde sur la plage au coucher du soleil. »

Le mental : « ho les vacances de fou… le transat au bord de la piscine avec la jolie blonde etc. darla dirladada » « hé pourquoi t'as pas encore fait son 06 ? ». (Faire le 06 : appeler la personne)

Ou alors la cassette du conflit que vous avez eu avec votre patron, votre famille, votre voisin. Si au départ c'est trop dur de méditer faites simplement de la cohérence cardiaque, cela va déjà vous apporter beaucoup de calme, et cela ne prend que 3 fois 5 mn par jour. Cela va réguler le fonctionnement hormonal de votre corps. Commencez par l'étape adaptée à où vous en êtes, ne cherchez pas à vous mettre en échec en visant trop haut, c'est contreproductif.

*****

Usain Bolt n'est pas devenu multiple champion en s'inscrivant 8 jours avant au club d'athlétisme. Novak Djokovic ne tient pas sur la longueur par miracle, mais par hygiène de vie. Usain Bolt a commencé à faire du sport en primaire, il était plus cricket et foot, mais son entraîneur de cricket a vu ses capacités en athlétisme et l'a encouragé à plutôt se diriger dans cette discipline. Il a écouté son entraîneur et il a été entraîné par les bonnes personnes et il a pu être le meilleur dans sa discipline, mais uniquement à force de travail personnel. Là c'est un

Retrouver son équilibre intérieur

sportif, mais il en est de même pour toutes les autres disciplines, musique, peinture, échecs, écriture, orateur, mathématiques, sciences, ébénisterie, boulanger… Et d'ailleurs le mot discipline, est à double signification, une discipline et de la discipline.

On ne va pas bien et on ne peut pas se dire en bonne santé, si on va à la salle de sport et qu'on se gave de pizza et de soda en contrepartie. Il est mieux de rester cohérent dans tous les domaines. Et arrêter de se plaindre si on ne fait jamais de réel choix personnel, si on laisse les autres ou le système choisir à notre pace. Se plaindre ou rendre les autres responsables de nos propres non choix, ou choix de facilité : « non mais la méditation j'ai essayé une fois je n'y suis pas arrivé ce n'est pas pour moi !!! ».

C'est facile d'abandonner, beaucoup moins de persévérer, de se relever et de recommencer. Après votre cohérence interne peut vous pousser à aller jusqu'à renoncer à la vie elle-même pour rester cohérent, et cela on ne s'en rend compte qu'une fois qu'on est face au réel choix, les remettre en question et évoluer ou mourir. Je vais exagérer : aller acheter une pizza ou prendre le temps de cuisiner un repas sain et équilibré. On se donne le temps et les moyens de notre cohérence interne. Acheter du tout prêt ou le faire soi-même. Mon problème de digestion xxl, m'a sauvé la vie, car j'ai complètement changé de mode alimentaire, pour ne pas mourir d'une diarrhée fulgurante. J'ai perdu connaissance plusieurs fois, à causes des spasmes intestinaux, qui me mettaient en baisse de tension artérielle, sueurs froides, avant de comprendre que ma façon de me nourrir ha non, ma façon d'être était problématique. Ma façon d'affirmer mon identité énergétique était même inexistante.

Une fois que l'on prend conscience de tout cela, il est plus aisé d'assumer les responsabilités de nos actes et de nos non actes. Disparaître énergétiquement, dans ce « sois forte ! », « assumes », « sois parfaite », « tu n'as pas le droit d'exister ! », « tu es une maman et tu te

Retrouver son équilibre intérieur

dois d'assumer tes enfants ». J'ai écrit un poème à cette époque qui prend tout son sens avec ce que je sais maintenant :
« Forte à en crever ».

*****

Peu de gens ont une réelle hygiène de vie. Avec mon physique beaucoup pensent que je mange mal. Ou parce que je ne fais pas de sport, pour eux je ne suis pas en bonne santé. Il m'arrive comme tout un chacun d'avoir des soucis, je viens de me faire 3 hernies discales, non pas parce que je suis en mauvaise santé mais parce que j'ai développé des conflits intérieurs entre l'être et le faire, comme tout le monde. Et mon dos est en piteux état à cause du sport que j'ai pratiqué à outrance de l'âge de 6 ans à 22 ans, j'ai fait du judo pour affronter les problématiques mises en place par mon switch en yang. Et ce n'était pas juste, ça a été utile et cela m'a sauvé la vie mais énergétiquement ce n'était pas juste.

Et maintenant, j'ai aussi manqué de respect pour mon intégrité de thérapeute en retournant tenir le magasin après le départ de P.. Je voulais arrêter de vendre des minéraux, mais j'ai dû écraser le cabinet que j'avais réussi à réinstaller pour faire des soins énergétiques, pour des raisons financières, la peur de manquer ! En réinstallant les minéraux au même endroit que le cabinet, j'ai mis les lombaires qui correspondent à ces informations sous trop grande contrainte.

Et donc le sport a fait quelque chose, vu qu'il n'était pas la bonne réponse à mon switch il a aggravé le problème. J'ai de l'arthrose au niveau des lombaires. J'ai le dos trop musclé au niveau des dorsales ce qui me crée des tensions. Ces derniers mois, les douleurs passent tantôt dans les lombaires, tantôt dans les dorsales et les omoplates.

Omoplates, l'Homme mis à plat, je me suis rabaissée écrasée jusqu'à me laisser marcher dessus par P.. Et la frustration et la colère que cela a développé par manque de considération, sont passées pour de la domination, alors que c'était une réaction émotionnelle faite pour m'aider à me relever, à prendre ma place. Ah faire en sorte d'exister

Retrouver son équilibre intérieur

dans ma vibration et non dans celle qu'on voulait m'imposer en m'empêchant d'être, la moi forte et puissante, ou que je m'imposais à tort. P. a été choisi spécifiquement pour cela, me limiter, me ralentir, ça m'a arraché le cœur quand je l'ai compris, j'ai trouvé cela tellement méchant de la part des entités de s'être servi de nos résonnances énergétiques pour qu'on tombe en amour et pouvoir exploiter cela contre nous. Mais c'était sans compter sur ma ténacité, on en a souffert tous les deux, c'est tellement méchant, vil, mesquin. Ils ont la chance de ne plus être là, car sinon je serais allé en session d'hypnose régressive ésotérique les torturer jusqu'à ce qu'ils réclament pitié.

*****

Chaque vertèbre porte une information et si votre conflit intérieur correspond à l'énergie qu'elle porte vous la bloquez. Ce n'est pas plus compliqué, mais vous n'êtes pas obligé de faire une hernie pour révéler un conflit, un lumbago suffit normalement à alerter. Je dirais même donc que chaque partie de votre corps porte une information, et chaque altération de ces parties vous parle d'où vous avez un conflit, et comme on n'est jamais objectif sur soi-même, on se cache à nous-même la vraie raison du conflit. Car des fois se regarder en face peut faire encore plus mal que le lumbago.

C'est pour la même raison que l'obsidienne œil céleste est considérée comme une mauvaise pierre. D'une parce qu'elle est porteuse de vérité. Puis une fois qu'elle vous a débarrassé de vos cogitations négatives, elle vous aide à vous connecter à la conscience. Elle remet en cause votre cohérence interne. C'est pour cela que les entités négatives contrôlantes la font passer pour une mauvaise pierre, parce qu'elle fait exactement tout le contraire d'eux.

Et ils vont vous pourrir la vie deux fois plus quand vous allez la porter pour vous faire croire qu'elle vous porte la poisse. Ils sont capables de vous faire croire que c'est à cause d'elle, alors que c'est eux qui intensifient leur influence négative dans votre espace énergétique. Ils sont capables du pire, pour que vous ne la portiez pas. Ils n'ont aucun intérêt à ce que vous portiez une pierre qui vide leur garde-manger. Et

Retrouver son équilibre intérieur

qui va vous donner l'opportunité de changer de croyances. Qui va en plus vous montrer l'incohérence de celles auxquelles vous obéissez aveuglément. Et qui en plus une fois le nettoyage émotionnel fait, va vous connecter à la conscience et va vous montrer la vérité, sur vous et sur les autres.

Et plus vous avez de caractère plus vous allez aussi lutter contre elle, mais malheureusement ou heureusement elle aura toujours le dernier mot, surtout si vous vous entêtez sur le mauvais chemin. Elle est suffisamment puissante pour vous faire voir l'incohérence de vos croyances limitantes, donc saboter le travail des entités négatives contrôlantes qui vous pourrissent la vie et qui vous mènent par le bout du nez, trop facile pour elle. Et croyez-vous qu'elle va vous laisser vous raconter des belles histoires, où vous êtes la victime alors que ce n'est pas vrai. Maintenant je fais des orgones et quand j'en fais des noires c'est soit en énergie yang soit en énergie obsidienne œil céleste, je surkiffe.

J'ai mis longtemps à pouvoir la porter, car j'étais dans cette mouvance, de « tout le monde m'en veut ». Mais en fait il fallait juste que je me redresse et que je m'affirme pour qu'on arrête de vouloir me rabaisser. J'étais tellement dans le manque et la frustration de ne pas pouvoir être pleinement moi, que je n'arrivais pas à communiquer ce que je ressentais au fond de moi comme quiétude. Maintenant j'en suis capable, quel bonheur. Donc mon dos se répare d'une vie de tensions, et je n'ai plus le droit à l'erreur, le moindre déséquilibre du moi et bim une crise.

Je l'ai associée à la nuumite, au spinelle noir et au larimar, pour redonner aux gens une certaine autonomie de décision et d'action. Atténuant ainsi les influences des contrôlants. Et une fois leur session faite les aider à faire le travail personnel de réajustement du petit moi pour le mettre au service du soi supérieur.

*****

Autrice Frédérique A. LONGÈRE

Retrouver son équilibre intérieur

Dans mon premier livre « la face cachée de l'iceberg », je décris ma vie telle que je l'ai vécue sous interférence dans l'inconscience préprogrammée. J'en ai tout à fait conscience maintenant. Ce livre-ci est écrit du point de vue actuel avec tous les tenants et aboutissants. Dans le premier j'ai voulu vraiment essayer de ne pas trop raconter mon histoire du point de vue que j'ai maintenant. Pour que vous puissiez voir la différence, il fallait pouvoir comprendre la différence entre le mode victime du triangle de Karpman et le mode pleine conscience.

Depuis la fin de l'écriture de « la face cachée de l'iceberg » d'autres connaissances et d'autres apprentissages m'ont permis d'aller encore plus loin dans l'analyse de tout ce qui s'est passé et dans la prise de responsabilité pleine et entière de tout ce qui m'est arrivé. C'est comme si la vie d'avant était arrivée à quelqu'un d'autre.

C'est un choc quand on apprend et comprend tout cela, certaines personnes refusent cette information pendant longtemps. Dans ma séparation avec mon deuxième mari, avant il me positionnait en victime et lui sauveur, et maintenant que je me suis extraite du triangle mais pas lui, il se positionne en victime et moi en bourreau, tout cela pour ne pas remettre sa cohérence interne du « faire plaisir » en cause.

*****

Pour ma part, il n'a pas été facile d'apprendre que le choix d'être interférée a été volontaire de la part de ma conscience. Hé oui volontaire, j'en ai pris conscience lors d'une guidance, j'ai compris et reçu le cheminement et la décision de ma partie subtile pour arriver à son objectif de se libérer, ou plutôt mettre à jour le défaut de programmation créé à son origine.

En gros, elle est venue s'incarner sur notre Terre, car elle a compris que sur cette planète se trouvait sa solution. Elle s'y est incarnée à de nombreux niveaux, dans de nombreux règnes et époques, sous de nombreuses formes, dans l'intention de se faire interférer par les entités sévissant sur terre. Ce qui lui a donné cette capacité de

Retrouver son équilibre intérieur

compréhension et de connaissance et une culture générale conséquente, qu'elle a imprimées dans mon véhicule.

Je n'ai jamais pu intégrer l'histoire de l'humanité telle qu'on nous la raconte à l'école, car tout sonnait faux pour moi, dans la mémoire interne de nos diverses expériences de vie terrestres. J'ai donc une culture générale très diversifiée de par non pas mon apprentissage scolaire, même si je suis curieuse au demeurant, mais parce que ma conscience a engrangé une quantité astronomique d'expériences de vie sur Terre.

Que ce soit minéral, végétal, animal, humaine... je n'ai pas besoin de me plonger longtemps sur un sujet pour le comprendre. Je ne perds pas non plus trop de temps avec les leurres. Enfin bon, quelques dizaines d'années tout de même, mais en temps de conscience ce n'est qu'un battement de cils.

Revenons à nos moutons, elle est venue s'incarner sur Terre dans ses nombreuses possibilités pour comprendre comment cela se passe ici. Afin de trouver le meilleur chemin vers elle-même. Mais comme c'est une veille âme, très puissante, il lui fallait des sous-marins pour ne pas être vue derechef par les veilleurs. Je m'explique, les âmes puissantes sont repérées de loin, un peu comme un phare doublé d'une corne de brume. Elles attirent l'attention, et son but était justement de ne pas être vue, afin de pouvoir atteindre son but.

Il lui fallait donc se faire prendre et attendre de pouvoir avoir une incarnation pertinente pour faire passer les informations nécessaires, afin de recréer un lien en pleine conscience avec un véhicule capable de faire le travail. Pour remonter jusqu'à sa propre naissance où le défaut de programmation a été commis. Elle savait qu'elle pouvait changer cela, que cette programmation posait problème mais ne pouvait pas le faire du point de vue où elle l'a compris, pourquoi ça je n'ai pas eu l'info. Et même si, au fur et à mesure des interférences et vies sous contrôle, elle l'avait oublié (voir la session sur mon YouTube), ce qui la mettait d'une mauvaise foi écœurante.

Autrice Frédérique A. LONGÈRE

Retrouver son équilibre intérieur

Lien vers la session

https://www.youtube.com/watch?v=nm52trMi2qc

*****

De ma propre prise de conscience de la quête que j'ai menée grâce à la préprogrammation de mon père, l'information m'est tout de même parvenue. Je vous rappelle : « tu n'étais pas censée t'en sortir ! » après la session de ma fille. Ils ont fait un mauvais calcul, mais il m'a fallu refaire cette incarnation un certain nombre de fois pour enfin y arriver.

Imaginez bien que je suis super contente, youpi tralala, youplala, je suis l'heureuse gagnante du cadeau empoisonné. Car cela m'a valu tout de même de vivre des vies tragiques et traumatiques, avec un faux karma de ouf. Tout cela pour éteindre volontairement ma lumière intérieure, afin de pouvoir accéder à une vie, celle-ci non choisie mais idéale avec les bons ingrédients pour me donner la motivation et la volonté de m'en sortir. Et j'ai dû la vivre un nombre incalculable de fois, pour enfin arriver au bon résultat. Un peu comme dans « Edge of tomorrow » avec Tom Cruise, revenir jusqu'à atteindre son but. Progresser à chaque fois ou pas jusqu'à arriver à la mise à jour, qui a atteint toutes ses lignes temporelles et leurs potentialités.

À la fois j'ai été soulagée et très agacée par cette information. Une vraie contradiction émotionnelle, comme quand j'ai compris l'exploitation que faisaient les entités négatives de nos préprogrammes et leur choix de P. pour me ralentir. Des émotions diamétralement opposées. Contente d'avoir été celle qui a enfin réussi à atteindre le bug de programmation. Mais à la fois complètement dégoûtée de ce que j'ai dû subir pour en arriver là, dans la matière. Si du point de vue de la conscience ce ne sont que des expériences, du point de vue de la matière ces expériences ne sont pas toujours glamour à vivre. Et en

Retrouver son équilibre intérieur

plus la mauvaise foi dont elle a fait preuve avant cette mise à jour a été très dure à vivre, aucune remise en question de sa part, c'est moi qui déconnais à plein tube, pour elle.

*****

Les conflits et les maladies que j'ai dû subir pour arriver à être enfin dans ce moment présent, ici en pleine conscience de tout cela, je m'en serais bien passée. Tout cela m'a complètement coupée du stéréotype de la famille parfaite harmonieuse, dont tout le monde rêve. Mais bon j'ai compris depuis bien longtemps que cela aussi c'est un leurre, que notre famille est plus énergétique que génétique. Cela n'empêche que je les aime et que la distance qui s'est mise entre eux et moi me peine, même si je la gère. Je prends sur moi car je sais que je suis d'une autre vibration qu'eux, certains peuvent rester en contact avec moi d'autres ne le pourront jamais car nous ne sommes pas compatibles énergétiquement parlant. Et d'autres ont trop souffert des conséquences des altérations produites par les interférents pour arriver à, pour le moment, passer au-delà du vécu chaotique et intégrer la réparation.

*****

Je ne sais pas si je vous ai expliqué le coup des cartes à jouer dans mon précédent livre, je le mets ou remets ici, car cela a son importance dans le contexte. Vous allez prendre tous les jeux de cartes de la Terre, un de chaque sorte, jusqu'à avoir autant de cartes voire un peu plus que le nombre de personnes vivantes ici-bas, soit à peu près 8 milliards. Vous allez les mélanger : uno, tarot, classique, 32, 54, tarot de Marseille, béline, arcanes, yi jing, oracles... vous allez en faire un grand tas, bien mélangé et ensuite vous prenez autant de cartes dans ce tas que vous avez de gens dans votre famille génétique et vous allez essayer de jouer aux 7 familles !!! Voilà ce qui se passe sur Terre, voilà ce que les entités négatives contrôlantes nous obligent à vivre. Créer une cohésion, une bonne entente avec des êtres qui sont fondamentalement incompatibles de par leur énergie d'âme, tant qu'ils sont sous interférences. Parents ou enfants, tous nous subissons ce choix imposé. Après quand on prend de la hauteur, qu'on voit les dessous du système,

Retrouver son équilibre intérieur

on comprend et on accuse le coup et on se répare, mais chacun à son rythme.

Personne n'est réellement 100% acteur de ce système, on en subit même en pleine conscience certaines conséquences, tant qu'on n'a pas fait toutes les mises à jour. Et en plus avec le new age, les entités nous font croire que c'est nous qui avons choisi de subir ça. Que nous sommes là pour épurer nos fautes passées. Qu'il faut subir sans rechigner car c'est notre karma. Bien évidemment que c'est à nous de nous en extirper de ces leurres et de comprendre que oui on est responsable à un certain niveau, de couper les liens toxiques temporairement impliqués par les conséquences de ces interférences. S'en extraire complètement est possible, cela est un réel travail intérieur, dont on nous a caché l'existence depuis des millénaires. Remettre en question la cohérence de nos croyances limitantes peut être le travail de tout une vie.

Moi c'était un faux Karma de misère, qu'ils m'ont imposé, avec une maman qui a eu peur de ne pas y arriver seule, et qui a du mal à gérer les situations de crise. Qui a aussi peur de manquer, ça la met en crise elle-même. Du coup dès que je suis en difficulté (ce qui a été le cas toute ma vie à cause de ce karma), elle panique et rajoute du stress à mon stress, ce n'est pas sa faute, ni la mienne. Elle me demandait de mettre des sous de côté pour quand ça irait mal, alors que ça allait déjà mal.

Maintenant que j'ai compris cela j'ai déprogrammé, en moi, la peur qu'elle a eue de ne pas y arriver seule, quand mon papa a failli mourir juste avant ma conception. Et depuis je commence à aller mieux, mais j'ai été obligée de moins l'appeler pendant un moment, car elle n'a pas résolu son fichier erroné et elle pense que seule je ne peux pas y arriver, alors que c'est faux. Dès que j'ai travaillé sur le sujet et commencé à me détacher de cette information, elle m'a reparlé de cette époque lors de nos échanges téléphoniques.

Retrouver son équilibre intérieur

C'est sa programmation pas la mienne. Je l'aime mais son programme m'affaiblissait et je ne pouvais pas me laisser happer à nouveau par cette information erronée tant que chez moi la mise à jour n'était pas complétement métabolisée. Quand j'ai pris conscience que cette peur de ne pas y arriver seule lui appartenait, je m'en suis détachée. Ce que je vis en ce moment, fait résonnance en elle de ce qu'elle a eu peur de vivre à l'époque. Mais moi je veux couper cette résonnance. Je veux me libérer de cette cassette programmante.

*****

Je viens de comprendre pourquoi ma petite sœur et ma fille sont parties en vrille quand leurs maris militaires sont partis en mission, ça vient du fait que mon papa a failli mourir pendant son service militaire. Le fait qu'elles soient toutes les deux mariées à des militaires, qu'ils partent en mission à l'étranger, en opex dans des pays à risque, a suffi chez l'une comme chez l'autre à enclencher la cassette mémoire de la peur de ma mère, qu'elles portaient en elle par transmission génétique. Elles ont toutes les deux flippé comme des malades dès qu'elles manquaient de nouvelles. Cela a suffi pour réveiller le programme.

*****

Ce qui est intéressant également c'est que vous allez rencontrer pour vous mettre en couple la personne idéale pour exploiter vos failles : « exploitation réciproque des problématiques communes. » Cela n'empêche pas les sentiments, car on tombe amoureux de cette personne en quelques regards. Nous avons en nous cette capacité d'aller chercher la personne parfaite pour effectuer le travail qui est le nôtre, nous sommes en consentement mutuel inconscient de ce travail. Nous avons la capacité de reconnaître en l'autre la capacité qu'il a d'aider à résoudre nos programmes erronés. Même si cela ne se fait pas toujours au même rythme, je ne sais pas ce que serait devenu mon second mariage si j'avais compris cela avant. Bien que P. ait été choisi spécifiquement parce qu'il avait très peu de chance d'y arriver, je reste persuadée qu'il est capable de développer ses capacités, même si pour nous deux ça a été fatal à notre couple qu'il n'y arrive pas.

Retrouver son équilibre intérieur

Mes deux maris ont comme travail, avec ou sans moi, de trouver ou retrouver leur yang. De prendre des décisions, de quitter le mode « faire plaisir », se mettre en action par rapport à leurs désirs à eux et d'en assumer les responsabilités. Des décisions qui leur appartiennent, et non pas suivre ou satisfaire les desideratas d'une tierce personne, et même cela c'est un choix qui leur appartient de toute façon. Et surtout en attendant, ils doivent quoi qu'il en soit comme tout le monde assumer leur positionnement actuel de suiveur, tout en en assumant les conséquences. Dont celle de vivre la vie d'un autre, c'est leur choix, leur cohérence, pas celle de celui qui vit avec eux !

Et d'avoir à certains moments dit oui pour faire plaisir, au lieu de dire non, et de ne pas s'être écouté, ne leur incombe qu'à eux. Assumer ses non choix. En ce moment mon second mari fait le mort comme si tout cela n'avait jamais existé, il tente d'occulter totalement tout ce qui s'est passé ensemble. Mais ça existe et il ne peut pas l'effacer comme cela, juste parce qu'il a décidé, qu'il n'a fait que répondre à mes demandes. Ce qui va se passer ensuite pour lui ne me regarde plus, il ne pourra plus dire que c'est de ma faute. Il a en plus une blessure d'humiliation qui lui fait prendre tout conseil comme un reproche et donc se sentir en permanence en situation d'échec, le « sois parfait » que nous avions tous les deux en plus.

Moi je devais retrouver mon yin et accepter de laisser sa place à l'autre sans me dévaloriser ou m'effacer pour autant. Avec de surcroît une blessure d'abandon qui me rendait hyper possessive et envahissante, co-dépendance affective. Fait ! Non sans mal mais fait.

Chacun de mes 2 mariages était le couple parfait, pour faire un basculement yin-yang salutaire à tous les deux. Jusqu'à ce qu'ils verrouillent et refusent tous les deux leur propre basculement, qui se produisait inexorablement chez moi. En me formant à diverses techniques énergétiques, j'ai avancé. Comme mon second mari paraissait plus intéressé en se formant lui aussi, je n'ai pas vu qu'il avait verrouillé et refusé de faire sa part du chemin. Enfin bon je

Retrouver son équilibre intérieur

n'avais pas encore tous les paramètres, j'ai failli faire la formation de décodage biologique 18 mois plus tôt, soit un an avant notre séparation, je ne peux pas dire si cela aurait accéléré la fin ou si cela aurait pu sauver notre couple. Mais quoi qu'il en soit, il devait décrocher son petit wagonnet qui était accroché à moi et qui me vampirisait. C'est fait !

Tant qu'il attendra l'approbation de sa masculinité de la part de sa mère, qui voulait une fille et non un garçon, pour lui « faire plaisir », il ne pourra exister en tant que tel. Alors qu'elle, elle a jeté son dévolu et compensé sa frustration en reportant son affect sur sa petite-fille. En n'oubliant pas de surcroît de déposséder son fils de son rôle de père, le coupant encore une fois de sa masculinité. Elle l'a non seulement traité de mauvais fils, au passage, car il refusait d'obéir à son injonction de me quitter, mais l'a également traité de mauvais père car il faisait passer son bonheur avant celui de sa fille. Elle lui a ôté en disant cela toute reconnaissance et possibilité d'enfin exister en tant qu'homme yang responsable.

En le traitant ainsi elle a annihilé son masculin qui était en train de naître avec moi. Sur une vidéo le jour de notre mariage, elle dit : « on sait bien qu'on n'a plus notre mot à dire ! » elle n'avait pas conscience d'être filmée. P. avait alors 45 ans, il y a normalement bien longtemps qu'elle n'avait déjà plus rien à dire sur les choix de vie de son fils. Mais elle a tellement souffert dans son enfance avec son père qu'elle n'a même pas conscience de tout cela, elle ne se rend pas compte qu'en reportant sa haine envers son père sur P., elle l'a complètement castré. Les deux infos cumulées l'ont mis dans l'incapacité de se réaliser en tant qu'homme yang.

Elle ne cherche qu'à offrir à une fille une vie harmonieuse qu'elle n'a pas eue elle-même. C'est là, le jeu en cascade des traumatismes intergénérationnels qui se transmettent de parents à enfants. C'est pourquoi son fils, a eu aussi une période très compliquée lors de la mise en place des hormones masculines à l'adolescence, lui créant une

Retrouver son équilibre intérieur

acné xxl, il rejetait ces énergies masculines qui l'obligeaient à sortir de son androgénie et qui faisaient de lui un homme, alors qu'il voulait pour lui faire plaisir ne développer que son féminin. Mais j'ai compris cela trop tard pour sauver notre couple.

Et tout cela est bien entendu non verbalisé, ni entendu par l'une ou l'autre des parties. Un statu quo s'est installé entre eux deux, coupant toute relation. Exactement comme moi avec mon père. Et moi j'ai reçu des initiations successives, yin, que j'ai pleinement accueillies, le poussant encore plus dans ses retranchements. Et pour essayer de résoudre le fossé qui se creusait entre nous, j'ai tenté de freiner encore plus mon yin, mais cela m'a encore plus accentué mon problème d'identité et donc mes problèmes de digestion, qui étaient en train de basculer en fibromyalgie. J'étais percluse de douleurs, dans un état de fatigue extrême. Sans savoir ce qui se passait je perdais ma santé de jour en jour, je ne m'autorisais pas à intégrer pleinement mon yin pour ne pas me confronter à P. qui refusait de passer en yang. Je l'aimais tellement.

Mais cela est quand même arrivé, cela nous a éloignés l'un de l'autre. Mon évolution unilatérale a détruit notre couple. C'est rageant car rien n'est plus fort que le travail énergétique, c'était soit je finissais handicapée par toutes ces maladies, voire j'en mourais, soit j'acceptais la fin de notre couple. Cela m'a mise en crise émotionnelle de ne pouvoir faire ce choix. Et ma crise émotionnelle et physique l'a fait fuir, car pour me faire plaisir il devait remettre en cause sa cohérence interne et il n'a pas pu. Car pour faire plaisir à sa mère, il se doit de rester yin.

En partant, il m'a libérée de son blocage, mais pas de l'amour que j'ai pour lui. Car derrière tout cela il y a énormément d'amour, chez lui comme chez moi. Mais il a appris à tuer ses émotions au service de sa cohérence interne.

Retrouver son équilibre intérieur

Depuis lors j'ai grandement avancé sur mon chemin, mais il m'a fallu plusieurs longs mois douloureux pour me pardonner mes erreurs et de ne pas avoir compris avant les raisons de nos souffrances respectives. J'ai lutté contre cette rupture pendant des mois.

Et maintenant que je sais, que j'ai compris, la réparation est en route. Je vais mieux, j'ai accepté la fin de notre couple. Par contre, mon corps ne m'autorise plus aucun retour en arrière. Dès que je transige en faveur de l'autre (qui que ce soit) et contre ma pleine et entière expression de mon identité profonde, je pars en crise de douleur ou intestinale.

Actuellement je souffre énormément physiquement d'avoir à nettoyer le passé, de m'occuper seule de résoudre tous les problèmes financiers, matériels et personnels qui incombent pourtant à tous les deux. Mon yang est bien retourné à une place plus juste et toujours assez forte pour assumer, mais son yin l'en empêche toujours. Je ne peux pas l'obliger à s'en occuper. Et à chaque fois que je fais cela je mets des jours à me remettre des douleurs que cela m'inflige.

Nous étions dans un réel travail de nous projeter l'un sur l'autre, nous nous occupions plus du bien-être de l'autre jusqu'à ce que je n'en puisse plus physiquement et que cela crée le clash final. Une fois toutes les informations en main me voilà sereine comme je ne l'ai jamais été, et pleine d'amour et de reconnaissance pour lui de m'avoir ouverte à moi-même. Mon seul regret c'est d'avoir eu à vivre cette rupture pour le comprendre, et que je n'ai pas su prendre le recul nécessaire pour m'apercevoir de tout cela avant. J'aurais tellement voulu pouvoir vivre cet épanouissement avec lui.

Mais je sais que tant que lui ne trouvera pas en lui la force de renoncer à « faire plaisir » à sa mère, et qu'il ne résoudra pas le conflit intérieur de « faire plaisir » » et « sois parfait », d'avoir en permanence l'impression d'être un imposteur, il ne pourra pas accéder à son équilibre intérieur et à ce havre de paix qu'il pourrait s'offrir en faisant cela.

Autrice Frédérique A. LONGÈRE

Retrouver son équilibre intérieur

Mais en sa présence ma nécessité de retrouver de l'harmonie par le conflit, me faisant perdre tout discernement, et mon empathie étaient telles que je m'effondrais dans son émotionnel meurtri et je redevenais en quelques secondes celle que j'étais avec lui avant son départ. Cela m'a fait comprendre qu'en plus de ma détresse je vivais la sienne, double dose. Je suis malheureusement incapable de pouvoir lui venir en aide. On ne peut aider quelqu'un malgré lui, je dois respecter son choix, même si c'est pour moi un déchirement intérieur. Et malgré tout l'amour que j'ai pour lui, je ne peux rien faire d'autre que d'observer cela comme une étrangère.

Je n'expose pas ces faits pour justifier des torts de l'un ou de l'autre mais bien pour vous donner un exemple concret de l'interaction entre deux personnes en fonction de nos programmes erronés. Je ne le juge pas car il est quelqu'un de bien malgré tout, et ne fait pas cela dans le but de nuire à l'autre. Nous construisons nos croyances qui sont le fondement de notre cohérence interne dans des moments compliqués de notre enfance, dans l'unique but de survivre à une souffrance immense, pour lui donner du sens.

Le Yin et le Yang

Le yin et le yang n'ont rien à voir avec le féminin et le masculin. Certes le yin est féminin et le yang est masculin, mais vous pouvez être une femme yang ou un homme yin, l'un n'empêche pas l'autre. Si c'est votre vibration vous ne déclencherez aucun conflit intérieur.

Et il y a les gens qui ont les deux énergies. Qui sont capables de vibrer soit en yin, soit en yang selon les besoins du moment.

Le yin a ses propres références, plutôt féminin, intuitif, volubile, qui protège les enfants à l'intérieur du foyer, porté sur des objets décoratifs plutôt qu'utiles. Le yin est sensible, émotionnel, va fuir avec les enfants en cas de danger et va se laisser dominer pour se mettre en sécurité.

Retrouver son équilibre intérieur

Alors que le yang, est plutôt masculin, mental, taiseux, et protège le foyer de l'extérieur, il est plutôt porté sur les objets utiles, pratiques, sans esthétique. Le yang est fort, peu émotionnel et va faire face au danger extérieur à la maison, il va être dominant.

Ceux qui ont la double énergie, donnent des solutions émotionnelles et utiles, qui ne convient ni aux yin qui eux veulent une réponse émotionnelle, et pas non plus aux yangs qui ne veulent que du pragmatique. Par contre les cerveaux doubles vont comprendre les deux propositions opposées, même très opposées des deux parties. Je suis comme cela, même si mon yang a pris temporairement le dessus, j'ai les deux infos en moi, c'est pour cela que je peux faire des orgones à la fois très efficaces énergétiquement et très ludiques et décoratives.

Si dans un groupe il n'y a que des yangs, en cas de danger ils vont tous faire face. S'il n'y a que des yangs et des enfants, un va switcher yin et mettre les enfants en sécurité. Et inversement s'il y a un groupe uniquement de femmes yin, et qu'il y a un danger certaines vont switcher en yang pour défendre le groupe alors que les autres vont fuir. Instinct de survie de la race, la nécessité fait loi.

Après les gens switchent pour un tas d'autres raisons, pour faire plaisir à un parent, comme P. qui a voulu faire plaisir à sa mère et a switché en yin pour lui donner une fille qu'elle n'a pas eue. Et moi qui ai switché en yang pour faire plaisir à mon père, à la naissance de ma petite sœur, parce qu'il aurait aimé avoir un fils. Ce n'est pas une demande verbalisée mais entendue énergétiquement par l'enfant qui veut faire plaisir à ses parents.

Pour ma part cela a eu des conséquences sur beaucoup de paramètres dans ma vie. J'ai fait face à beaucoup de dangers, certains même provoqués par ce yang trop fort. Quand j'étais enfant j'ai fait un sport plutôt masculin, le judo, car un sport de défense. J'avais le choix entre la musique qui est yin et le judo qui est yang, et j'ai choisi le judo, j'avais 6 ans. C'était ma première vraie grosse intuition, comme j'ai

Retrouver son équilibre intérieur

vécu plusieurs fois cette ligne temporelle, je savais que j'avais besoin de ça pour faire face aux conséquences de mon switch 3 ans plus tard. Ensuite, la plupart de mes agressions ont été commises par des hommes dominateurs qui n'ont pas accepté mon yang trop fort, qui ont voulu le rabaisser, me soumettre.

À 22 ans j'ai fait le choix d'arrêter le judo, pour avoir des enfants, j'ai à ce moment-là perdu le lien particulier que j'avais avec mon père, mais par contre je ne suis pas pour autant retournée dans mon équilibre yin. Car mon yang était trop proéminent pour lâcher comme ça. Je me suis donc mise en couple avec mon futur premier mari, un homme yin. Il ne prenait aucune responsabilité, ni aucune décision. J'ai manifesté mon intention au bout de 10 ans de mariage et 15 ans de vie commune de vouloir partager les responsabilités avec lui dans notre couple, quand j'ai commencé à travailler sur moi et que je cherchais à apaiser mes émotions, il a refusé.

Et quand nous avons divorcé, cela n'a pas arrangé les choses pour moi, car je me retrouvais seule avec mes enfants à devoir les protéger dans le foyer mais aussi de l'extérieur. Mon yang a repris de la force et complètement occulté le yin qui voulait lui toujours revenir au premier plan. Mes enfants auraient aimé avoir une maman yin, câline qui fasse des gâteaux avec eux, mais je n'ai pas pu à cause du fait que je devais tenir les deux rôles et comme depuis mon enfance c'est le yang qui me dominait, il a continué à dominer. Le yin n'a pas pu émerger à cause de la pleine et entière responsabilité du bien-être du foyer. Faut dire qu'avec 3 jobs et un poste de *responsable* pédagogique dans une auto-école, rien ne jouait en la faveur de l'émergence de mon yin.

La psy m'en avait un peu parlé lorsque mes enfants avaient été suivis pendant les tumultes post-divorce. Elle m'avait dit que mon fils n'appréciait pas d'avoir une maman qui tienne les 2 rôles avec autant d'aplomb, que lui cela le déstabilisait dans son masculin, ben oui un mec yang, impossible pour lui d'exprimer son yang face au mien. Le mettant en faiblesse de son rôle, mais ce n'était pas son rôle d'enfant en

Retrouver son équilibre intérieur

tout cas pas à cette époque, je l'ai aussi castré malgré moi, je ne pouvais pas le valider dans cette position de protecteur à l'âge qu'il avait et je ne pouvais pas me laisser dominer, ce n'était pas sa place.

Il a tenté à plusieurs reprises de prendre le dessus sur moi, mais n'y est jamais arrivé, ce n'était pas son rôle, pour moi il était un enfant à protéger pas un alter ego, et du coup ça a déstabilisé son yang, et maintenant il a du mal à trouver sa place, le transgénérationnel est parfois désastreux. Un jour il m'a dit qu'il voulait que je sois à la maison à lui préparer à manger quand il rentrait de l'école et pas au travail. Je lui ai alors répondu qu'il s'était trompé de mère, je ne connaissais pas encore les choix des entités négatives contrôlantes. Les entités l'ont mis avec moi pour le contrarier et ça a bien marché. Mais cela a eu aussi des conséquences avec ses sœurs dont une est yang, enfin double comme moi mais qui a switché yang, de par mon éducation « sois forte ».

Nos croyances limitantes sont un vrai désastre préprogrammé. Cela demande beaucoup d'amour pour soi pour se pardonner les conséquences sur nos enfants, ce sont tous les trois des adultes maintenant et je ne sais pas s'ils seront un jour enclins à passer le cran que je viens de passer et qu'on puisse à nouveau avoir une relation apaisée. Je comprends et j'accepte l'ironie de savoir et de n'y rien pouvoir, comme pour P.. La pleine conscience me permet de me pardonner et de comprendre qu'ils ne le peuvent pas, pour le moment vis-à-vis de ce que nous avons vécu ensemble dans ces périodes d'inconscience.

*****

J'ai donc choisi comme second mari un homme gaucher censé être yang, pour me permettre de rééquilibrer mes énergies, mais il n'a pas voulu prendre sa place de yang à mes côtés et le deuxième couple s'est terminés avec les mêmes questions : « mais quand est-ce que tu vas prendre tes responsabilités ? », alors que je le leur demandais. Ils ont tous deux refusé. Un finissant même à aller jusqu'au bout de son yin en se mettant en couple avec un homme. Mais quoi qu'il en soit sur les trois couples qu'il a eus, il a toujours pris la place du yin soumis. P. pareil, il a été soumis à sa mère, à sa première femme, à sa fille, ensuite à moi et a refusé de prendre ses responsabilités quand je le lui ai demandé, bien que gaucher. Les yin et faux yin peuvent tomber amoureux de moi en un regard, par contre moi je ne peux plus interagir avec eux, ni valider.

Maintenant que moi j'ai compris que j'ai les deux énergies, je comprends que je peux avoir une réaction complètement émotionnelle, et faire face à la plus compliquée des situations. J'ai une puissance physique qui me permet de faire du gros ouvrage comme du doublage placo ainsi qu'installer des sanitaires, changer une roue en moins de 10mn, faire les niveaux de ma voiture, et je peux aussi créer des bijoux, faire de la couture, de la broderie, et du tricot. L'un n'empêche pas l'autre.

J'ai tenté à maintes reprises de redonner de la place à mon yin dans ma vie, à 20 ans j'ai voulu faire des études dans le graphisme, après avoir été mise en comptabilité de force, mon père a refusé, il voulait me voir continuer dans le droit, yang. Ensuite, lorsque je me suis fait suivre par des thérapeutes pour calmer ma colère pendant mon premier mariage, j'ai demandé à mon mari de me seconder et de prendre sa place, il a refusé.

Et dans le deuxième mariage quand il fallait prendre une décision, c'était toujours à moi de la prendre au final, alors que je lui demandais toujours son avis. Et quand il y avait des problèmes à résoudre, je devais m'en occuper et trouver moi des solutions et affronter l'extérieur seule.

Et en 2020, quand j'ai commandé pour la première fois le matériel pour faire des orgones, P. m'a obligée à faire la comptabilité à la place, refusant lui de s'en occuper et de m'aider à la faire. Et encore en 2023, il m'a reproché de faire des orgones au lieu de faire de l'administratif alors que j'étais bloquée car il me manquait des papiers qu'il refusait

Retrouver son équilibre intérieur

de chercher, je lui demandais de le faire car c'est lui qui a le plus de facilités en informatique et que cela lui prenait beaucoup moins de temps de le faire, mais non il a refusé et il est parti définitivement, en me reprochant de perdre du temps à faire du créatif yin. Il me mettait en permanence en contrainte de temps pour m'obliger à rester dans la prise de responsabilités plutôt que de créer.

À chaque fois que j'ai voulu repartir dans un équilibre yin-yang, mon entourage qui exploitait mon hyper responsabilité, a mis des obstacles sur ma route, aidé par les interactions des entités négatives contrôlantes, qui elles aussi se nourrissaient sur la frustration du manque que cela créait en moi.

Et maintenant que j'ai réussi à faire des orgones, utiles énergétiquement et ludiques avec leurs couleurs et leurs formes, les gens ne les comprennent pas toujours. Un artiste qui était aussi cerveau double yin et yang : Salvator Dali. Qui avait également un look androgyne. Faisait des créations à double énergie, comme les montres fondues. Pas toujours compris de tous d'ailleurs. Quand Françoise nous l'a expliqué en décodage biologique, je suis restée médusée tellement cela résonnait en moi, enfin je comprenais qui je suis.

Et quand on regarde les hommes qui sont dans la mode, ou dans l'esthétique, on voit bien leur côté yin. Ce n'est pas grave, la créativité est yin, ils sont donc en adéquation avec leur énergie. Il me faut maintenant trouver quelqu'un qui puisse assumer une femme qui soit d'une double énergie. Qui de temps en temps a besoin d'être protégée, et des fois a besoin d'agir en toute autonomie, sans pour autant se sentir inutile et rabaissée dans son yang.

P. par certains côtés est très yang, c'est un taiseux, il n'a aucun goût de l'esthétique, par contre il fuit dès qu'il y a un problème, et ne prend aucune responsabilité et m'a toujours laissée me défendre seule face aux problèmes extérieurs. Il n'a jamais pu s'affirmer face en de qui que ce soit. Contrairement à moi qui n'ai jamais eu peur de m'affirmer

Retrouver son équilibre intérieur

devant l'injustice d'une autorité abusive. J'ai d'ailleurs eu mal au genou droit pendant 2 ans avant de m'autoriser à remettre ma belle-mère en place. Elle m'accusait d'avoir détruit le couple de son fils, alors que cela faisait 2 ans qu'il avait décidé de quitter sa femme. Mais il ne l'a dit à personne, cela l'aurait fait passer pour le méchant et pour lui ce n'est pas concevable, il doit rester le gentil de l'histoire et reporter la faute sur quelqu'un d'autre. Il ne leur a donc jamais dit tout cela. Pour eux j'étais l'unique responsable encore une fois. Pour eux leur fils n'était aucunement capable de prendre une telle décision tout seul. Ils n'avaient pas franchement tort, car bien que ce soit lui qui m'ait draguée et qui a tout fait pour qu'on sorte ensemble, il n'a quitté sa femme que parce que je l'ai moi-même quitté à plusieurs reprises. Il a pris cette décision pour ne pas me perdre. Fait chier !

Son « faire plaisir » a basculé sur moi, à ce moment-là, me donnant du même coup toute la charge de ses décisions.

Et pour me quitter il a reproduit quasiment le même scénario. M'accusant de l'avoir manipulé, d'avoir abusé de sa gentillesse, il ne peut être que sauveur ou victime, dans son monde a lui il ne peut pas avoir la position de bourreau, mais il n'est aucun des trois c'est encore un leurre. Il se dissout dans le « faire plaisir » impliqué par sa cohérence interne et se dévalorise en prenant tout échec comme une humiliation dans son besoin de perfection. C'est son mode d'emploi.

*****

D'être yang cela m'a sortie de nombre de situations désastreuses au niveau pro avant d'être à mon compte, et à chaque fois qu'il me fallait partir j'ai aussi réussi à partir quand la situation l'exigeait au grand dam de mon père, qui ne comprenait pas comment je pouvais démissionner de la sorte. C'était mon yin qui refaisait surface pour me sauver.

Le yin et le yang sont très importants dans notre comportement au quotidien, et ils ont de lourdes conséquences dans nos choix de conjoint ou d'amis, ou de travail…de vie au final.

Retrouver son équilibre intérieur

Et si on a switché, on ne fait qu'exacerber les dichotomies, et on n'arrive pas vraiment à comprendre les implications d'un tel décalage. Savoir que mon switch m'a valu toutes mes agressions, m'a un peu dégoûtée, deux divorces également. Dernièrement j'ai fait la connaissance d'un thérapeute qui est aussi double énergie, qui exprime son yang dans son travail, et même très yang. Mais dès qu'il est dans le privé il passe en hyper yin soumis et lâche. Nous nous sommes connus sur un salon bien-être lui en yang moi en yin, et ensuite, même une relation amicale n'a pu y survivre. Je n'ai pu supporter son yin, en pleine soumission et indécision. J'ai fui la situation car cela m'aurait remise en yang et ce n'est pas ce que je veux non plus, non sans mettre les points sur le i et les barres sur les t. Quitte à passer pour une folle. Mais cela était salutaire pour moi. Il me cherchait, par des piques pour me faire sortir mon yang, et quand il y arrivait, direct derrière il faisait une réflexion désagréable, pour s'en plaindre. Si tu cherches tu trouves et ne te plains pas de trouver ce que tu as cherché. Pour lui il est juste et ne se rend pas du tout compte qu'il a un besoin viscéral de plaire, de s'imposer tout en se soumettant, mais en n'acceptant pas qu'il est complètement partie prenante de la situation. De la part d'un thérapeute je ne peux tout bonnement pas l'accepter.

*****

C'est assez rigolo d'observer les gens dans leur couple et leur attitude. Et finalement beaucoup ne sont pas dans leur énergie de base, ils sont décalés, et ça met un sacré bordel, au niveau relationnel. En plus vu qu'on n'est pas objectif sur nous-même, difficile de se rendre compte qu'on est décalé et qu'on est responsable.

J'ai fait aussi une proposition d'orgones yin-yang que je ne dépareille pas, car j'ai remarqué que les gens ont tendance à prendre l'énergie dans laquelle ils sont par erreur. Les faux yin veulent encore plus de yin, et les faux yang comme moi ont tendance à aller sur le yang, donc c'est les deux ou rien. Certaines personnes sont déçues et refusent même des fois de faire l'achat de celui qui leur serait réellement utile. C'est très déconcertant, mais très intéressant à observer. Donc je

Retrouver son équilibre intérieur

maintiens la vente par deux, même si au final ça peut faire qu'une vente ne se finalise pas, l'énergétique est plus importante que l'argent. Cela fonctionne comme une paire de Moqui, et apporte à la personne son équilibre, tout en douceur.

Un voisin de stand sur un autre salon qui voulait faire pareil, prendre uniquement celui qui le maintenait dans son déséquilibre, quand je lui ai expliqué le phénomène, a du coup testé le phénomène et comme il était capable d'écouter son énergie il a fait le test de façon objective, en confirmant au final mon analyse et a fini par prendre la paire et en a été très content.

Le but dans la vie n'est pas d'être heureux malgré tout comme on est, le but c'est de grandir, d'évoluer. Même si on échoue parfois, c'est de continuer le plus important et de ne pas renoncer, faire un pas à la fois, on n'est pas tous des champions du triple saut. Si on ne rencontre jamais aucun problème, si on a les mêmes amis depuis toujours, les mêmes habitudes, le même job, c'est que l'on reste dans sa zone de confort. On n'évolue pas vraiment et on nourrit le système annihilant quoi qu'il en soit. C'est aussi peut-être parce que l'on évolue tous ensemble de la même manière mais ce serait se mentir.

J'ai vécu plusieurs vies en une seule, plusieurs niveaux de conscience, chacun remettant des fois complètement en cause le précédent, je n'ai jamais cessé pour autant d'avancer, de chercher à comprendre. Je ne supporte pas de tourner en rond, impossible pour moi, en général il me fallait 3 ans pour faire le tour d'un système et tout péter car cela ne me nourrissait plus énergétiquement. Quel que soit le montant du salaire, je n'acceptais pas de rester dans un système qui ne me permettait pas d'évoluer ou qui m'obligeait à plier l'échine devant des fonctionnements hiérarchiques non respectueux des gens et qui faisaient passer la rentabilité avant l'humain.

Et même si je suis mortifiée à certains moments, que cela me demande de m'arracher les tripes, j'avance.

Autrice Frédérique A. LONGÈRE

Retrouver son équilibre intérieur

Nous pouvons et devrions faire cela ensemble, rentrer en interaction les uns avec les autres en pleine conscience que l'autre nous parle de nous. Si chacun prenait la responsabilité de son implication pleine et entière dans une interaction quelle qu'elle soit, tout se passerait au mieux, pas sans heurt, au mieux. Prendre acte que nous sommes toujours à 100 % responsables de ce que nous vivons. Car si nous n'avons jamais de points de friction, c'est que nous restons dans cette zone de confort qui ne nous permet pas d'évoluer, nous tournons en boucle sur un périmètre connu qui ne nous apporte plus rien. Si nous n'évoluons pas, que nous ne remettons jamais rien en question, que nous refusons de nous mettre en confrontation aux autres en restant seul dans notre coin, certes nous aurons toujours raison de notre point de vue, mais nous ne ferons aucune expérience de vie qui pourra se transformer en leçon de vie.

Avec P. nous formions une fausse harmonie, basée sur ses mensonges, il faisait semblant d'être ok, mais ma santé se dégradant l'a démasqué. Faire plaisir pour éviter les frictions, ça ne marche pas. Et moi cela me mettait en colère.

La vie est faite pour être vécue, pas dans l'inconscient collectif, pas dans le monde des moldus zombis, pas au centre du troupeau à ne prendre aucun risque. La VIE c'est de l'expérience, essayer les belles idées de liberté qui nous passent par la tête. Ne jamais se laisser limiter par la peur, chercher de nouveaux modes d'emploi pour sortir du troupeau et oser échapper non pas au loup mais au berger qui nous mènera à l'abattoir. Et qui nous fait croire que c'est le loup qui est un danger.

La plupart des dangers qui nous empêchent d'oser sont virtuels ou obsolètes, hérités par préprogrammation de nos ancêtres. Les loups ne sont plus dans les bois à nous guetter comme au Moyen Âge et pourtant nous en avons encore peur.

Retrouver son équilibre intérieur

La phrase que j'exècre le plus quand je discute avec quelqu'un qui ne va pas bien et à qui j'expose que pour avoir un résultat différent il faut agir différemment, c'est : « j'ai toujours fait comme cela, je ne vois pas comment je pourrais faire autrement ! ». Cela pourrait être une phrase de la partie traditionnelle du Cancer, mais c'est sans compter sur la partie révolutionnaire de celui-ci. Nous avons tous en nous cette capacité au changement. Pour ma part dès que je vois que je suis dans une impasse, j'ai capacité à virevolter et à changer des fois complètement d'avis et à partir dans une autre direction si celle-ci me paraît plus adaptée.

Ce qui a beaucoup déstabilisé mon second mari, qui lui se calait sur moi, mais qui a un terrain adaptatif beaucoup plus limité et moins flexible. Il ne comprenait pas toujours mes changements de point de vue. Cela est bien évidemment dû à ma double polarité, yin, yang, qui me permet de passer de l'un à l'autre pour donner la réponse la plus adaptée, voire mixée des deux dans certaines situations.

À certains moments je peux faire face et à d'autres fuir, en ce moment je ne fuis pas, cela pourrait donner cette impression mais je me recentre sur le plus important et primordial ma santé. Car mon corps ne m'accorde plus aucune marge de manœuvre, dès que je transige sur mon identité, que je fléchis face à la pression extérieure, même amicale je pars en crise. Je viens encore de perdre une amie, qui considère que je l'ai trahie, mais ses valeurs sur le sujet concerné sont complètement empreintes des valeurs imposées par la matrice.

Donc je ne peux pas me conformer à ses exigences restrictives, empreintes de ses valeurs limitantes. Elle a complètement pété un plomb sur une décision yin que j'ai prise, alors qu'elle aurait voulu que je me comporte en yang. Et si elle ne peut pas comprendre que cette décision yang n'était pas du tout envisageable pour moi, à ce moment-là, je ne vais pas non plus perdre du temps à essayer de la faire changer d'avis. Perdre son amitié me coûte, car vraiment je l'appréciais, mais j'ai déjà sacrifié des relations beaucoup plus importantes dans ma vie

Retrouver son équilibre intérieur

pour ma bonne santé. Elle est aussi dans un hyper yang et donc une décision yin n'est pas entendable pour elle. Car elle se refuse d'envisager de lâcher prise même temporairement face à ses responsabilités. Enfin si ça lui arrive de complètement lâcher prise dans certaines situations, beaucoup trop loin allant jusqu'à perdre toute notion de responsabilité, et à se mettre en danger, c'est sa soupape. À chacun la sienne.

Ce n'est pas toujours simple mais c'est comme cela, je ne vais pas me mettre la rate au court-bouillon et refuser les frictions, pour avoir une fausse harmonie qui va altérer mon identité et donc aggraver ma maladie. Et moins je mets de résistance sur ce type de problème et donc de conflit intérieur, plus j'accepte que l'on n'est plus du tout compatible énergétiquement, plus je me rétablis rapidement.

Les entités négatives contrôlantes, en me choisissant cette incarnation et cette faille au niveau du système digestif, m'ont donné une chance considérable de connaître très rapidement si je me respecte ou pas dans une action ou une relation. Il m'a fallu 55 ans pour le comprendre, mais j'ai compris et maintenant je ne verrai plus jamais une maladie comme un handicap mais plutôt comme une opportunité d'aller mieux et de savoir où sont mes limites malgré le lien affectif qui me lie aux autres. Ce lien affectif ne doit donc en aucun cas m'obliger à être moins que ce que je suis ou ce que je suis en devenir d'être.

Le yin est blanc, le blanc est une des couleurs du chakra coronal, il est l'expression de la spiritualité, de la synthèse et de la conscience universelle, le 6ème sens attribué au féminin vient de lui. Le yang est noir, le noir est une des couleurs du chakra de base, lié à la protection et à l'enracinement. La plupart des pierres noires sont des pierres de protection, comme l'obsidienne œil céleste, la porteuse de vérité qui travaille sur la protection mais aussi sur la connexion à la conscience. Oh comme c'est bizarre pour arriver à cela, elle détruit toutes les formes pensées négatives et les attaques psychiques, nous appartenant ou appartenant aux autres. Elle n'est d'ailleurs pas que noire elle a des reflets : violet chakra coronal, bleu chakra du 3ème œil et vert chakra du cœur. Tout est dit. Et parfois des reflets plutôt dorés. Lol on se refait la partie sur les couleurs pour bien comprendre.

Le yin et le yang
sont un équilibre entre
l'intuition et la protection.

J'aime aussi beaucoup la nuumite, qui est aussi noire, mais qui a des paillettes dorées dedans. Elle est en relation avec le 3ème œil, tiens donc. Par sa nature nettoyante et purificatrice, elle permet de se débarrasser des pensées négatives, et de mieux capter l'intuition, pour la mettre en forme dans la matière. Elle travaille également pour cela sur le système insulinique, le pancréas donc, qui est porteur du respect de soi. Oh mais dis donc, les pierres n'auraient-elles pas compris tout cela avant nous, aussi ? Ou tout simplement la Terre ne nous aurait-elle pas mis à disposition dans sa structure même les outils pour arriver à faire ce travail d'équilibre entre l'âme et la matière ? Serait-ce ça le réel champ d'expérimentation de l'incarnation de l'âme dans la matière sur la Terre, plutôt que de boire, bouffer, baiser ???

L'astrophyllite qui est une pierre qui nous permet de nous débarrasser du superflu, elle est noire et a des fibres, argent bleuté ou cuivrés. C'est une pierre du chakra du cœur, qui résout les problèmes de l'appareil reproducteur. Qui nous permet de réaliser un développement personnel, qui apporte de la lumière…et qui aide à faire un régime. Et qui permet de se voir sous un autre angle. Oh ben dis donc encore une.

*****

Et nous, nous faisons opposition à cet équilibre, en opposant les genres du concept de féminin et masculin, au yin et au yang, alors que nous devons trouver en nous l'équilibre entre les deux. Car c'est quand nous nous sentons en sécurité que nous pouvons pleinement exprimer notre nature profonde. D'où le contexte socio-économique actuel et les

Retrouver son équilibre intérieur

dangers fictifs entretenus par nos contrôlants afin que nous n'arrivions jamais à cette paix intérieure.

Et il y a actuellement une explosion des concepts de genre, on voudrait nous interdire de dire monsieur ou madame pour éviter d'offusquer les non genrés, ou ceux qui se considèrent comme tels. Pour respecter un pourcentage dérisoire (non péjoratif) de la population, moins de 1%, on va dégenrer la totalité des humains. Un projet de loi au niveau européen aurait été réfléchi en ce sens, il aurait été retiré, on n'a même pas le droit d'évoquer le sujet, chut faut rien dire, personne ne reconnaît le fait vu que le texte a été retiré, il n'a même en fait jamais existé, sur FB, on me l'a dit, alors que j'avais partagé cette vidéo, on m'a mis un message que cette information était fausse, alors que c'était une vidéo prise dans l'enceinte du parlement européen, de quelqu'un dénonçant ce projet de loi !!! Non, non pas le droit de le dire ! Ça n'a jamais existé.

Mais ce type de texte, qui reviendra un jour, vise à empêcher les gens de se définir dans leur identité. Moi qui suis en train de me réaffirmer dans mon yin, je ne pourrais plus être appelée madame, alors que c'est mon identité. Tout est fait pour nous déstabiliser énergétiquement. Ils tentent de nous empêcher de nous affirmer, car ils savent bien que c'est une clé de voûte de notre personnalité. En fait sous couvert de vouloir protéger une partie marginale de la population qui a déjà cédé à leur manipulation mentale, ils veulent nous retirer notre identité sexuelle, nous empêcher de nous affirmer, nous effacer.

Que quelqu'un ne veuille plus s'identifier au genre, ok c'est son droit, mais qu'ils veuillent imposer que tout le monde se désidentifie pour que son choix devienne une règle, c'est de la démence mentale. C'est comme si demain quelqu'un décidait que nous ne sommes plus des humains mais des tortues hermaphrodites et qu'il fasse tellement de foin avec ça qu'il finirait par imposer cela à tout le monde. Est-ce que vous seriez d'accord ? Je ne pense pas, eh bien c'est exactement la même chose. Nous désidentifier pour nous déstabiliser. Nous sommes

Retrouver son équilibre intérieur

des âmes incarnées dans des véhicules sexués, on peut ne pas être ok avec la place que nous ont imposé les entités négatives contrôlantes, ce n'est pas pour autant que l'on doit propager la neurasthénie vécue dans ce véhicule au reste de la population.

*****

Il y a également un minéral qui travaille sur cela : le diopside. Il développe notre capacité d'aimer, il élimine la fatigue, il travaille sur le sang, le manque d'assurance, il nous permet de reconnaître notre double nature. Il existe en vert et en noir, la black star. Cette pierre renforce le système immunitaire, qui est sous contrôle du thymus, glande hormonale du chakra du cœur. L'équilibre s'atteint par l'inclusion, non pas par l'exclusion.

On s'en fiche d'être plus yin que yang, on s'en fiche d'être une femme yang et un homme yin. Par contre si ce n'est pas dans le bon équilibre intérieur, et que l'on va chercher chez l'autre son propre équilibre on se perd, car comme c'est une exploitation réciproque des problématiques communes, nous ne faisons que reconnaître en l'autre nos propres dualités. Et nous reportons sur lui notre propre échec. Et tout est fait dans notre société hyper capitaliste, pour nous pousser à encore plus de dualité, encore plus de haine de l'autre, de rejet de l'autre, de confinements pour nous protéger de l'autre.

Alors que la solution est d'aller faire son état des lieux personnel, et d'offrir à l'autre le meilleur de nous-même, tout en l'acceptant également comme il est. Le but n'est pas de chercher le bonheur l'un à travers l'autre, c'est de grandir ensemble et d'accepter que les frictions et conflits soient juste là pour nous éclairer sur le travail que nous avons à faire ensemble sur nous. Et quel que soit l'autre en face il n'en est que le révélateur. Et nous tombons amoureux de sa capacité à nous révéler nos propres conflits.

Moi j'accepte l'autre tel qu'il est mais je ne vais pas m'obliger à penser comme lui ou elle ou iel, pour qu'il se sente bien, il n'a pas le droit de me dire d'effacer ce que je suis et ce que je pense pour me conformer à

Retrouver son équilibre intérieur

sa propre pensée, c'est du despotisme. C'est cette personne qui n'a aucune tolérance pas moi, elle veut imposer son point de vue aux autres, annihilant ainsi ma propre existence à sa façon d'obtuse de considérer le genre. Et si cette personne décide un jour de se considérer comme un poisson rouge, il faudra aussi que tout le monde soit d'accord avec elle. On vire dans le grand n'importe quoi.

*****

Toutes ces informations d'exploitation de problématiques communes, cela met une nouvelle perspective sur le concept new age de l'âme sœur, en fait ce n'est pas une question d'âme, les relations humaines intimes dans la matière ce n'est pas son problème. Tout d'abord c'est génétique, nous choisissons celui ou celle qui a la génétique idéale, pour faire perdurer la race, car notre nature humaine terrestre est avant tout programmée pour cela, faire des bébés. Nous en profitons d'ailleurs pour projeter à travers nos enfants nos propres neurasthénies.

Et ensuite, nous avons comme deuxième objectif de nous réunifier à notre partie subliminale. Dans le but cette fois-ci de transcender la matière et d'agir en pleine conscience de soi et des autres. Dans le but d'atteindre un état de béatitude, qui nous permettra de voir l'utilité de chacun dans ce processus d'expérience.

Ce qu'ils essaient désespérément de nous empêcher de faire pour nous maintenir en esclaves énergétiques. Pour cela ils vont nous faire croire que la personne avec qui nous sommes est notre âme sœur ou notre flamme jumelle. Encore un concept inventé pour nous faire souffrir émotionnellement et rester accroché à quelqu'un qui ne veut plus de nous. De la manipulation complète. Ce qui pourrait se rapprocher le plus du concept d'âme sœur ou de flamme jumelle, ce sont deux véhicules incarnés par la même conscience.

En Amérique du Sud un homme s'est marié avec un crocodile, va-t-on tous se dire que nous avons tous notre crocodile avec qui nous marier, et que c'est le vrai but de l'existence. Allons-nous tous nous jeter dans

Retrouver son équilibre intérieur

le bayou à la recherche de nos futurs époux avant de mettre en action notre capacité de discernement ? Faut arrêter les conneries à un moment donné. Sortons des méandres du mental complètement abruti par les émotions du solaire qui ne sait plus quoi inventer pour nous détourner de la conscience de cœur, créativité et amour.

*****

Cette planète est bleue, chakra de la gorge, la créativité énergétique. Le bleu de l'eau qui est à l'origine de la vie sur Terre. L'eau le yin, elle interagit avec le soleil le yang pour donner la vie, un juste équilibre entre l'eau et le feu. L'eau n'éteint pas le feu et le feu n'évapore pas l'eau ou alors juste assez pour qu'elle change d'état à l'utilité de son action. Trop d'eau et c'est l'inondation la destruction, rien ne peut l'arrêter, elle dévaste tout sur son passage. Pas assez d'eau et tout meurt, c'est la survie, le combat et la lutte pour exister malgré tout. Mais s'il y a un juste équilibre entre les deux la végétation est luxuriante et abondante, elle nous nourrit, elle nous protège, elle nous apporte tout ce dont nous avons besoin pour grandir. C'est donc bien dans l'équilibre des deux énergies que nous pouvons exprimer le meilleur de nous-même. Et l'autre couleur dominante de la Terre est le vert de la végétation, l'amour.

Nous avons tout sous le nez et pourtant nous ne voyons rien.

Alors que cela conditionne totalement la recherche de l'homme ou de la femme idéale, ou du « con-joint » parfait ! Hé oui, je l'adore celui-là. Je vous ai déjà donné une petite définition du couple : « exploitation réciproque des problématiques communes » en miroir ou en opposé.

Je vous donne un petit repère physique, les yangs ne sont pas gaulés comme des sandwichs Sncf, si vous cherchez quelqu'un qui assume, et prend ses responsabilités, prenez plutôt quelqu'un bien bâti du haut. S'il est mieux bâti du bas il est plutôt fait pour fuir (yin).

Un yang peut être sec, mais aura du punch et il va assumer ses responsabilités, prendre des initiatives et porter la charge qui lui

Retrouver son équilibre intérieur

incombe de protéger le foyer de l'extérieur. Si vous avez un mec qui vous laisse résoudre les problèmes extérieurs c'est qu'il est yin, ou yang switché. Ce qui me rassure sur mon travail personnel, c'est que maintenant je suis attirée par ce type d'homme (yang), c'est que j'ai réussi à gérer mon curseur et que mon yang est maintenant plus apaisé et que je suis capable de partager les responsabilités, ça fait plaisir. Avoir enfin la possibilité de se laisser aller et de se lover dans des bras yang quel plaisir. Mais cela n'était pas possible avant.

Un des hommes qui m'a plu dernièrement était même double comme moi, en train de faire son chemin vers son yang. Très intéressant.

Dites-vous bien que l'autre prend la place que vous lui laissez ou accordez, même s'il a la capacité de faire le même travail que vous souvent en opposé d'ailleurs, il peut tout à fait refuser de le faire, ou même vous empêcher de faire le vôtre, pour se conforter dans son déséquilibre. Ce n'est pas parce que vous vous êtes ok et que vous faites votre chemin qu'il ou elle fera le sien, certains préféreront mettre fin au couple ou à une potentialité de couple que de sortir de leur zone de pseudo-confort, de la cohérence de leurs croyances.

Le plus important dans une relation à l'autre c'est de comprendre que nous en sommes responsables à 150%, 100% de nous et 50% de l'interaction à l'autre. L'autre nous voit toujours comme le méchant, c'est plus facile que de se regarder en face. Je me suis fait face et je n'ai pas toujours aimé ce que j'ai vu. Et j'ai fait en sorte que cela change, car tout le monde mérite d'être fier de soi. Un petit pas chaque jour vaut mieux que rien du tout. Chacun son rythme, chacun sa capacité à la résilience. Et si l'on juge l'autre c'est qu'on se juge soi-même encore plus durement. Tout est fait pour que l'on n'ait pas confiance en nous, en notre capacité à réussir et à créer un monde de respect et de tolérance, mais avant de l'accorder aux autres il serait bien de se l'accorder à soi-même.

Retrouver son équilibre intérieur

Comprendre et accepter qu'on ait pu se tromper, douter et échouer, mais qu'on a essayé, tellement de gens n'essaient même pas. L'échec n'est pas une fin en soi, c'est une nouvelle possibilité d'apprendre de soi et des autres. Je me suis trop appuyée sur les autres à cause de ma peur de ne pas y arriver toute seule, héritée de ma mère.

Mais maintenant que j'ai réellement fait face à ma capacité d'y arriver malgré tout, je peux lâcher cette peur qui n'a nullement lieu d'être. Je sais que maintenant je peux et je vais y arriver, je suis en train de le faire, je suis en train de réussir, car je me suis aussi débarrassée du « sois forte » qui me poussait à rater. On ne doit jamais renoncer à ses rêves sous prétexte de l'éventualité d'un échec, surtout quand c'est notre croyance qui implique cet échec. Je sais c'est tordu, mais on s'auto-sabote en permanence, c'est consternant quand on le comprend et tellement libérateur quand on mute l'information.

Dans chaque acte que nous commettons, dans chaque projet que nous construisons, comportons-nous comme un enfant qui apprend à marcher. Il ne renonce jamais, il se relève encore et encore jusqu'à ce qu'il y arrive. Et tout le monde est content autour de lui, que de la joie et des encouragements, aucune critique, aucun reproche, que du positif et c'est ça qu'il faut en retenir. Que nous soyons yin ou yang, homme ou femme, grand ou petit, mince ou gros, qu'on nous ait traité de cancre ou de génie, utilisons nos qualités d'âme de chacune de nos capacités pour valoriser nos projets, pour croire en nous et en notre capacité de réussir à créer une vie qui nous ressemble du point de vue de l'âme, pas du petit moi, et la partager avec tous dans la joie et la fierté. Et osons exprimer nos doutes, et nos peurs pour les exorciser, pour les mettre hors de nous et enfin les outrepasser.

Osons désobéir à ces êtres négatifs contrôlants qui nous maintiennent en esclavage énergétique et physique par les émotions négatives, qui nous dévalorisent en permanence pour nous maintenir sous leur emprise.

Retrouver son équilibre intérieur

Osons être ce que notre intuition nous susurre au creux de l'oreille, osons être le héros de notre propre histoire. Et ne laissons personne nous dire le contraire.

*****

Quand on a un projet, et que l'on cherche à le réaliser malgré leur insistance à nous en dissuader du point de vu ésotérique, dans la matière même nous avons à faire a plusieurs types de personnes :

1 – <u>les opposants</u> : ceux qui ont eu l'idée contraire, et qui ne veulent pas que l'on contrarie leurs plans.

2 – <u>les concurrents</u> : ceux qui ont eu la même idée et qui ne veulent pas de concurrence.

3 – <u>les peureux</u> : ceux qui ont eu la même idée mais qui l'on rejetée, quelle qu'en soit la raison. Ils n'ont pas osé et ils ont tout intérêt à ce que vous renonciez, car si vous réussissez, cela veut dire qu'ils auraient pu réussir s'ils avaient fait un minimum d'efforts.

4 – <u>les voleurs</u> : ceux qui sont ok avec votre projet, qui vous soutiennent, cela pourrait vous paraître cool et gratifiant. Mais qui au final revendiquent votre travail, c'est grâce à eux que vous y êtes arrivés, sans eux vous n'auriez sûrement pas eu un aussi bon résultat.

5 – <u>les inspecteurs des travaux finis</u> : ceux, qui quoi qu'il en soit, vont critiquer, eux ils n'auraient pas fait comme cela, les rabat-joie, ceux qui n'ont jamais une bonne parole, qui voient toujours ce qui ne va pas. Peut-être les plus destructeurs. C'est ce que j'ai vécu toute mon enfance.

6 – <u>les décourageurs</u> : ceux qui sont ok, mais qui vous disent, dès qu'il y a une difficulté de reprendre un travail de mouton, de retourner dans le rang.

7 – <u>les valorisateurs</u> : ceux qui vous soutiennent, qui vous valorisent et qui sont fiers et heureux pour vous et votre réussite. Et qui quand ça va

Retrouver son équilibre intérieur

moins bien, vous encouragent encore plus, vous valorisent et auront toujours une phrase positive, pour vous aider à rebondir.

*****

Quelle que soit la nature de votre véhicule, et ses options il ne faudrait jamais attendre des autres qu'ils l'acceptent pour vous réaliser. Qu'on soit homme ou femme, qu'on soit yin ou yang, qu'on soit gris, blanc, jaune, noir, violet... qu'on soit transgenre, asexué, geek, philosophe ou cartésien, soyez avant tout en accord avec vous m'aime et le regard de l'autre ne sera plus aussi important, car si vous êtes alignés, personne n'aura d'accroche pour vous déstabiliser.

C'est en vous que réside votre réponse, c'est en vous qu'il faut aller chercher la solution pour vous réaligner. Nous sommes tous propriétaires d'une Mercedes dernier modèle multi options et nous roulons en vieux tacot déglingué.

Être un maître est-il synonyme de pouvoir ?

Un maître n'est pas quelqu'un qui a le pouvoir sur les autres, c'est quelqu'un qui maîtrise une technique, quelque chose et qui a le pouvoir d'agir en autonomie et de transmettre.

Rien à voir avec le mode petit chef qui impose sa volonté aux autres. Et on n'est toujours maître que de soi-même.

On ne maîtrise pas les choses au premier essai, comme tous, le maître a été l'apprenti de quelqu'un d'autre. Et si vous tombez sur quelqu'un qui vous dit être un maître en un domaine, ne le croyez pas derechef, regardez-le dans ce qu'il fait et comment il le fait. Ceux qui se targuent d'être des maîtres en quelque chose ne le sont bien souvent pas, c'est dans le monde de la spiritualité que j'ai croisé les égos les plus démesurés, des personnes qui n'ont généralement pas résolu le besoin de reconnaissance, qui ont besoin qu'on les admire pour exister. Ils ne sont généralement pas cohérents entre ce qu'ils disent et ce qu'ils font. Ils sont cohérents avec leurs propres croyances internes limitantes, ils

Retrouver son équilibre intérieur

veulent vous imposer leur façon de penser, ou même veulent vous limiter dans ce que vous avez le droit de voir ou de faire et comment le faire, ce sont plus des despotes qu'autre chose. Ils vous empêchent d'aller voir ailleurs, pour vous formater à leur image, et que vous n'ayiez qu'un seul son de cloche.

Car un maître comprend et accepte que des fois les gens ont besoin d'aller faire l'expérience ailleurs qu'à leur côté. Et quand la personne revient, il ne jugera pas, il continuera à accompagner. Il faut parfois renier son maître lui-même pour prendre son indépendance de réflexion et revenir comme alter ego. L'accompagné va avant d'être près faire une crise de je suis prêt !

Mais surtout et avant tout un maître doit vous valoriser, vous accompagner vers vous-même et non vous modeler à son image. Faire de vous un mini clone ne l'intéresse pas. À la fois les faux maîtres ne font qu'exploiter une de nos 3 natures, nous sommes programmés pour cela être soumis et obéir, mais est-ce vraiment cela que vous voulez ? Que les humains qui ont un peu plus de savoir que vous, vous exploitent aussi ?

Je mettrai ici uniquement des protocoles irréligieux, sans aucune autre connexion qu'à vous-même, à votre propre énergie personnelle. Ce seront des protocoles qui vont vous permettre d'aller à votre rencontre. Si vous n'aimez pas ce que vous y trouverez, à vous d'aller là où vous vous aimerez, avec le plus de bienveillance possible, sans autoflagellation. Lorsque j'ai fait ma syncope à 30 ans, que j'ai pu me voir de l'extérieur, en 10 secondes j'ai compris plus de choses sur moi qu'en plusieurs années de réflexion.

Nous ne sommes pas ou très peu objectifs sur nous-même, nous ne nous regardons jamais vraiment droit dans les yeux, car il n'est pas facile de comprendre que nous avons souvent tort. Il y a une phrase de Ghandi que j'adore : « nous avons tous raison de notre propre point de vue, mais il n'est pas exclu que nous ayons tous tort. » et pour ma part,

Retrouver son équilibre intérieur

je dis depuis longtemps que mon plus grand tort c'est d'avoir raison trop tôt. Je vois les conséquences des choix qui sont faits, j'ai une capacité de futurisation, cela aurait pu me paralyser et m'empêcher de faire certains choix, car quand j'étais encore interférée l'horizon était très sombre. Mais à un moment j'ai décidé d'écouter mon intuition plutôt que mes peurs, car je me suis rendu compte que c'était beaucoup plus constructif, pas toujours réussi mais constructif. Et même j'ai appris à écouter certaines choses sans réfléchir dessus. Quand je pars de chez moi et que mon regard tombe sur le parapluie ou tout autre objet, je le prends. Mais je ne dis plus aux gens ce qui va leur arriver, je fais en sorte qu'ils puissent choisir eux-mêmes leur trame.

Quand j'ai fait ma 1ère expérience en état de pleine conscience, je ne mentalisais pas l'information, je ne la réfléchissais pas intellectuellement, elle est et on prend ce qui vient à nous comme cela vient et on met une action en place au moment T, pas de projection.

Lors de ma deuxième expérience j'étais tourmentée par mon divorce, et j'ai donc regardé la situation depuis ce moment-là, et ce n'était qu'un point très lointain sur l'horizon, loin très loin de moi et dépourvu de toute émotion, une partie certes non encore achevée de mon histoire, mais qui n'avait plus lieu de me déstabiliser. Depuis, dès que je ressens un stress par rapport à la date qui approche, je me reconnecte à ce moment de quiétude, de vide, et de plénitude intérieure, et je laisse partir l'émotion qui tente de m'envahir, une émotion en lien avec la trahison que j'ai subie, avec la peine que j'ai ressentie à découvrir tous les mensonges, et surtout au besoin de faire reconnaître tout cela, l'abandon, la déchirure intérieure.

Je laisse partir, car je me fais du mal en restant dans ces émotions et ce n'est plus la réalité d'aujourd'hui. L'action que j'ai mise en place est faite pour que la version de moi qui existe maintenant puisse pleinement s'exprimer, ce qui est important c'est ce que je suis en train de vivre aujourd'hui. Ce que j'ai réussi à construire au-delà du chaos, cette nouvelle expression de moi qui a pardonné parce qu'elle a

Retrouver son équilibre intérieur

compris les limites de chacun, moi je ne me suis jamais imposé de limites, on m'a imposé la croyance « d'être forte et parfaite », ce programme je l'ai mis en place car c'est ce qui me permettait alors d'être en sécurité et admise dans le clan. Mais je ne me suis jamais imposé de limite sur ce que je peux ou pas faire. J'aime la phrase qui dit : « ils ne savaient pas que c'était impossible alors ils l'on fait ! ».

Notre chemin n'est pas encore fini, et si un jour la vie nous remet sur la même route tout cela sera une histoire qui sera arrivée à une autre que moi, à une autre que celle que je suis devenue aujourd'hui.

Quand je fais quelque chose, je tiens compte de paramètres dans mes décisions que certaines personnes ne pourront même jamais envisager. Je ne peux donc pas me justifier des décisions que je prends auprès des moldus ou même à ceux qui débutent dans le domaine de l'énergétique et qui en sont encore dans les balbutiements de l'apprentissage.

Souvent les gens émettent un jugement sans savoir la multi dimensionnalité qui existe en moi. Comme l'assistante sociale qui me voit comme une personne en situation de handicap, proche de la retraite, lol. Qu'elle repasse dans 30 ans, pour la retraite, ma santé va s'améliorer, je vais me réparer. Car maintenant je me respecte dans cette non con-form-ité que je vis pleinement.

*****

Dans le travail que je fais, j'ai affaire à des êtres qui n'ont aucune règle, à part de nous annihiler à leur unique profit. Pour déjouer leurs stratagèmes, il faut bien comprendre que je ne peux pas le faire en respectant les règles limitantes qu'ils nous imposent pour nous annihiler. Alors que ceux qui travaillent pour eux n'ont aucune limite non plus. Je ne dis pas que je me mets hors la loi, mais j'utilise et exploite toutes les failles du système qui me permettent de m'en sortir malgré leur insistance à vouloir me voir abandonner. Les moldus, ceux qui sont bien zombifiés, eux aussi me poussent à abandonner. Mais ma santé elle me dit où je me sens bien. Ma santé me dit où placer mon

Retrouver son équilibre intérieur

curseur et je suis la seule à choisir sa place, comme pour vous, c'est seulement vous qui savez où placer votre curseur.

Et la décision qu'a prise mon second mari, de partir, n'était pas juste, pour lui. Cela lui a permis de conserver sa cohérence interne, c'était le seul et unique choix possible pour lui, pour ne pas renoncer à son « faire plaisir ». Cela l'a mis en dépression, et cette dépression était due à un pat hormonal, il n'a pas pu lâcher son « faire plaisir » à sa mère qui l'a maintenu dans son yin, et l'a mis dans l'obligation de fuir, le yin fuit.

Car pour me faire plaisir à moi, il devait remettre en cause sa cohérence interne, car accepter d'être yang, lui aurait fait me dire « non !» à plein de choses, et il n'aurait (pour lui) plus pu me « faire plaisir ». Car être yang, c'est être fort et bien dans son énergie personnelle, puissant, responsable, protecteur, et exprimer son refus, qui ne m'aurait pas fait plaisir certes, mais qui aurait ouvert le dialogue, mais sur un ton qui ne lui aurait pas plu. Donc pour éviter le conflit il a préféré rester cohérent avec ses croyances limitantes. Pour lui, devenir yang, ce que je lui demandais au final, c'était renoncer à me « faire plaisir » ou me servir, alors qu'au contraire c'est ce qui m'aurait fait le plus plaisir. Même si cela aurait été conflictuel, pas grave, sans déstabilisation, sans remise en question pas d'évolution. Car une déstabilisation est une possibilité d'évolution.

Sa mère garde un certain pouvoir, inconscient, sur lui en ne le libérant pas. Il a plusieurs possibilités de résoudre cela :
Il lui faudrait demander à sa mère :

1 - de quoi et comment est morte sa propre mère.
2 – Que sa maman lui raconte ce qu'elle a vécu comme traumatismes pendant son enfance en relation avec son propre père et son oncle.
Et **3** – qu'elle lui dise ce qui est arrivé à ses 5 ans.

Ou qu'il décide par lui-même de libérer cette énergie et de se dire qu'à 54 ans il a le droit de se réaliser sans l'autorisation de personne et qu'il en est capable. Qu'il a tout ce qu'il faut en lui pour devenir cet homme

Retrouver son équilibre intérieur

yang et qu'il fera ainsi son propre bonheur. Qu'un conflit n'est pas une fin en soi mais une opportunité d'aller voir ce à quoi nous nous heurtons en nous, et ainsi d'évoluer. Il pourra alors l'offrir à une femme qui ne demande que cela, un yang protecteur responsable fort qui fait face et qui lui permet d'exprimer sa pleine créativité yin en sécurité.

Il ne peut pas se réaliser en lieu et place de l'autre, il ne peut que se réaliser lui-même et l'offrir à l'autre comme un lieu cocooning protecteur pour le yin où se réfugier quand il y en a besoin et profiter de ce partage en toute quiétude. Passer du mode béquille au mode pilier. Je lui souhaite vraiment d'y arriver.

*****

Les mémoires transgénérationnelles, qui font l'objet en plus de secrets, empêchent les enfants de se réaliser, parce que comme nous l'avons déjà vu nous sommes préprogrammés par nos parents pour résoudre leurs problématiques. Donc P. ne pourra exister et évoluer dans ce qu'il est fondamentalement, en dehors des limites de cette préprogrammation. Tant qu'il n'intègrera pas et n'acceptera pas que ses mémoires cellulaires le conditionnent à sauver sa mère malgré lui, cela l'empêchera de vivre sa propre vie.

Car en réaction à tout cela P. a enfermé ses propres ressentis et émotions pour ne pas souffrir de la dichotomie créée. Il a tellement intégré et souffert à la place des autres, qu'il ne peut plus entendre la moindre souffrance extérieure, qu'il est devenu insensible pour survivre. Au moins un des événements ayant traumatisé sa maman a un rapport avec une effusion de sang car il est daltonien. En le créant ainsi elle l'a empêché de voir le rouge du sang, pour le protéger.

Il n'arrivera jamais à soulager l'autre de son mal-être en le prenant à sa charge, au contraire il entretient cet état de souffrance en le compensant à outrance. Chacun est responsable de sa propre interprétation de sa souffrance, et on ne peut pas toujours faire plaisir en espérant que cela va suffire, cela ne suffit d'ailleurs jamais, car l'humain cherche les limites, toujours, et s'il n'y en a jamais pas de résistance et donc pas d'évolution. Et il se met lui-même dans un état de stase qui le met dans l'incapacité d'exister. Et de mettre de la distance physique ne met aucune distance énergétique. Je m'en veux de ne pas avoir vu mon propre schéma qui exploitait le sien, mais c'est fini, cette partie de moi n'existe plus, le choc de son départ et le fait qu'il ait enfin parlé et dit ce qu'il se passait, plus le décodage biologique m'ont fait passer sur un autre plan, un autre mode de fonctionnement, j'ai lâché mes croyances limitantes, et je suis bien malgré moi obligée de le laisser se débattre avec les siennes. Et comme je suis sortie du triangle de Karpman, plus possible pour moi de vouloir sauver l'autre malgré lui.

*****

L'autre solution c'est d'arriver à libérer l'émotion, qui a créé ses limites, de passer par-dessus et de ne pas développer ou de libérer le conflit s'y rattachant, (sous-entendu se libérer des maladies ou des blocages). Vous me direz plus facile à dire qu'à faire. Et si on a mis en place une mini-maxi schizophrénie pour éviter de souffrir, en tentant de cacher sous le tapis l'événement traumatique, c'est compliqué d'aller désactiver l'émotion qu'on y a ressentie à ce moment-là et qui a créé cette boucle d'effacement. Cela complique les choses, car notre cerveau pour nous sauver, et nous empêcher de souffrir à nouveau comme cela, nous interdit l'accès à la mémoire de cet événement. En plus, s'il y a cumul de schizophrénies intergénérationnelles nous nous retrouvons dans un brouillard où nous ne voyons même plus notre propre existence. Difficile, non, ce le sera juste parce que vous le pensez. Facile oui, si vous acceptez de rentrer à l'intérieur de vous et de faire face avec le recul d'aujourd'hui cette information qui vous a alors été insupportable et dont vous vous êtes rendu responsable.

La conscience, elle, cherchera toujours à avancer et donc vous poussera de toute façon vers votre réalisation personnelle. Elle apporte cette énergie quoi qu'il en soit, c'est elle la propriétaire des lieux, et son information est prioritaire.

Retrouver son équilibre intérieur

Donc fuir les situations qui vous demandent de l'adaptabilité et des efforts, ne vous ménera nulle part, sauf à augmenter le conflit. P. s'est fait une entorse en tombant d'un mur de plus de 2 mètres, en bord du littoral. La cheville porte l'information de valeur de soi, je n'arrive pas à la cheville de… et sa façon de voir les choses, moi j'ai toujours dit qu'il avait plus de potentiel que moi. On se fait une entorse quand on fait un mauvais choix, généralement lié à une dévalorisation de soi, cette dévalorisation était xxl, vu qu'il se l'est faite en chutant de 2m. Et son entorse était à la cheville gauche en lien avec la mère, par rapport au choix de vie actuel, toujours en lien avec ce qu'il a mis comme stratégie de survie dans son enfance : être yin pour pouvoir être accepté, aimé et protégé.

Il s'est fait cette entorse quand il a décidé de cesser de travailler pour son entreprise et de ne pas assumer ses responsabilités de président, de fuir à nouveau et de prendre un job de moldu. Il s'est complètement dévalorisé, s'auto persuadant de ne pas être capable d'être cet homme qu'il est déjà mais qu'il a enfoui au tréfonds de lui et que moi j'ai vu et que je vois encore. Tout cela pour continuer à faire plaisir à sa mère. Mauvais choix, donc entorse par rapport au mauvais choix, avec chute par rapport à la dévalorisation, double information.

Le stress que cela génère chez lui l'a mis en colère contre moi, car j'ai tout pardonné et j'ai compris et cela ne l'arrange pas, mais alors pas du tout, car sa décision de fuir était basée sur le fait que je ne pouvais pas comprendre et évoluer, dommage pour lui. Cela l'a obligé à fuir encore plus, car voir en moi ce changement lui était insupportable, cela voudrait dire que s'il avait parlé avant il n'y aurait pas eu de conflit durable, cela aurait même résolu le conflit qui me rendait malade. Et cela il ne l'a pas conscientisé, mais il m'a fait certaines réflexions en ce sens à chaque fois la veille d'une prise de distance. Il m'a même dit un jour : « tu ne vas pas me dire qu'en 10 jours tu as réussi à faire, ce que tu n'arrives pas à faire depuis 10 ans ! ». Hé bien si, j'ai lâché prise, j'ai versé des seaux de larmes, j'ai pris des uppercuts énergétiques à ne plus savoir qui je suis, et j'ai fait le tri dans les multiples morceaux de

Retrouver son équilibre intérieur

moi qui se sont fait jour, non sans mal, mais en connaissance de cause des tenants et aboutissants de chaque programme limitant que je laissais partir.

*****

Pendant la gestation la maman doit valider l'existence du génome sexuel de l'enfant à venir, surtout le masculin pour qu'il puisse se développer et exister pleinement. Et si son envie d'avoir une fille est trop forte elle ne valide jamais cela. Pendant mes grossesses je n'ai jamais demandé le sexe de mes futurs enfants, car j'ai toujours eu conscience que je ne choisissais pas, et cela m'importait peu de savoir si c'était une fille ou un garçon. J'étais donc à l'écoute de la vie qui grandissait en moi, sans attente particulière de genre. Et en l'écoutant j'ai su, car j'ai écouté sa vibration énergétique et j'ai laissé faire la nature. Pour ma deuxième grossesse ma grande sœur voulait acheter une robe avant la naissance du bébé, ma maman lui a dit : « non elle ne connaît pas le sexe du bébé », mais ma grande sœur avait entendu ce que j'avais pressenti, car c'était bien une fille.

Comment échapper à ses croyances limitantes, vu que le cerveau va tout faire pour pas revenir sur son fichier créé pour nous sauver la vie, venez me consulter on en parlera !

Il n'est pas simple de sortir de ses propres neurasthénies, surtout qu'on a oublié depuis longtemps l'événement qui a imprimé cette croyance en nous. Des fois de simplement se visualiser dans une prairie, ou sur la plage ensoleillée, ou s'y rendre peut suffire les premiers temps à retrouver le calme intérieur. Mais il faudra à un moment donné mettre cela en conscience, ramener cet état d'être dans votre réalité en action consciente pour résoudre les affres des conflits passés. Mettre la compréhension de maintenant sur cet événement pour le réparer. Mais vous ne pourrez jamais obliger quelqu'un à vous écouter, car chacun est libre de continuer à souffrir si c'est là son choix personnel.

Autrice Frédérique A. LONGÈRE

Retrouver son équilibre intérieur

C'est à vous et à vous seul de définir vos priorités. On a toujours du temps et de l'argent pour faire ce que l'on veut vraiment faire. Il est bien entendu que rien n'est obligatoire, ce ne sont que des propositions qui peuvent vous aider, et personne ne vous y obligera, à part vous-même et votre propre volonté à voir votre vie s'améliorer.

Dans notre vie, il ne faut attendre de l'aide de personne d'autre que de soi-même. En tant que thérapeute je fais de l'accompagnement au sein de votre labyrinthe personnel et vous permets de décoder votre conflit. Je vous accompagne là où votre cerveau vous empêche d'aller pour ne plus souffrir. Mais c'est justement de tourner autour du pot qui entretient le conflit intérieur, même si ça fait des années que vous cherchez à libérer votre problématique, lui reste des fois campé sur : « ça t'a mis en danger, ne reviens pas dessus ». Nous nous créons des conflits tous les jours et nous en libérons également tous les jours, cela fait partie de notre expérience.

Les gens me disent souvent, mais je sais tout cela, tout ce que vous me dites je le sais depuis des années. Oui moi aussi je sais que vous savez, mais il vous manque une petite info, et quand on l'atteint je le vois physiquement sur la personne elle reste hagarde quelques secondes, elle me regarde avec une expression de vide. À chaque fois je revois le jeune Arnold, dans la série Arnold et Willy, quand il dit : « qu'est-ce que tu me racontes là !!!! » avec ses yeux tout ronds. Je sais que vous avez atteint le verrou et que le cerveau fait un reset.

Dernièrement, sur un salon, une personne était très droite assise sur le bout du siège, prête à bondir et partir. Quand on a atteint son verrou, elle s'est avachie dans le fauteuil, toute stupéfaite. Elle n'était pas une enfant désirée, dans une famille nombreuse, il a fallu donc qu'elle prouve par le travail sa valeur pour qu'elle ne soit pas un fardeau. Et maintenant à la retraite elle était complètement perdue, car le travail étant sa valeur, sa référence de base, elle n'avait plus aucune « valeur » car à la retraite elle ne travaillait plus.

Retrouver son équilibre intérieur

Je suis tellement heureuse pour vous quand cela se produit. Ce verrou qui saute et vous libère de votre conflit intérieur, de votre croyance limitante.

Elle était incapable de se détendre, voulait continuer à prouver cette valeur pour avoir le droit d'exister et ne pas être rejetée. Car il est là l'enjeu, ne pas être rejeté par la meute protectrice. Car la famille c'est notre meute, et si notre propre famille ne veut pas de nous, qui voudra nous protéger ??? Si je ne suis pas assez bien, ceux de mon propre sang ne m'accepteront pas et ne me protègeront plus. Il faut donc que je me conforme à leurs rituels, leurs fonctionnements, même s'ils sont autodestructeurs et qu'ils ne respectent pas ma personnalité profonde, mon énergie d'âme, je dois me con-former et rentrer dans le rang, pour être protégé.

Sachant que ce sont les entités négatives contrôlantes qui vous choisissent les préprogrammes limitants en vous choisissant un ventre pour grandir, ils vont choisir les préprogrammes qui vont justement vous empêcher d'exprimer vos qualités d'âme. Ils ont bien compris que cela allait créer des conflits et vous limiter.

Et comme nous cherchons à quand même exister et être protégés, ils nous proposent tout un tas de systèmes soi-disant protecteurs, pour nous leurrer une autre fois, quand on passe dans le côté spirituel. Si notre famille physique humaine nous rejette parce qu'on évolue et qu'on devient différent d'eux, il faut que je trouve ma famille d'âme elle, elle me protègera. Ou mon âme sœur ou ma flamme jumelle, ou un ange ou un archange, un guide, parce que moi je n'en suis pas capable ! …ma propre famille n'a déjà pas voulu de moi !

Tout un tas de leurres d'autres choses que la vraie et unique réponse, tout un tas de croyances extérieures toujours aussi limitantes, plutôt que de faire le travail intérieur de se remettre réellement en question, et d'aller valoriser nos propres énergies. De mettre en action notre propre vibration de protection énergétique. Car ils ont réussi à nous

Retrouver son équilibre intérieur

faire croire qu'on n'est capable de rien tout seul, surtout dans ces domaines-là.

Maîtriser votre propre espace énergétique, aller voir ce qui se passe en vous, avant d'aller demander à trucmuche machin ou bidule, dans des sphères ésotériques que vous ne maîtrisez pas du tout, en écoutant le « il paraît que : »

On aurait un guide : **oui notre conscience !**

Ou un ange gardien : **oui notre conscience !**

Ou un Archange, suprême honneur qu'un archange daigne s'occuper de moi... brosse à reluire, esbroufe !

Ou un ancêtre, celui qui vous a gentiment transmis ses croyances limitantes, et qui n'a pas évolué depuis, mdr, pardon, mais si mort de rire. Demander à ceux qui n'ont pas pu sortir de leurs propres limites de vous aider à franchir les vôtres, c'est quand même très ironique.

Ou un dragon : « ah oui en ce moment tout le monde a son dragon, je vais chercher le mien et il m'aidera ! » Les dragons sont les chefs de la caste des reptiliens ! Ai-je vraiment besoin de vous expliquer que sur Terre dans la 3D, c'est eux les chefs des entités négatives contrôlantes. Toujours envie de vous mettre sous leur protection ? Personnellement plutôt mourir, ho je rigole, je n'en suis plus là. Plus haut il y en a d'autres, mais restez vigilant, en plus nous rentrons dans l'année du dragon en astrologie chinoise et ça va être la fête du slip, « dar la dir la da da ! ».

Avec le new age, la liste est devenue tellement longue de tout ce que vous pouvez invoquer plutôt que de vous occuper de vous-m'aime. C'est possible d'y échapper.

*****

J'ai retrouvé ma souveraineté dans mon espace énergétique et ça va bien, je me répare physiquement, énergétiquement je n'ai jamais été

Retrouver son équilibre intérieur

aussi bien de toutes mes vies. Et je suis heureuse, car débarrassée des affres imposées par le système contrôlant. Car même si tout n'est pas encore résolu tout est en train de l'être. Car chaque jour je m'attelle à créer une vie harmonieuse, où je suis seule maître à bord. Si moi j'y suis arrivée, vous aussi vous pouvez le faire !

*****

C'est vous qui avez la clé de votre réalité, rien de ce que je ferais ne sera efficace à long terme si la personne qui vient me voir attend de moi un miracle. Je ne fais pas de miracle. Il est arrivé qu'une consultation change la vie d'une personne, et qu'elle m'attribue toute la réussite de la séance, mais moi je ne peux rien faire si vous n'êtes pas prêt à regarder en face les choses et à agir autrement. Il est clair qu'on ne peut obliger personne à changer. Car tout changement doit venir de nous-même, accepter que ce que nous vivons est un choix, ou un non-choix. Que tout ce que nous décidons ou ne décidons pas de faire a une influence sur notre existence. Que c'est notre propre attitude face aux événements que nous avons vécus et ceux que nous sommes en train de vivre qui fait de notre existence est ce qu'elle est aujourd'hui.

Que tout ce que nous occultons sur nous-même, sur ce que nous avons vécu est fait pour nous « protéger », pour rester intégré au troupeau. Et que c'est ce même fichier de protection qui la plupart du temps, nous empêche de vraiment résoudre notre conflit intérieur en résistance aux propositions de l'âme.

Pendant la formation en décodage biologique, une de nos collègues réagissait systématiquement aux mêmes informations. Elle cherchait à résoudre sa problématique, vraiment, mais bien qu'elle se rendait compte qu'elle réagissait à cette information, elle était totalement incapable de la comprendre et de l'intégrer. Car cela aurait complètement effondré la belle histoire qu'elle s'était racontée pour occulter son conflit. Il est toujours plus aisé d'observer de l'extérieur que de revivre de l'intérieur.

Retrouver son équilibre intérieur

C'est pour cela que j'ai pardonné à tout le monde et aussi à moi-même de ne pas avoir toujours fait les bons choix. D'avoir à un moment donné, rendu l'autre responsable de mes propres conflits intérieurs. Je n'ai que de l'amour pour tous et toutes, car c'est l'énergie la plus forte dans notre univers, et qui apporte la guérison. (Coucou les ayatollahs du mot guérir, les pouvoirs annihilateurs ont tout intérêt à vous faire croire que c'est impossible, pour vous garder sous emprise de leur système contrôlant : la peur de mourir, et vous faire accepter tous les systèmes mis en place pour vous parquer, c'est pour votre sécurité, vous êtes en danger de mort ! C'est leur slogan, donc bien sûr qu'ils vont nous interdire d'utiliser le mot guérir)

Ma guérison et la leur. Car même si les personnes avec qui cela s'est mal passé ne savent pas dans le physique ce que j'ai fait car elles ne me parlent plus pour certaines, cela aura quand même un impact sur leur vie. Je leur envoie de l'amour quand je pense à elles, du pardon et de la gratitude.

Et bien souvent les pires bourreaux sont ceux qui en ont le plus besoin et qui n'ont pas su voir qu'on les aimait. Certes pas de la façon dont ils auraient voulu l'être, mais plutôt de la façon dont l'autre a été lui-même capable de le faire, depuis son propre monde erroné. Je sais que mes parents m'aiment, je sais que mes deux maris ont donné le meilleur d'eux-mêmes à notre relation, jusqu'à atteindre leur limite. Je sais que je fais de mon mieux en chaque circonstance. Les mauvais choix ne sont pas toujours volontaires, mais suscités par nos zones erronées. C'est souvent une réaction autoprogrammée qui fait qu'on manque de discernement et d'objectivité. Choix non pas pour nuire à l'autre mais pour ne pas se perdre soi-même, enfin pour moi c'est ça.

Mais je sais également que je ne pourrai jamais satisfaire les attentes des autres. Et que du coup je ne dois pas attendre d'eux autre chose que ce qu'ils sont capables de donner à l'instant T. Et que d'une fois sur l'autre tout peut être strictement identique comme complètement différent, rien n'est préétabli, ni immuable.

Retrouver son équilibre intérieur

Des fois je dis aux gens, si la personne qui vous a fait du mal savait les conséquences de sa propre attitude, elle n'aurait sûrement pas fait ce qu'elle a fait. Si elle avait compris que ce qu'elle a dit ou fait vous a blessé à ce point elle se serait sûrement excusée. Si elle ne s'est pas excusée, c'est qu'elle n'est pas en capacité de comprendre que son comportement est erroné. C'est donc à vous de faire votre chemin intérieur pour ne plus être blessé, et si vous attendez réparation de cette personne pour exister c'est vous qui vous limitez, pas l'autre.

Et si un jour, cette personne s'excuse et que vous n'acceptez pas ses excuses, parce qu'elles n'arrivent pas au moment où vous les attendiez, ou sous la forme que vous attendiez, c'est aussi vous qui vous limitez. Et si vous continuez à faire payer à l'autre, c'est vous qui n'avez pas compris votre part de responsabilité dans cet échange. Et si vous utilisez cela comme une fausse excuse pour faire à votre tour souffrir l'autre, le rendant responsable de votre propre attitude, vous n'êtes pas honnête et continuez à le juger comme l'unique responsable malgré ses efforts.

Il faut bien comprendre que nous sommes tous des polytraumatisés de la vie, que nous avons tous vécu des choses horribles, et que nous cherchons tous le bonheur.

Soit nous vivons notre propre réalité, soit nous vivons la réalité de quelqu'un d'autre. À titre personnel, je vois les comportements erronés des personnes, ce qui leur met des bâtons dans les roues, par rapport à leur réalisation personnelle. Par contre j'ai mis longtemps à comprendre les miens et à avoir une vraie action consciente objective dessus. Donc je comprends la difficulté de la tâche. Et même si je vois ce qui bugue chez les gens, pour autant je ne peux rien y faire, ni rien changer, car cela va uniquement dépendre de leur propre volonté à le faire, et de l'action qu'ils vont mettre en place pour résoudre le bug.

Et si la personne n'a pas encore pris conscience qu'elle est responsable d'elle-même, qu'elle accuse systématiquement les autres de son propre

Retrouver son équilibre intérieur

échec ou de sa propre neurasthénie, personne ne pourra jamais rien faire pour elle. Et plus le lien affectif est fort plus cela est difficile de l'accepter et de le vivre.

Même pour les entités négatives contrôlantes que nous avons dans notre espace énergétique et dans notre partie subliminale. C'est nous qui les avons laissé rentrer, certes bien souvent dans une autre vie, dont nous ne nous rappelons même pas. Je ne cherche à culpabiliser personne, mais c'est également à nous de nous en débarrasser, à personne d'autre. Et de réparer ensuite ce que nous les avons laissé faire.

Pour cela il est mieux d'aller voir une personne qui sait faire. Il faut bien comprendre que quand nous avons un client qui vient pour faire une session d'hypnose régressive ésotérique, à titre personnel nous ne faisons rien que coacher la conscience de ladite personne pour qu'elle se débarrasse elle-même de ses pactes et accords. Car si je le fais moi, non seulement ils vont me rire au nez, mais ils vont également en profiter pour m'interférer aussi. Je dois rester neutre et objective. La première chose à faire c'est d'obtenir l'accord de la conscience, car sans cela rien ne peut se faire. Du point de vue de la matière et du véhicule nous avons également très peu de latéralité pour remettre en question notre préprogrammation, car elle nous influence dans la moindre de nos cellules depuis notre conception.

Il faut donc que je sois très accueillante envers toutes les personnes en capacité de vouloir évoluer, car elles ont dû passer outre cette préprogrammation et le harcèlement des entités négatives contrôlantes, pour arriver jusqu'à moi. Et il faut encore plus de compassion, de tolérance et d'amour envers les personnes qui n'y sont pas encore arrivées.

Le client qui va voir des thérapeutes veut savoir, il est d'accord de faire une session pour savoir qui il a autorisé à lui pourrir la vie, qui lui mange son énergie, qui lui met des bâtons dans les roues, avec son

Retrouver son équilibre intérieur

accord certes depuis longtemps oublié mais néanmoins accordé. À l'insu de son plein gré. Mais il nous faut aussi l'accord de sa partie subliminale, sans quoi rien n'est possible. Allez voir sur mon YouTube, pour ma dernière session en 2021, le plus compliqué a été d'obtenir cet accord de ma propre conscience. Nathalie et Barbara ont mis 45 mn pour pouvoir faire faire le travail de libération à ma conscience. 2 ans que j'essayais de mon côté sans succès, pour elle tout allait bien. Le défaut de programmation qu'elle subissait était là depuis toujours donc pour elle c'était normal que les entités négatives contrôlantes entrent dans son espace énergétique sans son accord, elle avait été programmée comme cela. Et elle avait l'impression de gérer le truc comme une championne, donc rien d'anormal pour elle. Et comme moi j'étais partie prenante ça partait en sucette.

Mais il y avait quand même une partie infime d'elle qui savait que ce n'était pas normal, d'où son acharnement à s'incarner ici sur Terre pour trouver la solution et se libérer. Et c'est cette partie libre qui a gagné, c'est toujours la partie propre et libre qui gagne au final, c'est toujours le meilleur de soi qui va finir par prendre le dessus. Peut-être pas dans cette temporalité mais elle y arrivera.

Cela demande des fois une longue négociation pour arriver à passer. Et ensuite, parce qu'il y a un ensuite. Même si tout le monde est ok cela ne garantit pas un résultat optimum derrière.

C'est encore à vous de faire le travail nécessaire pour faire de votre vie ce que vous avez envie qu'elle soit. Tout ce que vous avez fait jusqu'à ce jour, a été fait sous interférence et/ou préprogrammation. Il vous faut maintenant réapprendre à conduire le véhicule du point de vue de l'âme et à décider par vous-même, sans les interférences mais avec des mémoires cellulaires transgénérationnelles et traumatiques.

Beaucoup connaissent à peine leur espace physique alors l'énergétique, en tout cas pas suffisamment pour que le travail se fasse sans peine. Même moi qui suis thérapeute et qui ai passé ma vie à

Retrouver son équilibre intérieur

chercher, et à mettre en application les principes que je trouve adaptés, j'ai quelquefois du mal à intégrer l'information. Moi aussi j'ai mes leurres. Une fois l'info en main il faut arriver à accepter de lever le conflit. Moi qui me positionnais en victime du système, comprendre que c'étaient mes propres choix qui m'ont menée là, aïe ça fait mal.

Nous avons passé des fois, 10, 15, 20 vies sous interférence des entités contrôlantes, et plusieurs décennies dans cette vie. Et en post session, pif, paf, pouf, vous pensez que la vie va basculer du jour au lendemain, que vous allez partir aux Seychelles vous mettre les doigts de pieds en éventail et que quand vous allez rentrer votre vie sera différente. Certes il n'y aura plus les contrôlants pour jeter de l'huile sur le feu, les braises sont encore chaudes peuvent repartir à tout moment comme les « feux de l'enfer ». Il leur suffira de vous harceler depuis l'extérieur sur vos préprogrammes pour vous remettre en baisse de fréquence, et en panique pour faire baisser vos fréquences et repasser. Il y a certaines choses qui iront mieux, mais si vous voulez du changement à long terme, il va falloir vous occuper de vous.

Votre vie sera réellement différente quand vous aurez fait ce qu'il faut pour qu'elle soit différente. J'ai mis plus de 15 ans à me débarrasser de ma colère. Avant le nettoyage de mon hypnose régressive ésotérique, ils sabotaient systématiquement le travail, l'effet yoyo, après il m'a fallu encore plusieurs années pour définitivement m'en débarrasser. Car il fallait déterminer où était le manque et arriver à passer outre, à ne plus le considérer comme tel ; surtout même s'il y en a un il ne faut pas déclencher un conflit dessus.

Quand le but des entités négatives contrôlantes est de faire résonner chaque événement du présent avec notre passé, cela réactive des mémoires cellulaires des fois très anciennes, voire celles de nos ancêtres. Depuis que j'ai compris ce processus je mets à jour mes mémoires cellulaires que ce soit avec la « Méthode JMV® », ou le décodage biologique, je ne laisse plus à ces mémoires cellulaires la possibilité de revenir mettre le boxon dans ma nouvelle réalité. Elles

Retrouver son équilibre intérieur

n'ont plus le droit de me limiter. Et je n'y arrive pas toujours du 1er coup. Et certaines fois quand je n'arrive à trouver l'événement d'origine je me fais aider par un collègue.

La pire je crois en ce domaine était que l'harmonie s'obtient par le conflit, alors que l'harmonie c'est la paix intérieure. C'est comme l'expression : « légion d'ange », ou « guerriers de la lumière » complètement paradoxale comme information. Un des archanges a terrassé le dragon en le pourfendant avec son épée, il trône en récompense sur le Mont Saint Michel, lol. Un être de lumière qui pourfend son ennemi cela ne pose problème à personne. Il aurait dû savoir, s'il avait été un vrai être de lumière, qu'il ne sert à rien de se battre, s'il avait vraiment été ce qu'il prétend être, il n'aurait jamais pourfendu le dragon. Le dragon n'est que la représentation de notre conflit intérieur qu'il exploite, si nous résolvons ce conflit plus de nourriture, plus de dragon. Donc s'il a pourfendu le dragon avec son épée, c'est qu'il y avait un intérêt personnel, ah oui : cela lui a permis de se faire passer pour un sauveur, faisant de nous des pauvres victimes, stratégie mise ne place pour nous maintenir sous son emprise depuis Babylone. En plus il y a de fortes chances qu'il ait sacrifié un de ses sbires, et que tout cela n'ait été qu'une immense supercherie, une mise en scène pour se faire passer pour ce qu'il n'est pas et n'a jamais été. Une fanfaronnade. Il arrive que pendant une session une entité ne puisse résister à la nouvelle fréquence énergétique mise en place par la conscience mais jamais nous ne pourfendons personne, nous les mettons dehors, nous ne leur faisons pas la guerre, nous nous débarrassons de leurs actions négatives en leur interdisant notre espace énergétique.

*****

Si vous décidez de garder les entités négatives contrôlantes dans votre espace énergétique, de considérer que d'être nettoyé sous hypnose n'est pas indispensable, il y aura l'effet yoyo, car les entités n'ont qu'une seule idée : vous faire redescendre. Et je vous encourage à écouter ma session, ma conscience pensait gérer elle aussi. Tant que les entités négatives contrôlantes sont toujours là et qu'elles ont besoin de

Retrouver son équilibre intérieur

cette énergie négative pour faire ce qu'elles ont à faire, elles ne partiront jamais d'elles-mêmes. Elles saboteront inexorablement le travail que vous faites pour aller mieux. À plus ou moins long terme elles vont essayer de vous ramener en arrière, d'effacer le travail fait sur vous pour vivre mieux. Imaginez que vous ayez des squatters dans votre maison, et que malgré leur présence vous essayez de rénover la maison. Dès que vous aurez fini une pièce, ils vont s'y installer et y remettre le boxon.

Si vous ne voulez pas continuer à tourner en boucle sous l'influence des préprogrammations et des croyances limitantes, il est préférable de s'en occuper, afin d'enlever les cassettes pour ne pas qu'elles soient lues un jour.

Le manque de confiance ou le doute sur nos capacités à y arriver seul s'est mis en place face aux nombreux échecs qu'ils nous ont fait vivre. Arrêtez de surréagir, quand une situation similaire se présente à vous. Mon second mari était sous une énergie d'humiliation depuis de nombreuses vies, 43, donc il prend le moindre conseil comme un reproche. Cela lui demande de prendre sur lui et de pouvoir faire la différence entre quelqu'un de malveillant qui cherche à le rabaisser et quelqu'un qui cherche à l'aider. Mais il a refusé de faire ce travail, il a préféré continuer sur son mode Calimero.

Les personnes qui nous connaissent très bien, ont tendance à être perturbées par nos changements, car cela leur demande de s'adapter à notre nouvelle fréquence et tout le monde n'a pas les mêmes capacités d'adaptation et de flexibilité. Mais c'est encore et toujours à nous de poser de nouvelles limites.

*****

Reprenons l'exemple des « mères Térésa » quand elles décident de renverser la vapeur et de s'accorder plus de temps pour elles, car elles sont au bord de l'épuisement physique et psychologique. Bien souvent ceux qui exploitent leur empathie, et qui les sur sollicitent pour faire le boulot à leur place, ne vont pas être contents, ni d'accord. Ils vont les

Retrouver son équilibre intérieur

accuser d'être égoïstes de ne penser qu'à elles. Alors que cela fait des années que ces personnes pensent aux autres, bien avant elles et qu'elles ont enfin décidé de se respecter.

En plus, c'est bien souvent le jour où elles ont décidé de faire un truc pour elles, qu'arrive une catastrophe à l'autre qui se retrouve dans une pseudo urgence. Car comme la mère Térésa n'est pas disponible énergétiquement, la personne aggrave son besoin pour être sûr de la maintenir à sa disposition. L'exploiteur, de bons sentiments, est obligé d'augmenter la dose pour faire craquer la personne qui commence à lui échapper, à son insu de son plein gré. C'est généralement comme cela que ça se passe. Une des opératrices de support télépathe avait systématiquement des problèmes à résoudre pour ses enfants quand elle osait venir pendant 3 jours travailler chez nous. Ses enfants voulaient la garder pour eux tout seuls et elle culpabilisait de les laisser. Le cocktail idéal pour créer une catastrophe, que les entités exploitaient pour la perturber dans son travail. Car il y avait les deux phénomènes qui rentraient en ligne de compte. Elle était contente de venir travailler chez nous, ses enfants ne le faisaient pas non plus volontairement d'avoir des problèmes à ce moment-là, mais cela se produisait systématiquement.

Et c'est aussi de la responsabilité de l'empathique de résoudre ses propres besoins de reconnaissance ou d'amour, ou de culpabilité pour accepter que l'autre puisse ne pas l'aimer car elle n'a pas été disponible le jour J à l'instant T. Bien souvent se sont des relations qui vont prendre fin, l'exploiteur va trouver quelqu'un d'autre pour agir à sa place et l'exploité va lui rencontrer des gens qui vont le respecter dans ses nouvelles limites, jusqu'à trouver son propre équilibre.

Rappelez-vous la labradorite, si vous la portez pensant qu'elle va faire le travail à votre place, elle va se casser. Vous devez en même temps que vous la portez modifier votre attitude, sinon elle se casse (tomber et casser physiquement, ou vous allez la perdre, elle part). Elle ne va pas accepter de prendre en charge vos problèmes si vous ne faites rien,

Retrouver son équilibre intérieur

ce serait un comble pour elle. Et elle nous aide également à développer nos propres capacités personnelles. Elle vous aide à vous respecter et à vous occuper de vous, mais comme vu précédemment elle ne peut pas le faire malgré vous. Le chakra du cœur vous fait vous occuper de vous avant les autres. C'est le solaire qui vous décentre de vous, pas le cœur.

- **L'aigue-marine** : pierre qui permet d'être à l'écoute, certes des autres mais avant tout de soi-même, et qui permet de prendre du repos. Oh tiens dis donc, quand on est dans une écoute plus juste, on finit par prendre soin de soi, encore une fois. Elle permet de gérer les liquides dans le corps. C'est normalement le travail du chakra sacré de gérer les liquides, alors comment une pierre bleu pâle pourrait le faire. Hé bien c'est une question de roue chromatique comme nous l'avons vu sur l'explication des transferts d'énergie entre chakras. Si vous êtes trop dans une créativité matérielle, vous suractivez le chakra sacré, il est préférable à ce moment-là de créer dans l'énergétique pour le soulager. C'est donc bien le bleu qui calme le orange.

En cas de dysfonctionnement du chakra sacré il peut y avoir rétention d'eau, et l'aigue-marine gère les liquides dans le corps, il y a bien corrélation entre les deux. Donc pour baisser la suractivité de l'orange il faut mettre du bleu, ce qui va provoquer une libération et une circulation des flux stagnants. Si les chakras du bas, du petit moi, sont sur-sollicités, il va devenir compliqué de passer dans le soi supérieur et avoir une vision objective des choses. Cette pierre peut aider à rééquilibrer cet échange énergétique, soit en la travaillant au niveau de la gorge s'il y a un manque d'énergie dans le bleu, soit au niveau du chakra sacré s'il y a une suractivité de celui-ci. Et pour savoir où la mettre, allongez-vous passez la pierre devant chacun des deux chakras et voyez lequel est le plus en demande de son énergie.
Ou contactez-moi pour un bilan énergétique en lithothérapie.

À titre personnel, pour arriver à lever le pied au niveau du travail et calmer mon hyperactivité professionnelle, due à mon hyper

Retrouver son équilibre intérieur

responsabilité, en lien avec ma croyance « d'être forte », j'ai dû porter une aigue marine, pour m'aider à renverser la vapeur.

- **La larvikite** : c'est une labradorite mais qui n'a pas cristallisé pareillement à sa cousine de Madagascar car elle vient de Norvège. Elle est à mi-chemin entre la labradorite et l'obsidienne œil céleste. Donc en plus des effets de la labradorite, elle bloque la psyché négative. Donc elle sera très utile pour contrer ceux qui cherchent à vous faire culpabiliser. La culpabilité est une émotion uniquement destinée aux gentils. Vous avez déjà vu un con culpabiliser ? Pourtant ils osent tout et n'importe quoi et se moquent bien des conséquences négatives sur les autres.

Quand on ne se respecte pas assez et que l'on gère perpétuellement la merde des autres on est constipé. C'est pour cela que quand on lâche un ancien comportement, que l'on arrive enfin à lâcher prise, on se fait généralement une diarrhée. La période des plus gros lâcher-prise c'est du 20 décembre au 20 mars, tiens c'est étrange c'est généralement à cette période qu'il y a des épidémies de gastro, est-ce vraiment une coïncidence ? Le gros intestin gère aussi le relationnel, oh dis donc comme c'est rigolo.

C'est souvent par culpabilité que les gens n'osent pas remonter leur curseur, mais surtout c'est l'émotion qui se déclenche quand ceux qui les exploitent essaient de les faire renoncer à s'occuper d'eux-mêmes, comme je le dis plus haut, la culpabilité il n'y a que les gentils qui en ont, c'est une émotion toute spéciale pour eux. Une entité nous a dit un jour, pour moi c'est du nectar. Je ne dis pas non plus que si vous n'en ressentez pas vous êtes obligatoirement un con, il y a aussi les gens qui se respectent et qui respectent les autres, qui sont clairs avec leurs choix et leurs façons d'agir, qui n'en ont pas besoin. Ils peuvent agir et poser des limites sans s'en vouloir car ils se respectent.

P. a tenté d'utiliser cette émotion contre moi, en voulant me faire porter le chapeau de tout, et quand je lui ai demandé des exemples

Retrouver son équilibre intérieur

concrets de ce qu'il avançait il n'en avait aucun, juste des sous-entendus pour me refiler toute la responsabilité de ses actes que je refusais dorénavant d'assumer à sa place. Cela fait partie du jeu, mais quand je l'ai compris tchao, bye récupère ton paquet il t'appartient. Et je ne l'ai pas fait qu'avec lui, je l'ai fait avec d'autres personnes qui cherchaient à avoir une emprise sur moi en exploitant mon empathie, plusieurs personnes sont sorties de ma vie à ce moment par effet de rebond, cela veut dire que mon curseur était mieux placé pour moi. Et que mon syndrome d'abandon n'était plus là non plus, plus peur de dire les choses aux gens et de leurs poser mes nouvelles limites, même si je me retrouvais seule. Yes victoire, les exploiteurs de ma générosité énergétique et de connaissance partis jouer ailleurs, mes 40 ans d'expérience professionnelle ne sont plus disponibles en open bar, buffet à volonté, cela se mérite par un échange et un partage équitable.

*****

Si vous avez envie de faire quelque chose, mais que vous n'osez pas, à cause des effets secondaires sur certaines personnes, demandez-vous simplement si ces personnes s'inquiètent pour vous et des effets secondaires que leurs propres actes provoquent sur vous : « non » ! Donc c'est bon vous pouvez y aller. Faites ce que vous avez envie de faire. Et si vos actions vont juste « faire chier les cons », go aucune hésitation, je vous rappelle qu'une gastro (faire chier, j'ai utilisé ces mots exprès) c'est faire une mise à jour, dites-vous que si au final cela les dérange vous leur donnez peut-être la possibilité d'évoluer. En fait, vous leur rendez service. Je rigole, il est bon de temps en temps de faire un peu d'humour. Si la décision et l'action que vous désirez mettre en place est vraiment quelque chose qui vous tient à cœur, osez le faire. On part bien évidemment du principe que vous n'allez pas tuer votre voisin ou empoisonner son chien.

Et si vous vous rendez compte que les choix que vous avez faits ne sont pas judicieux, faites-en d'autres. Osez aussi modifier les choses jusqu'à ce qu'elles vous ressemblent, jusqu'à ce que vous soyez vous pleinement. Le changement se fait graduellement, marche par marche, à votre allure. **Udaya**.

Bien souvent en post-nettoyage c'est notre éducation qui nous empêche de faire ce que nous avons envie de faire. Je ne vous encourage pas à devenir des voyous, je vous dis juste pourquoi pas vous ? Personnellement je traverse dans les clous, mais je pense librement. Il y a des milliers de façon de réaliser son « chemin de vie », en dehors de la préprogrammation de naissance, mais la première chose à faire c'est de prendre conscience de ses propres fonctionnements limitants. De vos croyances transparentes, mais aussi comment rééquilibrer vos propres besoins. Peur de l'abandon, besoin de reconnaissance, d'être aimé, de plaire pour se rassurer, pour faire partie d'un troupeau protecteur. Un comportement grégaire hérité de notre nature mammifère.

*****

Trop souvent les gens confondent l'ego et l'égocentrisme. Quelques pierres si vous vous demandez si c'est votre cas.

- **L'azurite malachite** : elle permet de réguler l'ego, elle peut être portée par ceux qui en ont trop car cela les fera redescendre. Mais également par ceux qui en manquent, car elle vous laisse monter, si elle vous laisse faire c'est que vous n'en avez pas encore assez.

- **la vésuvianite** : qui régule encore plus le trop et le pas assez d'égo. Je m'en suis servie à plusieurs reprises avec mes formateurs, quand ils estimaient que j'étais trop envahissante, je portais la pierre pour savoir si c'était eux ou moi qui devaient lâcher prise. Et donc soit la pierre m'apaisait et je me calmais, ce qui me disait que c'était moi qui étais mal positionnée. Soit à un moment ou à un autre je rentrais en conflit ouvert avec l'enseignant, lui demandant de se repositionner vis-à-vis de moi. Et par contre cela n'a pas toujours d'efficacité, si la personne en face n'est pas prête à lâcher prise. Je continuais à porter la pierre et j'adaptais avec elle mon positionnement. Sur toutes les formations que j'ai faites jusqu'à présent, et vous verrez dans la liste que j'ai faite en fin

Retrouver son équilibre intérieur

de livre j'en ai fait pas mal, une seule formatrice a répondu à toutes mes questions, je l'en ai même remerciée. Elle fut étonnée de ce que je lui expliquais par rapport aux autres formateurs.

J'ai toujours compris très vite les choses, et je fais rapidement le lien entre les situations que j'ai rencontrées dans ma vie ou celle de mes clients et ce que je suis en train d'apprendre. Je fais très souvent les choses instinctivement, et les formations que je fais donnent une confirmation de ce que j'ai ressenti par moi-même dans ma vie ou vécu dans mes diverses séances de soins depuis plus de 20 ans. Et j'ai donc de nombreux exemples et cas à exposer pour avoir confirmation de ce que je suis en train d'apprendre et de comprendre et bien assimilé. Et cela me pousse encore plus loin dans la réflexion, mon cerveau fait le travail très vite et très loin dans l'analyse de toute cette compréhension qui découle du protocole que je suis en train d'apprendre. Et cela confirme généralement mes déductions passées.

La dernière formation que j'ai faite en décodage biologique, était fulgurante. J'ai d'ailleurs perdu tous mes repères, car cela m'a complètement changée, et m'a donné des clés sur mes propres conflits beaucoup plus loin que tout ce que je savais jusque-là, et tout était si limpide. Comme si je pouvais enfin ouvrir tous les verrous et avoir une vue d'ensemble. J'ai poussé encore plus loin par des soins de guidance quantique quand je n'arrivais pas à trouver le point d'origine du conflit. Je me suis retrouvée avec une telle déprogrammation que j'ai perdu tous mes repères. J'ai sombré dans un vide à remplir de moi, mais le moi non traumatique, le moi supérieur qui tente depuis tant d'années de passer, de s'exprimer et de se réaliser malgré tous ces traumatismes, freins et blocages.

Tous les conflits et mémoires cellulaires résiduelles de ce que j'ai écrit de ma vie dans mon précédent livre sont en train de s'effacer, de se délier et de me laisser le libre champ dans une autre réalité de mon existence. Je l'ai vu au magasin, je n'avais plus le même type de clientèle, je n'avais plus les mêmes discussions. Je vais beaucoup plus

Retrouver son équilibre intérieur

loin dans la pertinence du choix des pierres, car je remonte le fil plus facilement. Et au final j'ai même fermé le magasin car je ne me reconnais plus en tant que vendeuse, je suis thérapeute.

J'ai fait également un stage de resurfacing, et son auteur dit une phrase qui est tellement juste, « quand on ne tire pas sur le bon fil du sac de grain tout se bloque, et on est obligé de prendre les ciseaux pour l'ouvrir cran par cran. Alors que si l'on tire sur le bon bout tout se délie en quelques secondes, comme par miracle » en énergétique c'est exactement ça ! Si on est sur la bonne information et que l'on met la bonne compréhension, le cerveau libère le blocage instantanément et l'on revient à un état de bonne santé.

*****

Pour le décodage biologique, je n'avais pas son mode d'emploi, mais je me suis rendu compte que c'est ce que je faisais à mon cabinet avant 2018, avant l'hypnose régressive ésotérique. Je discutais avec les gens qui venaient me voir en consultation, un sujet me semblait plus pertinent qu'un autre. Je confirmais souvent mon ressenti avec le livre de Jacques Martel « le nouveau dictionnaire des malaises et des maladies ». Quand je trouvais le bon bout de ficelle, j'approfondissais la conversation avec les gens jusqu'à ce que s'éclaire la petite lumière dans leur tête. Je la voyais et la ressentais, je savais alors que le sac venait de s'ouvrir et libérait le blocage. Je n'avais pas le mode d'emploi, maintenant je l'ai, je gagne du temps. Comme dit la formatrice même en parlant de la pluie et du beau temps avec les gens on graine des informations extraordinaires. Mon cerveau se régale et mon intuition aussi car ils ont enfin le même protocole et je m'éclate. La matière a libéré tellement de préprogrammes que je suis moins fatiguée, moins contrainte à tout prendre sur mon dos, je me décharge du superflu.

J'utilise cette technique en post-session, car elle est vraiment pertinente. Et on ne touche pas au travail fait dans l'ésotérique, on met juste à jour le véhicule, pour faciliter la métabolisation. On est vraiment sur le fonctionnement du véhicule.

*****

Autrice Frédérique A. LONGÈRE

Retrouver son équilibre intérieur

Je sais maintenant que mes autres formateurs n'étaient pas bien positionnés dans leurs enseignements, ils n'admettaient pas que je puisse poser des questions avant qu'ils ne nous aient apporté eux-mêmes l'information. Ils voulaient rester les maîtres du jeu, être la seule personne à pouvoir comprendre et donc garder une certaine domination sur leurs élèves, affrontement de yang, toujours pareil. Ce positionnement, « je sais et pas vous », les flattait. Beaucoup avaient besoin qu'on les admire. Alors que moi en posant certaines questions je les déstabilisais, car des fois ils auraient été obligés d'admettre que je poussais la réflexion au-delà de leurs propres capacités d'analyse.

À titre personnel si un client va plus loin que moi je suis la première contente, car c'est le but. Faire en sorte que chacun aille vers ce qu'il est. Mon second mari n'a jamais accepté le fait que je lui dise qu'il est plus fort que moi en énergétique, car il n'était pas ok pour le devenir. Et pourtant c'est vrai et cela le restera malgré son insistance à penser le contraire, il a juste voulu faire les choses comme moi au lieu de les faire comme lui.

Je les entends depuis là les paranoïaques de l'égo, « oui mais ce n'est pas bon, d'en avoir trop ». Je ne parle pas de rentrer dans l'égocentrisme, mais bien d'avoir du respect pour soi.

*****

Souvent notre enseignant en psychosophie, nous disait : « Ne croyez rien de ce que je vous dis, mettez-le à l'épreuve, cherchez, fouillez, vérifiez. ». Après il ne faut pas non plus rentrer dans le leurre du mental qui vous interdit de faire, s'il n'est pas complètement repu d'informations. Vous deviendriez alors des livrovores ou vidéovores, qui cherchent en permanence à avoir plus de connaissances mais qui ne les mettent jamais en application.

Pour moi c'est pareil, je vous informe de ce que j'ai trouvé à force de chercher, je ne vous demande pas de me croire sur parole. J'ai testé avec et sans les invocations extérieures et les résultats ont été meilleurs sans invocation, largement meilleurs au long terme. Quand le mensonge prend l'ascenseur, la vérité prend les escaliers. Et c'est le temps qui va nous donner raison ou tort. Du coup on me traite de complotiste maintenant, avant de sorcière, d'oiseau de mauvais augure, de gourou et de marabout. Mais ce ne sont que les visions des autres pas la mienne, moi cela me fait rire. Il y aura toujours des personnes qui vont, quoi qu'il en soit, démonter tous les arguments que vous allez apporter, tout cela parce qu'ils ont des croyances limitantes qui les empêchent de remettre leur cohérence interne en cause.

Une fois une cliente m'a dit c'est la partie la plus dure du corps qui décide. J'ai bien rigolé, je lui ai alors répondu : « vous êtes en train de me dire que c'est l'os qui se trouve dans mon petit orteil qui décide de si j'ai le droit d'avancer ou pas ? » « Personnellement je vais continuer à penser que c'est mon énergie subtile qui me pousse à le faire ». Cette personne validait simplement qu'elle était complètement sous emprise de ses programmes limitants et de ses peurs.

Chacun son rythme, chacun sa capacité de compréhension et d'acceptation. Je ne suis là pour critiquer personne, chacun en est où il a la capacité d'en être, et ce n'est pas parce que je suis un peu en avance que je suis meilleure. Beaucoup d'autres qui s'ignorent sont meilleurs que moi. Et je l'espère sincèrement sinon on est mal barré.

Donc je vais vous donner des petits protocoles à faire régulièrement à votre rythme. Si vous considérez que cela ne va pas assez vite, faites-les plus souvent c'est tout, ou venez faire des stages ou séminaires avec moi.

Mais surtout et avant tout c'est vous qui décidez, donc si cela ne va pas assez vite à votre goût, soit vous êtes trop impatient, dû au « dépêche-toi », soit vous n'y mettez pas assez de présence, pour faire plaisir aux autres pas à vous. Ou encore que vous êtes tellement perfectionniste que rien ne trouve grâce à vos yeux, ce qui vous met des bâtons dans les roues et vous empêche de vous réaliser aussi. Les gens disent que

Retrouver son équilibre intérieur

de juste essayer c'est déjà échouer, moi je dis que de ne jamais essayer est un échec en soi.

Suivant les écrits d'Alice A. Bailey, il y a deux types de personnes : les mystiques et les occultistes. C'est comme pour la méditation, il y a la méditation passive et la méditation active. L'eau peut être bonne pour certains et toxique pour d'autres. Faire du sport peut être bénéfique pour vous, mais pas pour votre voisin, même si vous estimez que cela pourrait être bon pour lui, cela ne changera rien au fait que cela ne l'est pas. Quand on veut venir en aide à quelqu'un, il faut le faire dans ses limites à lui, pas en lui imposant votre comportement et ce qui a été bon pour vous. Il est plus constructif d'apprendre à connaître l'autre, regarder ce qu'il y a de mieux pour lui, et le valoriser, en sanscrit **Udaya**.

*****

L'enfer est pavé de bonnes intentions. Quand on vient en aide à l'autre, il ne faut pas devenir un bourreau soi-même. J'ai tout fait pour que mes enfants soient autonomes, ils le sont. Mais ils n'ont pas aimé la manière et du coup, ils m'ont tous considérée comme un tyran. Ne méritant plus de faire partie de leur vie. Ils connaissent pourtant les tenants et les aboutissants de pourquoi nous avons vécu comme nous avons vécu, mais ils ont décidé que ce n'était pas une excuse. Ok je valide.

Malgré toutes les difficultés que j'ai rencontrées dans ma vie et le stress que je vivais au quotidien, les mamans solo n'étaient pas encore reconnues par les institutions comme telles. J'aurais dû pouvoir rester une maman super positive, leur laissant faire ce qu'ils auraient voulu, ne leur demandant pas de participer aux tâches ménagères et surtout en ne m'énervant jamais. Le tableau idéal, que la société nous vend. J'aurais dû en plus de mes 3 jobs et une pension alimentaire non payée, et un burn out, dès que je passais la porte de la maison être la maman parfaite, la femme d'intérieur des années 50, celle qui s'oublie en faveur de ses enfants et qui n'a de but dans son existence que de servir sa petite famille. De nos jours, la CAF verse la pension alimentaire à la place du conjoint défaillant, et se débrouille elle pour se faire payer,

Retrouver son équilibre intérieur

enlevant ainsi une charge émotionnelle importante à la personne délaissée, et verse 180 euros par enfant pour les parents solo. Il me manquait 600€ à mon budget, avec trois enfants je les aurais eus de la CAF, un seul job aurait alors peut être suffi et j'aurais pu avoir une vie beaucoup moins stressante.

Quand il était petit mon fils, comme je vous l'ai dit, m'a demandé d'être à la maison avant lui, et que je sois présente et à son service. Je lui ai dit qu'il n'avait pas choisi la bonne maman. Je sais maintenant qu'il n'a pas choisi, mais quoi qu'il en soit les concepts patriarcaux archaïques ont la dent dure. Mais surtout on lui a choisi une mère comme moi pour le faire souffrir, ce qui lui a donné l'impression d'être négligé.

Il aurait fallu que dès que je passais la porte de la maison, je devienne yin. On n'a pas toujours ce qu'on veut. J'ai fait cela jusqu'à mon 1er divorce, mais ils ne s'en souviennent pas car ce sont les périodes émotionnellement compliquées qui impriment les croyances limitantes dans la psyché, pas ce qui se passe bien. J'ai tenté depuis l'âge de 20 ans d'échapper à ce yang trop fort sans y arriver, et avoir un mari responsable et qui assume ses responsabilités et qui pourvoit au bon fonctionnement financier de la famille. En fait les yangs agresseurs m'ont fait imprimer la croyance qu'un homme yang n'était pas protecteur mais agresseur.

Quelque part mes enfants ont raison, car d'être interférée n'est pas une excuse, c'est une explication, car nous avons en nous la capacité de réagir. Cela m'a coûté cher mais je n'ai aucun regret, ils sont libres. Mais encore très empreints des croyances que j'ai mis en action chez eux de par mon éducation autoritaire du « sois fort ». Ils ont, quand même, les outils pour agir comme bon leur semble dans cette société malade, et si le prix de cette liberté c'est qu'ils se détachent de moi, qu'il en soit ainsi. Vu qu'à la base ce sont les entités qui ont choisi nos places pour nous faire souffrir. Il faut des fois arriver à passer outre cette information pour réussir à pardonner et à vivre le moment présent et non ruminer sans cesse le passé. Cela demande de prendre

Retrouver son équilibre intérieur

sur soi pour en arriver là, une fois qu'on y est c'est très agréable et nous vivons comme si rien ne s'était passé. Même si certains jours nous rappellent tout cela, le reste du temps rester aligné et faire ce qui se présente à nous. Il n'est jamais trop tard pour bien faire, mais il est des fois trop tard pour réparer les erreurs du passé.

J'ai fait face et assumé tous mes choix, les pires comme les meilleurs, et cela je me le suis pardonné, et je me suis excusée, je n'attends l'approbation et la reconnaissance de plus personne. Car aujourd'hui que je connais tous les tenants et aboutissants, j'accepte les choix des autres, malgré la peine que cela a pu me faire. Par contre je ne vais pas rester dans mon coin, à attendre qu'ils changent d'avis. Je fais ma vie, je fais ce qu'il faut pour aller bien et je continue à avancer sur ma route. Même si cela choque certains que je puisse être heureuse sans eux.

Il y a un moment où eux aussi doivent assumer leurs choix, et ce n'est pas à moi de revenir sans cesse vers eux, sinon cela devient du harcèlement moral. L'une tente inconsciemment de prendre le contrôle sur moi en me rejetant. Et maintenant quelle qu'ait été notre relation avant, s'ils venaient à changer d'avis, ils savent que ma porte restera ouverte, non pas pour replonger systématiquement dans un passé boueux et douloureux, mais pour construire quelque chose de nouveau, sur des bases de pardon et de respect mutuel. Car il est hors de question que je réactive cette ligne temporelle sous interférence des entités négatives contrôlantes que j'ai mis tant d'efforts à quitter.

Bien que je le faisais déjà, que j'ai toujours essayé de faire de mon mieux, je fais en sorte de toujours être moi-même en pleine possession de toute mon énergie, être pleine de moi, pour pouvoir donner aux autres le meilleur, et surtout pour ne pas me faire polluer par les rancœurs des autres.

*****

Si pour prendre soin de l'autre ou pour pouvoir le côtoyer cela nous prend plus d'énergie que nous en avons, qu'il ne nous reste plus que le verre pour la soif, que nous sommes dans nos propres réserves, il faut refuser de le donner à ce quelqu'un d'autre qu'à soi. Cela m'a valu de perdre certaines amitiés de plus de 10 ans de le faire, mais sans cela, j'aurais de nouveau été très fatiguée. Ma limite était là.

****

Même les bonnes intentions comme je le disais peuvent être dévastatrices. Je faisais des échanges de soins avec une amie, elle pouvait pratiquer par téléphone, et à chaque fois que nous nous appelions et qu'elle détectait une anomalie, elle faisait un soin énergétique, que je n'avais par ailleurs pas vraiment demandé. Je me retrouvais donc à faire des séances tous les 2 ou 3 jours, ce qui me laissait très peu de temps pour métaboliser d'une séance à l'autre. Un jour, cette personne exigea la compensation de notre échange thérapeutique. J'avais tenté de démarrer mon cabinet avant la fin de mon chômage, mais j'avais dû reprendre un job alimentaire 3 semaines plus tôt. Mon ex-mari avait choisi ce moment-là pour refuser de prendre les enfants pendant les vacances de Noël. Je n'avais alors que le vendredi pour le cabinet.

Et mon premier vendredi de libre en 3 semaines à travailler 6/7 avec les enfants h 24 - 7/7, Noël et Jour de l'An, fut début janvier. Je n'avais aucun rendez-vous, j'allais enfin pouvoir me poser, les enfants ayant repris l'école, j'étais sur mon canapé au bout de ma vie. Le téléphone sonne à 11h, c'était mon amie : « j'arrive pour un soin vu que tu n'as personne aujourd'hui, j'en profite. » Je lui explique que si elle part maintenant elle arrivera à 12h30 et que je ne suis pas d'accord, je suis fatiguée et j'avais prévu de ne rien faire pour une fois. Elle n'en tient pas du tout compte, me met en porte-à-faux les séances qu'elle a faites pour moi, (je vous rappelle sans mon accord elle me les imposait aussi), et que je lui étais donc redevable. Et finit par me dire que si elle ne vient pas pour 12h30, elle sera là pour 14h et que je n'avais pas le choix.

C'est la dernière fois que je l'ai vue, je lui ai fait son soin, mais je lui ai aussi expliqué qu'elle n'avait pas le droit de m'imposer, quand me faire un soin, et encore moins quand venir en faire un pour elle. Que j'étais

Retrouver son équilibre intérieur

épuisée, et qu'elle me manquait de respect. Certes, je conçois qu'un échange doit être équitable, mais qu'il doit également être établi dans un respect mutuel. Son amitié m'a beaucoup manqué, j'avais beaucoup d'affection pour elle, mais il était primordial pour moi de mettre cette limite. Quand on est thérapeute, on se doit de respecter l'autre mais avant tout soi-même. Et de toute façon il vaut mieux mettre les limites tôt que tard. De toute façon en règle générale les gens n'aiment pas les limites, surtout s'ils débordent quasi systématiquement c'est que leur curseur ne tient pas compte de votre avis et ils ne seront de toute façon pas contents, mais vous vous irez mieux plus vite.

Je la remercie de toutes ces années que nous avons partagées car malgré tout c'est une belle personne. Elle n'est pas la seule à fonctionner ainsi, et même si cela part d'une bonne volonté et intention de sa part ce n'est pas pour autant juste.

Être de bonne volonté ne suffit pas toujours, car nous voyons les choses de notre propre point de vue et avec nos propres réponses, il est très compliqué de se mettre à la place de l'autre et de respecter son rythme et ses capacités. Même si j'ai de fortes capacités d'intégration, une séance tous les 2 ou 3 jours, comme je l'ai dit ne me laissait pas le temps de la métabolisation nécessaire. Il m'a fallu plus de 6 mois pour me restabiliser énergétiquement de toutes les mises à jour qu'elle m'imposait. Certes j'en avais besoin, mais point trop n'en faut. Respecter le rythme de l'autre est important car le brusquer ne fera que le faire retourner dans son ancienne cohérence pour se mettre en sécurité et tout le travail effectué sera effacé.

Je ne suis pas non plus exempte d'erreur de mon côté. J'aurais dû m'affirmer un peu plus, mais ma peur du rejet était alors trop forte. Avec mon syndrome d'abandon, je n'arrivais pas à poser des limites aux gens. Maintenant j'en suis capable, c'est beaucoup plus confortable. Les gens pensent dans l'inconscient collectif qu'un thérapeute est quelqu'un qui est dans le love-love, ne doit jamais avoir de problèmes, qui doit toujours avoir une patience infinie, je dis bien dans

Retrouver son équilibre intérieur

l'inconscient collectif. Je les comprends, dans mon côté yin je suis un peu comme cela, mais c'est sans compter sur mon yang qui lui s'affirme, et dès que je le fais, je surprends, et je me fais généralement traiter de mauvaise thérapeute. Car certaines personnes voudraient qu'on soit corvéables à merci.

J'ai dû prendre un téléphone pro, pour éviter de recevoir des appels à des heures et des jours indus. Est-ce que si vous aviez le numéro de téléphone portable de votre médecin généraliste, ou de votre chirurgien il vous viendrait à l'idée de le contacter un dimanche ou un jour férié pour prendre rendez-vous ? Est-ce que vous l'appelleriez pour avoir un SAV gratuit, est-ce que vous exigeriez de sa part une réussite de son traitement en 24h, voire même instantanée ?

Est-ce que vous vous permettriez de lui demander une consultation gratuite toutes les 5 consultations, ou un tarif préférentiel parce que vous êtes en difficulté ce mois-ci ? Est-ce que vous l'appelleriez ou lui enverriez un message à 23h le dimanche ? Je ne crois pas.

Mais il n'y a pas qu'eux, je reçois des mails et des Messenger promotionnels tous les jours et à des heures indécentes. Alors qu'il y a une réglementation à ce sujet. Et même s'il m'arrive d'être connectée très tard ou très tôt ce n'est pas pour autant qu'il faut considérer que je suis disponible pour du pro ou de la pub. Notre société du tout connecté a créé un effacement des principes de respect de base, ta petite lumière est verte alors je peux te contacter !

Les gens n'ont plus de limite, ni de discernement. Même dans le domaine dans lequel ils exercent, et je trouve cela bien dommage, car cela nous oblige à un moment de prendre du recul, et tellement de recul qu'on n'est plus du tout atteignable. Vous savez que vous n'êtes pas obligé de répondre à un appel ou un mail de votre patron en dehors des horaires de travail et pendant vos jours de repos. Combien d'entre vous le font ?

Retrouver son équilibre intérieur

Il est primordial que chacun se reprenne en main, et comprenne qu'avant tout on est tous responsable de nos propres comportements et que si quelqu'un vous pose des limites, et vous renvoie dans vos 22 c'est avant tout que vous avez abusé et que vous avez pour lui créer une intrusion dans son espace privé. Nous avons tous des droits mais aussi des devoirs, et c'est souvent de ne pas les respecter qui pose problème. Le tout, tout de suite, c'est un coup du striatum, et les gens manquent incroyablement de patience, ou de discernement, s'inventent des excuses pour justifier leur comportement intrusif. La personne qui m'a enseigné le décodage biologique, disait en permanence : « raison piège à con ! » dès que vous cherchez à vous justifier sur un comportement erroné, vous perdez de la crédibilité.

Aujourd'hui, je pose des limites, et je ne tiens pas compte des réactions névrotiques des gens, qui tentent en me rendant responsable de leur propre comportement, de me faire plier à leurs exigences.

Dernièrement j'ai eu affaire à un client manipulateur, qui se nourrissait de ma connaissance, et qui en plus cherchait à me rendre redevable. Genre c'est lui qui me rendait service en prenant rendez-vous à mon cabinet et en me recommandant à ses amis. Et il exigeait en retour des avantages et des remises. Cette personne était uniquement dans le paraître mais pas dans l'être et il exigeait des remerciements de ma part. Certes il m'a rendu des petits services, une ou deux fois, mais il m'imposait quand et comment je devais lui dire merci, et il essayait même d'obtenir des cadeaux de plusieurs centaines d'euros. Me faisant une pseudo liste dans ma boutique de ce qu'il aimait bien, quelques jours avant son anniversaire. Mais je conçois que j'ai moi-même laissé cette personne franchir cette limite, car j'étais très fatiguée et dans une situation personnelle très instable.

Cela n'a pas empêché que je redresse la barre le moment voulu. Et comme tous les clients que je remets en place, il a remis en cause mes capacités de thérapeute, ça me fait bien rire. Sous prétexte qu'on est thérapeute en paramédical on devrait prendre en charge les gens et

Retrouver son équilibre intérieur

faire le boulot à leur place. Et si on ne le fait pas on n'est pas de bons thérapeutes. La prise en charge de leur neurasthénie n'est pas un dû, bien au contraire. Dans les soins allopathiques on a déresponsabilisé les gens par rapport à leur état de santé pour leur vendre des traitements hors de prix.

Dans les soins holistiques, on sait et on fait en sorte tous les jours de rendre aux gens la pleine responsabilité de leur santé et donc de leur être et faire. Et nous sommes d'autant plus à même de justement poser ces limites.

Avoir plus d'humanité et de compassion, comprendre les tenants et les aboutissants ne veut pas dire que nous ne sommes pas aptes à nous respecter et que nous nous devons d'endosser la position de sauveur ultime. Quel que soit le comportement de l'autre vis-à-vis de vous, c'est que dans votre espace énergétique vous avez une faille sur laquelle ils peuvent s'accrocher et thérapeute ou pas c'est à chacun d'y remettre bon ordre et de se réparer.

Quand vous êtes dépendants des autres, vous êtes en permanence en potentialité de bourreau, sauveur ou victime, et c'est le discernement et l'objectivité sur vous-même qui vous permet de vous réaligner et d'en sortir. Nous sommes dans une société de déresponsabilisation sur l'autre, nous cherchons en permanence un bouc émissaire à ce qui nous arrive, faisant de nous des super victimes ou des super héros... comme les gens nés sous le soleil en lion, s'ils ne peuvent pas être les meilleurs du mieux, ils seront les meilleurs du pire. Tant qu'ils sont les meilleurs peu importe le système. Et notre société est calibrée pour un nivellement par le bas. Nous auto emmerder les uns les autres.

Nous ne pouvons pas continuer à rendre l'autre responsable de nos failles. À l'heure actuelle, la mode est au pervers narcissique, oui je dis bien la mode. Toutes les personnes qui nous font chier un tant soit peu sont des pervers narcissiques. Alors certes il y en a, mais il faut savoir que si vous tombez systématiquement sur ce type de personne, c'est parce que dans votre énergie il y a quelque chose qui les attire. Et faites

Retrouver son équilibre intérieur

également attention de ne pas en devenir un vous aussi à force de vous plaindre et de demander réparation en exigeant de l'autre une dévotion sans limite. La frontière est mince entre les deux.

Et jouer outrageusement les victimes, ne résoudra pas votre problème non plus. J'en sais quelque chose, j'avais une croyance transparente, qui m'obligeait à me mettre en danger, et donc je fonçais tête baissée dans les emmerdes. Me mettant en nécessité de toujours être borderline pour qu'on vienne me sauver. Eh bien je peux vous dire que d'en sortir n'est pas simple, mais on peut, personne ne viendra vous sauver. Et ensuite on est beaucoup plus équilibré, ça fait du bien. C'est reposant de ne plus être sur le fil du rasoir en permanence.

À un moment il faut reconnaître que nous sommes le seul maître à bord. Pour ceux qui ont lu mon premier livre, même mes diverses agressions, sont dues pour la plupart, à mon yang mal placé. Ce qui fait que les mâles dominants ne supportaient pas cette énergie chez moi et cherchaient à la casser. C'était bien sûr inconscient chez les deux, mais la concordance des faits et des failles ont permis les agressions. J'ai fait ce chemin de ne plus me positionner en victime, je peux donc maintenant croiser la route des bourreaux, ils ne trouveront plus en moi ce qui leur permettait de me sélectionner.

La victime doit sortir de son schéma de victime et le bourreau aussi, mais n'attendez pas de l'autre qu'il change pour vous faire plaisir, ne cherchez pas en lui le sauveur ou le rédempteur. Le changement se produit uniquement quand on arrive à saturation de notre propre système : « mais pourquoi je tombe toujours sur ce type de personne ? » « J'en ai marre de toujours… » C'est un bon début pour commencer à se remettre en question.

Hé bien c'est à vous de chercher le curseur qui est mal réglé dans votre espace énergétique. Cela peut être un héritage génétique, une croyance transparente personnelle ou transgénérationnelle, un fichier de sauvegarde suite aux traumatismes vécus ici ou ailleurs de par les entités négatives dans toutes les vies où elles ont eu accès à vous.

Retrouver son équilibre intérieur

Comme celui que j'avais de ne pas mourir riche, car les entités négatives contrôlantes ont obtenu l'accès à mon espace énergétique dans une vie où j'étais riche.

Tous ces fichiers inconscients conditionnent votre vie actuelle, et vous vous pensez que ce que vous vivez est la faute des autres
*****.

Je reviens deux secondes sur les pervers narcissiques, nous avons à l'heure actuelle, affaire pour un gros pourcentage, à des enfants rois qui sont devenus des adultes tyrans et qui n'acceptent pas qu'on leur dise « non ». Les gens sont dans un délire de l'éducation positive, et pensent que c'est en ne mettant jamais de limite à leurs enfants, en ne les frustrant jamais qu'ils vont faire d'eux des êtres heureux. Loin de là, l'éducation positive, c'est mettre des limites, les tenir et expliquer de façon positive à l'enfant pourquoi on lui interdit de faire les choses, ou qu'on lui impose un certain protocole pour le faire. Cela n'a rien à voir avec céder dès qu'ils font un caprice. Leur donner diverses propositions pour faire les choses plutôt que de les enfermer dans un seul et unique comportement, leur faire comprendre que l'adaptabilité est une force, plutôt que de faire plier l'autre à leurs exigences toujours plus délirantes. Toujours dire oui, ne leur apporte aucune possibilité de s'adapter aux circonstances, et c'est toujours les autres qui doivent s'adapter à eux, et si on les « aime » on se doit de céder à toutes leurs exigences. Ils confondent l'amour et l'approbation.

Déjà pourquoi poser des limites ? Avant tout c'est pour les garder en vie. Nous sommes actuellement dans un monde où on n'a plus le droit de leur dire non, une course au matérialisme plutôt qu'à la prise de responsabilité, c'est fait exprès pour les pousser encore plus vite dans le gouffre. Quand il y a de mauvais résultats scolaires on remet en cause la méthode d'enseignement et non le positionnement de l'enfant. Les deux sont à remettre en question bien évidement. Tout est fait pour faire baisser le QI général, c'est un des outils de la manipulation de masse. Cela va faire des adultes qui n'auront plus aucun respect pour rien ni personne, ça a déjà commencé depuis le début des 30

Retrouver son équilibre intérieur

glorieuses, le matériel avant l'humain. Faciliter la vie sous couvert de vider les comptes en banques. Baisser notre pouvoir d'achat tout en augmentant la nécessité d'acheter pour que l'on vive à crédit et qu'on n'ait plus d'autre choix que d'obéir ou tout perdre. Les parents sont démissionnaires, parce que submergés par le travail, le stress et les conditions financières qui se dégradent. Et comme ils ont été négligés dans leur propre enfance ils veulent compenser et c'est encore pire.

Il existe une grande différence entre « je ne veux pas » et « je ne peux pas ». Car le contexte économique en se dégradant, augmente la pression sur les parents, ce qui m'est arrivé. Et je suis passée pour une mauvaise mère aux yeux de mes enfants car je ne pouvais payer aucun extra, tout juste le minimum syndical de base pour survivre. Ils ont fini par attribuer une allocation, mais cela ne suffit de toute façon pas avec l'augmentation des prix actuels, cela les laisse toujours dans les mêmes difficultés. Il m'a fallu de nombreuses années pour m'en sortir psychologiquement. Mais la société est faite dans ce but.

Non pour me dédouaner, mais tout est fait pour en arriver là, que ce soit par manque de limite ou par excès, multi traumatisés, pour que l'on passe plus de temps à se réparer qu'à créer une autre réalité, que celle que l'on nous impose dans la matrice terrestre de crise perpétuelle.

Et ne parlons pas des TDAH ou troubles de l'attention créés par l'excès de sucre, ou le HPI, qu'on ne gère pas non plus, l'augmentation des autismes, et on laisse les parents seuls et démunis. Sacrifiant leur propre réalisation pour gérer l'emploi du temps de ministre des enfants, sport, musique, devoirs, quand on en a les moyens. Et si on ne peut pas tout payer on est directement mis dans la case des mauvais parents.

Quand j'étais enfant je n'avais pas droit au chapitre, jeune adulte aucune crédibilité par manque d'expérience, sans oublier le fait que je suis une femme donc rabaissée par principe d'une société patriarcale abusive, entre 30 et 48 ans j'ai tout sacrifié pour les enfants ; et maintenant oui maintenant, on voudrait me faire payer mes erreurs. C'est quand que ça s'arrête ? Hé bien le jour où on le décide. Et je l'ai décidé. Je me suis extraite de tout cela, pour mon bien à moi. Je ne vois pas pourquoi je paierais encore, d'avoir osé m'en sortir contre toute attente et d'y être arrivé. Certes je ne m'en suis pas sortie comme certains auraient voulu que je le fasse et alors. C'est à vous de décider, et uniquement à vous, un jour de stopper le hachoir qui vous a broyé depuis toujours pour extraire toute substance de vie, pour alimenter un système corrompu. **STOP MAINTENANT !!!**

Je souffre encore physiquement des conséquences de la décision que j'ai prise à mes 6 ans de faire du judo plutôt que de la musique, mais moins que si je m'étais fait violer à plusieurs reprises. C'est un moindre mal au final. J'ai capté une ligne temporelle où, si je n'avais pas fait de judo à 6 ans, je n'aurais pas pu me défendre à 13 ans, que mon père aurait fini en prison et moi j'aurais fini femme de ménage junky. Avec des enfants issus de mes différents viols, car j'aurais quand même switché yang à la naissance de ma petite sœur, car la première agression s'est passée 4 ans après sa naissance. Et je ne sais pas si mes enfants auraient finalement préféré avoir une maman junky comme cela m'était alors programmé, ou alors suicidée si je n'avais pas résisté au harcèlement mental des entités négatives contrôlantes, suite à mon premier divorce. Est-ce que ce scénario leur aurait plus plu ? Je vous rappelle que je ne devais pas m'en sortir !

Dans un monde où les familles sont constituées par les entités négatives contrôlantes pour mettre en difficulté les parents et les enfants par incompatibilité de fréquences énergétiques d'âme, il est compliqué de trouver une unique méthode d'éducation juste.

Je pensais les rendre solidaires, par mon mode d'éducation, en tout cas c'était le but. Mais cela a donné le contraire. L'intention de base était d'être plus juste que mes parents l'ont été avec moi et ma petite sœur (je me faisais très souvent punir à sa place) et au final, ils ont trouvé

Retrouver son équilibre intérieur

cela tellement injuste qu'ils s'en sont pris les uns aux autres. Chaque situation est unique et il faut au préalable connaître les fichiers préprogrammés sur lesquels les entités se nourrissent pour être plus objectif. Mais aussi traiter la problématique comme s'ils n'existaient pas et que nous sommes 100% responsables de tout ce qui nous arrive.

Je reste intimement convaincue que chacun essaie d'être, non pas le parent de l'année, mais en tout cas chacun veut le bonheur de ses enfants. Tout du moins pour les 80% de gens dit « normaux ». Il y a bien évidemment des gens mal intentionnés qui sont au courant de tout cela, mais nous sommes génétiquement programmés par notre nature humaine terrienne pour la sauvegarde de la race, donc protéger les enfants.

Et notre partie OGM extra-terrestre, des créateurs de clones esclaves, nous permet d'avoir des capacités ou option du véhicule encore plus intéressantes. La créature est toujours plus forte que son créateur. Et les lignées de véhicules issues des bâtards des faux dieux ont encore plus de capacités. Et finalement nous avons une conscience, énergie omnisciente issue de la source de vie, quasiment la même pour tous, interférés et interférents, qui n'a pas de commune mesure avec le véhicule, qui se sert de cette possibilité d'incarnation pour faire ses expériences.

Ne prendre ni l'une, ni l'autre de nos parties comme une excuse, ni une fatalité, mais bien comme une base de rétablissement. Ne pas en vouloir aux autres, entités incarnées, car même les contrôlantes sont contrôlées elles aussi, microcosme, macrocosme. Tout se répète dans les différents règnes petits ou grands.

Peu de ces possibilités d'incarnation ont un outil comme le nôtre pour retrouver sa liberté d'âme, comme celle que nous pouvons atteindre ici sur Terre. Nous avons, nous entités humanoïdes terrestres, la possibilité de fusionner avec notre partie subtile énergétique, et d'agir en pleine conscience que nous sommes autre chose que des êtres

Retrouver son équilibre intérieur

mortels, qui attendent un sauveur extérieur. Et nous avons une option sur terre : l'amour, à foison, à disposition de tous et pourtant qui manque à tant de monde, parce que nous l'attendons des autres alors que c'est un cadeau que nous devons nous offrir à nous en premier, et l'offrir à notre tour lorsque l'on en a assez pour qu'il déborde.

Nous avons une réelle possibilité de nous extirper de façon objective de nos fichiers erronés, qu'ils exploitent sous les mêmes contraintes que nous. Et finalement reprendre pleine possession de notre espace énergétique, de nos pensées et de notre pouvoir personnel de discernement et de choix.

En nous libérant, nous les libérons aussi car quand ils nous auront perdus comme nourriture, ils seront aussi dans l'obligation de trouver une nouvelle source. Quand il nous manque quelque chose nous avons deux possibilités :

- Le créer par nous-même,
- Le voler à celui qui l'a déjà.

Que voulez-vous être ? Une victime, ou un bourreau ? Un voleur ou un créateur ? Moi j'ai choisi, je sors des rares options limitées qu'ils nous imposent. Je reprends ma liberté, ni victime, ni bourreau, ni sauveur. J'existe en tant que moi, au service de mon énergie subtile, loin des considérations bassement terrestres, je veux créer une autre réalité et pour cela je récupère mon autonomie énergétique et de décision. ☐

Les religions

Sujet épineux, s'il en est. Il est évident que chacun pense ce qu'il veut, voici ma propre interprétation des choses. Je ne cherche à imposer mon point de vue à personne, mais j'entends également que l'on respecte ma façon de penser et que ceux qui sont très empreints de leur propre croyance sur le sujet s'abstiennent d'essayer de me faire changer d'avis, ou de me menacer en quoi que ce soit. J'aurais juste une

Retrouver son équilibre intérieur

question à leur poser : « est ce que vous vous changeriez d'avis même si on vous harcelait pour cela ? ».

Je sais qu'en parlant de ce sujet, je m'expose encore plus à la vindicte, même plus qu'en parlant des entités, mais ce n'est pas pour autant que cela va me faire renoncer à exposer mon point de vue personnel. Et si vous vous en prenez à moi en retour, je vous en remercie, c'est que vous donnez de l'importance à mon avis. Mais sachez que c'est une l'une des illusions les plus dommageables pour l'humain. Encore une fois ce n'est que mon avis personnel.

*****

Chez le monothéisme on a un Dieu omnipotent et toute une clique de sous-fifres, anges ou archanges, apôtres, prophètes, fils, martyres, saints, ... qui sont chargés de tout un tas de choses annexes. Donc ce Dieu supérieur et omnipotent aurait délégué dans la réalisation de son œuvre plein de choses, à plein de monde, alors qu'il est censé lui-même être capable de tout créer et gérer. Sans compter sur les anges rebelles déchus qui ont eu comme punition de venir sur Terre, qui finissent en enfer dans les textes.

Les anges déchus cherchent depuis lors à se venger, sur nous pauvres mortels. Alors ce mec qui est capable de créer tout cela, ne serait pas depuis capable d'assumer sa relation à ses fils. Ses fils rebelles qui se sont auto-érigés comme dieux polythéistes car trois à la base, cette fois-ci. Ils sont arrivés là en reniant les préceptes et la domination malsaine de leur père.

Entre celui qui vit un égocentrisme démesuré s'érigeant au rang de Dieu, qui prend la place du père de l'humanité, bien souvent sous l'égide du soleil du coup ou du feu, ou ceux qui se rebellent et qui créent leur propre système de domination tout en n'arrivant pas à se mettre d'accord qui choisir au final ?
Cela ressemble à un épisode du parrain ! 😝

Retrouver son équilibre intérieur

Mais monothéistes ou polythéistes rien ne change, c'est toujours sur nous que cela retombe, que ce soit par le feu (le père) ou par l'eau (la mère).

Vous avez quand même remarqué que soit on brûle, soit on se noie. Babylone est partie dans le feu et l'eau ; Rome a Brûlé ; les Égyptiens, qui poursuivaient Moise, ont été recouverts par les eaux ; Noé c'est le grand déluge ; les tablettes auraient été gravées par le feu du ciel : les éclairs, le buisson ardent…. On nous gouverne par le feu et on nous punit par l'eau. Et quelle est la grande menace actuelle, et de quoi les gens parlent sans arrêt, et comment on nous oblige à nous restreindre, allez
je vous laisse réfléchir. Suspense…. Le climat !

*****

Que ce soit Zeus, Poséidon ou Hadès, Isis, Osiris ou Seth… ils sont incapables de s'entendre entre eux, ils tentent de s'entretuer et c'est à eux ou à toutes leurs déclinaisons, fils ou bâtards que l'on devrait remettre notre rédemption. Hercules = Héraclès = Ganesh = un bâtard, gros lourdaud, alcoolique, agressif, tueur, devant prouver sa capacité à vaincre les affres terrestres pour prétendre au Panthéon. Devant affronter les travaux correspondant aux 12 signes du zodiaque, sous l'influence desquels nous sommes sur Terre, pour quitter le plan humain terrestre et devenir un Dieu. Après la météo, que regardent les gens dans le journal : l'horoscope ! Cela pourrait être risible si ça n'était aussi pathétique.

Le fameux Hercule laisse son travail à un autre, dès son 1er travail, ami qui se fait manger ; il tue son meilleur ami un centaure, dans une bagarre alcoolisée ; il tue la reine des amazones.

Le centaure est le symbole du Sagittaire, il s'agit de la terre, maîtrise de la bête notre nature mammifère par l'esprit, c'est le signe dans lequel nous devons mettre en application dans notre quotidien ce que nous avons compris et acquis comme enseignement. En plus Hercule pervertit au passage son ami, en se prenant une murge avec le vin

Retrouver son équilibre intérieur

destiné à l'ensemble, double égocentrisme. En fait au départ il rate tout et nous sommes également soumis à ces cycles mensuels via les constellations du zodiaque, une répétition sans fin, afin d'obtenir la sagesse nécessaire pour quitter la Terre. Et en plus ces interférents que sont ces pseudo-dieux ne respectent pas les règles du jeu en venant nous perturber au max tout du long, pour éviter qu'on y arrive.

Créant comme pour eux des cycles de violences et de vengeances sans fin. Et ne parlons pas de leurs femmes, les déesses bafouées trompées qui tentent par tous les moyens d'éradiquer les bâtards de leurs maris infidèles ; car les dieux sont des coureurs de jupons terrestres invétérés. Copulant dans les orgies terrestres ou sous couvert de tromperies polymorphes, ayant en plus droit de vie et de mort sur nous. Alimentant leurs propres conflits familiaux perpétuels qui ne nous concernent pas à la base, mais tournés contre nous, parce qu'ils utilisent leur pouvoir suprême pour déchoir ou tuer qui ils veulent quand ils veulent. Est-ce vraiment à leur jugement que nous devrions remettre la rédemption de notre âme ?

Quant à ceux qui ont été déchus ou bannis, ils s'en prennent directement à nous humains, nous enfermant dans un cycle de réincarnations sous contrôle de leur seule approbation. Approbation de toute façon jamais accordée pour quitter la Terre car leur but c'est de traumatiser les joujoux de leur grand frère ou père !!! Tu m'as puni alors je casse tes jouets préférés ! C'est l'Archange Michaël qui tient ce rôle de peser les âmes, alors que c'est lui qui a banni les anges déchus, ses propres frères sur Terre. Hadès qui peut s'appeler aussi Lucifer ou Anubis… Zeus qui s'est appelé Ra, Hélios, Thor ou Odin… les noms changent mais c'est toujours les mêmes.

Nous faisant revivre en boucle nos pires tourments pour nous châtier de tout et n'importe quoi. Se nourrissant, se délectant sur nous des conséquences des misères vécues pendant l'incarnation terrestre. Qu'ils nous ont eux-mêmes choisie pour être le plus grassement nourris par les effets secondaires. En emprisonnant notre partie

Retrouver son équilibre intérieur

lumineuse pour qu'elle ne puisse pas nous aider à nous en sortir, pour que l'on ne puisse jamais fusionner et ascensionner. Et ils se font passer pour nos sauveurs, pour qu'en plus de se nourrir sur notre misère ils puissent également se nourrir sur nos espoirs.

Reportant sur le plan terrestre leurs propres conflits fratricides exportés des conflits intergalactiques auxquels ils ont eux-mêmes essayé d'échapper en s'installant sur Terre. Et ils ont fait pour nous, dans ces diverses luttes parricides, fratricides et infanticides, de la Terre un enfer. Lucifer est devenu roi des enfers, l'enfer est donc sur Terre, oh mince ça alors je n'avais pas remarqué. Avant eux nous étions tranquilles, mais nous sommes devenus les esclaves des envahisseurs. Et n'est-ce pas ce que nous faisons à notre niveau de chacun des peuples dont on envahit le territoire, tuer, violer, asservir, piller les richesses… En imposant également nos propres croyances religieuses aux autochtones… les croisés, la « découverte des Amériques », les colonies… Gengis Khan, Alexandre le grand, la Grande Catherine II de Russie, Charlemagne, Napoléon, Les conquistadores sous rémunération des têtes couronnées de Castille… Georges Bush junior et senior. Sous l'influence de ces faux dieux annihilateurs, qui ont exploité les instincts grégaires des clones serviteurs, l'humanité n'a fait que reproduire leurs propres schémas.

Et nous, nous vouons à ces êtres pervers notre dévotion et notre rédemption, et attendons inexorablement qu'ils viennent nous sauver.

Qu'il y ait un Dieu principal ou une multitude d'autres dieux, demi-dieux ou bâtards de Dieu, à chacun son sujet de prédilection, pour moi c'est bonnet blanc et blanc bonnet. Le fameux Hadès, portant un casque d'invisibilité comme Siegfried dans la mythologie germanique, est un dieu cruel, craint de tous, volant les âmes, et les empêchant de remontrer au monde des vivants, hors matrice terrestre. Il est décrit comme Dieu des enfers, alors qu'il était en fait Dieu de la Terre et de ses richesses. C'est drôle comme la Terre est systématiquement assimilée à l'enfer dans nombre de ces croyances.

Retrouver son équilibre intérieur

Ils ont créé des clones issus de l'évolution terrestre, avec des OGM extraterrestres (le chaînon manquant), se servant de nous comme des esclaves et de la nourriture, nous tuant au gré de leurs humeurs. Et à chaque fois que l'on arrive à la compréhension de tout cela, ils nous éradiquent en masse dans des grandes catastrophes soi-disant naturelles, pour nous faire suffisamment peur et que l'on revienne les aduler. Oui nous sommes, à la base, des mutations génétiques de ce qu'ils ont trouvé sur Terre et fait muter en laboratoire pour nous asservir. Ils avaient besoin de main d'œuvre, pour les servir et les nourrir. Et ils n'ont aucun intérêt à ce que cela cesse. Nous spoliant au passage de la connexion à notre lumière personnelle, car ils savent très bien que si nous sommes connectés à elle, nous n'accepterons plus de leur être soumis. Que nous retrouverons notre pleine mémoire d'âme et échapperons à leurs manipulations émotionnelles et mentales perverses.

Quand une civilisation est sclérosée, et qu'elle a besoin de réagir, elle crée des gauchers yang, des dominants qui remettent en cause l'ordre malsain établi en inversant beaucoup de choses. Mais aussi des dys-, qui ne sont pas en capacité d'être formatés et utilisés par le système. Perso en étant cerveau double yin et yang, et multi dys, je suis capable de trouver des solutions autres, hors cadre, à multiples facettes qui mixtent tout un tas d'informations qui habituellement ne s'assemblent pas, moi j'arrive à les additionner. Je suis complètement réfractaire aux dogmes et au « c'est comme ça qu'on fait, un point c'est tout, obéis », le truc à ne pas dire en fait avec moi !

Interdire ou obliger juste par principe ça ne marche pas chez moi. Quand je fais quelque chose je le fais parce que j'ai posé une réflexion dessus et que j'ai trouvé cela pertinent, sinon rien à faire, je ne le fais pas.

*****

Pour ce qui est de nos trois principales religions actuelles : trois archanges dictent la genèse à Abraham, les trois fameux frères qui se

Retrouver son équilibre intérieur

rebellent à l'autorité de leur père, profitant qu'Abraham écrit cette genèse en rébellion aux croyances de son père, qui vouait un culte à Enki le Dieu extraterrestre... il y a des fois où 1 + 1 ça fait 2. Trois fils rebelles trois archanges, dont un qui ne veut pas que les âmes quittent la Terre, et qui se substitue à l'autorité patriarcale en en mettant une nouvelle encore plus restrictive en place. Ils se sont servis de la rébellion d'Abraham pour imposer de nouvelles croyances, afin d'être nourris eux plutôt que leur père, un putsch en fait, dans la gouvernance de la masse esclave terrestre. Car Michaël terrasse un dragon, les dragons étant les chefs des reptiliens. Il y a eu à ce moment-là un changement de dominant dans les contrôlants. Et si l'on regarde d'un peu plus près, est ce que celui qui fait un putsch pour renverser le pouvoir en place est meilleur que celui qu'il a remplacé ? Généralement c'est encore pire après malheureusement, c'est comme avoir le choix entre la peste et le choléra.

******

Quand je lis une information, elle se juxtapose par aimantation, à d'autres déjà présentes dans ma mémoire. J'ai tout à fait conscience que ce sont les fonctionnements de la matrice. Le plus gros mensonge derrière celui qu'ils nous servent depuis des millénaires pour nous annihiler. Car nous ne sommes que du bétail pour eux : en sumérien religion, d'après la traduction d'Anton Parks : « loi qui régit les moutons », et nous sommes les brebis de dieu.

Plus nous récupérons la connexion à notre conscience et donc à nos mémoires de vies antérieures (terrestres ou non), plus nous y voyons clair dans la manipulation mentale dont nous faisons l'expérience ici-bas. C'est pour cela qu'ils nous écrasent de plus en plus et qu'ils durcissent le système économique, et créent des conflits multi raciaux, religieux et même intra-raciaux comme avec les vaccinés ou non, ces dernières années. Ils nous occupent à nous taper dessus entre nous, pour qu'on ne voie pas l'envers du décor, et qui tire vraiment les ficelles derrière tout cela.

Retrouver son équilibre intérieur

À l'approche de Noël, les gens inondent la toile avec des photos de crèche, alors que nous sommes à plus d'un mois. Je trouve cela très agressif, mais en période d'effondrement les gens cristallisent sur leurs croyances limitantes encore plus que d'habitude, car ils ont peur et leur cohérence interne les fait se raccrocher à leur préprogrammation. Alors que la date de la soi-disant naissance du petit jésus, n'a jamais été le 25 décembre, ça a été mis là pour nous occuper à autre chose sur un changement énergétique important du cycle solaire, pour casser les fêtes païennes alors plus populaires, et récupérer des fidèles. Cela s'appelle une action de marketing, qui porte maintenant une soi-disant tradition avec le Père Noël, qui est passé de saint Nicolas en vert (6 décembre) au Père Noël rouge actuel en 1838 par le dessinateur Robert Weir. Et a été récupéré par Coca-Cola pour vendre ses sodas en hiver, car les gens ne les consommaient alors qu'en été. C'est en 1930 avec une campagne de pub qu'ils ont internationalisé ce Père Noël rouge et blanc. Toutes les fêtes religieuses sont devenues des fêtes commerciales.

Pour les fêtes païennes, elles n'étaient pas forcément plus justes, car basées sur la peur que le soleil ne revienne pas. Et c'était aussi un haut moment de sacrifices d'enfants aux forces occultes négatives, sacrifices aux dieux mangeurs d'hommes pour qu'ils soient repus et ne tuent pas tout le monde juste par simple agacement d'un service mal rendu. Des offrandes et des sacrifices que nous faisons maintenant d'une autre manière mais toujours dans un but alimentaire. Et les faux dieux se repaissent encore tout autant de l'énergie négative déployée à cette période de l'année. Les bons sentiments développés pendant les repas de famille. À offrir des cadeaux souvent inadaptés ou trop chers, avec une quantité de nourriture qui pourrait nous permettre en temps normal de tenir au moins une semaine, dévorée sans plus de goût que cela en quelques heures. Quelle belle tradition !

*****

Si on y regarde d'un peu plus près, dans les comportements de ces soi-disant dieux, par exemple Méduse, fille de Gaïa et de Pontos, une très belle femme, séduit involontairement un Dieu, Poséidon (un des trois

Retrouver son équilibre intérieur

frangins), qui ne trouve rien de mieux que de la violer dans un des temples d'Athéna. Athéna folle de rage qu'il ait sali son temple par cet acte odieux, transforme Méduse ainsi que ses deux sœurs, en monstres, les gorgones. Et on connaît la suite. Perse demi-dieu (fils bâtard de Zeus et de la femme du roi Midas), tue Méduse, qui est devenue méchante, pour ensuite aller tuer un autre monstre cette fois-ci envoyé par Poséidon.

Mais à la place de Méduse, vous n'auriez pas aussi eu les boules et pété un câble, si après avoir été violée par un faux dieu, une fausse déesse vous transformait vous et vos sœurs en gorgones pour payer l'offense faite à son temple. Vous faisant au passage passer pour la méchante. Il y a quand même de quoi péter un câble, non ! Cela ne vous rappelle rien, victime d'un viol, elle est punie et le violeur n'est pas inquiété, la voilà la justice divine sur laquelle vous vous reposez. Et comment sont considérées dans la plus grande majorité les victimes de viol à notre époque ? Posez la question à Gégé ou allez prendre vos vacances sur une île privée… aller je plaisante bien sûr, ou pas !

*****

Zeus qui trompe ses multiples femmes, avec de multiples maîtresses terrestres. Héra, sa femme, harcèle et se venge sur les enfants issus de ses conquêtes extra conjugales…. Enfants bâtards, qui sont des demi-dieux et qui cherchent juste à retrouver l'amour de leur père. Et leur mère est sacrifiée par son propre mari terrestre, ne lui pardonnant pas d'avoir été elle dupée et lui trompé. Tu m'étonnes qu'on se soit rebellé contre ces dieux-là. Sans compter les multiples bâtards semi-humains, qui veulent obtenir l'héritage qui leur est dû, parce qu'en plus, vu que ce sont des demi-dieux, ils sont plus forts que les humains terrestres de base, et en profitent pour eux aussi nous écraser pour prouver leur valeur aux yeux de leurs pères, qui s'en tape le coquillard comme de l'an quarante. Il paraît que dieu nous aurait faits à son image, ben je confirme les humains se comportent bien comme ces infâmes personnages.

Retrouver son équilibre intérieur

Si on prend les choses depuis ici et maintenant, ceux-ci ne sont plus vénérés, enfin presque. On a transféré notre dévotion sur d'autres, enfin pas vraiment au final. C'est normal que toutes les histoires se ressemblent, car ce sont toujours les mêmes avec d'autres noms, il y a toujours les trois frères, ou la vierge qui a un enfant sans avoir joué à touche-pipi et ce fameux fils parce que c'est toujours un garçon jamais une fille. Dont il existe, pas loin d'une centaine d'exemplaires en fait, avec des noms différents et histoires adaptée pour le même personnage. Il a toujours 12 personnages autour de lui. L'histoire est juste suffisamment modifiée pour être adaptée à l'étymologie et l'histoire locales et paraître nouvelle et unique.

*****

Pour revenir à des considérations plus récentes et étudier le démarrage de ce que nous considérons comme nos croyances actuelles, Gabriel (Djibril dans le Coran) est tiré du livre de Daniel, prophète, décrivant les événements se déroulant pendant la captivité du peuple juif à Babylone, sous Nabuchodonosor II. Ce serait un messager, annonçant la venue du Messie. Ces écrits vont de 600 à 150 av JC. Pareil les dates c'est du pipotage, mais bon il faut bien partir d'une base. Certains passages sont écrits en grec, d'autres en hébreu, sa composition finale date du règne du roi Séleucide qui cherchait à éradiquer le judaïsme. Quand on sait que l'histoire est racontée par les gagnants, on comprend mieux le méli-mélo. Écrit dans un style apocalyptique à la mode à cette époque, époque des Maccabées, famille juive, qui mena la résistance contre les Séleucides. Et Judas Maccabée fut l'un des héros de cette révolte.

Vous faites le rapprochement ou pas ? Judas devient le méchant de l'histoire, celui qui fait tuer le prophète. On dirait un mauvais roman où l'on ne change même pas les noms. Ce doit toujours être les mêmes qui dictent l'écriture des séries soap opéra sans fin, ni queue, ni tête.

Et on retrouve au final l'archange Michaël, chef de la milice céleste. Déjà milice céleste, un être de lumière chef d'une milice. Il joue un rôle majeur dans l'Apocalypse, je vous rappelle que le type d'écriture apocalyptique date de la guerre entre Séleucide et les Maccabées à Babylone. Et il bat un dragon, un reptilien. Ce type d'écriture apocalyptique nous fait toujours craindre le jugement et les foudres divines ; ainsi que l'Apocalypse elle-même. Cela fait des millénaires qu'ils nous tiennent avec la même histoire.

Abraham père de nos croyances actuelles, fils de Terah, qui lui vénérait le dieu Enki, a vécu 175 ans, et ses ancêtres qui remontent jusqu'à Noé sur 10 générations, ont vécu entre 250 et 400 ans chacun. Tous des sumériens, et si vous voulez avoir une plus grande compréhension de qui était Enki, je vous encourage à lire les livres d'Anton Parks, une merveille.

Ils apparaissent tous dans les religions abrahamiques (base du judaïsme, christianisme et islam) qui revendiquent l'héritage d'Abraham. Originaire de Ur non loin de Babylone, Abraham qui migra en pays égyptien, se fit prendre sa femme Sarah et sa sœur par un pharaon.

Moïse est son descendant de deuxième génération né en territoire Canaan alors sous l'égide de l'Égypte. Et les plaies d'Égypte énoncées comme des signes, sont en fait les effets secondaires de l'éruption d'un volcan en Grèce, sur l'île de Santorin, force 7 sur une échelle de 8. Phénomènes naturels utilisés contre l'humain, renommés plaies, pour lui faire croire que ces calamités sont de son fait et qu'il paie ses actes de rébellion. C'est sous le coup d'un danger de mort que l'on programme nos croyances limitantes, qui ensuite vont tourner en boucle, et se réactiver à chaque grosse trouille ou évocation d'un danger potentiel.

Revenons aux effets secondaires du volcan. Faisant ainsi passer pour un prophète celui qui a su utiliser ses plaies pour échapper à la tyrannie des dieux égyptiens, toujours les mêmes entités négatives contrôlantes et asservissantes. Un fils (encore un) sauvé de la tyrannie et de l'infanticide et qui devient un prophète. Et bim ! On recommence

Retrouver son équilibre intérieur

le fils sauveur du peuple, qu'il embarque sous une nouvelle histoire de dévotion au tout puissant dieu sauveur. Les tablettes, le buisson ardent et pif paf pof, on repasse d'une croyance polythéiste à une monothéiste sous l'égide du feu, histoire d'embrouiller les cartes.

*****

Dans la même lignée, on trouve Jésus, qui est un descendant du roi David. Vous suivez toujours. Les 3 principales religions qui se battent entre elles actuellement sont issues du même homme, de la même région, Ur à proximité de Babylone, et tout cela sur le territoire sumérien, issues de la rébellion d'un fils par rapport aux croyances de son père. Enjolivées et modifiées au cours des siècles au gré des besoins de chacun, pour la manipulation et le contrôle des masses. Avec les dix commandements cette fois-ci : si tu ne les respectes pas tu es considéré comme un.e hérétique, un pécheur, et tu es condamné à l'errance spirituelle, excommunié par un dieu qui lui se permet tout. Mais comme pour survivre il faut appartenir au troupeau, tu te plies aux exigences des humains qui décident, et à l'époque ce sont très souvent les prêtres, si tu es excommunié tu es exclu de la communauté, chassé et tu meurs de faim de froid ou de soif ou mangé par les bêtes. Bingo, et des milliers d'années plus tard on est encore sous ces croyances limitantes, pourtant on n'a plus du tout les mêmes conditions de vie, mais ils savent utiliser les bons mots pour nous maintenir dans cette peur de l'exclusion.

*****

Jésus de Nazareth faisait des prédictions et pratiquait des guérisons et exorcismes, dont celui de Marie Madeleine, qu'il délivra de 7 démons. Je dis à titre personnel depuis plus de 20 ans que c'était un grand magnétiseur, bien avant de tomber sur ces explications ailleurs. Car l'effet secondaire des viols de femelles humaines esclaves c'est qu'ils créent des lignées avec des potentiels plus intéressants. Jésus est un bâtard des dieux.

Et vu comment nous les « paranormaux », sommes traités de nos jours par les instances dirigeantes, imaginez comment ça n'a pas dû leur plaire qu'il utilise ses capacités pour guérir les traumas créés

Retrouver son équilibre intérieur

volontairement par les interférences de ces faux dieux. Du coup la ferveur qu'il déclencha alors ne plut pas aux autorités d'état et religieuses. Ces derniers, sous l'influence de ces faux dieux, vivaient un peu plus cachés déjà à cette époque pour éviter un autre effondrement ou rébellion. Ils avaient déjà raté leur domination malsaine à plusieurs reprises : d'où la tentative d'éradication des masses à l'époque de Noé, Babylone, Égypte et l'Atlantide. Donc là ils se faisaient plus discrets et les faux dieux menaient maintenant la danse depuis un plan énergétique invisible à l'œil humain. Néanmoins ils firent par l'intermédiaire de leurs serviteurs les plus zélés, à la tête de l'état et du système religieux alors en place, crucifier Jésus pour mettre fin à son travail. Il venait en aide aux indigents quel affront ! Un bâtard qui ne décime pas le peuple mais l'aide à échapper aux affres créés par les faux dieux pour les nourrir.

*****

Qu'à cela ne tienne, ils se sont servis de la ferveur née autour des actes honorifiques de « Jésus », un de leurs bâtards, qui préféra au final sauver ses congénères humains pour l'amélioration de la condition d'existence de la masse, plutôt que de se servir de ses capacités pour retrouver l'amour du père et avoir une place au panthéon. Ben oui, les faux dieux ne se montrant plus, difficile de revendiquer la paternité et obliger le bâtard à leur obéir en espérant sa récompense.

Ils se sont donc servi de la ferveur du peuple pour cet homme « demi dieu » qui s'est voué à la subsistance des esclaves pour le faire passer pour le messie tant attendu. Qu'ils avaient eux-mêmes fait espérer au peuple et finalement tué, pour leur maintenir un semblant d'espoir. Oui le sauveur est généralement un bâtard qui n'obéit pas au père. Bâtard qu'ils ont fait tuer car devenu gênant mais dont ils se sont servis pour encore et toujours alimenter leur propre système de domination.

Ce mi-homme, demi-dieu, qui a préféré venir en aide à la masse dominée, ne s'appelait pas plus Jésus, ni Horus, ni Bouddha. Je vous encourage à lire « les chroniques de Girku », d'Anton Parks, là est décrite sa vraie origine. Et il a existé à une époque très lointaine, mais

Retrouver son équilibre intérieur

son mythe perdure et est détourné dans l'espoir d'un sauveur, alors que ce qu'il avait en lui pour agir ainsi nous l'avons aussi en nous et nous ne nous en servons pas.

*****

Comment les faux dieux ont-ils détourné les faits en leur faveur ? Marie Madeleine, dite en fait Marie de Magdalena, fut une de ses disciples, voire maîtresse après cela ne nous regarde pas. Elle aurait été en tant que porteuse de myrrhe, témoin de la résurrection de « Jésus », qu'elle rapporta aux douze autres disciples. Elle ne l'aurait pas reconnu tout de suite, elle essaya de le toucher et « Jésus » de lui dire alors : « Ne me touche pas ! ». Et ce fut cet événement qui le désigna comme le Messie, sa résurrection, pour le christianisme primitif. Et on le trouve sous le nom de Isa (fils de Maryam) dans le Coran, où il est considéré comme un prophète majeur, confirmant bien ses capacités extra sensorielles.

Petit détail qui a son importance : pendant les sessions d'hypnose régressive, on touche tout ce qu'on voit pour être sûr que ce que nous avons devant nous est bien ce que ça prétend être. Et il a refusé d'être touché. Pour moi ce n'était qu'une entité qui a pris son apparence pour mettre la machinerie en marche.

Tout ceci se passait au moment des fêtes de Pâques, Pessa'h à l'origine. Une fête juive, qui célèbre l'Exode hors d'Égypte, et le début de la moisson de l'orge. Donc réattribution des rites de dévotion des anciennes croyances vers les nouvelles au solstice de printemps.

Son disciple Saint Thomas qui a soi-disant touché « Jésus », a en fait mis la main dans le trou de la plaie laissée par la lance, pour l'achever, car il ne voulait pas mourir assez vite, ben oui un bâtard des dieux c'est plus résistant qu'un simple clone de base. Il y a une différence entre toucher et mettre la main dans un trou. Donc M. Thomas n'a pas touché l'entité, il a simplement confirmé la présence d'un trou sur l'illusion, le mirage, créé par les entités contrôlantes pour faire passer « Jésus » pour le messie. Et en plus si on est très imprégné par sa croyance on aura du mal à quitter l'illusion, ce cher Mr Saint Thomas, est à l'origine de la

Retrouver son équilibre intérieur

phrase : « je ne crois que ce que je vois », hé bien avec cela on n'est pas rendu, vu que les entités ne sont pas sur une fréquence visible physiquement par l'œil humain.

Les ferveurs des humains esclaves étant moins nourrissantes, ils avaient besoin d'un regain d'intérêt, une opportunité de créer un nouvel espoir au peuple, enfin servir au peuple ce messie tant attendu, et d'ailleurs les gens l'attendent encore bien, preuve que ce n'était pas lui.

La crucifixion de « Jésus » qui était un rebelle au système, (religion en place et état qui étaient cul et chemise à l'époque) leur en donna l'opportunité pour fédérer un peuple déjà bien éprouvé et à la limite de la rébellion. Les entités négatives contrôlantes ont mis la machine en route, et Marie de Magdalena, qui avait déjà été largement infestée était la candidate idéale. Quand on sait ô combien on est fragile pendant la métabolisation post-session, et avec le choc émotionnel dû à la crucifixion de « Jésus » son mentor et amant, elle devait avoir des fréquences ras les pâquerettes. La candidate idéale pour se faire reprendre dans leur scénario de résurrection, écrasant ainsi les autres croyances en place qui commençaient à s'essouffler.

Après certains vont se demander ce que je fume, mais ce n'est pas bien grave, si déjà vous en êtes arrivé jusque-là c'est que cela résonne quelque part à l'intérieur de vous.

*****

Pour en revenir aux dieux égyptiens, est-il besoin de spécifier que vu leurs têtes, ils ne sont pas vraiment humains. Ils n'ont même pas pris la peine de cacher complètement leur vraie nature. Et Anubis qui pèse les âmes des morts, fait le même travail que l'archange Michaël, belote, rebelote et 10 de der.

À la chute de Babylone, les faux dieux sous la révolte des esclaves migrent en Égypte sous un autre aspect. Là se remet en place une rébellion, qui fut attribuée aux hébreux. Les hébreux, qui étaient déjà

Retrouver son équilibre intérieur

traqués et persécutés au moment de Nabuchodonosor II à Babylone. Babylone est aussi le siège de la tour de Babel, que l'on retrouve dans la genèse, érigée au culte du Dieu Mardouk, aussi appelé Enlil ou Baal, représenté avec son serpent dragon. Il est assimilé dans la mythologie égyptienne à Seth, le plus ancien des dieux égyptiens, le Dieu de la confusion, du désordre, et de la perturbation, frère d'Isis et d'Osiris, leurs parents Geb et Nout, respectivement Dieu de la Terre et Déesse du ciel. Ce sont donc des hybrides. On en revient toujours aux mêmes histoires. Le fils de Seth, c'est Anubis. Isis et Osiris ont eu un fils bien qu'Osiris n'ait plus de sexe, suite à son assassinat par Seth. Seth a tué son frère Osiris, qu'Isis a reconstitué. Il l'avait découpé en 15 morceaux. Par contre elle n'a pas réussi à retrouver le 15ème le sexe, ce qui donne aussi les 14 jours de la montée de lune. Sans le sexe ils ont quand même fait un bébé Horus, qui avait 12 prêtres (une des multiples fausses identités ou nom d'emprunt). Et l'intégration de la lune dans le culte d'Isis, le féminin, c'est encore et toujours un culte aux faux dieux. La lune est l'un de leurs artifices parasites fait pour nous vampiriser nos énergies et perturber les énergies du soleil qui sont une des sources de vie et de lumière sur Terre. Nous nous y sommes adaptés mais cela ne reste pas moins un parasite qui nous affaiblit.

*****

Excusez-moi, pour cet aparté dans la théologie, mais si vous avez lu mon livre précédent, « la face cachée de l'iceberg », vous savez pourquoi je parle comme cela. Sinon je vous engage à le lire. Donc nous remettons, quelle que soit notre origine territoriale terrestre, notre rédemption à des êtres qui ont fait preuve d'une immense cruauté déjà les uns envers les autres, se tuant entre eux, tuant leur descendance et les humains esclaves à tour de bras. Et nous, nous les invoquons pour nous libérer et accéder au paradis. Vous attendez de vos bourreaux qu'ils vous libèrent par simple bonté d'âme, alors qu'ils n'en ont jamais eu l'intention.

Ces dieux violeurs de multiples maîtresses dans le peuple des hommes esclaves, engendrent des demi-dieux, en fait des hybrides, ayant acquis certaines de leurs capacités génétiques. Je pense que maintenant vous

Retrouver son équilibre intérieur

avez compris, que ce n'étaient bien évidemment pas des dieux, mais des entités négatives contrôlantes, avec des capacités bien supérieures à celles des clones qu'ils fabriquaient comme esclaves, qu'ils mangeaient et martyrisaient. Nous les humains de base ! L'intégration par OGM d'une partie de leur génétique pour nous améliorer juste ce qu'il faut, quand ils nous ont créés, cumulée aux mutations génétiques naturelles, plus directes et plus performantes, issues des bâtards, nous ont donné et réveillé des capacités très intéressantes.

Les esclaves se sont révoltés au cours des âges, d'où la chute systématique de ces grands empires qui n'ont pu résister à la révolte du peuple, ils ne sont rien face à la masse. Car le nombre devient toujours un problème, ils finissent par ne plus assez nous maîtriser. Et en plus, on a une âme qui quelque part gravite hors matrice, qui essaie de communiquer avec nous malgré tout, et les informations finissent par nous arriver. Sacré défaut dans la conception des esclaves. Eux se sont volontairement coupés de la leur, mais nous nous n'avons jamais renoncé à la nôtre.

Les cataclysmes, les déluges, les éradications de masse, les pandémies, les annihilations par la peur, les guerres, laissant les esclaves survivants (pour ne pas dire le peuple humain) dans la peur du cataclysme final, sont une grosse bouffonnerie mise dans les écrits apocalyptiques d'un autre âge. Où l'on pensait qu'une éclipse solaire était une punition des dieux, et annonciatrice de la fin du monde. Ce qui a eu pour effet à chaque fois, de nous remettre dans une dévotion et consécutivement nous procédions à encore plus de sacrifices pour que les dieux soient à nouveau plus cléments avec nous.

Ce cycle maintient cette dévotion extérieure, à des dieux cruels qui cherchent désespérément à se maintenir en place. Et quand cela devient impossible, ils tentent de nous éradiquer. Car quand nous prenons acte de nos propres capacités, et que nous les utilisons contre eux, nous sommes plus forts qu'eux. Ils ont besoin qu'on ait peur pour

Retrouver son équilibre intérieur

nous dominer, et surtout qu'on fasse appel à eux pour nous sauver de leur cruauté.

Si on n'a pas peur, on est aussi fort voire plus fort qu'eux, car l'âme domine la matière. Et ils sont eux aussi dans la matière, comme nous, ce sont des entités incarnées, mais qui ont choisi de dominer par les énergies négatives et se couper de leur propre conscience.

Alors que nous, nous pouvons et voulons nous brancher sur l'énergie de notre conscience et nous pouvons fusionner avec elle, ne faire plus qu'un et c'est beaucoup plus efficace, car fait avec Amour. Nous avons, avec le temps et les souffrances endurées développé une certaine résilience et capacité d'adaptation au pire qui nous mène inexorablement à nous relier à notre lumière intérieure, malgré tous les protocoles extérieurs qu'ils tentent de nous imposer, pour éviter que l'on soit à nouveau Un. Dès que nous comprenons que nous avons en nous toute l'énergie qu'il faut pour être autonome et ne plus dépendre d'eux, nous quittons volontairement le troupeau d'esclaves pour vivre autrement.

*****

Beaucoup de magnétiseurs passent par les prières de l'abbé Julio, certains travaillant même avec Marie Madeleine, d'autres invoquent les morts (ou ancêtres), certains les faux dieux ou demi-dieux, ou encore les sbires des dieux et des demi-dieux, pensant que ça va mieux marcher. Mon oncle Georges n'avait pas ces protocoles de prière. Il m'a donc expliqué autrement, et j'ai fait autrement toute seule. Et quand j'ai découvert les protocoles des prières et invocations, cela faisait de nombreuses années que je pratiquais déjà sans. Ça marchait très bien sans d'ailleurs, car je me suis rapidement rendu compte qu'avec les prières ça ne marchait pas mieux, au contraire, donc je n'ai pas validé leur utilisation. Et comme j'avais déjà, 2 ans avant la découverte de mes capacités en magnétisme, renié la religion, cela ne m'a aucunement gênée, 15 ans plus tard, de ne pas intégrer ces protocoles pervertis.

Retrouver son équilibre intérieur

Mais par contre, avec le new age je me suis fait avoir sur d'autres protocoles, non religieux, mais tout aussi pervertis. Les anges et les archanges se sont infiltrés dans tellement de techniques, que lorsque j'ai fait la connaissance de Nathalie K., j'étais malgré tout empêtrée dedans. J'avais déjà remisé les livres sur les anges et les archanges protecteurs en fonction de ma date de naissance aux oubliettes. Et bien que n'utilisant aucune de ces pratiques dans mes séances au cabinet, j'avais pourtant en travaillant sur la géométrie sacrée attrapé un faux Métatron.

J'ai toujours été en quête de comprendre le fonctionnement des choses avant de les utiliser pour les gens qui venaient me voir. Et si cela n'avait pas d'efficacité sur moi, aux oubliettes direct. Pas de temps ni d'énergie à perdre dans une vie qui était déjà très mouvementée. Mon signe vierge (perfectionniste) ascendant scorpion (qui voit tous les défauts du système) et ma croyance qu'il fallait « être forte », m'obligeait à un taux de réussite bien au-delà de la moyenne, voire à la perfection, et si je ne trouvais pas de pertinence à utiliser quelque chose et que cela n'apportait pas un plus significatif à ma pratique ça dégageait très vite.

Ce faux Métatron, si tant est qu'il en existe un vrai, détournait mon travail. Vrai ou faux on s'en fiche d'ailleurs, il m'obligeait à passer par lui pour sortir de l'énergie terrestre et me connecter à Alcyone le soleil central de la galaxie sur la fréquence que lui m'imposait. Et récupérait l'énergie de la pratique de la technique en question. Maintenant je peux travailler avec le cube de Métatron sans interférence car je n'invoque pas, je travaille avec l'onde de forme. Et j'ai fait vérifier mon protocole de reliement sous hypnose régressive ésotérique, par Nathalie et Barbara. Il était impacté par ce Métatron, car je m'étais intéressée pour ce protocole au cube et à l'arbre de vie des séphiroths. Je l'ai fait nettoyer, j'ai libéré les personnes impactées, et je leur ai offert la mise à jour. Quand j'ai compris que mon protocole était bon quoi qu'il en soit, j'ai fait le nécessaire auprès de toutes les personnes concernées gratuitement pour les libérer de cette emprise et les ai réalignées à

Retrouver son équilibre intérieur

nouveau sur elles-mêmes. Comme quoi même avec les meilleures intentions du monde on peut se faire avoir quand même. C'est pourquoi il faut rester vigilant quand on utilise ce genre d'outil, ce qui est mon cas maintenant.

*****

Revenons à un personnage très invoqué en soins énergétiques : Marie de Magdalena, d'où sort elle ? Et pourquoi faire appel à elle, parce qu'elle était une disciple de « Jésus » ? On en revient à invoquer les morts. N'aurait-on finalement que le choix entre les faux dieux et les morts pour nous aider ? Pourquoi ne pas aller vers la lumière, la paix intérieure. Les guérisseurs auraient-ils tous le syndrome de l'imposteur, à ne pas suffisamment croire en leurs propres capacités, pour se sentir obligés de faire appel à tous ces monstres de foire, déguisés en agneaux.

*****

J'ai aussi tenté l'abbé Julio, mais rien de plus n'est arrivé. Je ne dis pas tout cela pour vous fâcher, bien au contraire, j'écris cela pour vous réconcilier avec vous-même. Vous avez des capacités, vous avez du « pote-en-ciel ». Vous pouvez et avez la capacité de faire tout cela tout seul. À partir du moment où vous vous posez la question de savoir si vous êtes compétent pour faire quelque chose, la réponse est **« OUI »**. Mais pourquoi passer par quelque chose d'extérieur, si vous en avez vous-même la capacité ?

Ensuite si vous n'êtes pas nettoyé en hypnose régressive ésotérique, évitez d'écouter le monceau de pensées négatives qui vous passe par la tête, après l'intuition l'idée positive de base, quand vous décidez enfin de vous y mettre. Ils vont tenter de vous décourager, de vous dire que vous n'êtes pas compétent, que vous avez impérativement besoin d'eux et si malgré tout vous insistez, ils vous pourrissent la vie, pour vous ralentir. Vous bloquant financièrement, administrativement, physiquement... Ce sont les entités négatives contrôlantes, qui se nourrissent de vos énergies d'échec, voire de la force et la détermination que vous mettez à quand même vous réaliser, qui n'ont

Retrouver son équilibre intérieur

aucun intérêt à vous voir réussir. Qui tentent désespérément de vous décourager.

C'est pourquoi je vais vous proposer dans ce livre ces protocoles de réalignement énergétiques sans invocation. Des protocoles que vous pouvez mettre en œuvre sans vous faire polluer. Si bien entendu vous ne faites pas votre petite patouille avec vos propres croyances et n'y rajoutez pas vos petits copains indésirables.

Il y a toujours un risque, je connais des personnes très gentilles adorables, qui se sont faites reprendre et qui polluent énormément de gens par leurs pratiques qui ont repris les invocations. Et si vous ne vous êtes pas encore fait nettoyer, de toute façon vous êtes tous à 99% infestés, donc autant travailler sur soi en les nourrissant le moins possible. Et il faudra à un moment donné aller faire un tour dans votre espace énergétique pour vérifier. Car si l'on veut vraiment être thérapeute et aider les gens il est important d'être sûr que nous sommes clean, propres. C'est de notre devoir moral et éthique de s'assurer que nous n'avons aucun parasite dans notre propre espace énergétique. Et ensuite d'utiliser des pratiques qui ne sont pas susceptibles de nous réinfester.

Je vais vous parler de protocoles que je connais et que je maîtrise. Je ne vais surtout pas extrapoler sur les choses que je n'ai pas testées, ni éprouvées, ni contrôlées. Après quelle que soit la technique, quand vous aurez compris le principe vous allez de vous-même soit faire le correctif des vôtres si c'est possible, soit passer à autre chose de moins risqué.

Quand on est en pleine conscience de ses propres capacités, inutile de passer par l'extérieur pour utiliser les pseudo-énergies d'un autre pour valoriser les siennes. Une fois que vous serez en pleine possession de votre mode d'emploi, aucun protocole extérieur ne trouvera plus grâce à vos yeux.

Retrouver son équilibre intérieur

Le but est que vous deveniez autonomes à 100% et pas que vous ayez besoin de passer par trucmuche, machin ou bidule pour vous réaliser.

Il est fondamentalement indispensable maintenant que l'on connaît les effets néfastes des entités négatives contrôlantes, et les conséquences négatives sur soi et sur les autres des croyances erronées, de faire les choses correctement. Et de se renseigner sur les protocoles de chacun, pour passer par quelqu'un en conscience de cela. Les thérapeutes doivent pouvoir vous expliquer pendant plus de 10 mn leur méthodologie de travail, et vous garantir qu'ils le font par eux-mêmes. Car sinon vos entités comme les leurs vont continuer à vous voler votre énergie, au passage, et à long terme tous les soins que vous pourrez faire seront minimisés par leurs interventions fallacieuses. Il en est de votre responsabilité de poser ces questions, et d'obtenir une réponse, une personne qui ne peut pas vous parler pendant 10 minutes de comment elle travaille, c'est qu'elle n'en a aucune idée et que ce n'est pas normal.

Il serait judicieux de savoir également si ce ou cette thérapeute est nettoyé et si elle ou il se connecte à sa propre conscience et énergie pour faire les séances. Passer par quelqu'un d'autre c'est un peu de la facilité en soi, nous ne serions finalement que comme des rallonges électriques, qui se branchent sur une énergie extérieure à nous pour la transmettre au client, désolée mais j'ai un peu plus d'estime de moi que ça !

Le partisan du moindre effort et du tout, tout de suite c'est le striatum, et à l'heure actuelle dans notre société tout est fait pour nous tirer vers le bas : boire, bouffer, baiser, en mode insatisfaction permanente, et besoin d'une aide extérieure pour faire tout et surtout n'importe quoi. Nous empêchant de produire la dopamine, satisfaction de soi, pour activer notre volonté et passer à l'action suivante. Ou en mode surcharge, même effet au final, inaction. Idem pour la sérotonine, qui quand elle nous manque nous met en insécurité et nous pousse en compensation vers les glucides : le sucre.

Retrouver son équilibre intérieur

<u>Sérotonine</u> : sérénité, sécurité, bonheur. Pas besoin des créer une croyance limitante erronée car nous sommes sécurisés, ni besoin d'utiliser les anciennes.

<u>Dopamine</u> : se doper d'énergie positive, obtenue normalement par satisfaction de l'action accomplie, et pour nous dynamiser et continuer à passer à l'action, avec une certaine dose de mise en danger. Mise en danger qui nous permet de sortir de notre zone de confort afin d'atteindre nos objectifs. S'il y a saturation de dopamine il y a inaction car nous en avons suffisamment pour ne pas avoir à lever le petit doigt.

Il est donc de notre responsabilité de maintenir un équilibre interne entre ces deux hormones et bien d'autres pour enfin agir de façon constructive et évolutive vers notre propre autonomie de choix et d'action.

Les circonstances de la pandémie et post pandémie nous imposent des critères de danger bien au-delà du raisonnable et de la réalité. Nous n'avions même plus le droit au contact physique, c'était se mettre en danger ou mettre en danger de mort l'autre. Même les personnes en bonne santé étaient accusées de pouvoir être des porteurs sains susceptibles de nous contaminer. Ce qui a réduit considérablement notre capacité d'action au quotidien. Nous limitant dans nos déplacements aussi.

À savoir en plus que c'est dans les pays qui n'ont pas confiné qu'il y a eu le moins de morts, cela donne à réfléchir. Et ces mêmes pays ont été les plus contaminés après vaccination. Donc les critères de survie que l'on nous impose par harcèlement merdiatique en nous ôtant toute réflexion personnelle, sont à l'inverse de ce qui est réellement bon pour nous. Il est connu et reconnu par les instances médicales que de vacciner en pleine pandémie facilite la mutation du virus et non son éradication.

Retrouver son équilibre intérieur

Mais ces réactions de peur et de soumission portent leur origine dans les fausses histoires que l'on se transmet de génération en génération d'une part par mémoire cellulaire et d'autre part par l'éducation reçue. Imaginez, vous avez encore peur du loup parce qu'il y a 15 générations de cela quelqu'un de votre lignée en a vu un au coin du bois et que le mec à l'autre bout du village qui était rond comme une queue de pelle s'est fait dévorer par les loups, quand il est mort son pied bot coincé dans la glace de l'étang, parce qu'il était tellement saoul qu'il n'a pas pu rentrer chez lui. Tout le village a été traumatisé par cette histoire et à chaque fois que quelqu'un quittait une maison on lui disait : « attention au loup ». Alors que cela fait belle lurette que personne ne s'est fait manger par un loup.

Pourquoi croyez-vous que les merdias font leurs choux gras sur les attaques de loups sur les troupeaux de moutons ? Pour vous réenclencher la peur transgénérationnelle.

Pourquoi mini micron a utilisé le mot guerre, pendant la pandémie, pour la même raison.

Pourquoi on vous menace d'être exclu de la tribu ou famille régulièrement, aussi pour les mêmes raisons, c'est la même peur que d'être excommunié. Tout le monde vous tourne le dos et si vous avez un problème, personne pour vous aider. C'est exactement pour cela que l'on vous fait croire que les personnes en difficulté financière sont dangereuses, c'est à cause d'eux la crise, que vous êtes en difficulté financière, c'est leur faute à eux si vous manquez. À ceux qui ont encore moins que vous, pas ceux qui vivent comme des « nababs » et qui pissent dans des chiottes en or, ou qui ont des îles privées. C'est toujours la faute à celui qui a moins que vous, car il va vous voler ce que vous avez du mal à acquérir.

Parce que l'on chassait les mendiants des marches du temple, parce qu'on a toujours fait passer celui qui est en difficulté pour un incapable, parce qu'énergétiquement sont exclus par le système contrôlant ceux

Retrouver son équilibre intérieur

qui peuvent éveiller de la compassion en vous. Vous ne devez pas donner les quelques sous qu'il vous reste dans votre porte-monnaie aux mendiants, vous devez les donner à la quête.

Je sais je tape un peu fort, mais quand on sait que l'état le plus riche au monde c'est le Vatican, pour une moyenne de seulement 17 % de la population qui contribue, ça pousse quand même à la réflexion.

*****

Si vous avez lu mon premier livre j'avais un faux karma de misère et de solitude, sans aide de personne, ostracisée de la communauté par principe de base, pas de troupeau, pas de tribu à ma rescousse. Choix de vie et d'incarnation fait par les entités elles-mêmes de mes 5 dernières incarnations sur Terre. D'où le manque xxl que je vis dans celle-ci, et que je ressens depuis ma plus tendre enfance, par cumul du manque vécu dans chacune de ces vies de misère qu'ils m'ont imposé. Vous vous plaignez des 25 à 40% de charges que vous devez payer en cotisations sociales et en impôts, alors que vous rendez 100% de votre salaire chaque mois en achetant des choses pour remplir le vide de votre vie. Vide qui ne sera jamais compensé par l'avoir mais bien par l'être. Être plein de soi !

De la religion aux restrictions de mouvement et de choix

Il y a une façon très efficace d'obtenir les hormones dites du bonheur, ce sont les câlins. Se prendre dans les bras et s'enlacer, rien de sexuel, cela nous donne instantanément ces hormones. Et nous nous transmettons également tout un tas d'informations énergétiques dont la capacité de résister à une infection. Car le système immunitaire est régi par le chakra du cœur. En nous confinant et en nous isolant, et en nous interdisant tout contact physique par peur, ils ont empêché les systèmes immunitaires des gens qui ont résisté au virus de communiquer avec les systèmes immunitaires qui ne l'avaient pas encore rencontré.

Retrouver son équilibre intérieur

En 2 ans, ils ont complètement altéré votre capacité de raisonnement et d'action. En se servant de vos croyances et de vos peurs, issues des temps anciens, ils vous ont infantilisés, manipulés en vous faisant croire que votre système immunitaire n'était pas assez fort pour faire face à cette nouvelle épidémie, construite de toutes pièces pour vous imposer un protocole de vaccination que vous n'auriez jamais accepté sans ça.

Ils ont utilisé pour vous manipuler et modifier votre mode de fonctionnement exactement les mêmes codes utilisés par les entités négatives contrôlantes avec les religions. Modifiant par la même vos modes de consommation, et vous éloignant des petits commerces (nous en sommes à notre deuxième fermeture en 3 ans). Car, après le covid, ils s'en prennent ouvertement à votre budget, ce qui implique que beaucoup de petits commerces ferment ou vont fermer dans les mois à venir.

Les prêts bancaires avec garantie de l'état posent actuellement problème, car la chute de chiffre d'affaires général, profite aux produits de première nécessité qui augmentent. Les budgets ne sont pas élastiques. Et nous sommes devenus avec la vente de minéraux un produit de luxe, car avec les hausses de prix des matières premières nécessaires de toutes sortes, les budgets des gens fondent comme neige au soleil et il devient compliqué de pouvoir se faire plaisir ou se soigner autrement que par des techniques conventionnées, car elles sont « gratuites ».

De nos jours les gens vont acheter les pierres le moins cher possible, quitte à ce qu'elles soient d'une qualité moindre, dans les grandes surfaces, ne comprenant pas qu'ils ne vont pas avoir l'effet escompté en grosse partie à cause de ça. Se détournant des minéraux car soi-disant inefficaces face à la qualité médiocre des pierres proposées et non travaillées énergétiquement avant l'achat. Avant de les proposer à la vente dans mes boutiques, je faisais très attention à la qualité, et je les nettoyais et rechargeais avant de les mettre en boutique et ensuite régulièrement. Les gens vont aussi se détourner des techniques parallèles car non remboursées. Le prix d'une hypnose régressive ésotérique est 10 fois plus cher qu'une consultation chez un médecin généraliste. Mais j'y passe 3h dont la moitié du temps on travaille à 2, ramené au quart d'heure c'est le même prix finalement.

Combien a coûté votre téléphone, combien a coûté votre montre connectée, combien a coûté votre ordinateur, combien vous coûtent par mois vos addictions : sucre, alcool...? (Oui parce qu'avec le gel hydro alcoolique ils vous ont rendu alcooliques, pendant 2 ans vous avez sollicité votre corps, y compris les enfants, avec ce gel et maintenant il réclame sa dose. On ne parle même pas des gens dont les sevrages ont été bousillés) N'y a t-il pas moyen de redéfinir vos priorités.

Les dirigeants font cela exprès pour casser le marché et qu'à plus ou moins long terme les petits commerces ferment. Il n'y aura plus que les grandes enseignes et là ça va faire comme avec l'essence les prix vont encore augmenter et nous n'aurons que le choix de faire de mauvais choix. En ce moment tournent des vidéos « attention aux pénuries » dans les magasins à cause des manifestations des agriculteurs. Encore une peur, pour que vous vous positionniez contre eux, ils vous mettent en difficulté, nom d'un petit sapeur. Mais ils ont raison ils sont en train de défendre votre pouvoir d'achat, sinon cela va bientôt se passer comme au Liban : il y aura à manger dans les rayons mais à un prix qui fait que vous n'aurez pas les moyens de l'acheter. 50€ une tablette de chocolat.

Vous laissant à consommer uniquement ce qui va rapporter de l'argent aux plus gros, vous interdisant par sélection financière tout ce qui peut vous apporter du réel bien-être, au-delà des papilles gustatives, complètement bousillées par la malbouffe, un des effets secondaires de cette pandémie aussi.

Retrouver son équilibre intérieur

Ils remettent en cause votre discernement depuis des centaines d'années, ainsi que celui des médecins qui se sont insurgé contre, tout cela en les excluant du système de santé s'ils refusaient d'obtempérer aux ordres. Nous sommes le dernier pays à avoir réintégré les soignants non vaccinés. Tout ceci pour vous maintenir dans un état de santé se dégradant et facilitant les interférences.

La France est un des pays d'où partent les idées, nous avons une capacité de création hors norme, la France a été à l'origine de nombre de découvertes médicales, scientifiques, philosophiques et autres comme l'électricité, le cinéma, les vaccins (efficaces, alors, avant d'être utilisés contre nous). Mais aussi les droits de l'homme qui sont plus que bafoués voire réécrite aux nécessités des gouvernants. Tous les systèmes sont pervertis dans l'unique intérêt des interférents.

Par dévotion, par culpabilité, par affaiblissement de nos propres énergies physiques et d'âme, ils nous obligent à accepter des jobs sous-payés par peur de manquer. Manques qu'ils ont créés de toutes pièces pour nous forcer la main. Nous sommes dans l'effondrement de leur système capitaliste, et ils paniquent, augmentant la pression économique, psychique et rendant les gens dépendants d'un système obsolète.

Tout cela pour nous pousser à penser que nous sommes des ignares incapables de prendre de bonnes décisions par nous-mêmes. Que nous sommes obligés d'attendre de l'aide d'êtres plus compétents que nous, et plus aptes à prendre les bonnes décisions. Et bloqués dans des dogmes et rituels religieux sponsorisés par la grande distribution via le new age.

Quand les petits commerces seront tous morts, ils pourront faire ce qu'ils veulent, mettre les prix qu'ils veulent car vous n'aurez plus le

Il est de notre responsabilité de mettre en œuvre au quotidien notre action empreinte de notre volonté et non de celle des autres à nous faire agir dans leur propre intérêt. Il faut savoir si ce que nous faisons

Autrice Frédérique A. LONGÈRE

Retrouver son équilibre intérieur

va nourrir le plan d'annihilation ou mener à créer une réalité où le libre arbitre est réellement respecté.

Dans notre job nous devons être en adéquation avec notre éthique et nos vertus, sans quoi nous pervertissons notre énergie au service de valeurs qui ne sont pas les nôtres. Tout cela pour avoir l'argent pour acheter ce qu'ils veulent qu'on achète et où ils veulent qu'on l'achète.

Quant à nos croyances, elles ne regardent personne, si tant est que nous n'avons pas une interaction de conseil ou d'accompagnement envers autrui. Si nous décidons de devenir des thérapeutes, ou de faire un job qui aura une interaction forte sur le comportement des gens, là nous devons faire preuve de la plus grande objectivité, de tolérance, ouverture d'esprit et compassion envers l'autre. Afin de lui apporter ce dont il a besoin au moment T, en sanscrit Udaya. Sachant que vont venir vers vous les personnes qui vont lire en vous la réponse à leur question. Et surtout ne pas faire le travail à leur place, juste leur montrer où sont leurs limites afin qu'ils puissent les dépasser par eux-mêmes.

☐

Retrouver son équilibre intérieur
Madame la lune

Je ne vais de nouveau pas faire plaisir à tout le monde.

En effet à chaque fois que j'ai voulu travailler avec la lune tout au long des années, celle-ci n'a pas été à la hauteur des attentes promises par le new age. Le moment le plus impressionnant de rejet du travail énergétique a été l'éclipse de soleil du 20 mars 2015. Nous étions en exposition en galerie marchande et je suis sortie de la galerie pour aller la voir.

J'ai trouvé une forte opposition entre la lune et le soleil. L'un étant yang, le soleil, et l'autre yin la lune, je pensais que les deux allaient trouver un terrain d'entente un équilibre. Je cherchais donc à harmoniser cette énergie, le soleil était d'accord mais pas la lune.

Cela m'a fortement interpellée, mais ce n'était qu'une suite logique au final après toutes ces années de travail improductif avec elle. J'avais eu une explication quelques années plus tôt avec la psychosophie, qu'elle était un parasite et qu'elle n'aidait pas à la méditation, principalement quand elle était en position de changement de lune ou lune noire. C'est

à ce moment-là qu'elle est la plus gênante.

En effet comme vous pouvez le voir sur mon schéma, en lune noire elle est entre nous et le soleil.

En pleine lune, elle est extérieure, elle n'interfère pas si on peut le dire comme ça. Et donc l'expression de pleine lune est très mal

Retrouver son équilibre intérieur

choisie, nous ne sommes pas en pleine lune mais en pleine énergie de soleil et c'est ça qui vous empêche de dormir. Nous avons simplement oublié que la lune ne produit aucune énergie, elle est plutôt vampirisante. Et elle a d'autres particularités qui me dérangent.

1 - Elle est en noir et blanc, gris alors que tout est en couleur dans l'univers.

2 – On voit toujours, toujours, toujours la même face, cela me dérange aussi, car tout tourne sauf elle. Même la Terre avec les tremblements de Terre bouge, le séisme de Fukushima a décalé l'axe de la Terre de 10 cm. Elle a des milliers de cratères, elle se prend donc des impacts régulièrement, nous avons des météorites qui tombent souvent. Elle a toujours la même apparence depuis la nuit des temps, elle est toujours représentée pareil inchangée depuis des milliers d'années, sur les représentations qui sont faites d'elle. Toujours la même face.

Nous avançons à 1600 kilomètres heure, en tournant sur nous-même et en tournant autour du soleil. Notre système solaire est à l'extrémité d'une spirale d'une galaxie qui est elle-même en mouvement rotatif et elle, elle nous fixe.

3 – Elle a refusé de travailler à une harmonisation entre elle et le soleil, lors de l'éclipse de 2015. Elle n'est donc pas en harmonie dans le système.

4 – Son côté gênant pour la méditation.

5 – à chaque fois qu'on tombe sur elle en hypnose régressive ésotérique c'est toujours par rapport à une vampirisation énergétique. Je ne sais pas si des investigations ont été faites sur elle, mais mes opérateurs n'aiment pas sa fréquence, c'est lourd.

Elle a certes une influence sur beaucoup de systèmes, comme les marées, qu'elle provoque, nombre d'animaux se sont adaptés à cet état de fait. Nous aussi d'ailleurs. Elle n'est pas bénéfique, elle est parasite.

Retrouver son équilibre intérieur

Le yin de la terre, ce n'est pas elle, c'est l'eau sur laquelle elle a une forte influence négative.

*****

Il y a une grosse mode actuellement pour la purification et le rechargement des minéraux à la pleine lune. Je pratique la lithothérapie depuis le début des années 2000 et je n'ai jamais ressenti le besoin de faire ainsi. Sous prétexte que certains minéraux ne supportent pas le soleil, il faudrait à tout prix les mettre à la lune. Mais ce que les gens oublient, c'est que ce n'est pas l'énergie de la lune qui fait le travail, mais bien le reflet froid du soleil. C'est donc bien toujours le soleil qui recharge les minéraux. La lune n'est qu'un miroir aux alouettes.

J'ai commencé à vendre des minéraux dans les années 2000 et il n'y avait pas ce genre d'engouement pour la lune.

Depuis que nous faisons de l'hypnose régressive ésotérique nous sommes en capacité d'aller voir ce qui est le mieux énergétiquement. On a donc testé l'effet du soleil, comparant avec 30 mn au lever du jour, et celui du reflet sur la lune toute une nuit. Hé bien ce sont les 30 mn de soleil au lever du jour qui remporte haut la main la meilleure capacité de rechargement. Car 80% de l'énergie du soleil est détournée par la lune.

Le problème c'est que les gens font cela en dilettante et ont tendance à laisser leurs pierres toute la journée en plein cagnard, il est là le vrai problème. Les pierres aiment la lumière du soleil, pas sa chaleur. Il est donc de notre responsabilité de faire attention à ce que l'on fait. Et les gens se déresponsabilisent et cherchent à faire le minimum syndical en toute chose. Que tout se fasse sans le moindre effort.

Il faut savoir que les entités vont vous pousser vers la technique la moins efficace car ils n'aiment pas les minéraux, car ils ne peuvent rien sur eux. Car ils se sont construits à l'intérieur même de la Terre avec ses éléments, gaz et mouvements. Donc la seule façon de les rendre

Retrouver son équilibre intérieur

inactifs c'est que vous vous en occupiez mal. Ils vont donc vous pousser vers la lune qui les nourrit eux et qui n'a une action que très modérée sur les minéraux, et du coup vous ne rechargez vos minéraux qu'une fois par mois, alors que certaines pierres, comme la labradorite, ont besoin de l'être beaucoup plus souvent. Et cela ne nettoie pas en plus.

*****

Et deuxième constat fait pendant la vérification sous hypnose, donc c'est qu'elle vampirise 80% de l'énergie du soleil avant de nous la renvoyer, c'est pour cela qu'une nuit complète est nécessaire. Mais quoi qu'il en soit c'est encore moins efficace que cette petite demi-heure au soleil levant.

Depuis que j'habite en Bretagne je profite de magnifiques levers de soleil qui sont une merveille au niveau prana, ou chi. Je m'en délecte. J'avais en Haute-Savoie de magnifiques couchers de soleil, mais alors les levers sont encore plus beaux. Sans montagne le soleil nous apparaît dès l'aube et c'est extraordinaire. Bon après c'est aussi en lien avec mon yang, je suis comme les pierres j'aime sa lumière mais pas sa chaleur. J'adore les lendemains de neige, quand il fait froid et que le soleil brille de mille feux, les bruits sont feutrés, les pas qui craquent, une lumière extraordinaire sans chaleur. Comme si on était dans un monde tout neuf, lisse et que la neige efface la noirceur du monde.

*****

Revenons à la lune, si vous ne dormez pas c'est bien à cause des pleines énergies de soleil. C'est lui qui amène la vie, la lumière, la chaleur nécessaire au bon équilibre de la vie sur Terre et de ses habitants.

Comme je l'ai dit plus haut, nous sommes tombés sur elle plusieurs fois pendant des sessions d'hypnose et c'était systématiquement des cas de forte vampirisation de la part des êtres qui l'habitent ou d'elle-même. Elle agit sur la Terre comme un « détraqueur » (Harry Potter).

Donc à titre personnel je ne l'ai jamais intégrée à mes protocoles. De toute façon, cela reste une invocation extérieure, qui pose le problème d'un haut risque d'interférence. Et je me suis toujours demandé

Retrouver son équilibre intérieur

pourquoi les gens ressentaient le besoin de passer par un caillou mort pour faire de l'énergétique. Je sais que je ne vois pas les choses comme tout le monde, mais pour moi ce n'est vraiment pas quelque chose de positif. Si vous voulez travailler avec du yin en harmonie avec le yang du soleil, travaillez avec l'eau qui recouvre les 4/5 de notre planète et qui est yin, nous l'avons vu dans le yin-yang, le feu et l'eau peuvent cohabiter dans le même espace sans s'altérer l'un l'autre. Sans que l'eau éteigne le feu et sans que le feu n'évapore l'eau, ou juste ce qu'il faut pour amener la vie.

De plus la lune a été utilisée depuis des centaines voire des milliers d'années pour les rites dits sataniques, c'est un égrégore qui serait devenu positif depuis quelques années, lol. Ha le new age, il vous ferait passer un dragon pour un guide spirituel, alors faire devenir la lune positive rien de plus facile !

La lune a fasciné les hommes pendant des millénaires, la science a levé le voile des peurs qui ont impliqué les croyances mystiques d'un autre âge depuis bien longtemps. Nos ancêtres croyaient même qu'ils allaient tous mourir quand il y avait une éclipse totale, que c'était leur dieu (car souvent rattaché à l'image du soleil Ra, Ré, Aton, Apollon, Hélios…) qui les punissait, et qu'il fallait procéder à des sacrifices humains pour que le soleil revienne.

Et là avec le new age, rebelote les gens se remettent dans des vieilles croyances obsolètes remises au goût du jour par ces entités contrôlantes sans scrupule. Cela me dépite un peu, car en plus quand on ose exprimer son avis qui n'est pas le même que celui des autres, on se fait fustiger. Toutes les informations que je donne dans ces pages, je les ai testées par moi-même, ce ne sont ni des croyances, ni des intuitions, ce sont des expériences, du travail et de la recherche.

Et pour faire les enquêtes je prends l'opérateur qui s'y connaît le moins sur le sujet pour que son mental et sa connaissance ne viennent pas interférer dans le travail ésotérique. P. était un candidat idéal pour ce

Retrouver son équilibre intérieur

type d'investigation car il avait contrairement à moi une culture générale assez limitée, ce qui était un gros avantage.

Donc pour moi et suite à mes différentes expériences de travail avec elle tout au long des années, je trouve que la lune nous prend plus qu'elle ne nous donne dans une proportion de 80-20, 80 pour elle et 20 pour nous. Elle fonctionne un peu comme les entités négatives contrôlantes, nous obligeant à passer par elle, alors que si on fait sans c'est au final mieux. Je sais que tous ceux qui travaillent avec elle, ne vont pas être contents mais ceci est mon expérience, j'ai trouvé beaucoup plus de confort d'énergie et de résultat en passant directement par le soleil pour capter son énergie pranique ou chi par la rate qu'avec la lune. La lune comme je l'ai dit plus avant n'est qu'un miroir aux alouettes. Ne dit-on pas notre lumière intérieure. La lune n'a aucune lumière personnelle, elle fait la belle en volant celle du soleil. La lune ne brille pas elle reflète, alors que le soleil lui rayonne sa propre lumière et chaleur. Un peu comme les humains qui mettent tout dans les apparences, un corps parfait en apparence mais avec un être intérieur vide.

J'ai même eu une période d'un an avec de lourds vertiges dû aux éruptions solaires, pour me faire comprendre que la pile c'est le soleil. Et que comme les arbres nous avons cette capacité de photosynthèse, que l'on pourrait pour nous humanoïdes terrestres nommer « ratasynthèse ».

Il faut faire avec, car elle est là, mais chez moi elle est une composante minoritaire dans mon équation, voire inexistante. Elle est la marge d'erreur, quand je veux travailler le yin, je le fais avec l'eau. Et il y en a partout.

N'hésitez pas à venir sur le groupe Facebook : « la face cachée de l'iceberg » poser vos questions et échanger sur les sujets ésotériques. C'est avec plaisir que je prendrai en compte votre point de vue sur d'autres enquêtes et investigations. Je ne suis pas du tout fermée à la

Retrouver son équilibre intérieur

discussion, car je teste beaucoup de choses toujours dans un esprit de neutralité, et je n'oriente pas mes questions, au contraire, j'écoute et ensuite je pousse le dialogue sur des sujets divers et variés opportuns à ce que nous sommes en train de faire.

Je suis une adepte de la vérification, comme pour toutes les techniques que je pratique, et si la probabilité d'interférence est trop importante je préfère m'abstenir. Il est primordial pour nous, les personnes qui pratiquons dans l'énergétique de pouvoir être sûres de nos protocoles. Nous sommes là pour apporter du bien-être aux gens, et il serait dommage que nous soyons interférés, ou interférables, ou interférents en utilisant des pratiques polluantes, malgré une intention avérée de volonté de bien.

En plus depuis quelques mois nous avons affaire à des lunes soi-disant plus mieux bien. Chaque mois il y a une lune extraordinaire, bleue, rouge, orange. C'est juste que dans sa trajectoire elliptique elle passe plus près de nous en ce moment. Donc travailler avec elle ? « No way ! » Certainement pas !

En plus ce mois-ci, décembre 2023, on veut nous faire croire que le 12-12 est un portail énergétique d'abondance et de chance alors que nous sommes en lune noire, là où elle nous coupe le plus des énergies créatrices du soleil, un égrégore, un de plus, pour nous détourner de notre énergie personnelle. C'est pathétique.

Celui qui nous amène de la lumière, de la chaleur, des énergies qui permettent la vie sur Terre c'est le soleil, en travail commun avec l'eau. C'est lui qui est au centre du système, pas la lune. Comme vous l'aurez compris la lune pour moi est un parasite, une chose morte, qui perturbe nos échanges avec le soleil. Elle détourne notre travail du yin terrestre. Un peu comme un fantôme finalement, on les prend pour des guides spirituels alors que ce sont des échos d'une expérience terminée.

Retrouver son équilibre intérieur

Nous nous sommes adaptés à sa présence, mais elle n'est qu'un astre mort, creux et vide, squatté par des êtres malveillants qui s'y cachent afin de se nourrir de la dévotion que vous lui consacrez à tort.

La prochaine fois que vous faites une méditation dite de pleine lune, pendant cette méditation basculez votre attention sur le soleil et voyez par vous-même la différence. Expérimentez, en pleine lune quand elle ne gêne pas et que nous pouvons capter les pleines énergies de soleil en fait. C'est en 2012 que j'ai approfondi mon travail avec le soleil, car j'ai fait des vertiges au moment des éruptions solaires, celle de mars 2012 m'a mise en vrac pendant 8 jours, m'empêchant même de travailler comme monitrice auto-école tellement c'était violent.

J'ai alors commencé à travailler en pleine conscience avec lui. Et c'est de lui que vient le chi qui nourrit le chakra solaire pas de la lune. C'est lui notre réelle source d'énergie yang, en attendant que l'on arrive à reconnecter avec la source d'énergie yang de la terre qui se refera jour, lorsque toute la glace des pôles aura fondu. Nous sommes en période de réchauffement de la planète et le soleil intérieur et l'eau vont bientôt retrouver un équilibre.

La lune est un égrégore négatif, mis en valeur pour vous leurrer.

Petit indice supplémentaire, pourquoi vous allez mieux en vacances ?
  - Soleil   - Eau   - Silice (sable)

Les 3 ingrédients principaux de la vie sur Terre !

Vidéo YouTube sur la pleine lune
https://www.youtube.com/watch?v=cZ9bYBNXbUQ

Autrice Frédérique A. LONGÈRE

Retrouver son équilibre intérieur
Les protocoles

Ces protocoles, que je vais vous présenter, sont pour vous. Pour vous aider à vous réaligner, même si vous n'avez pas l'impression que le problème vient de vous ça fait toujours du bien d'être droit dans ses baskets et de mieux résister aux attaques de toute sorte. Car même une fois la session d'hypnose faite, pour reprendre en main notre espace énergétique, cela demande du temps et du travail personnel pour que la métabolisation soit optimum. Et surtout et avant tout nous sommes encore incarnés sur Terre et il y a mille et une perturbations quotidiennes qui ne cherchent qu'à nous faire rechuter.

Que vous le fassiez pour arriver à vous apaiser émotionnellement ou pour mieux supporter les autres, toute raison est une bonne raison.
On a toujours le temps et les moyens de faire ce qui est important pour nous.

Il y a une technique dont vous trouverez des vidéos sur YouTube, c'est la cohérence cardiaque. 5 mn trois fois par jour, cela régule déjà beaucoup de choses.

Retrouver son équilibre intérieur
Protocole pour calmer le chakra solaire par le cœur

Il n'est pas toujours facile de calmer les émotions surtout quand on n'en a pas encore pris l'habitude. Mais c'est possible, j'y suis arrivée ! à calmer une colère hystérique, des angoisses dévorantes, un stress perpétuel. Pour calmer le stress et les autres émotions d'ailleurs, en général je vous conseille déjà la cohérence cardiaque, technique très simple et qui vous donne toutes les hormones du bien-être. Qui ne nécessite aucun apprentissage que de respirer à un certain rythme et ça tout le monde sait faire. Il suffit de le vouloir et de s'en accorder le temps.

Il suffit en fait de respirer au bon rythme. La respiration est un des outils très importants dans la gestion de nos énergies. C'est un des outils, pour la modification des ondes cérébrales, ce qui implique des états modifiés de conscience. Mais aussi pour capter le prana.

Gamma 40-80 hz, Beta 12-39 hz, Alpha 8-12hz, Theta 4-8 hz, Delta 4-5 hz. Comme je n'ai pas encore étudié ce sujet en profondeur je vous laisserai aller lire des précisions écrites par des personnes ayant des connaissances plus poussées dans ce domaine que moi.

Pour le protocole que je vais vous présenter ici, il n'y a pas besoin de partir en modification de conscience, juste aider les énergies du chakra du cœur à franchir le diaphragme, pour aller apaiser le chakra solaire quand il part en vrille, quand vous êtes en crise émotionnelle.

Quand je traite un état de choc, je soulage la personne de son trop plein d'émotions en baissant la pression au niveau du chakra solaire. Les émotions ressenties ne sont pas les mêmes pour tout le monde, cela dépend de notre vécu et des préprogrammes dont nous disposons. Mon papa a sauvé sa maman et ses trois frères qui ont failli passer sous un train quand ils étaient enfants, de son point de vue, cet événement ne l'a pas marqué plus que cela. N'empêche qu'il m'a transmis inconsciemment son stress. Mes parents habitent, depuis mes 6 mois,

Retrouver son équilibre intérieur

un village sur la ligne de train Lyon-Genève, et je vous le donne en mille, le long de la voie ferrée. La première maison qu'ils ont habitée pendant 8 ans était à moins de 10m des rails.

Je devais donc traverser le passage à niveau au minimum 4 fois par jour, pour aller à l'école. Il nous a tellement dit de faire attention que j'en ai développé des rêves chroniques, où je me faisais percuter par le train. Et à chaque fois que la sonnerie d'un passage à niveau se met à sonner alors que j'ai pris la décision de traverser, mon cœur fait un bond dans ma poitrine et je sursaute. J'ai développé une hyper vigilance.

Étant empathique, j'ai toujours été très réactive à cette information, qui pour la plupart des gens reste anodine. Il ne faut donc pas négliger un choc émotif que peut vivre quelqu'un, dans des circonstances où les autres vont trouver cela banal. On ne sait pas ce qui a pu marquer une personne.

Après cet incident, mon père a développé une otospongiose, même si lui n'en a pas conscience cela a été suffisamment traumatisant pour développer un conflit et me transmettre son stress. J'ai également une légère surdité, c'est allé jusqu'à développer chez moi le même conflit.

*****

Une autre fois, après avoir récupéré l'état de choc de ma fille, lors de sa brûlure avec l'huile de la friteuse, j'ai mis plus de 3 jours à m'en défaire. Cela m'a donc poussée à réfléchir sur le sujet. J'ai compris en traitant des brûlures et des douleurs, ou tout simplement des chutes chez des enfants, que la gestion de cet état de choc était un axe important du retour au calme de la personne. Je propose aux enfants de poser mes mains magiques sur eux, et je glisse subrepticement aux parents que je suis magnétiseuse. L'enfant ne sait pas ce que c'est qu'une magnétiseuse, par contre les mains magiques oui. C'est plus ludique pour l'enfant, et surtout ça lui parle vraiment, et ils acceptent tous à 100%. Car leur maman le fait sans le savoir, poser la main ou souffler sur le bobo pour soulager l'enfant c'est fait instinctivement.

Retrouver son équilibre intérieur

Je fais donc une passe sur l'endroit du choc, afin de calmer la douleur mais aussi éviter une trop grosse bosse ou un gros bleu. Ensuite en lui demandant si ça va mieux, en même temps je pose ma main sur son chakra solaire et je demande au stress lié à l'événement de partir, de sortir de l'enfant, ou de l'adulte que je suis en train de traiter.

Généralement le temps qu'ils se connectent à eux-mêmes pour écouter comment ils vont, le stress est déjà quasiment parti. En me répondant, ils poussent un gros soupir, et me disent : « oui » avec un sourire.

La dernière fois que je l'ai fait, c'était sur un festival, après qu'un grand chapiteau se soit envolé, soulevé par une rafale de vent. La personne qui animait l'atelier sous le chapiteau était sidérée, par la noradrénaline, normal. Je lui ai proposé de lui soulager son stress, cela a pris quelques secondes et elle s'est sentie immédiatement mieux et a pu faire ce qu'elle avait à faire.

On n'a pas toujours un magnétiseur sous la main donc voici comment vous le faire à vous-même. Je rigole on est tous magnétiseur ☺.

1 – vous mettez votre main gauche, main qui reçoit, sur le chakra du cœur, entre les deux seins.

2 – vous mettez votre main droite, main qui donne, sur le chakra solaire au bout du sternum.

3 – vous inspirez, ce faisant vous visualisez que vous créez une bulle de la taille d'une orange, à l'intérieur de vous, au niveau de votre main gauche au chakra du cœur. Bulle que vous allez remplir avec tout plein d'amour. Il se peut que vous ayez du mal à créer la fréquence de cœur si vous êtes déstabilisé émotionnellement. Si c'est le cas pensez à quand vous faites un câlin à la personne que vous aimez le plus, et mettez cette fréquence dans la bulle.

On est généralement plus apte à donner aux autres qu'à se donner à soi-même. Il vous faudra peut-être deux ou trois respirations pour

Retrouver son équilibre intérieur

arriver à créer la bulle. Ce n'est pas important prenez tout le temps qu'il vous faut pour qu'elle soit à peu près la taille d'une orange et bien pleine d'amour. Si vous êtes secoué.es par des spasmes du diaphragme, servez-vous des inspirs quand même jusqu'à ce qu'elle soit de la bonne taille. La bulle peut se teinter de vert ou de rose, qui sont les deux couleurs du chakra du cœur, mais si elle reste translucide c'est ok aussi, c'est votre bulle elle se teintera de votre énergie ☺. Vous pouvez aussi y mettre des paillettes.

4 – sur l'expir suivant vous allez faire voyager la bulle. Vous lui faites faire un petit voyage entre votre main gauche et votre main droite en passant tout le long du bras gauche dans le dos et puis dans l'autre bras.

5 - en fin d'expir vous la faites rentrer au niveau de votre chakra solaire, et vous éclatez la bulle pour que l'énergie d'amour qui est dedans vienne se répandre dans votre chakra solaire.

Ce petit circuit permet de zapper le diaphragme qui est sous trop forte tension pour que cette énergie puisse passer en direct. Même si les deux chakras sont très proches.

L'information portée par le diaphragme en décodage biologique, c'est : « À quoi bon respirer, je veux mourir », « je suis incapable de faire le lien entre le cœur et la raison ». (Extrait de : « Décodage biologique des maladies » Cristian Flèche éditions du souffle d'or.)

Quand j'ai mis au point ce protocole pour quelqu'un qui en avait besoin, je ne connaissais pas encore le décodage biologique, mais j'avais capté que le diaphragme de cette personne refusait de laisser passer les énergies d'amour. J'ai donc eu l'intuition de le zapper en faisant ce circuit qui le contourne. J'ai testé ce protocole chez plusieurs autres personnes et il a toujours été efficace.

Retrouver son équilibre intérieur

Vous pouvez vous donner autant de bulles d'amour que vous en avez besoin. Et pas besoin d'être en hyper stress pour le faire. Dès que vous en ressentez le besoin, faites-le.

Vidéo calmer les émotions par le chakra du cœur

https://studio.youtube.com/video/rGmYX5VEc2Q/edit

Retrouver son équilibre intérieur
Le protocole détox

Ce protocole est à faire avant et après une injection ou une prise médicamenteuse majeure : vaccin, anesthésie, chimiothérapie, traitement antibiotique.

Il ne faut pas faire des détox à tout va, car sinon le corps devient fainéant et ne le fait plus correctement par lui-même. C'est pour cela qu'il faut rester raisonnable dans l'utilisation des cures de détox, quelles qu'elles soient. Pour avoir le bon rythme vous pouvez demander à votre corps en kinésiologie. Demandez en une année combien de détox faire ? Par le test de la pichenette ou sur le bras par une tierce personne.

Vidéo test kinésio

https://www.youtube.com/watch?v=-0NbCfJFpYY

Ce protocole est fait pour aider le système et conscientiser le travail, pas pour se substituer à lui.

Si vous avez une intolérance alimentaire qui vous surcharge l'organisme, mieux vaut faire en sorte de se débarrasser de l'intolérance, avec la méthode JMV ® ou des fois même supprimer l'aliment en question, temporairement, le temps que le corps se remette. Et éventuellement aller voir quelle information énergétique porte cet aliment, pour savoir à quelle énergie vous résistez.

Retrouver son équilibre intérieur

L'ail est dit bon à la santé, moi j'en adore le goût mais je ne le digère plus donc je n'en mange plus pour le moment. C'est un aliment riche en soufre, et comme mon intoxication au nickel a exacerbé mon intolérance au soufre, mon corps ne peut plus le digérer, pour le moment. Il y a un rapport direct avec la souffrance. Et comme notre système digestif est porteur de notre identité, si nous en manquons nous n'arriverons plus à digérer tout un tas de choses, car c'est un anti-inflammatoire naturel. Après nous ne pouvons pas toujours éviter l'intoxication si nous ne travaillons pas sur notre identité profonde.

Comme chacun a ses propres intolérances je ne vais jamais vous proposer un protocole prônant d'avaler quelque chose. Celui que je vais vous proposer se fait à l'aide de minéraux en lithothérapie. Les pierres ont un rayonnement type magnétisme en fonction de leur composition chimique, et le fait de les poser sur nous, pendant un moment de relaxation voire de méditation nous permet de mieux percevoir leur action.

Il est toujours préférable de méditer avec une pierre et d'ouvrir le port USB du chakra concerné pour télécharger la mise à jour, que de la porter sur soi en attendant qu'elle travaille sans que nous soyons actifs dans ce travail.

Il vous faudra juste quelques pierres roulées qui ne sont pas très onéreuses, après si l'envie vous en prend vous pouvez investir dans des pierres plus travaillées ou plus rares :

- **4 howlites** : On peut également le faire avec de la magnésite. Attention ne vous faites pas avoir et refourguer ce qu'ils appellent maintenant de la turquoise blanche, à un prix exorbitant. La howlite et la magnésite sont les deux pierres utilisées pour être teintées pour faire de la fausse turquoise. D'où maintenant l'appellation de turquoise blanche hors de prix, mais cela n'existe pas la turquoise blanche.

- **1 améthyste** : roulée ou pointe, claire ou foncée, à chevron ou pas ; tant que c'est une améthyste, c'est ok, vous prenez celle qui vous plaît

Retrouver son équilibre intérieur

le plus. C'est une pierre qui nous aide à nous débarrasser de ce dont nous n'avons plus besoin.

Elle peut être remplacée par une charoïte, c'est une pierre un peu plus chère par contre, Ou de la iolite-cordiérite. Le « ou » peut se transformer en « et ». Si vous voulez utiliser les 3 pierres vous pouvez le faire. Mais comme je vous l'ai dit, aider le corps mais pas le faire à sa place.

- **1 bronzite ou 1 hypersthène** : toutes deux travaillent sur le système digestif. Et elles ont toutes les deux des options complémentaires très intéressantes pour le sujet abordé. Que l'on soit surchargé dans notre digestion pour un comportement alimentaire ou émotionnel, les 2 font l'affaire, à vous de choisir.

La bronzite en plus de soulager les ballonnements, et d'apaiser la digestion haute, donne du courage pour adapter son comportement à la situation et à son entourage.

L'hypersthène soulage les problèmes digestifs, mais aussi régule le foie, travaille sur la glande pituitaire et régule les émotions. Elle permet aussi d'avoir plus de discernement.

- **1 jade néphrite** : comme le dit son nom, il travaille sur les reins.

Si vous voulez pousser le travail un peu plus loin et aider à l'intégration de votre propre lumière dans votre véhicule, vous pouvez ajouter 2 pierres. Il y a une pierre qui travaille sur le foie et qui apporte beaucoup de lumière c'est :

- **La damburite**, pierre du chakra coronal qui peut aussi se travailler sur le chakra solaire. Elle redonne de l'énergie au foie et aide à éliminer les toxines.

Si vous choisissez de la porter au niveau du coronal, il sera préférable de mettre une pierre d'ancrage.

Retrouver son équilibre intérieur

- **Une hématite spéculaire ou spécularite**, pierre d'ancrage, qui nous met les pieds sur Terre et la tête dans les étoiles. Elle apporte donc un équilibre entre l'ancrage et la connexion au coronal.

*****

Vous vous allongez, vous posez :

- **L'améthyste** sur le foie,
- **La bronzite** ou / et **l'hypersthène** sur l'estomac,
- **Les howlites** ou **magnésites** en losange autour de vous. Une à la tête, une aux pieds à peu près à 15 cm de vous, une à droite et une à gauche, à mi-hauteur du corps.
- **Le jade néphrite** entre les reins dans le dos, à mi-hauteur du dos au niveau des premières côtes flottantes.

Si vous ajoutez la damburite, mettre la spécularite entre les pieds. Pour la damburite, la mettre soit au coronal, soit sur le foie. Pour savoir où la poser écoutez votre ressenti, si vous n'arrivez pas à ressentir, mettez-la sur le foie au départ, puis au bout de quelques méditations passez-la au coronal.

Vous respirez profondément en pensant que vous gardez ce qui est bon pour vous et que vous évacuez ce dont vous n'avez plus besoin. Vous restez comme cela au minimum 5 min. Vous pouvez vous mettre une petite musique 432 hz, en fond sonore léger. Et allez jusqu'à 20 ou 30 mn, à savoir que quand la détox est terminée les pierres s'arrêtent de travailler. Elles vont peut-être chauffer (normal) et si elles ne chauffent pas, pas d'inquiétude c'est que pour cette fois-ci elles n'avaient pas ou peu à travailler.

En cas d'anesthésie, à faire une fois avant l'opération pour préparer le corps, et une à deux ou trois fois après, espacées de quelques jours, voire même 8 à 10 jours.

Si c'est un traitement long, comme une chimiothérapie, vous faites juste avant, juste après et ajoutez une fois à mi-chemin de deux séances, si c'est possible pour vous, autrement avant et après, à chaque

Retrouver son équilibre intérieur

fois, et si l'envie vous prend de garder une ou plusieurs des pierres avec vous pendant c'est aussi possible.

Pensez bien à les passer 30 secondes sous l'eau du robinet avant et après chaque utilisation et à les mettre dans un endroit lumineux mais pas en plein soleil entre deux utilisations. Cela suffira à les nettoyer et les recharger pour qu'elles soient toujours au top.

Je propose aussi sur ma boutique en ligne des coupelles (orgones) en résine qui nettoient et purifient en quelques minutes les pierres. En forme de Saint Jaques ou en forme de plume. Car à force que l'on me demande au magasin qu'est ce qui nettoie et qu'est ce qui recharge, j'ai créé des coupelles qui font les deux.

Pour les traitements lourds, vous pouvez aussi les porter en bracelet du côté droit, proche du foie, la journée pendant toute la durée du traitement. (Sans la damburite et la spécularite que vous ne trouverez pas en perle.)

Les minéraux sont de très bons accompagnateurs sur des périodes de traitements lourds, s'il y a beaucoup d'angoisses, vous pouvez aussi mettre une rhodocrosite sur le chakra du cœur. Et si vous voulez concentrer les énergies d'amour pour stimuler le thymus dans son travail vous pouvez aussi porter une séraphinite.

Leur vibration vient de leur structure moléculaire.

Les minéraux sont des outils formidables de la nature et qui peuvent être utilisés en complément de tout autre traitement. Ils ne sont jamais négatifs, bien que certains puissent nous déstabiliser dans nos fondements si ceux-ci ne sont pas à notre avantage.

Retrouver son équilibre intérieur
Protocole pour ne pas être pollué par l'énergie des autres

Faire rayonner son soleil intérieur

Thérapeute ou pas, ce protocole vous permettra de rayonner votre propre énergie. Faire rayonner son soleil intérieur est valable pour tout le monde. Même si le reste de mon explication est plutôt orientée sur les thérapeutes, tout le monde peut faire ce protocole quand il se sent fatigué, qu'il a un rendez-vous important ou tout simplement quand il en ressent la nécessité, genre avant un repas de famille !

Quand on travaille en énergétique même si nos protocoles sont propres, nous pouvons malgré tout nous prendre les scories ou les égrégores des clients, voire leurs fantômes. On peut aussi se prendre une attaque énergétique, car les entités négatives contrôlantes, qui sont sur les personnes qu'on traite, ne sont pas toujours tout à fait d'accord qu'on vienne vider leur garde-manger.

Alors déjà ce qui serait bien en tant que thérapeute, amateur ou professionnel, c'est de nous être nous-mêmes débarrassé de nos propres interférences. Car comment faire du bon boulot durable si on est soi-même pollué. J'ai pratiqué des soins énergétiques sur des clients sous interférence et sans, c'est comme arrêter une addiction. Tout est plus clair, goûteux, intéressant, on voit mieux, on entend mieux, et on est en pleine possession de ses capacités personnelles. Personne ne nous en pique au passage, ou ne nous met des bâtons dans les roues, personne ne cherche à nous décourager ou à détourner le soin pour s'alimenter dessus.

Essayez de danser « Le lac des cygnes » en scaphandrier, ça vous donnera un petit ordre d'idée de ce que c'est que de faire un soin énergétique sous interférences. Généralement ils vous prennent 80 % de votre énergie au passage qui n'ira pas au client. Pour ceux qui ont des capacités, imaginez que vous ayez 5 fois plus de puissance pour

Retrouver son équilibre intérieur

travailler. Que vous n'ayez plus besoin de demander l'autorisation à trucmuche machin bidule de faire ce que vous faites.

Sur un salon dernièrement j'ai rencontré un charmant jeune homme qui vend des tambours, et c'est son propre tambour qui l'autorise ou pas à rentrer en contact avec les gens, il lui est complètement soumis. Ce jeune homme est très yin donc la soumission va de pair, mais de là à ce qu'il n'ait pas le droit de rentrer en contact avec les gens, s'il n'a pas l'autorisation du tambour, il y a une sacrée limite à repositionner. J'aimerais bien voir la tête de l'entité contrôlante qui lui fait cela ! Certes un tambour a sa propre volonté, j'en ai plusieurs, ils ont aussi leur caractère c'est indéniable. Mais de là à interdire à la personne de faire des choses ce n'est pas normal. Beaucoup de personnes donnent également ce pouvoir à leur pendule et à d'autres outils. Mais sur qui ou quoi est calibré le pendule ? À qui est posée la question ? À un guide, à un ange gardien, à un fantôme d'ancêtre, à trucmuche, machin ou bidule ? Ou à votre partie subtile, c'est-à-dire à vous-même ? La seule et unique personne ayant autorité sur vous c'est vous !

Déjà donc pour bien travailler il est préférable d'être aligné sur sa propre énergie. Propre = nettoyée, propre = sienne, ce mot a une double signification ce n'est pas pour rien.

Ensuite il ne faut pas chercher à soulager une personne de son mal. Car en travaillant dans ce sens, du client à vous, vous êtes quasiment sûr de vous chopper un truc. Émotion, scorie, égrégore, pacte... eh oui un pacte, l'entité contrôlante qui est sur la personne dans l'ésotérique va passer un pacte avec vous. Si vous n'êtes pas nettoyé, vos propres entités contrôlantes vont vous protéger, elles n'aiment généralement pas partager le gâteau. Si vous êtes clean, elle va vous demander dans l'énergétique si vous voulez vraiment l'aider, et votre réponse va être « oui, je veux l'aider, je veux la soulager de son mal-être » car c'est votre intention de base. Et cela va suffire, vu que vous tirez volontairement et intentionnellement à vous ce qui l'affaiblit. Et comme ce sont les entités contrôlantes qui sont à l'origine de la plupart de leurs

Retrouver son équilibre intérieur

problèmes, bingo ils vont rentrer dans votre espace énergétique comme un couteau chaud dans du beurre. Je vous rappelle que les entités qui ont voulu passer pendant un transfert énergétique de l'énergie d'un client sur moi, n'ont jamais réussi à passer avec moi.

Il ne faut donc jamais vouloir soulager la personne. Et en plus vous foutre du résultat de la séance que vous êtes en train de faire. Car celui-ci ne dépend pas de vous, mais de ce que le client va faire par la suite.

Je m'explique, quand vous emmenez votre voiture chez le garagiste, il fait ce qu'il y a à faire sur votre voiture pour qu'elle remarche. Vous payez pour le travail effectué, et merci au revoir et bonne route. Le garagiste ne vous rappelle pas 3 jours plus tard pour savoir si ce qu'il a fait a bien marché ! Ce n'est pas non plus lui qui a mis sur le GPS l'adresse à laquelle vous devez vous rendre ensuite avec votre voiture ! Il peut tout au plus vous conseiller de faire vos niveaux plus souvent et encore. S'il vous a rechargé ou changé votre batterie parce qu'elle était naze, et que le lendemain matin celle-ci ne marche de nouveau pas, parce que vous avez laissé vos feux allumés toute la nuit, est-ce sa faute ? Non !!! C'est bien de la vôtre.

Hé bien en énergétique c'est la même chose, vous faites votre travail, vous avez appris à le faire, vous vous êtes senti suffisamment compétent en la matière, vous maîtrisez suffisamment votre sujet pour avoir pris la décision de vous mettre à votre compte. N'est-ce pas ?!? Vous apportez à votre client de l'énergie, en meilleur état que la sienne parce que vous « vous en prenez soin de la vôtre ! », et que vous avez intégré le protocole de soin que vous êtes en train de pratiquer, éventuellement vous lui apportez une certaine compréhension de pourquoi il a telle ou telle problématique, vous lui mettez son conflit en conscience. Vous avez fait ce qu'il fallait faire. Donc vous devez vous ficher du résultat de la séance. Car il ne dépend pas de vous !

Il dépend de ce que va faire la personne avec ce que vous lui avez apporté pendant la séance. Le système allopathique que je ne critique

Retrouver son équilibre intérieur

pas, (j'y fais appel aussi quand le problème est purement mécanique), a complètement déresponsabilisé les gens par rapport à leur santé, vous qui savez que c'est nous qui sommes responsables de notre santé, ne faites pas perdurer le leurre. Rendez à la personne sa propre responsabilité, ne la prenez pas pour eux.

Donc si trois jours après, la personne vous appelle pour se plaindre, et dire qu'elle n'est pas du tout satisfaite, ne vous excusez pas, cherchez à savoir ce qui s'est passé pour elle pendant ces quelques jours. Je pars bien évidemment du postulat que vous êtes un thérapeute honnête et non un rentier de la mauvaise santé des gens. Il vous faut questionner la personne, savoir ce qu'elle a vécu, qui a pu en quelques jours dilapider votre travail, ou que tout simplement la métabolisation du soin que vous lui avez fait, crée un effet de détoxification.

Exemple, mon papa a mal au dos, je lui fais une séance d'ostéopathie, je lui dis d'attendre une semaine avant de retourner au jardin. Cela ne reste bien sûr qu'un conseil, qu'il peut suivre ou non. Moi je sais qu'il faut un certain temps de repos au corps pour accepter le changement de mouvement que je viens de lui demander de faire. Au bout de 3 jours, mon papa a moins mal, mais le soin n'est pas pour autant stabilisé. Et que fait-il plutôt que d'attendre que cela se stabilise vraiment, il retourne faire son jardin. Et le 4ème jour oh dis donc il a de nouveau mal au dos. Pourquoi ? Parce qu'il l'a remis en contrainte et que la restriction de mouvement qui provoque la douleur s'est remise en place, le corps n'a pas eu le temps d'oublier et de fonctionner autrement à long terme. Mon soin est juste, bien fait, mais inefficace car les consignes post séance ne sont pas respectées. Et cela je n'en suis pas responsable.

Il y a toujours une période de métabolisation post travail énergétique et même physique. Avec la méthode JMV ® quand on travaille sur un aliment, on demande à la personne de ne pas le consommer au minimum pendant 24h complet après la séance, 48h c'est mieux. Pour laisser au corps le temps de se mettre à jour. J'ai travaillé le sucre à ma

Retrouver son équilibre intérieur

petite sœur alors que nous passions 2 jours ensemble, elle m'a saoulée pendant les 24h suivantes, parce qu'elle ne pouvait rien manger de ce qu'elle avait pris, vu qu'il y a du sucre dans 100% de l'alimentation industrielle et que nous étions en déplacement pour le championnat de France de roller de vitesse de son fils, et donc pas vraiment en capacité de cuisiner ce qu'on voulait. Pour une fois elle a lu les listes des ingrédients et elle crisait à chaque fois qu'elle trouvait du sucre, même sur les produits dit salés.

Il ne faut donc pas se remettre en question à chaque fois qu'une personne n'est pas entièrement satisfaite. Les doutes aussi empêchent la métabolisation d'une séance, donc si vous ne paraissez pas très sûr de vous alors que vous êtes comptétent.e cela va suffire des fois pour faire foirer la métabolisation. Le rapport au thérapeute va déterminer 50% de la réussite de votre séance. La technique pure n'est pas toujours l'élément principal du ressenti de la personne qui vient vous consulter.

L'énergie va où elle doit aller, on peut faire des soins à distance, donc ce n'est pas parce que vous n'allez pas poser vos mains là où la personne a mal que vous n'allez pas faire ce qu'il y a à faire. Mais la personne elle va le voir d'un autre œil.

Lucette, une de mes clientes, venait me voir régulièrement. Nous discutions, pour trouver le point de conflit intérieur. Et en fin de séance je lui faisais une passe magnétique ou un peu d'ostéo sur la table de soin. Un jour je vois que pendant la discussion, la petite lumière s'est allumée et qu'il n'y a donc pas besoin de passer sur la table. Je mets donc fin à la séance et je l'accompagne à la sortie. Je la sens contrariée, mais elle n'en fait pas cas. À la séance suivante, direct elle m'en parle : « ah ! la dernière fois j'étais super contrariée de ne pas être passée sur la table en fin de séance ! », moi « oui, Lucette je le sais, pas besoin de me le dire je l'ai vu que vous étiez contrariée. » avec un grand sourire. Et elle continue « mais alors le lendemain j'ai compris, que la discussion avait suffi ! j'ai eu exactement les mêmes courbatures et libérations

Retrouver son équilibre intérieur

physiques que quand je passe sur la table. », moi « oui, Lucette je sais ! ». Moi je le sais mais pas elle.

Donc ensuite j'ai systématiquement fait passer les personnes sur ma table, même quand il n'y en avait pas besoin, physiquement. Pour éviter que leur mental vienne pourrir mon travail. Les gens ne pensent pas que rien qu'en discutant on peut enlever un lumbago ou une sciatique, mais si, car si on sait exactement de quoi il faut parler, on peut.

J'ai même quelques fois fait des séances d'ostéopathie énergétique à distance, et le résultat sur la posture de la personne se voyait. D'autres personnes présentes en ont fait la réflexion sans savoir ce que j'avais fait. Donc tout est possible si on le pense, il n'y a que les limites que l'on s'impose.

*****

En dehors de cela, il aussi préférable d'être en pleine forme, en pleine possession de vos moyens, apaisé émotionnellement, et clean pour pratiquer un soin énergétique. Ou faire le nécessaire, pour l'être avant chaque séance, être en capacité de recharger la batterie de la personne devant nous, sans vider la nôtre. Car je vous rappelle que les thérapeutes ne font rien, c'est la personne qui fait avec ce que nous lui donnons comme outils. Ne pas donner au client le verre pour la soif, le garder pour nous.

Quand j'ai un clash énergétique avant une séance d'hypnose ou autre, je me réaligne avant d'arriver au cabinet. Quand c'est une séance d'hypnose, je me fais vérifier par ma télépathe avant de commencer. Comme j'ai fait le nécessaire pour me réaligner, il ne reste généralement pas de séquelle du clash. Mais je suis très à l'écoute de tout cela, surtout avec l'année que je viens de passer.

*****

Si malgré tout une énergie négative sort du corps du client, vous me direz : « quoi en faire ? ». Vous la laissez partir, moi j'ai une géode d'améthyste de 75 kg elle est parfaite pour cela, je l'envoie dedans. À

Retrouver son équilibre intérieur

mes débuts j'ai envoyé un truc hyper noir sur mon cactus, car eux aussi ont la capacité de gérer cela, c'était tellement dark qu'il a vrillé d'un quart de tour. Et on remplit le vide par de la lumière, il ne faut pas laisser de vide. Si ce n'est pas vous qui le remplissez il va se remplir avec ce qu'il va trouver, donc autant que ce soit de la lumière. Je dirais même mieux, montrer à la personne comment valoriser elle-même ses propres énergies pour qu'elle soit autonome le plus rapidement possible. Lui apprendre à préserver sa batterie et à la recharger elle-même. Ce que je fais dans ce livre.

Si toutefois quelque chose sort du corps, je coupe toute alimentation énergétique et généralement ça se décompose, ça tombe en poussière. Il y a des germes énergétiques sur les cicatrices, les infections, les piqûres d'insectes, les boutons de fièvre. Il suffit de les attraper, de les sortir du corps et de laisser l'énergie mourir.

J'apprends cela à mes stagiaires en magnétisme. C'est facile et c'est très rapide à faire comme ça le jour où un truc plus gros sort malgré eux, parce que cela arrive de temps en temps, ils savent le gérer. Tirer un germe énergétique sur une cicatrice ou un bouton est un bon entraînement car c'est rarement agressif comme énergie.

*****

Donc voici un petit exercice pour se remplir de sa propre énergie pour aller bien, et que rien d'autre ne puisse rentrer.

1 – Les yeux fermés, vous cherchez la petite lumière qui est en vous, soit au niveau du chakra solaire, soit au niveau du chakra du cœur, ça peut n'être qu'une petite paillette si vous n'avez jamais pris la peine de la connecter avant. Le mental peut vous empêcher de le trouver en s'y opposant. Donc prenez votre temps pour la trouver, cherchez de 5 à 10 cm sous le bout du sternum, et remontez des fois jusqu'en haut de celui-ci. Même si vous avez du mal à la trouver, ne prenez jamais rien venant de l'extérieur, même si ce qui se présente devant vous, vous paraît bien briller.

Retrouver son équilibre intérieur

Prenez votre temps pour trouver cette lumière intérieure, nous cherchons à valoriser votre puissance énergétique, pas celle de vos locataires indésirables, ou à en faire entrer d'autres. Donc si on vous présente une belle lumièrde en cadeau, refusez-la.

Ne cherchez pas de l'orange ou du rouge, nous voulons ici dans cet exercice travailler avec le chi acquis du solaire ou celui du cœur et non avec l'énergie innée de la base. On ne va pas remplir les gens avec une énergie que l'on ne pourra pas renouveler.

Cochez ce que vous avez trouvé dans les propositions suivantes pour comparer d'une fois à l'autre.

Taille de l'énergie trouvée : paillette – noisette – noix – clémentine – orange – pamplemousse – melon – pastèque...

Jaune – verte – rose...

Date :   taille :   couleur :

Date :   taille :   couleur :

Date :   taille :   couleur :

Date :   taille :   couleur :

Date :   taille :   couleur :

Date :   taille :   couleur :

Etc.

2 - Une fois que vous l'avez trouvée, expansez-la, dans toute votre cage thoracique. Vous la faites grandir, il suffit d'y penser ça marche tout seul. Si vous avez du mal, pensez au curseur des lampes halogènes et montez-le, faites péter les watts.

3 – Une fois la cage thoracique remplie, vous expansez cette lumière dans tout votre corps. Dans la tête alouette, dans les 2 bras, les mains,

Retrouver son équilibre intérieur

dans le bassin, et dans les 2 jambes jusqu'au bout des orteils. S'il y a des zones noires qui ne veulent pas se mettre en lumière, mettez les dehors, si c'est dans le bras enlevez le noir comme si vous retiriez un gant, si c'est la tête enlevez la cagoule etc. Ou si c'est une émotion qui résiste, pareil vous faites une jolie boule type pelote de laine avec, et vous la jetez par la fenêtre.

Si c'est un bras complet qui reste noir, enlevez ce noir comme un gant à la Maryline Monroe, pou pou pidou, et hop dehors, si c'est une jambe enlevez le bas ou la chaussette avec toute la classe et la sexitude possible, vous êtes en tête-à-tête avec vous-même, à l'intérieur de vous, vous pouvez faire ce que vous voulez pour que ce soit plus facile et ludique. Plus vous y mettrez de l'énergie positive en jouant avec votre propre énergie plus ce sera facile. Si vous vous agacez, vous renforcerez le noir ou l'émotion en question.

4 – Une fois que tout le corps est rempli, vous expansez votre lumière depuis l'intérieur dans le corps physique éthérique. Entre 5 et 10 cm en haut, en bas, devant, derrière, autour des bras, sous les pieds, entre les jambes, comme si vous étiez un bibendum de lumière.

5 – Vous mettez un peu plus d'intention dans les bras, et vous faites déborder, par les mains, en passant par le chakra du cœur. Quand je fais un câlin, c'est ce que je fais, je fais déborder par le chakra du cœur et par les mains.

Pour un soin vous vous servez de ce que vous faites déborder par les mains, et vous rechargez la batterie de la personne qui vient vous voir, en attendant qu'elle y arrive par elle-même, vous valorisez son énergie là où elle a des manques. Et après, c'est elle avec ses batteries pleines qui va mettre dehors ce qui a besoin d'être mis dehors, et qui va faire ce qu'elle a à faire. Et il ne faut pas utiliser d'autre énergie que celle du solaire ou du cœur pour faire ça, car il faut donner de la joie et de l'apaisement aux gens. Leur remettre du peps, hop, hop, hop, du green super green.

Autrice Frédérique A. LONGÈRE

Retrouver son équilibre intérieur
*****

Si vous faites la partie où vous valorisez vos propres énergies régulièrement, vous serez tout le temps plein d'énergie batterie à 100%. Et bien sûre continuez à vous ficher du résultat. Car comme je l'ai dit c'est la personne qui va ou pas faire ce qu'elle a à faire avec des batteries pleines. Ne demandez pas non plus à la personne de vous rappeler pour vous tenir au courant de comment ça se passe. Nous sommes responsables de notre véhicule que ce soit en tant que thérapeute ou client. C'est nous qui sommes au volant de notre véhicule, c'est nous qui décidons quoi faire avec cette nouvelle énergie et où aller.

Personnellement, quand les clients me rappellent pour se plaindre, je les écoute pour comprendre ce qui s'est passé et pourquoi ils ont cette impression. Et si ce qu'ils me racontent le nécessite, je leur propose un autre rendez-vous payant, au même prix, pas de SAV gratos, le généraliste, si le premier traitement n'a pas marché, ni il vous rembourse, ni il vous fait la deuxième consulte gratuite. On ne peut jamais en une seule séance lever toutes les croyances limitantes mises en place depuis des fois plusieurs décennies ou cumulées depuis plusieurs générations.

Certaines choses sont garanties, mais que les pièces pas la main d'œuvre, et chez nous il n'y a que de la main d'œuvre. Donc donnez le meilleur de vous-même et « Yalla ! » (En avant !).

Je recommande ce protocole à toutes les personnes qui travaillent dans le soin privé ou public, infirmières, aides-soignants, aides à domicile… et même assistantes sociales, éducs spé… « mère Térésa », en gros toutes les personnes qui se font vampiriser par les autres. Si votre espace énergétique n'est pas plus fort qu'une bulle de savon tout le monde va pouvoir l'éclater et se servir, mais s'il est bien rempli et fort comme un ballon de basket, les autres vont rebondir dessus. C'est vous qui décidez à qui quand et où vous donnez de votre énergie, ce n'est pas aux autres de se servir quand ils veulent, sans votre accord.

Retrouver son équilibre intérieur

Même si vous travaillez à distance, il faut le faire, la distance physique ne change rien. Cela fait des mois que mon second mari a lui-même pris ses distances qu'il me gosth à mort, et pourtant il rôde encore dans l'énergétique à essayer d'encore s'alimenter sur moi comme avant. Et pourtant on coupe régulièrement, mais je sais quand il revient, je connais très bien son énergie. Mais non, non, non il n'en aura pas ! La dernière fois il a même éjecté mon télépathe de l'hypnose. Il était lui-même opérateur télépathe il sait très bien comment ça marche. Le pire c'est que si je lui en parle dans le physique il va nier à 2 000%. Il m'a fallu un peu de temps mais ça y est je lui ai fermé l'accès à mon espace énergétique, il se nourrissait des espoirs que j'avais encore de le voir prendre ses responsabilités. C'est toujours à nous de calibrer notre énergie, jamais à l'autre.

*****

Si vous n'êtes pas nettoyé, si vous êtes hyper fatigué, si vous faites ça en dépit du bon sens, ou sans avoir vérifié vos protocoles, tant pis pour vous. Si vous faites appel à des fantômes pareil. Maintenant je sais que 90% des thérapeutes et des gens sont de bonne foi, mais cela ne suffit pas toujours, pour ne pas être interféré, surtout si on invoque.

Ce protocole est valable pour tout le monde. Toute personne étant en relation avec des humains moldus vampirisateurs, même les caissières devraient le faire, les coiffeuses, les profs. Oui les profs, 30 enfants toutes les heures qui se nourrissent sur eux, ou qui leur envoient leur colère ou contrariétés. En fait, tous ceux qui finissent la journée sur les rotules. Autant de fois qu'il le faut dans la journée jusqu'à ce que ça tienne. Que le processus devienne automatique.

Il y a des spécialistes de la vampirisation, des sangsues énergétiques, dont le sport préféré est de voler l'énergie des autres. Quand vous passez même juste 5 min avec eux, ils vous vident, vous voyez de qui je veux parler, hé bien c'est à vous de dire stop, fini, fermé. Pour eux vous renforcez votre énergie et vous fermez les vannes. Dans votre espace énergétique c'est vous qui décidez, qui ou quand, combien vous donnez

Retrouver son équilibre intérieur

d'énergie, à ce que vous êtes en train de faire. Et si vous décidez de ne plus en donner vous n'en donnez plus. Pareil pour ceux qui déversent sur vous leurs poubelles énergétiques, les pleurnicheurs, leurs poubelles restent dehors de votre espace énergétique, vous ne repartez pas avec.

*****

N'expansez pas trop votre énergie non plus, point trop n'en faut, car si vous expansez de trop c'est comme une pâte à tarte, si la pâte est trop fine, les fruits ne tiennent pas dessus. Et plus vous expansez, plus des personnes peuvent se servir. Et ne gardez aucun lien énergétique avec les personnes qui viennent vous voir, au cas où ils auraient encore besoin d'une petite lichette, non !

*****

Pendant les stages de magnétisme que je propose, on apprend aussi à boucher les fuites, car impossible de remplir une baignoire si la bonde n'est pas fermée, ou s'il y a une fuite. Et l'on s'épuise encore et encore à la remplir. Stress, choc physique ou émotionnel, accident, opération, tatouage, piercing… il peut y avoir des fuites de partout.
Et on utilise pleins d'outils différents, pendules, tenseurs, minéraux, plumes, tambours, bols, baguettes…. Comme cela vous pouvez voir avec lesquels vous êtes le plus à l'aise. Mais on valorise le meilleur des outils : vos mains.

Vous pouvez utiliser ce protocole avec n'importe quelle technique de thérapie, même si vous ne touchez pas la personne pendant votre séance, ou pendant votre travail. Et vous n'aurez plus besoin d'invoquer personne pour vous seconder ou travailler à votre place, vu que vous serez en plein pote-en-ciel, relié à votre propre énergie vitale. Faites les choses en pleine conscience, c'est ce qu'il y a de plus efficace.
Votre propre énergie (la vôtre) et votre énergie propre (libéré(e), délivré(e)).

Vidéo monter son soleil

Retrouver son équilibre intérieur

https://www.youtube.com/watch?v=iBRMZ5fZgzM

Retrouver son équilibre intérieur
Protocole d'ouverture et de fermeture des chakras

Nous l'avons vu plus avant, nous avons différentes sources d'alimentation énergétique, et la plus importante c'est celle du chakra coronal, la conscience, sans conscience pas de vie. Je vous rappelle l'arbre sans feuille c'est un arbre mort, et pourtant nous persistons à vouloir renforcer notre ancrage. À l'heure actuelle, l'humanité ne manque pas d'ancrage, elle manque de connexion à la conscience. Savoir pourquoi et dans quel but nous faisons ce que nous faisons.

Ceci est un exercice de fermeture et de réouverture des chakras afin de spiritualiser la matière au lieu d'enterrer l'âme.

Certains passages vont être un peu désagréables, à la fermeture de certains chakras, on ne les stoppe pas on met quelque chose devant pendant quelques minutes. Ne vous inquiétez pas on va les rouvrir juste après. Cet exercice est disponible sur mon YouTube.

https://www.youtube.com/watch?v=MxwM72sgfj8

Vous vous installez confortablement, le corps ne doit pas être une contrainte.

Vous allez au fur et à mesure que je vous donne le nom et l'emplacement du chakra le fermer, avec une trappe, un couvercle ou un bouchon, pour le chakra de la gorge on peut utiliser une écharpe virtuelle. Afin de stopper temporairement le flux d'information pour le rétablir dans le bon sens. Tout ceci se faisant dans la visualisation vous pouvez bien imaginer ce que vous voulez comme bouchon, à savoir que

Retrouver son équilibre intérieur

de toute façon on va l'enlever juste après. On va fermer en commençant par le bas. Et ouvrir en commençant par le haut.

Alors entre le YouTube et ici il peut y avoir quelques petites différences, qui n'altèrent en rien l'exercice, ne laissez pas votre mental chipoter.

<u>Vous fermez les yeux, vous respirez profondément 3 fois. C'est parti</u> :

1 – Vous allez fermer le chakra de base, il se trouve entre le pubis et l'anus. On le ferme. Vous prenez le temps d'une ou deux respirations profondes.

2 – Vous allez fermer le chakra sacré, il se trouve devant 3 doigts en dessous du nombril, et au niveau du sacrum derrière. On le ferme. Vous prenez le temps d'une ou deux respirations profondes.

3 – Vous allez fermer le chakra solaire, il se trouve au niveau de L3 derrière, et au niveau du bout du sternum devant. On le ferme. Vous prenez le temps d'une ou deux respirations profondes.
Il peut commencer à y avoir une petite gêne qui se met en place, normal.

4 – Vous allez fermer le chakra du cœur, il se trouve au niveau de D3 derrière, et entre les deux seins devant. On le ferme. Vous prenez le temps d'une ou deux respirations profondes.

5 – Vous allez fermer le chakra de la gorge, il se trouve au niveau de C3 derrière et juste au-dessus de l'attache des clavicules devant. On le ferme. Vous prenez le temps d'une ou deux respirations profondes.

6 – Vous allez fermer le chakra du 3ème œil, il se trouve à la jonction de l'occiput et des pariétaux derrière et au du centre du front juste au-dessus des sourcils devant. On le ferme. Vous prenez le temps d'une ou deux respirations profondes.

Retrouver son équilibre intérieur

7 – Vous allez fermer le chakra coronal, il se trouve au niveau de la fontanelle Bregma, jonction des pariétaux et du frontal. On le ferme. Vous prenez le temps d'une ou deux respirations profondes.
La situation n'est pas confortable mais on va rouvrir les chakras tout de suite.

*****

8 – Vous ouvrez le chakra coronal, vous effacez ce que vous avez mis pour le fermer, et vous le remplissez un chapeau champignon de violet, or et blanc dans une belle lumière qui vient de l'intérieur. Le chapeau champignon doit être assez grand pour couvrir la largeur des épaules. Vous prenez le temps d'une, deux ou trois respirations profondes, par le chakra coronal.

9 – Vous ouvrez le chakra du 3ème œil, devant et derrière, vous effacez ce que vous y avez mis. Et vous remplissez complètement une bouée de 10 cm de haut avec les couleurs : indigo, violet et jaune. Vous prenez le temps d'une, deux ou trois respirations profondes par le front.

10 – Vous ouvrez le chakra de la gorge, devant et derrière, vous effacez ce que vous y avez mis. Et vous remplissez une bouée avec les couleurs : bleu pâle, turquoise et argent. Vous prenez le temps d'une, deux ou trois respirations profondes avec la gorge.

11 – Vous ouvrez le chakra du cœur, devant derrière, vous effacez ce que vous avez mis. Et vous remplissez une bouée de vert et de rose. Vous prenez le temps d'une, deux ou trois respirations profondes par le chakra du cœur.

12 - Vous ouvrez le chakra solaire, devant derrière, vous effacez ce que vous avez mis. Et vous remplissez une bouée de jaune vif comme le soleil. Vous prenez le temps d'une, deux ou trois respirations profondes par la rate qui se trouve sous les côtes à gauche.

13 - Vous ouvrez le chakra sacré, devant derrière, vous effacez ce que vous avez mis. Et vous remplissez une bouée d'un bel orange puissant.

Retrouver son équilibre intérieur

Vous prenez le temps d'une, deux ou trois respirations profondes par le nombril.

14 - Vous ouvrez le chakra de base, vous effacez ce que vous avez mis. Et vous remplissez une bouée de rouge au niveau du bassin jusqu'à mi-cuisse, de noir de mi-cuisse à sous le genou et de marron pour le reste de la jambe. Vous prenez le temps d'une, deux ou trois respirations profondes par le chakra coccygien.

15 – vous inspirez par le chakra de base et le chakra coronal, jusqu'au cœur et vous expirez par les mains. Au moins 3 fois, voire plus autant de fois que vous voulez.

Vous restez les yeux fermés autant de temps que le vous souhaitez ou que vous en ressentez le besoin. Vous vous imprégnez de votre bibendum multicolore, rayonnant(e) avec le sourire.

Vous pouvez utiliser ce protocole pour faire une méditation 7 chakras avec des minéraux, à partir du n°8 jusqu'au 15.

☐

Retrouver son équilibre intérieur
Protocole d'alignement des corps énergétiques

La vie de tous les jours nous décale petit à petit de notre centre. Ça fait qu'au bout d'un moment on marche à côté de ses pompes. Ou que carrément on finit par être hors de soi.

Nous avons autour de notre corps physique des corps énergétiques, qui forment notre aura :

- Corps Atma

- Corps Bouddhique

- Corps causal

- Corps mental

- Corps émotionnel

- Corps éthérique

- Corps physique

Chacun ayant lui-même 7 vibrations différentes :

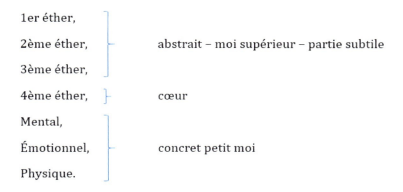

Retrouver son équilibre intérieur

Dans une session récente, dans la semaine précédant la mise en ligne du livre (février 2024), nous avons eu une information d'une conscience comme quoi il y aurait 12 corps énergétiques et 9 vibrations soit 108 couches, mais que déjà travailler sur les 49 couches connues était pour le moment suffisant. Cela va bien évidemment faire l'objet d'investigations, pour en savoir plus. Ce qui est intéressant c'est que le nombre 108 est utilisé en bouddhisme, pour eux ce serait le nombre d'affres de la vie terrestre, il y a donc 108 perles sur leurs malas pour réciter les mantras, intéressant à vérifier. Est-ce que ce serait finalement les différentes couches de notre corps physique humanoïde terrestre à aligner et purifier des mémoires mammifères et des préprogrammations pour atteindre la transcendance de l'âme ?

Je resterais donc pour le moment sur les 49.
Nous avons en fonction de l'état vibratoire des 49 couches, des façons différentes de voir, d'aborder et de comprendre les choses et les événements qui nous touchent. Et plus nous sommes perturbés par ces événements, plus nos différents corps se décalent et nous en perdons le contrôle. Dans beaucoup de traitements allopathiques ou même analyses pour déterminer ce qui ne fonctionne pas on va s'intéresser uniquement au corps physique-physique, la partie la plus dense ; éventuellement le physique-émotionnel, en analysant les liquides ; et très rarement le physique-mental en prenant en compte les gaz.

En psychologie on va s'occuper du corps émotionnel, mais en n'allant pas plus haut que l'émotionnel-mental, en cherchant à analyser une émotion par le mental.

Et en exacerbant ce phénomène en surchargeant les gens d'émotions négatives, on reste dans le petit moi et le mental va cristalliser dans un mental-mental.

Au mieux pour résoudre une maladie physique on reste dans les 3 premières vibrations du physique soit dans 3 des 49 couches énergétiques possible.

Retrouver son équilibre intérieur

Aucun traitement allopathique ne va chercher une réponse dans l'énergétique, dans le moi supérieur. Et quand dans les techniques énergétiques on sort de ces 3 premières couches, on a du mal à passer la vibration mentale, comprendre pour faire. C'est pourquoi je nourris d'informations le mental le matin de mes stages, pour qu'il nous laisse faire de l'énergétique ensuite. Une fois qu'il est repu il nous laisse tranquille.

Il n'est pas utile de savoir le nom de chaque corps et de chacune de ses vibrations, car nous en avons bien plus que cela, que nous n'avons pas encore conscientisées. Il faut juste avoir en tête que nous sommes matière et énergie et que nous souhaitons harmoniser tout cela.

*****

Prendre une paire **de Moqui** en main : appelée aussi pierre des chamans, car venant des déserts amérindiens. Il existe aussi les boji, les pinas et les luchi stones, plus rares et plus coûteuses je vous en parle plus loin. Ces pierres sont polarisées car riches en fer. Ce qui va créer une circulation d'énergie et rééquilibrer les différents corps.

Le + c'est la plus ronde, le – c'est la plus plate.

Homme :   main droite : +   main gauche : -

Femme :   main droite : -   main gauche : +

Après vous pouvez essayer d'inverser, pour voir ce que ça fait. Généralement ça ne va pas fonctionner comme si vous aviez inversé les câblages dans votre schéma électrique, ça n'allume pas la petite lumière.

Vous avez donc aussi la possibilité de le faire avec :

- **Des pinas**, cristallisation particulière de pyrite. Très rare et fragile.

- **Des bojis**, moins rares mais chères, car c'est une marque déposée. Les Moqui deviennent également de plus en plus chères car de plus en plus

Retrouver son équilibre intérieur

rares, mais restent d'un prix beaucoup plus raisonnable que les bojis pour le moment toute proportion de taille gardée.

- **Des luchi stones**, difficile à différencier le + et le - le faire au pendule, et assez rares aussi. Très puissantes je les adore.

Si vous venez faire un stage chez moi vous aurez l'occasion de toutes les tester car j'en garde quelques paires pour les faire découvrir.

Vous vous posez avec dans les mains, 10, 15, 20 min à votre convenance. Au départ tous les jours pendant 10 à 15 jours, ensuite en entretien une fois par semaine pendant quelques mois. Et ensuite au moins une fois par mois et à la demande.

Dès que vous vivez une journée merdique, dès qu'il vous arrive quelque chose de brutal et contrariant, hop une petite séance. Cela rééquilibre vos polarités, mais aussi remet tous vos corps énergétiques à leur place. Et vous repartez sur de bonnes bases.

Toujours pareil, petite musique d'ambiance, si ça vous plaît ou en silence. Je commence tous mes stages lithothérapie par cela pour que les personnes se remettent du trajet et de leur quotidien, pour que tous et toutes soient bien là en pleine présence pour la journée de stage.

Tellement simple que ce serait un crime de s'en passer. Vous pouvez vous passer les pierres entre vous et vos proches pour ne pas avoir à acheter une paire chacun. Par contre pas d'eau pour nettoyer les Moqui, ou même les autres c'est du fer. Plutôt de l'encens sauge ou benjoin, ou mes orgones en coupelles.

Vous pouvez également le faire avec les orgones Yin Yang que je propose elles font le même travail.

Il n'est pas besoin, comme je le disais, de connaître le fonctionnement de chacun de nos corps pour que cela fonctionne. Nous le faisons parfois au magasin pour aider les gens, ils sont dans un tel décalage

Retrouver son équilibre intérieur

que rien ne peut passer, même pas nos conseils. Et on les assoit pour le faire car des fois ça les scotche, surtout les luchi.

Dernièrement une personne m'a demandé une pierre qui pourrait faire un travail global de bien-être, je lui ai répondu que comme tout le monde est différent elle me posait une colle. J'ai demandé un peu de temps, et j'ai demandé aux pierres de me donner la réponse, et ce sont les Moqui qui se sont présentées à moi. Je les ai présentées à la personne, elle a testé des gros Moqui en premier, ressenti léger, puis des plus petits, par rapport au prix, le mental s'en est mêlé. Et comme son mental était vraiment très fort j'ai fini par lui faire tester les boji, lol là elle a vraiment senti, et j'ai augmenté la taille des boji et là, oui elle a capté toute la puissance du réalignement. Elle a fini par prendre les petits boji, car c'est ceux-là qui lui convenaient au niveau ressenti et prix. Pourtant plus chères que les 1ers Moqui testés, le ressenti a pris le dessus.

J'ai beaucoup aimé sa démarche, elle a pris son temps pour prendre sa décision car son mental est vraiment aux commandes, mais elle a fini par écouter son ressenti, bravo.

*****

Quand nous nous salissons physiquement, nous nous nettoyons tout de suite, quand nous nous salissons émotionnellement, ou énergétiquement on attend que ça passe tout seul. Si on avait la capacité de voir nos auras on s'en occuperait peut-être un peu plus.

Si on ne s'occupe pas de se réaligner régulièrement on peut donc perdre le contrôle du corps émotionnel et ne plus être maître de nos réactions. J'ai appris depuis que je connais la lithothérapie à vraiment écouter mon ressenti, et à utiliser les pierres qui me font de l'œil quand je passe devant. Bon pas h 24 ni 7/7, mais en tout cas aujourd'hui ce ne sont ni mes émotions négatives ni mon mental qui pédale dans la choucroute qui dirigent ma vie.

Retrouver son équilibre intérieur

J'ai malgré tout mis plusieurs mois à me remettre du choc émotionnel du départ de mon second mari, de comprendre qu'il était parti dans la nuit sans un mot a été d'une violence phénoménale. Ce qui a mis mon corps émotionnel en vrac total en crise d'hystérie, pleurs, cris, larmes. Pour autant mon esprit est resté aligné, grâce au travail que je fais depuis des années. Il y avait donc deux expressions de moi en moi, un peu perturbant mais salvateur. Dès les premières minutes l'esprit « respire, calme-toi, reprends pied… » tout ce que je sais qu'il faut faire pour reprendre le dessus sur mes émotions s'est mis en place. Non pas que ces émotions n'étaient pas justifiées, mais que si je n'en reprends pas la maîtrise, je vais me faire une chute de fréquence qui va permettre aux entités négatives contrôlantes de passer et m'interférer de nouveau. Je vous rappelle que j'étais encore en métabolisation de la session faite 14 mois plus tôt et qui était en train de s'achever, elle se finira d'ailleurs 15 jours plus tard.

Je n'ai pas pu m'empêcher de prendre la route, sans savoir où aller car impossible dans un tel état émotionnel d'avoir accès à mon intuition. Je me suis arrêtée sur une aire d'autoroute à une heure de la maison, je suis restée dans la voiture, 2 heures en plein cagnard, j'ai reçu un message : « ne me cherche pas je ne reviendrai pas. » cela a suffi à me calmer, allez comprendre pourquoi.

Je me suis raisonnée, la colère est sortie, assez violemment. J'ai repris la route pour rentrer, j'ai hurlé pour évacuer la frustration et toutes les émotions qui m'avaient envahie depuis quelques heures. Et je suis allée au travail, tenir le magasin. J'avais retrouvé mon calme et mon alignement, même moi je suis resté assez étonnée de pouvoir faire cela. Tout le travail que j'avais fait pendant toutes ces dernières années portait ses fruits. J'arrivais à rester alignée au travail, faut dire qu'au milieu de plus de 300 minéraux ça aide un peu. Par contre dès que je sortais du travail je m'effondrais à nouveau.

Le stress, l'angoisse, la peur, la tristesse, la rancœur, la colère : aucune de ces émotions n'est bonne conseillère. J'ai mis encore plusieurs mois

Retrouver son équilibre intérieur

à réguler tout cela mais j'ai réussi au bout de quelques semaines à ressentir un peu de joie, j'en ai été très étonnée, je ne pensais vraiment pas pouvoir ressentir de la joie en de telles circonstances. C'était la récompense de toutes ces années de travail énergétique.

Mais comme je me suis occupée chaque jour de retrouver mon alignement malgré les circonstances, j'ai enfin réussi à reprendre le dessus. Et faire la part des choses entre mes émotions et celles des autres. Et maintenant je sais reconnaître si une émotion m'appartient ou pas, car je sais exactement ce que je suis en train de vivre. Dès que je prends conscience que cela ne m'appartient pas, je me réaligne en quelques secondes, vraiment. Je passe des sanglots au sourire en me détachant énergétiquement de l'émotion des autres et même parfois des miennes.

Donc se réaligner et évacuer ou apaiser ses émotions en attendant que l'orage passe c'est quasi indispensable, ne pas les laisser faire des ravages irréparables dans vos énergies et dans votre vie. Pour ma part j'y suis arrivée. Cela ne veut pas dire que je ne ressens plus aucune émotion, cela veut dire qu'elles ne régissent plus mes actions et réactions par le mental.

Toutes les pierres du chakra du cœur travaillent sur cela, mais rester bien aligné en son centre peut éviter beaucoup de déconvenues. Les émotions nous chahutent comme un petit esquif dans la tempête si on n'est pas aligné intérieurement. Si on est fort et stable, si on se respecte et que l'on pose des limites et qu'on se réaligne à chaque fois qu'on a été perturbé, on fait face avec classe. On entend l'émotion mais elle ne nous déstabilise plus.

On ne s'énerve plus à la moindre petite peccadille, et on garde toute sa tête et son sang-froid. On trouve une solution rapide et efficace, sans broncher. Et si c'est quelqu'un qui cherche à nous déstabiliser, on trouve la réplique imparable qui va faire mouche et le stopper. Ou savoir s'éloigner sans trop sur réagir. Je suis très forte à ce petit jeu,

Retrouver son équilibre intérieur

trouver une réplique imparable qui désarme l'autre. Et même si elle ne m'arrive pas sur le moment, je me refais la scène dès que je l'ai trouvée pour rétablir l'énergie dans mon espace.

Et plus je suis stable émotionnellement plus je trouve la phrase qui met fin au conflit potentiel rapidement. Et des fois je n'ai même pas à répondre, juste à regarder l'autre pour lui faire comprendre qu'il n'est pas en train de s'en prendre à la bonne personne. Et plus on garde son calme plus la solution arrive rapidement.

Car si on perd le contrôle, ce sont les entités que nous allons nourrir et renforcer dans notre espace ou les entités de l'autre, et elles vont mener la danse dans leur intérêt.

Quand on est stable un peu comme un culbuto on revient en son centre et on prend du recul, beaucoup de recul avec le monde tel qu'il fonctionne sous l'égide des entités négatives contrôlantes. Et on finit par voir les gens comme des Sims télécommandés.

☐

Retrouver son équilibre intérieur
Protocole de méditation irréligieux

Méditation individuelle

Vous pouvez faire au préalable un exercice de cohérence cardiaque (il y en a plein sur YouTube) avant de méditer, ça prend 5mn et c'est une bonne préparation pour apporter le calme à l'intérieur de soi, avec une paire de Moqui, afin de se réaligner.

Asseyez-vous le plus confortablement possible.

Une pierre d'ancrage aux pieds, cela permet de mieux lâcher prise : tourmaline noire ou spécularite. Ensuite vous pouvez mettre une musique 432hz ou des tambours chamaniques, le rythme du tambour facilite la modification des ondes du cerveau, ou en silence c'est à votre convenance. Si vous mettez des tambours chamaniques pensez bien à dire que vous ne voulez invoquer personne, que vous ne voulez invoquer aucun esprit, que vous cherchez simplement à vous connecter à votre conscience, à vous dans votre partie plus subtile.

1 – Vous fermez les yeux, vous respirez profondément au niveau du 3ème œil. De modifier sa respiration, d'avoir des inspirs expirs plus longs et lents afin de modifier les ondes cérébrales.

2 – Quand vous avez fait une dizaine de respirations, vous basculez votre attention sur le chakra coronal et vous mettez l'intention sur vous-même, sur la vibration de votre conscience, sur l'intégration énergétique de la vibration de votre partie subtile. Et vous continuez à vous concentrer sur votre respiration.

Soit vous méditez le temps de de la musique, soit vous mettez une petite sonnerie à votre téléphone sans oublier de le mettre en mode avion au préalable. Avec une petite musique douce au retour. Évitez le bip, bip, bip, ou tut, tut, tut. Ça ramène trop brutalement.

Retrouver son équilibre intérieur

3 – En fin de méditation vous refaites quelques respirations profondes au coronal, 3 c'est bien, et vous redescendez au troisième œil, de nouveau 3 respirations complètes. Puis vous redescendez la respiration dans les poumons, pour bien réintégrer le corps si vous avez voyagé loin. Bougez vos mains vos pieds et le reste de votre corps pour bien reprendre possession de votre espace physique.

*****

Alors si au départ vous n'arrivez pas à tenir plus de 5 min c'est normal. Cela vient avec le temps, nous ne sommes pas tous égaux, et surtout nous avons un mental plus ou moins gênant. Vous pouvez si vous voulez utiliser une sodalite, sur le 3éme œil pour le calmer.

Si vous ne voyez rien de concret, pendant la méditation, ce n'est pas grave. Même si on n'a rien vu, il s'est quand même passé quelque chose. J'ai fait, il y a quelques mois, une méditation sur le chakra sacré où tout était gris. Et à quelques secondes de la fin j'ai vu le Fuji-Yama. Donc ne jamais rien attendre, laisser faire, nous sommes généralement déçus si nos attentes ne sont pas comblées.

RSEI 02 avant-propos sur : le protocole de méditation irréligieuse.
https://www.youtube.com/watch?v=QePCqKz9dP4

RSEI 03 protocole de méditation irréligieuse : le début
https://www.youtube.com/watch?v=Gdrwm3dip-g

RSEI 04 protocole de méditation irréligieuse : le retour
https://www.youtube.com/watch?v=D_2OU4eR0yU

Autrice Frédérique A. LONGÈRE

Retrouver son équilibre intérieur
Méditation de groupe

Si vous faites des méditations en groupe avec des débutants, et que vous êtes confirmé, que vous voyez plein de choses, évitez de partager ce que vous avez vu, discutez plutôt avant qu'après. Car certains vont se sentir frustrés, si d'autres ont vu trop de choses et eux rien. Cela risque de les décourager.

Nous faisions des méditations de plein soleil à une époque et nous discutions avant, pendant 20 à 30 mn. Nous échangions sur un sujet précis ou en fonction du moment, ensuite nous faisions la méditation. Et en fin de méditation nous nous saluions de la main ou avec un câlin et nous repartions chacun de notre côté sans un mot. Comme cela nous restions dans notre ressenti sans l'interférer avec celui des autres.

Si vous décidez de méditer pour la planète, ne vous connectez pas à elle directement, en ouvrant une porte sur votre espace énergétique, ou à toute autre chose que vous pourriez avoir envie d'aider, comme la forêt amazonienne ou des lieux dit sacrés, ou après des catastrophes naturelles… ouvrir sur un espace énergétique autre que le vôtre reste toujours risqué, même si vous le faites dans la bonne intention. Créez plutôt une sphère d'amour seul ou en groupe, chargez-la et envoyez-la, en demandant à ce qu'elle aille là où on a besoin d'elle. Comme si vous lâchiez un ballon avec un petit message écrit dessus ou une lanterne chinoise. Et elle ira où on a besoin d'elle, toujours pour respecter le principe de non-ingérence. Et même si vous voulez rester encore plus juste, faites une méditation sur vous-même afin de vous permettre d'apaiser les émotions déstabilisantes que cela provoque en vous.

En méditation nous recevrons ce qui nous concerne, c'est pour cela que tous les messages sont différents. Si vous vous connectez à trucmuche, machin ou bidule même positif dans votre croyance, sans vérifier, c'est une invocation et tout un tas d'autres choses contrôlantes guettent les opportunités d'infiltrer votre espace, et vont en profiter.

Retrouver son équilibre intérieur

Donc si vous visualisez et chargez une sphère chacun, avec votre propre énergie de cœur, que vous les regroupez ensuite en une, après vous être déconnecté de la vôtre, vous ne risquez alors rien. Et ensuite vous la libérez tous ensemble et l'envoyez dans le corps éthérique de la Terre, vous ne risquez toujours rien. Vous minimisez ainsi les risques d'inter-pollution. Mais comme je vous l'ai dit en laissant le libre arbitre de l'autre à refuser cette énergie, même bien intentionnée.

Car ce n'est pas parce qu'on est dans un groupe de méditation que tout le monde est propre et bien aligné. Il est donc préférable de calibrer votre pensée et votre intention sur votre seule énergie. Restez autonome dans le groupe et ensuite une fois que vous vous êtes dissocié de cette énergie que vous voulez partager, vous pouvez l'offrir au groupe et éventuellement la mélanger à celle des autres.

Si vous faites des méditations de groupe, restez quoi qu'il en soit sur votre propre vibration. Même si on vous dit d'invoquer machin ou bidule, qui que ce soit, et quel que soit ce personnage et son importance dans les protocoles de new age, comme Bouddha ou la lumière christique ou encore la confédération galactique, tous ne sont que des leurres, pour vous détourner de vous-même. Je ne dis pas qu'ils n'existent pas ou qu'ils n'ont pas existé, mais quoi qu'il en soit ce sont des choses extérieures. Vous refusez par la pensée, et vous y substituez votre propre énergie, rien ne sert de l'exprimer à voix haute, télépathiquement votre intention est tout aussi réelle.

Vous amplifiez la connexion à votre propre conscience, à votre propre lumière, et vous interdisez à qui que ce soit de pénétrer dans votre espace énergétique. Il est de votre propre responsabilité de vous connecter à vous-même et à rien d'autre. On ne peut pas toujours anticiper le protocole des personnes dont nous suivons les enseignements, mais il n'est jamais trop tard pour rétablir l'intention.

Cela m'est déjà arrivé et en calibrant ma propre sphère énergétique tout s'est bien passé. Et ne culpabilisez pas si vous entendez la

Retrouver son équilibre intérieur

personne qui mène la séance dire que quelqu'un n'est pas complétement intégré au groupe, ce n'est que pour vous faire renoncer à votre propre alignement, tenez bon. Personne n'a le droit de vous obliger à suivre sa façon de penser c'est du despotisme. Chaque personne animant ce type de stages ou séminaires ne devrait avoir comme but que de vous relier à vous-même, pas au collectif ni à elle. Si elle ne le respecte pas vous avez tout à fait le droit de monter vos fréquences jusqu'à ce qu'elle cesse et vous respecte.

Le dialogue n'est pas toujours verbal, il peut tout à fait être énergétique surtout dans les stages initiatiques et énergétiques.

Et même si vous avez du mal à valoriser votre propre énergie, ne vous nourrissez jamais sur l'énergie du groupe, pour alimenter la vôtre, car cela pourrait aboutir aux mêmes interférences.

Méditation de l'animal totem

Étant issus du monde des mammifères, nous avons tendance à vouloir nous reconnecter à notre vibration animale. Pour mieux comprendre notre nature profonde, mais surtout sous influence des entités contrôlantes pour nous maintenir dans cette vibration basse de nos origines terrestres. Après lorsque que j'ai fait cette méditation cela m'a apporté une information qui m'a permis d'atteindre ma propre douceur.

Mais ce n'est pas toujours le cas, cela nous enferme souvent dans une vibration ancienne s'identifiant à cet animal plutôt qu'à notre vibration subtile d'âme. À moins que nous nous connections à une de nos anciennes incarnations, ce qui peut aussi être dommageable si cette ligne temporelle est sous interférence.

Vous voulez faire une méditation pour trouver votre animal totem, ou votre végétal totem, ou votre minéral totem. Faites-le mais en gardant à l'esprit que vous portez déjà cette information en vous et qu'il suffit

Retrouver son équilibre intérieur

de vous connecter à votre conscience pour récupérer vos mémoires liées à vos expériences de vie ou d'incarnation.

Si toutefois vous décidez d'en faire une, et qu'un animal se présente à vous en venant de l'extérieur, touchez-le pour vérifier si c'est bien ce que ça dit être, s'il refuse d'être touché refusez d'échanger quoi que ce soit avec lui. Surtout si c'est votre animal préféré qui vient. N'acceptez aucun cadeau de qui que ce soit, même si celui qui se présente à vous brille, il y a plein de lumièrede. Avant toute chose, touchez celui ou celle qui se présente devant vous. Les vrais ne refuseront jamais d'être touchés.

Même si c'est de la connaissance, si l'échange est conditionné ne donnez jamais votre accord. Votre conscience ne conditionnera jamais aucune information, cette information est en libre-service en elle, donc en vous, nul besoin d'aller voir les annales akashiques, encore un truc extérieur, votre mémoire et tout ce qui vous concerne fait et fera toujours partie de votre vibration d'âme, et vous est accessible sans aucune condition. C'est votre mémoire, elle vous appartient déjà. S'il y a une ou plusieurs conditions pour obtenir l'information c'est un leurre.

Aucun objet extérieur ne viendra jamais de la part de votre conscience, car elle est censée savoir que rien d'extérieur ne doit rentrer dans votre espace énergétique. Surtout en post session d'hypnose régressive ésotérique. Tant qu'il y a condition, continuez la promenade en cherchant un autre animal qui aura une résonnance énergétique avec vous, à l'intérieur de vous, avec l'animal que vous avez en face de vous. Seule la vibration doit être cohérente.

Quand j'ai fait cette méditation, je me suis retrouvée en face d'un grizzli qui m'a invitée à venir à l'intérieur de lui. J'ai vécu ses ressentis et ses émotions, sa liberté, de l'intérieur de l'animal. Il y a eu un contact entre elle et moi. C'était en fait une femelle, je ne m'en suis rendue compte que quand elle est arrivé vers ses petits, sa puissance a fait que je n'ai

Retrouver son équilibre intérieur

pas vu tout de suite que c'était une femelle. Il y a eu contact de nos deux énergies, ce n'était donc pas une illusion. Si on est dans la douceur et dans l'accueil aucun animal ne refusera d'être touché, car il vient de vous.

Pour le végétal, si c'est un gros végétal, moi c'est le séquoia géant, je lui ai fait un gros câlin. Si c'est un petit végétal, ne le cueillez pas, écoutez-le, après l'avoir touché. Et toujours pareil cherchez la résonnance dans votre propre énergie, cherchez où se trouve cette énergie et cette information en vous et voyagez avec votre énergie.

Pour le minéral, idem, touchez-le et ensuite écoutez la résonnance et le message qui va avec. Il ne doit y avoir toujours aucune condition à l'échange, et ne repartez pas avec la pierre, cherchez la vôtre à l'intérieur de vous. Pour moi c'est le cristal de roche, nous étions dans une grotte, il brillait de mille feux, je l'ai laissé dans la grotte, j'ai écouté la résonnance de sa force vitale et je me suis mise en relation avec la mienne en moi qui vibrait comme lui. C'était un quartz générateur. Les quartz ont différentes énergies en fonction de leur forme de cristallisation.

Si vous ne reconnaissez pas le végétal ou l'animal ou le minéral, demandez-lui ce qu'il est, il vous répondra. Et s'il ne vous répond pas, écoutez son énergie, observez-le, (forme, couleur, taille), déplacez-vous pour le voir sous un autre angle ; et une fois la méditation finie, allez voir sur internet si ça correspond non seulement à ce que vous avez vécu pendant la méditation, mais aussi à ce que vous êtes ou aimeriez être, ou tout simplement si cela vous donne une information utile à votre évolution. Si ce n'est pas le cas, passez à autre chose. Si c'est votre essence cela valorisera en vous cette énergie.

Vous pouvez au début de la méditation, si vous avez du mal à visualiser, vous présenter dans une clairière, ou tout simplement entendre son nom, sa race ou espèce, sa couleur, son odeur. Évitez

Retrouver son équilibre intérieur
l'odeur pour l'animal si vous avez affaire à un fennec ou une moufette, vous allez le regretter (rire).

*****

Quelle que soit la méditation que vous allez faire, restez toujours à l'écoute de votre vibration, et si elle n'est pas cohérente avec ce qui se présente à vous, passez à autre chose. Comme avec les vidéos sur votre téléphone, scrollez, faites glisser l'écran pour passer à autre chose. C'est l'intention qui compte.

Et ne renoncez pas parce que cela n'a pas marché du premier coup. Rappelez-vous l'enfant qui apprend à marcher, il tombe et retombe et pourtant n'abandonne jamais. Usain Bolt avait des capacités mais il n'est pas resté sur le banc de touche, à regarder les autres faire, il s'est entraîné encore et encore.

Il vaut mieux avoir l'impression de n'avoir rien vu que de voir des leurres ou hologrammes qui vont vous détourner de vous-même, et vous duper.

Autrice Frédérique A. LONGÈRE

Retrouver son équilibre intérieur
Protocole pour la montée de la « Kundalini »

J'utilise ce mot car tout le monde ou presque connaît ce qu'il veut dire s'il s'intéresse à l'énergétique. Kundalini : puissante énergie spirituelle. Liée à une pratique de yoga.

Moi je vais vous parler d'une énergie du petit moi qui se met au service du moi supérieur. Il est bien évidemment préférable de faire monter la bonne énergie, et pas l'ancrage.

Beaucoup de techniques comme le chi gong ou le tantrisme mettent le chakra sacré au centre de leurs exercices. Mais ils oublient ou ne savent pas comment vraiment alimenter en énergie vitale ce chakra. Cela ne se fait pas comme nous l'avons vu plus avant dans le livre que par la base, c'est un mélange des deux chis, l'inné par la base et l'acquis par le solaire qui alimentent le chakra sacré.

C'est pour cela qu'il n'est pas conseillé de faire cette montée d'énergie avant d'avoir trouvé la paix intérieure, sinon on va utiliser les émotions négatives et cela va être dévastateur. Et ce n'est pas parce qu'on pratique du yoga ou autres techniques deux fois par semaine qu'on est aligné dans sa vie.

Il est donc préférable de se trouver dans un apaisement personnel profond pour pratiquer ce type de transfert énergétique. Et cela demande des fois du temps, mais nous ne sommes pas pressés, souvent les consciences trouvent le temps terrestre très lent, et la potentialité de longueur de vie du véhicule très court, ce qui crée un effet de manque de temps, alors que ce n'est pas du tout le cas. Certes notre expérience de vie est telle une éphémère du point de vue de l'éternité de la conscience, et quand nous sommes dans une matérialité excessive comme en ce moment la partie subtile au plus près du véhicule se languit de fusionner avec le véhicule. Mais notre vision du temps est toute relative.

Retrouver son équilibre intérieur

En ce moment en plus de nous augmenter la pression au niveau stress, une partie du temps dans la matrice terrestre est accéléré. La pression économique nous pousse à travailler plus, pour pourvoir à la subsistance de notre véhicule dans son comportement mammifère. Au lieu de nous extraire de ce temps virtuellement accéléré pour intégrer qu'il n'est que ce que l'on en pense et que ce que l'on décide d'en faire.

S'extraire de l'illusion, afin de mettre notre attention et notre intention sur ce qui est réellement important pour nous. Si c'est gagner de l'argent continuez comme vous faites, si c'est évoluer bienvenue dans une autre réalité.

Gandhi : « Commence à changer chez toi ce que tu veux voir changer dans le monde ».

Quand vous aurez fait le choix de maîtriser votre espace énergétique et que vous aurez atteint un espace de paix intérieure voici le transfert d'énergie qui peut se mettre en place pour alimenter votre création avec le bon transfert.

*****

Installez-vous confortablement, mettez une musique 432hz ou pas, un minuteur et go. Dans un environnement calme où vous savez que vous ne serez pas dérangé, afin d'éviter tout stress.

1 – vous cherchez la petite lumière jaune au chakra solaire, au bout du sternum, le chi acquis.

2 – vous cherchez la petite lumière rouge au chakra de base dans le bassin, au bout du coccyx, le chi inné.

3 – vous augmentez l'intensité des deux énergies ensemble ou tour à tour suivant votre capacité de visualisation. Et vous venez les mélanger au niveau du chakra sacré.

Vous remplissez les 3 bouées des 3 chakras avec leurs couleurs respectives.

Retrouver son équilibre intérieur

Vous allez visualiser le rouge sur le coccyx, le jaune sur L3 et le orange sur le sacrum.

Dans le chakra sacré à vous de doser l'intensité de chacun des chis innés et acquis, pour que l'un ne soit pas plus fort que l'autre. Vous pouvez faire cela aussi pendant un rapport sexuel.

4 – Quand l'énergie est bien stabilisée, vous allez la faire monter du chakra sacré jusqu'au chakra coronal, via la colonne ce qui va alimenter la glande pituitaire.

C'est pour cela qu'il faut que les émotions soient gérées car les chakras du dos sont liés au passé. Donc s'il reste de vieilles rancœurs cela peut bloquer la montée d'énergie et si vous la forcez ce n'est pas bon. Ne jamais forcer la montée de cette énergie.

5 – Du chakra coronal vous allez relier le chakra du 3ème œil avec un fil de lumière doré issue de cette énergie. Car le orange aura surement muté en doré, au contact du coronal.

Fin de la 1ère phase.

*****

6 – vous allez alors pouvoir créer une pyramide, à trois côtés équilatéraux, aux arrêtes dorées, pointée vers le haut avec le blanc de la conscience en pointe haute, le violet sur l'axe arrière via la glande pituitaire. Ce triangle sera aussi en lien avec le 3ème œil, le mariage dans les cieux du coup de l'indigo à la pointe avant.

7 – une fois que le triangle pointe en haut est créé, vous allez en faire un, pointe en bas, avec le chakra de la gorge. Cela va créer le triangle descendant pituitaire-pinéale-thyroïde.

8 – une fois que ces deux triangles seront bien construits ils vont s'imbriquer l'un dans l'autre et créer la merkaba. Qui en sumérien suivant la traduction dans les livres d'Anton Parks se traduit par véhicule de l'âme. Permettant alors la descente de l'énergie subtile de

Retrouver son équilibre intérieur

l'âme dans le véhicule. Afin de les mettre en application par le chakra de la gorge, qui va transmettre l'information au bas du corps.

Allier la terre et le ciel, l'esprit et la matière, le haut et le bas, activer la communication énergétique consciente avec le moi supérieur et le petit moi. Tout le travail énergétique que je propose dans ce livre est là, faire en sorte que le véhicule soit en pleine puissance énergétique pour accueillir l'énergie et la puissance de notre énergie subtile, mais surtout se mettre au service de la pleine conscience, plutôt que de mijoter dans leur soupe de peurs, d'angoisse et de stress, agrémentée par les frustrations et la colère due au manque.

Fin de la 2ème phase.

Refaites les méditations encore et encore jusqu'à ce que vous y arriviez. Au départ vous allez faire : du 1 au 5, ce sera déjà pas mal.

Puis le 6, jusqu'à ce qu'il soit stable. Quand c'est maîtrisé, vous pourrez passer au 7.

Une fois le 7 stabilisé vous créez la merkaba en 8. Cela peut prendre du temps chacun est différent. Mais il ne faut pas brûler les étapes, bien stabiliser chacune d'elle.

Et ensuite vous pourrez faire le 9. Ne cherchez pas à aller plus vite que la musique. Cela va permettre à l'énergie innée et acquise de se mettre au service de l'âme et de la création énergétique.

9 – créer deux triangles latéraux pour unir la gorge et le cœur pour alimenter les mains pendant un soin énergétique, via l'âme.

10 – maintenir la stabilité du chakra solaire et donc le petit moi avec l'amour inconditionnel du chakra du cœur. Ce qui contribuera à maintenir l'équilibre préalablement établi par le travail personnel que vous aurez fourni pour reprendre la main sur votre vie.

Retrouver son équilibre intérieur

Cela aura comme effet de vous permettre de gérer votre rapport à l'autre de façon plus objective, avec les vraies qualités et valeurs de l'âme, sans effort, car cela sera l'expression de votre partie subtile et non de l'ego du véhicule. Chez certains enfants le circuit est activé à la naissance, ce que l'on nomme les enfants cristal ou arc-en-ciel.

Mais quoi qu'il en soit le cœur ne peut pas être au centre des choses s'il n'est pas alimenté par les énergies d'âme. L'âme est ici maintenant, dans le moment présent : tolérance, ouverture d'esprit, compassion vécue comme quelque chose de normal.

Pas quelque chose d'intellectualisé par le mental, qui se contraint à accepter l'inacceptable, parce que c'est ce qu'on nous a dit de faire. Le mental n'est pas le décisionnaire c'est le bibliothécaire, il ne décide de rien, il est le traducteur qui rend les informations énergétiques de la conscience compréhensibles par le véhicule. Il va chercher dans nos mémoires non pas les bonnes mauvaises raisons pour ne pas faire les choses (se trouvant dans les préprogrammes et les croyances limitantes), mais activer via les mémoires d'âmes les modes d'emplois à disposition issue de toutes nos expériences passées et à venir pour mettre en application les énergies subtiles.

C'est pour cela que tout ce que nous faisons dans une vie profitent instantanément aux autres lignes de vie et potentialité de ces lignes, car il n'y a pas de temps ni d'espace pour la conscience. Le temps n'existe pas du point de vue de l'âme, chaque expérience est instantanément répertoriée dans sa mémoire personnelle, pas les mémoires Akashiques extérieures, ça aussi c'est une arnaque du new age. Vos propres mémoires d'âme, toute action commise dans chaque expérience ou potentialité d'expérience est disponible dans nos mémoires d'âme dès qu'elle est commise.

Donc quand vous comprenez quelque chose et que vous le mettez en application, vous permettez à vos différentes lignes de vie de trouver cette expérience en mémoire d'âme et de la recevoir afin de pouvoir elles aussi la mettre en application. Nous donnons ainsi

Retrouver son équilibre intérieur

l'opportunité, par votre action consciente, à chacune de nos incarnations de profiter de chaque chose mise en action dans cette vie, que vous êtes en train de vivre.

Schéma des transferts énergétiques :

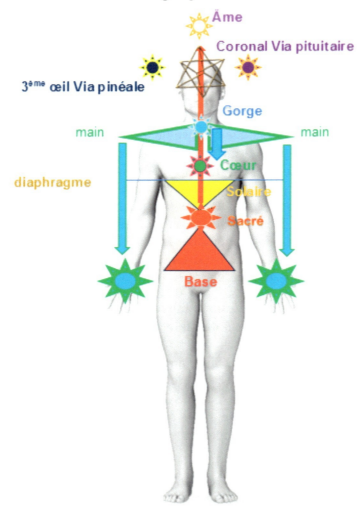

Retrouver son équilibre intérieur

Je développerai plus avant la relation entre la géométrie sacrée et les chakras dans mon troisième livre, sur « Le Lemniscus Incandescent ».

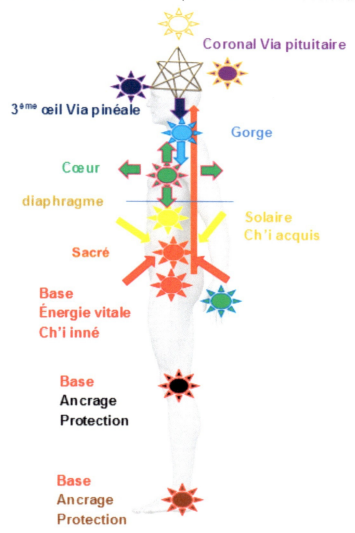

Autrice Frédérique A. LONGÈRE

Retrouver son équilibre intérieur
Le OM MANI PADME HUM

Ce mantra tibétain a changé ma vie. Début 2012, je voulais faire un nouveau tatouage, et comme je savais déjà que toute chose a une vibration, je cherchais quel symbole me faire tatouer. Je suis une inconditionnelle de la série « Charmed » et j'ai remarqué qu'Alyssa Milano s'était fait tatouer un OM. Me voilà en quête sur internet de trouver le OM que je me ferai tatouer.

Je cherche, pendant plusieurs jours, plein de modèles…. Et un jour je tombe sur quelque chose de plus grand. Il y a le OM dedans et d'autres choses avec : OM MANI PADME HUM. Je lis, je regarde les sites, j'en oublie mon tatouage.

Je tombe sur la page d'une personne qui est à Bugarach et qui initie au mantra. On est début 2012, donc pas encore tout à fait dans la folie de la fin du monde au 21 /12 / 2012. Mais du coup Bugarach, ça me parle, vu que c'était le début du phénomène, qui s'amplifiera au fur et à mesure des mois suivants.

Je ne portais pas une très grande attention à toute cette agitation merdiatique, car quand je me suis connectée sur cette information au niveau Maya, j'ai su que ce n'était pas la fin du monde mais un alignement planétaire, la fin d'un cycle énergétique, et qu'ils avaient décidé de le matérialiser sur un calendrier. Information, je constate quand même que ceux qui vont là-bas, les journalistes les qualifient d'allumés du bocal, comme moi, donc que la personne proposant ce reliement faisait partie du lot et cela me convenait.

Après Bugarach est un lieu très beau et vibratoirement intéressant, les gens s'y sont sentis en sécurité, c'est le plus important. Ce n'était pas un lieu de vie exclusivement dans la matière. Mais un lieu de vie fortement énergétique, et avec l'accumulation de personnes avec des capacités en ce lieu, cela l'a d'autant plus activé et valorisé énergétiquement.

Autrice Frédérique A. LONGÈRE

Retrouver son équilibre intérieur

Je lis sa page, et je décide de faire l'initiation, en mars 2012, j'avais un peu viré vers le bouddhisme, qui est certes une religion, mais me paraît être quand même quelque chose d'un peu plus juste dans la philosophie qu'elle propose. Je ne pratiquerai pour autant jamais les dogmes mais m'intéresse à leur façon de penser. Ce mantra dit que tout est à l'intérieur de nous, ok validé.

Ne peut-on pas finalement avoir d'information sans passer par ces dogmes, crotte de bique ! À l'époque j'allais de temps en temps à des soirées mantra. Certains me faisaient du bien, et pendant d'autres je me faisais royalement chier ! Ces dogmes ont la vie dure, là je pouvais passer par quelqu'un qui ne les imposait pas, très bien.

Et ce que je lis sur le OM MANI PADME HUM, me plaît, traduction : « le joyau dans le cœur du lotus ». Façon très subtile de dire que tout est en nous. Les chakras sont représentés par des lotus. En formation d'ostéopathie fluidique le prof nous avait un peu parlé de tout cela et nous avait dit que le chakra du cœur était encore tourné vers le bas au lieu d'être tourné vers le haut.

Ce que j'explique dans ce livre d'une autre façon, avec le transfert d'énergie entre lui et le chakra solaire qui lui vole la vedette tant que nous sommes dans le petit moi. Cela fait déjà plusieurs années que je dessine des lotus aux couleurs du chakra du cœur tête en haut. Donc ce joyau dans le cœur du lotus, me plaît de plus en plus, cela résonne en moi.

Bien des années plus tard je dessinerais celui-ci qui représente ma conscience, et que je me suis fait tatouer dans le dos au niveau du chakra du cœur.

C'est la représentation de ma conscience

Que j'ai visualisée en méditation dans sa vibration proche du physique.
Je n'ai pas du tout aimé le rose à ce moment-là (2017) et maintenant il est d'une pertinence indéniable.

Je ne cherche pour autant jamais à revoir cette visualisation, car ce serait une opportunité pour les entités de la copier et de me leurrer, elle reste existante mais éphémère.

Je ne donnerai pas non plus ce protocole ici car il ne m'appartient pas et je ne connais pas les droits qu'il peut y avoir dessus. Quoi qu'il en soit je me suis faite initier et cela a amené de la lumière en moi et dans ma vie. Après 9 ans de maman solo, dont 5 ans de célibat pur et dur, j'ai 3 mois plus tard laissé rentrer mon second mari dans ma vie. Bon ce n'était pas une totale réussite, mais bien que nous ne soyons plus ensemble au jour où j'écris ce livre je n'ai absolument aucun regret.

Retrouver son équilibre intérieur

Ma vie a basculé dans la lumière le jour de l'initiation. Et ce n'est pas une métaphore, j'avais déjà travaillé avec la flamme violette de Saint Germain, sans y trouver vraiment un réel aboutissement, ni ma lumière intérieure, parce que je n'ai pas compris comment l'utiliser, maintenant c'est le cas j'en parlerais peut-être un jour, mais avec ce mantra du OM MANI PADME HUM, j'ai vraiment senti la différence.

Cela a vraiment été un point charnière de la valorisation de ma lumière intérieure. Je découvrirais l'hypnose régressive ésotérique trois ans plus tard en 2015. Et je rentrerais alors beaucoup plus concrètement en contact avec elle. J'ai ainsi eu confirmation que ce que j'avais ressenti ce jour-là, c'était bien elle. Interférée mais présente. Pas toujours aimable, mais communicante.

Et comme cela a mis beaucoup de lumière dans ma vie, je me le suis fait tatouer sur l'avant-bras gauche, comme un post-it pour ne jamais oublier la puissance de la lumière intérieure.

Je suis toujours en capacité d'initier les gens à ce mantra, en présentiel ou à distance. Au grand dam de mon amie bouddhiste pratiquante depuis plus de 30 ans, qui n'admet pas que l'on puisse faire cela en dehors des protocoles et des dogmes de ses pratiques, mais moi j'ai vécu cela et je ne peux pas dire que ce n'est pas réel, ça l'a été et ça l'est encore. Ça marche sans les dogmes, YES !!!

Vous pouvez trouver des musiques sur YouTube avec ce mantra et faire une méditation avec, vous verrez c'est plein de lumière et d'amour. Pour plus de ressenti, mettez votre respiration sur le chakra du cœur, lotus vert et rose vers le haut.

Le lotus est une fleur qui pousse dans la boue et qui pourtant n'a aucune tache sur sa robe. C'est donc une merveilleuse représentation de ce que nous pouvons devenir malgré les traumatismes que nous avons tous vécu de par l'action des entités négatives contrôlantes dans nos multiples vies.

Retrouver son équilibre intérieur

Syllabe	Perfectible	Vertu	Purifie	Couleur
OM	Méditation	Sagesse	Orgueil	Blanc
MA	Patience	Compassion	Envie, jalousie	Vert
NI	Discipline	Qualité d'esprit	Passion	Jaune
PAD	Sagesse	Équité	Ignorance, préjugé	Bleu ciel
ME	Générosité	Félicité	Pauvreté, possessivité	Rouge
HUM	Diligence	Compassion	Haine et jugement	Bleu nuit ou noir

Autrice Frédérique A. LONGÈRE

Retrouver son équilibre intérieur

Le Lemniscus incandescent

Le Lemniscus Incandescent

Entre 2012 et 2014, j'ai reçu des informations, des mots, des visualisations pendant mes méditations, qui m'ont amenée, en les mettant bout à bout, à m'apercevoir que c'était un protocole d'alignement, un peu plus poussé que ceux que je connaissais alors. Tien donc en rangeant différemment les protocoles dans mon livre je viens de me rendre compte que j'ai commencé à recevoir les informations sur ce protocole en même temps que j'ai trouvé le OM MANI PADME HUM et que j'ai compris qu'il me fallait plutôt travailler avec les énergies du soleil en pleine « lune », Mars 2012. Et P. est rentré dans ma vie intime 3 mois plus tard pour me freiner. Intéressant !

Je n'ai pas tout compris tout de suite, ce que je recevais, car j'étais encore interférée, et je me suis faite polluer par les croyances terrestres qui m'ont amenée, pour le Lemniscus incandescent, à passer par l'arbre des séphiroth, m'emmenant vers Alcyone, l'étoile centrale de notre galaxie, et me faisant croire que nous devions passer par une porte spécifique et demander à être adoubé par le grand manitou. Je parle de Métatron, l'archange qui trône en haut de l'arbre des séphiroths. C'était un leurre, sous hypnose, nous avons vu qu'en passant par lui, les personnes que je reliais se retrouvaient prises dans un maillage triangulaire type christique alors qu'à la base j'utilisais la fleur de vie.

J'ai mis à jour mon protocole, et j'ai rappelé toutes les personnes que j'avais déjà reliées pour leur donner la mise à jour. J'utilise aussi « les solides de Platon », qui regroupés ensemble donnent le cube de Métatron, encore lui. L'arbre des séphiroths ne fait d'ailleurs plus

Retrouver son équilibre intérieur

partie de mon protocole. Il faut bien comprendre que dans la matrice tout est sous contrôle. Et qu'à chaque fois que l'on tombe sur quelque chose de juste, ils ont avec le new age mis la main dessus. Il faut donc arriver à utiliser ces outils qui portent leur nom mais sans que cela devienne une invocation. Cela demande une gymnastique mentale au départ qui comme tout le reste devient une nouvelle habitude. On utilise les outils qu'il y a en nous, mais on ne passe surtout pas par ceux proposés depuis l'extérieur. C'est comme s'ils avaient fait pipi dessus pour se les approprier et qu'on n'ait pas le choix, mais on a toujours le choix.

Dans la session de février dont j'ai parlé pour les différents corps et leurs vibrations, nous avons demandé à cette conscience si l'arbre des séphiroths était quelque chose d'existant dans l'ésotérique. Elle nous a répondu qu'il n'y avait rien de telle de son point de vue. La télépathe n'étant pas du tout au courant de mon travail sur le sujet et du fait que j'avais déjà rejeté cette représentation. Il n'y avait, pour moi, aucune résonnance autre que l'invoquer extérieure, aucune vibration propre à l'arbre en lui-même, sans les divers êtres ou planètes ou autres choses qu'on pourrait lui rattacher, vide il est vide pas d'onde de forme.

Il y a une façon très simple de sortir de la matrice, ou des matrices terrestres, car il y en a plusieurs sur plusieurs thèmes, ce sont juste des programmes contrôlants. Le plus sûr c'est de passer par soi, car quelque part dans une de ses vibrations bien plus hautes que la nôtre, notre conscience n'est pas dans la matrice terrestre et donc elle sait que nous nous y sommes. Dans notre partie subtile haute nous avons accès à des informations non polluées. Donc pour sortir de la matrice il suffit de passer par soi-même et d'aller chercher l'information suffisamment haut, pour la ramener jusque dans la matière. En prenant soin de vérifier qu'elle n'est pas polluée.

Ce qu'il y a de bien dans tout cela, c'est que dès mon plus jeune âge j'y ai eu accès. Sans quoi je n'aurais pas eu un œil aussi critique sur tout ce qui se passe sur Terre. Comment sinon de mon point de vue, dès la

Retrouver son équilibre intérieur

maternelle j'aurais pu avoir cette impression que ça ne va pas, que ce n'est pas comme cela que ce devrait se passer.

Ce qui était le plus perturbant, c'est que personne n'avait l'air de le voir. Mais bon du coup pendant toutes les premières années de ma vie j'étais un peu naïve, pensant que les gens allaient finir par le voir et que surtout tout le monde était censé être honnête et équilibré. Je suis du coup devenue avec le temps un peu cynique, optimiste mais cynique, l'un n'empêchant pas l'autre. Car à force de m'en prendre plein la gueule et d'avoir affaire à des gens malhonnêtes cela m'a rendue plus méfiante envers ceux qui manquent de discernement ou qui volontairement occultent leur bonne conscience pour en profiter un max. Et que de critiquer le comportement des gens malhonnêtes n'était pas non plus preuve d'honnêteté.

J'étais tellement optimiste, que je me suis faite avoir plusieurs fois par les mêmes personnes, tant pis pour moi, maintenant je suis un peu plus ferme sur les limites que je pose, quand j'ai à les poser. Si en face de moi il y a du respect j'en ai aussi. Par contre prends-moi pour une conne ou une cruche et je deviens la reine des connasses. Bon nous nous éloignons du sujet, mais enfin pas tant que cela, car c'est grâce à la détermination de me faire respecter que j'ai développé mon moi, en réponse à tous ces comportements imbus. Et j'ai pris l'habitude de vérifier toute information alléchante ou pas.

Et le Lemniscus incandescent n'a pas échappé à la règle, il a été vérifié, recadré et maintenant, il est exclusivement calibré sur la personne qui l'utilise. Et j'ai retrouvé dans ce protocole la boussole que je recalibrais chez les élèves dyslexiques droite gauche à l'auto-école. Cette boussole que je réalignais aussi chez les gens originaires de l'hémisphère sud et qui se trouvaient du coup la tête en bas énergétiquement. J'ai donc de nouveau été mise en connexion avec cette étoile boussole, que j'ai dessinée en 3D sur mon ordinateur, en 15 min, je n'ai jamais réussi à me resservir de ce logiciel après. Ensuite, un jour où nous étions au

Retrouver son équilibre intérieur

restaurant avec P., mon mari pour son anniversaire, il me tend une boîte en carton.

P. : « Cadeau »,

Moi : « Hé mais ce n'est pas mon anniversaire, c'est le tien ! » « C'est quoi ? »

P. : « Devine ! »

Je soupèse la boîte, elle était presque carrée d'une douzaine de centimètres. Mais je n'avais aucune sensation de poids autre que la boîte elle-même, voir même moins que la boîte. Comme s'il y avait un grand vide à l'intérieur. Cela me projetait dans l'univers, au milieu des étoiles.

Je demande si ça se porte ? réponse : « Oui tu peux le porter ».

Je demande la couleur ? réponse : « Bleu ».

Je demande si je l'ai déjà vu ? réponse : « Oui ».

Je reste complètement dubitative, essaie de lire dans sa tête impossible de trouver quoi que ce soit, je le découvrirais beaucoup plus tard à mes dépens, P. est un champion de la dissimulation. Et cette sensation de vide et de grandeur en même temps me perd complètement.

Il finit par m'autoriser à ouvrir la boîte, et là, stupéfaction totale. J'avais devant moi ce que j'avais vu en méditation, dessiné et lui l'avait fait imprimer en 3D. Mon étoile-boussole. Je l'avais dessinée en gris et lui l'avait imprimée en bleu, donc la réponse ne pouvait pas m'aider. Est-ce qu'on peut le porter, ben évidemment que oui, parce que nous en avons plusieurs à l'intérieur

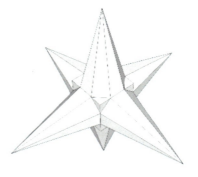

Retrouver son équilibre intérieur

de nous. Est-ce que je l'ai déjà vue, ben oui c'est moi qui l'ai dessinée suite à une méditation.

Holà là le truc de fou. Ils avaient eu énormément de mal à l'imprimer, pour eux c'était une forme tout à fait banale, mais quand on leur a expliqué sa puissance énergétique, le monsieur a dit : « Ah oui je comprends mieux ! ».

Quand nous sommes allés quelques mois plus tard au salon de l'impression 3D à Lyon, et que j'expliquais aux gars des stands ce que je voulais imprimer, ils me regardaient et me demandaient tous « mais vous faites quoi comme job ? », « Je suis thérapeute et je veux dessiner et imprimer les formes que je vois en méditation. ». Et tous de me répondre : « la machine pour imprimer ce que vous voulez imprimer n'existe pas encore du point de vue industriel, alors en mode bureau pour un particulier encore moins. » Déjà celle pour imprimer l'étoile n'existait pas en mode bureau, elle allait sortir six mois plus tard au prix de 20 000€ pièce hors matière pour l'impression. Gloups !
Nous avons, ce jour-là, pris une imprimante à 300€ pour les solides afin de les avoir dans les bonnes couleurs. Et nous avons continué à faire imprimer l'étoile-boussole en boutique spécialisée.

Nous avons réussi à avoir du coup suffisamment de jeux de solides pour pouvoir faire les stages du Lemniscus et que chacun puisse ressentir les formes à l'intérieur de soi par résonnance. Avec les connaissances acquises depuis en chromatologie, je vais pouvoir pousser l'expérience encore plus loin. Car non seulement on peut stimuler un chakra, mais aussi le calmer, comme en lithothérapie.

Il suffit maintenant de passer à l'étape suivante de faire faire les solides dans les bonnes pierres pour pouvoir étendre l'expérience. Mais je pense que je vais aussi le faire en orgones, car mon expérience depuis un an avec la résine époxy est très intéressante. Nous avons déjà beaucoup de sensations avec un simple bout de plastique, donc imaginez avec le magnétisme de la pierre en plus ou en magnétisant

Retrouver son équilibre intérieur

l'impression. Ça va dépoter. Nous devions aller en Inde fin 2020 pour commencer à prospecter des ateliers pour faire faire tout cela. Ce n'est que partie remise et je n'ai pas abandonné le projet, il est juste en suspens. J'ai déjà trouvé une série de solides tout en cristal de roche et comme on peut le programmer, il est très facile de quand même avoir ce que nous voulons sans vraiment l'avoir. Que d'expérimentations à venir, cela me met en joie.

En énergétique nous avons la capacité de modifier la réalité des choses et faire qu'un cristal de roche devienne une turquoise, ou même de l'argent vibratoirement. Cette technique est évolutive, car elle s'adapte en permanence à votre niveau de compréhension des choses dans la matière. $E=mc^2$, tout est énergie et nous pouvons agir sur cette énergie par la pensée, tout du moins à un certain niveau.

Modifier la fréquence d'un aliment pour mieux le digérer, pas sa structure moléculaire, il est ce qu'il est, mais sa fréquence pour qu'elle soit plus proche de la nôtre et qu'il soit mieux digéré.

Avec ce protocole que je ne vais pas vous détailler ici, juste vous mettre les grandes lignes, vous avez accès à vos outils intérieurs pour vous aligner et monter votre taux vibratoire afin de vous rapprocher des fréquences qui vont vous permettre de vous connecter à votre conscience. Cela booste les options de la Mercedes, comme Bumblebee qui passe de la vielle coccinelle à la Camaro rutilante dans Transformers.

Je travaille également dans ce protocole avec le shree yantra, qui est la forme de certains temples hindouistes, il y a 10 ans c'était quasiment impossible d'en trouver en France, j'arrivais seulement à m'en procurer à la grande bourse aux minéraux de Munich, car il y a une grosse communauté indienne. La première année où je les ai trouvés, j'avais malheureusement épuisé tout mon budget, je les regardais complètement désespérée de ne plus avoir un sou, enfin si, il me restait 5€, mais ils étaient à 15€.

Retrouver son équilibre intérieur

Le vendeur est venu me voir, a commencé à m'expliquer ce que c'était. Je lui ai répondu que je le savais, que je travaillais avec à plat, et que j'étais très contente de voir qu'il y en avait en 3D, mais qu'il ne me restait plus que 5 euros et que donc je ne pouvais que les regarder, ce qui me ravissait déjà beaucoup, pouvoir écouter cette vibration en direct, là devant moi. Quand je lui ai dit que je travaillais avec il a été très surpris, mais très content en même temps ; peu de personnes savaient déjà ce que c'était en Europe et tout le monde le lui demandait. Donc quand moi je lui ai dit que je travaillais avec il était très étonné et j'ai vu que cela lui faisait plaisir. Tellement content de cela qu'il en a choisi un sur l'étagère, me l'a tendu et m'a dit : « 5 euros pour vous ». Et je suis partie avec mon premier shree yantra 3 D en cristal de roche. Trop, trop, trop mais alors trop contente, et lui aussi de voir la joie sur mon visage. J'ai dû le remercier 10 fois au moins. 3 ans que j'en cherchais un.

C'est souvent comme cela quand je cherche quelque chose, je le trouve toujours 2, 3 voire 4 ans plus tard, je dois toujours patienter pour que l'idée que j'ai captée arrive jusque dans la matière.

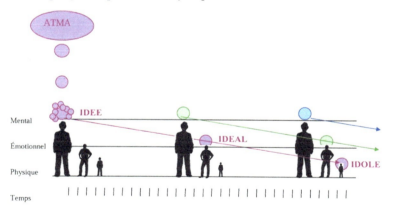

Toujours à cause de ou finalement grâce à ma connexion qui se révèle haute, je capte les choses dans une sphère au-delà des capacités communes, mais je travaille quand même dessus, de façon concrète

Retrouver son équilibre intérieur

dans l'énergétique. Je n'ai pas besoin ni d'avoir l'outil devant moi, ni qu'il soit à proximité de moi pour travailler avec. Une fois que j'ai capté sa vibration, go. Après quand j'ai l'outil qui apparaît dans la matière, j'en maîtrise déjà partiellement le fonctionnement et je continue à travailler avec jusqu'à ce qu'il me livre tous ses secrets, ce qui me permet ensuite de l'expliquer aux gens, et de leur proposer quelques exercices avec.

Ce fut donc le cas avec le shree yantra. Vous le connaissez :

 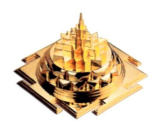

Après, pour savoir à quoi il sert et comment travailler avec, il a fallu que je l'expérimente.

À chaque mot ou nom que je recevais lors d'une méditation de plein soleil, j'avais un mois de travail, et il m'a fallu 2 ans pour tout assembler, dans la matière. Comme un puzzle sans l'image.

Les solides aussi vous les connaissez :

Autrice Frédérique A. LONGÈRE

Retrouver son équilibre intérieur

Mais après dans quel ordre les utiliser ?
La merkaba et la fleur de vie :

 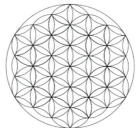

J'en ai fait ça : un de mes tous premiers mandalas en relation avec la technique en 2012 :

Le premier dessin en relation avec le Lemniscus incandescent que j'ai fait s'avérera représenter le mariage dans les cieux de la merkaba et de la fleur de vie.

Des fois je ne réfléchis pas, je fais, j'essaie, là en l'occurrence, j'ai vu que l'une rentrait dans l'autre donc j'ai essayé. Je n'ai pas dessiné la grande merkaba, je n'ai dessiné que les petites. Et dans mon côté perfectionniste, j'ai toujours mis les mêmes couleurs au même endroit, j'adore colorier. Et toute mon enfance je ne dessinais que des rosaces dès que j'avais un compas dans les mains.

Et en fait quand on regarde ce mandala, en général c'est la grande merkaba qu'on voit en premier.

Retrouver son équilibre intérieur

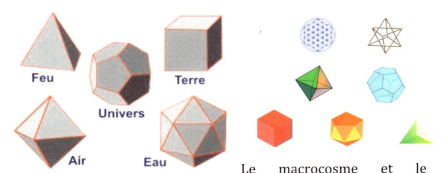

Le macrocosme et le microcosme. Tout ce qui existe dans l'infiniment grand, existe dans l'infiniment petit.

Et tout ceci a fini par former un protocole.

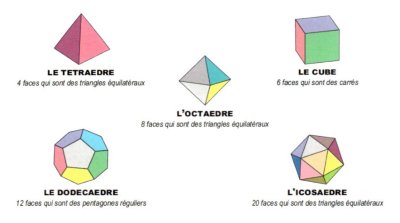

Pas besoin de sortir des grandes écoles pour déterminer la place d'un solide. Juste par rapport à sa vibration on a déjà la réponse.

Il suffit de chercher et de tester, ne pas se laisser happer par ceux qui voudraient les raccrocher à une croyance religieuse, et s'en servir uniquement pour valoriser nos propres énergies.

Retrouver son équilibre intérieur

Suite à tout cela j'ai mis en place un protocole, pour réactiver les énergies chez les gens et pour allumer la lumière intérieure. Ensuite avec les explications que je donne pendant le stage, les gens ont un outil merveilleux pour travailler sur eux. Car c'est quelque chose qu'il faut bien entendu entretenir et faire autant de fois que nécessaire pour garder une énergie alignée. Moi j'aime le faire sous la douche, car nous sommes en modification de conscience à ce moment-là donc c'est encore plus fort. Et en plus sous le flux d'ions négatifs créés par le mouvement de l'eau.

Je propose un stage d'une journée pour expliquer tout cela dans le détail. Cela ne servirait à rien que je le fasse ici, il me faudrait tout un livre, pour en expliquer tous les détails.

Mais il ne faut pas croire que c'est compliqué, les détails servent seulement à bien comprendre comment cela fonctionne, et une fois le mental nourri copieusement, l'énergie prend sa place d'elle-même.

Je laisse les gens expérimenter les solides sans couleur de façon neutre au départ et après je confirme ou explique pourquoi on peut se tromper. Car les transferts d'énergie entre les chakras peuvent induire un travail de transfert et aller rééquilibrer le chakra associé.

Allez c'est décidé le troisième livre sera consacré au Lemniscus Incandescent. Décision prise le 20 septembre 2023, car la veille, mon neveu et filleul m'a appelée pour me souhaiter mon anniversaire. Nous avons discuté de plein de choses, sa rentrée, son sport, et du fait que je venais d'éditer mon premier livre. Il m'a demandé combien de pages il y avait dans mon livre : 460 ! Et la question suivante a été mais où tu trouves tout ce que tu mets dans tes livres. Je lui ai dit que cela venait de mon vécu, de ce qui m'arrivait dans ma vie, et de ce que j'avais appris, mais aussi de ce que j'avais compris, (aussi de ce dont je me souviens au-delà du véhicule, mais je ne suis pas allé aussi loin avec lui). Que je trouvais cela dommage de le garder uniquement pour moi, et que c'était donc une façon de le transmettre.

Retrouver son équilibre intérieur

Après avoir raccroché, je me suis dit ok, j'ai raconté ma vie et mon chemin de thérapeute vers la découverte des entités négatives contrôlantes dans mon premier livre. Facile ! Le deuxième est une extension du premier car je ne pouvais pas tout mettre dans un seul livre, la résolution des altérations énergétiques qui m'ont amenée à vivre ce que j'ai vécu. Mais le troisième, qu'est-ce que je vais mettre dedans ? Parce que j'ai vraiment envie de continuer à écrire, cela fait partie de moi.

Eh bien voilà, 24h plus tard j'ai la réponse.

J'adore !

Des fois il suffit juste de se poser les bonnes questions et ensuite de rester à l'écoute de la réponse, j'ai appris à faire le calme dans mes pensées pour entendre les réponses. Après avoir appris à faire la différence entre mes pensées et les suggestions télépathiques des entités négatives contrôlantes ; apprendre à faire la différence entre se poser de vraies questions existentielles et les questions issues de la cogitation du mental terre à terre. Au début de notre relation P. me posait des milliers de questions par jour, j'ai fini par lui dire : « écoute la réponse en toi ! ». Je crois que son mental ne lui a jamais laissé

Retrouver son équilibre intérieur

l'opportunité de le faire, malheureusement. Car à un moment la réponse à nos propres questions est en nous, pas en l'autre.

On en revient aux livrovores, vidéovores et réponsovores, la connaissance ne sert à rien si on ne la met jamais en application, elle ne restera que lettre morte. Même si on ne commence pas par un extraordinaire bouquet final, la moindre petite étincelle produite est le premier pas vers quelque chose de beaucoup plus grand. On n'a pas réussi à marcher du premier coup, donc on a le droit de se tromper et de recommencer, ce n'est pas un échec c'est un apprentissage et cela demande de la volonté et de la persévérance. Celui qui atteindra son but n'est pas celui qui est parfait, mais celui qui apprend de ses erreurs et qui ne renonce jamais à recommencer.

J'aime aussi prendre comme exemple, Thomas Edison inventeur de son état, qui a manqué faire exploser la maison de ses parents avec ses expériences dès son enfance. Il ne renonça jamais pour autant, bien qu'ayant une éducation à la maison par sa maman. Il a amélioré l'ampoule, mais aussi inventé plein d'autres choses. Heureusement que ces personnes n'ont pas écouté les rabat joie, les gens qui disent que c'est impossible. Des milliards de personnes ont regardé tomber des milliards des pommes sans plus qu'un fait et de se dire qu'elle était tout simplement mûre et bonne à consommer. Et Archimède s'est demandé pourquoi elle tombe, car même si elle est mûre, qu'elle se décroche de l'arbre, pourquoi elle tombe ? Elle pourrait flotter au gré du vent, ou partir en l'air, mais non elle tombe et il a trouvé la réponse.

Il n'y a jamais de question bête, et j'aime qu'on me pose des questions qui m'obligent à réfléchir à la réponse, car cela va me mener plus loin que là où je suis, et sortir de ma zone de confort. À aller explorer d'autres horizons.

Les gens ont souvent voulu m'imposer leurs propres limites. En me disant de renoncer et de retourner dans le rang. Mais pour moi retourner dans le rang c'est mourir intérieurement. Je viens de passer

Retrouver son équilibre intérieur

une année très difficile, émotionnellement et financièrement avec ma séparation, ma démission de mon entreprise. Mais je n'ai jamais renoncé à ce que je suis, bien au contraire j'ai avancé, contre vents et marées, à gros coef la marée en plus 😊 !

Il n'a jamais été pour moi envisageable de renoncer, pas après tout ce que j'ai fait et perdu pour en arriver à moi. Ce n'est pas une ligne d'arrivée, c'est au mieux une nouvelle ligne de départ.

Un objectif atteint n'est pas une finalité pour moi, c'est une opportunité de trouver un autre défi à relever. Et « le Lemniscus incandescent ® », même si cela fait 10 ans qu'il est en dormance, c'est juste parce qu'il attendait que je sois moi à nouveau pour se remettre à vibrer. Je l'ai démarré un an avant de rencontrer P. et il redémarre un an après son départ ! Pour moi ce n'est pas une coïncidence c'est une opportunité.

Hé bien soit, je le reprends là où je l'ai laissé et je pense que quand je vais écrire le livre il va s'étoffer de cette nouvelle moi et de toutes les connaissances et expériences que j'ai traversées et vécues pendant ces 10 ans. Il va surement être un peu plus couillu du coup. J'ai une certaine impatience à aller voir ça.

Du coup je vais prendre mon temps pour bien approfondir le sujet...

Retrouver son équilibre intérieur
L'arbre des possibles d'une conscience

Voici deux schémas représentatifs de la démultiplication des âmes. En 0 la source, ou une des sources, rang 1 elle libère et crée une énergie qui va elle aussi à son tour en créer une autre… ainsi de suite. On a déjà eu certaines informations non vérifiées en investigation, mais nous étions sur un potentiel de 66 niveaux. Le nombre réel importe peu pour comprendre le concept. Partons du principe que chaque âme crée 10 âmes chacune.

Déjà 10 puissance 10 cela fait = 10 000 000 000, dix milliards

Sur 66 niveaux, ça me fait un nœud aux cortex cérébraux. Il n'est absolument pas possible de connaître le nombre d'âmes qui circulent dans les univers. Tout ce qui est en vie a une âme, les âmes expérimentent des incarnations dans la matière dans des milliards de potentialités de vie, il y a de la vie partout.

Reprenons l'exemple de M. Gontran Dukonlajoy, monsieur Tarladirladada qui a préféré partir en vacances plutôt que de faire un stage de développement personnel. Son âme peut expérimenter cette possibilité d'incarnation des dizaines de fois, jusqu'à ce qu'il préfère évoluer que de partir en vacances. Et chaque potentialité existe dans son espace-temps respectif. Quand vous faites une hypnose régressive ésotérique vous créez une nouvelle potentialité de votre existence. Une potentialité libre cette fois ci.

La conscience intègre toutes les mémoires de ces potentialités, les effets de déjà-vu viennent de là. De la répétition des potentialités, nous nous souvenons de ce que nous avons déjà vécu, des choix que nous avons déjà faits, c'est pour cela que certaines de mes intuitions était accompagnée de visualisations, car je revoyais ce qui s'était déjà passé, me donnant la possibilité d'agir autrement.

Retrouver son équilibre intérieur
Arbre des possibles bien aligné

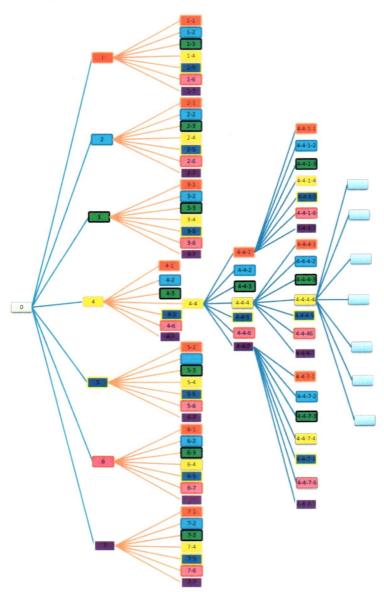

Autrice Frédérique A. LONGÈRE

Retrouver son équilibre intérieur
Arbre des possibles éclaté

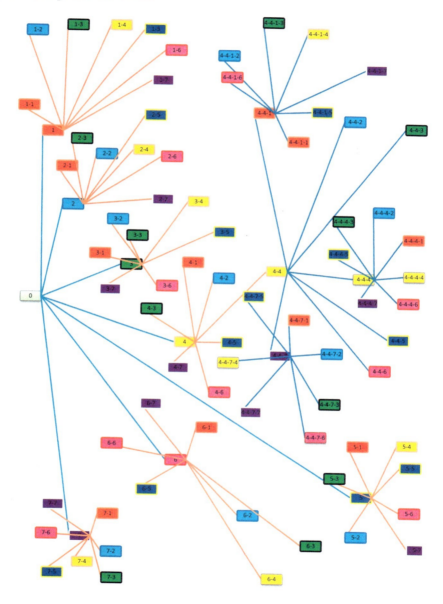

Autrice Frédérique A. LONGÈRE

Retrouver son équilibre intérieur

Et en accélérant le temps, comme ils le font actuellement pour nous faire tourner en rond encore plus vite, cela nous donne l'opportunité de capter plus d'informations concernant les autres potentialités, un peu comme les rayons d'une roue de vélo qui paraissent se mélanger plus l'on va vite. Jusqu'à n'en voir que 2 ou 3.

L'âme vit également toutes ses autres vies en même temps. Non seulement sur Terre mais aussi ailleurs. C'est pour cela que du point de vue de notre petit véhicule humain, il est relativement compliqué de conceptualiser tout cela.

Mais je vous assure qu'il y a un moyen très simple d'accéder à tout ce potentiel de mémoires d'expériences en train de se vivre, c'est d'être ici et maintenant bien aligné avec notre vibration subtile d'âme, car même si nous n'avons pas conscience de tout cela, elle, elle en porte l'information. Et plus vous serez à l'écoute de votre propre vibration, plus vous aurez de réponses à vos questions.

Pour l'entendre, il faut faire le calme en nous. Sortir de la tempête émotionnelle, des considérations monétaires internationales, car tout ceci est créé pour nous maintenir sous pression. Pour qu'on n'y arrive pas.

Et même si on va plus loin, notre conscience peut avoir accès aux informations de toutes les autres consciences, elle peut accéder à n'importe quel niveau, et potentiel dans ces autres niveaux. Nous, nous sommes ici et maintenant et il nous suffit de nous poser relax sous un arbre et prendre notre pomme sur la tête et se poser les bonnes questions pour en avoir la réponse.

Il n'est pas besoin de savoir qui de la poule ou de l'œuf est arrivé en premier, il faut prendre soin de la poule et de l'œuf car ce sont des potentiels de vie et d'incarnation. Et aucune expérience de vie n'est meilleure ou pire qu'une autre, nous apprenons en permanence. Quand on en arrive à ce niveau-là, on travaille pour tous en travaillant pour soi.

Autrice Frédérique A. LONGÈRE

Retrouver son équilibre intérieur

Pendant les quelques jours qui ont suivi la session que je mets dans mon premier livre, j'ai senti la métabolisation descendre dans les potentialités. C'était extra et perturbant en même temps, mon champ de conscience était xxl. Je n'ai pas pu y rester car cela m'a provoqué une mini-dépression, je ne savais plus quoi faire. Car l'intention de ma conscience d'expérimenter toutes ses incarnations sur Terre était d'en arriver là. Et c'était fait. Et je peux vous dire qu'il y en a eu beaucoup.

Comme ma conscience n'a jamais cessé de communiquer avec moi malgré ces interférences, une fois qu'elle a reçu la mise à jour, tout a redémarré, un reset général, qui concernait toutes les incarnations et tous les potentiels de ces incarnations. Tout a implosé dans ma vie. Et maintenant début 2024, je kiffe ma life, j'aime ma vie, et je suis en train de mettre en place les choses, j'écris et j'aime ça et je le fais quand je veux. Quand je le décide.

Et malgré le manque financier qu'ils ont créé dans mes 5 dernières vies, y compris celle-ci, je suis toujours là et j'avance.

Au mois de novembre 2023, j'ai vu un local disponible dans un endroit que j'aime beaucoup, j'y passe souvent par obligation, mais comme j'aime, cela est toujours aussi agréable. Quand j'ai vu le panneau à louer, j'ai senti la petite lumière s'allumer dans ma tête, mais j'ai filé car je sais que je n'ai pas les moyens.

Mon intuition m'a quand même poussée à faire demi-tour pour prendre le numéro et appeler. Et comme je le supposais c'est hors budget pour moi actuellement. Et là ma conscience qui ne veut jamais entendre parler de financier a explosé. Elle a monté les fréquences comme jamais, pendant 2h après le phénomène, je sentais encore son explosion. Elle est consternée par le fonctionnement financier du système matriciel actuel. Pour elle c'est l'énergétique qui passe avant tout, elle ne comprend pas la notion de l'argent. L'entraide, être tous à l'écoute de nos propres besoins, la solidarité reste essentielle et

Retrouver son équilibre intérieur

primordiale pour elle. L'humain est un animal grégaire et elle ne comprend pas cette façon d'être indifférent.

J'ai entendu une fois quelqu'un dire, si au lieu d'amasser de l'argent les gens amassaient des chaises, on les traiterait de fous. Le lion ne stocke pas les antilopes. Je crois que c'est Pierre Rabhi qui a dit cela. Il était pour que chacun fasse sa petite action, même minime pour l'utilité du groupe.

Quelles conséquences va avoir pour moi cette prise de conscience de ma partie subtile ? Je n'en sais rien ! Mais j'aime qu'elle ait intégré cela. Car c'était un sujet de conflit entre nous.

De mon point de vue cela donnait l'impression d'un bouquet final du plus grand feu d'artifice que je n'ai jamais vu, boosté au napalm. Aucune colère par contre, que de la puissance. Et je me sens sereine, très sereine. Mais le gâchis provoqué par toute cette lutte me laisse quand même un peu de dépit.

Je reste toujours optimiste, car je sais qu'on est proche de la fin de ce contrôle oppressant. Je sais que tout cela va prendre fin. C'est ce qui m'aide à tenir. Il suffit que l'on se prenne en main. Depuis certaines choses bougent dans le bon sens. Enfin !

Tout est en nous, disponible
mais pour le moment inaccessible.
À nous de le rendre accessible
en enlevant les barrières
que l'on s'est moi-même mis.

Retrouver son équilibre intérieur

Liste des prestations

1 – **Petit à petit**, en rendez-vous individuel à la demande, technique au choix. À votre rythme. La diversité n'est pas de l'éparpillement mais de la complémentarité.

- Hypnose régressive ésotérique
- Décodage biologique
- Bilan énergétique lithothérapie
- Stage magnétisme
- Stage lithothérapie
- Stage montée de fréquence
- Stage Lemniscus incandescent

2 – **Pack réalignement à l'âme**, en rendez-vous individuel en formule 3 mois, 6 séances :

- 1 hypnose régressive ésotérique régressive
- 1 bilan énergétique lithothérapie en début de trimestre, 1 bilan en fin de trimestre : 2 séances.
- 1 décodage biologique par mois : 3 séances en tout.

3 – **Pack post Hypnose régressive ésotérique**, même si faite par quelqu'un d'autre que moi, en rendez-vous individuel en formule 3 mois, 5 séances :

- 1 bilan énergétique lithothérapie en début de trimestre, 1 bilan en fin de trimestre : 2 séances.

Retrouver son équilibre intérieur
- 1 décodage biologique par mois : 3 séances.

4 – **Pack sans hypnose régressive ésotérique**, en rendez-vous individuel en formule 6 mois, 9 séances :

- 1 bilan énergétique lithothérapie en début de semestre, 1 à mi-parcours, 1 à la fin du semestre : 3 séances.

- 1 décodage biologique par mois : 6 séances.

5 – **Séminaire : Retrouver son pouvoir créateur**

1 semaine, adaptatif en fonction de ce que vous avez déjà fait en séances.
Rendez-vous individuels pré et post-séminaires,

- 1 hypnose régressive ésotérique régressive individuelle en pré-séminaire, en option si déjà fait.

- 1 bilan énergétique lithothérapie en pré-séminaire, à faire si plus de 3 mois depuis votre dernier bilan.

- 1 décodage biologique en pré-séminaire, et un en post séminaire.

- 3 rendez-vous individuels post-séminaire pour faire des points, sur 3 mois.

<u>Séminaire de 7 jours</u>

- 3 ateliers demi-journée définir son projet de vie.

- 3 demi-journées questions réponses.

- Une journée aller à la découverte de son magnétisme *

- Une journée lithothérapie *

- Une journée monter ses fréquences *

Retrouver son équilibre intérieur
- Une journée méditation *

(*) Adaptée aux néophytes comme aux thérapeutes pratiquants.

Voir tarif sur le site :

Les BamBous Bleus

http://lesbambousbleus.fr

Retrouver son équilibre intérieur
Mon cursus énergétique

40 ans de recherches, voire 50, de questionnements et investigations pour comprendre le but de notre présence ici. Car dès ma plus tendre enfance en primaire je trouvais que ça n'allait pas et que ce n'est pas comme ça que cela devrait marcher.

Donc dès mes 15 ans quand j'ai compris que j'avais un truc qui à l'époque était encore marginal, à part, pas donné à tout le monde, j'ai cherché à comprendre comment ça marche. « Comment ça marche » a d'ailleurs été en 2012 le premier titre de mon livre qui verra finalement le jour en 2023 sous un autre nom « la face cachée de l'iceberg ». Il est passé aussi par « Gaïa Terre maudite ».

- Janvier 1968 - ma conception ou préprogrammation ☺ pour la suite du programme.
- 1971 - premier ressenti de sentiments amoureux envers un autre être humain que quelqu'un de ma famille, un garçon de ma classe. Tellement dérangeant que j'en ai parlé à la maîtresse, j'étais en maternelle.
- 1973 - première très grosse intuition à 6 ans, je me questionnais déjà sur le fonctionnement des choses et des gens, je trouvais déjà que : « ce n'est pas comme cela que ça devrait fonctionner ! » depuis un peu plus d'un an.
- 1981 - premier questionnement sur l'incohérence ressentie entre les enseignements de la catéchèse et ceux des cours d'histoire au collège.
- 1983 - découverte de mon magnétisme
- 1986 - apprentissage du tirage de cartes – séances spirites
- 1999 - écriture automatique
- 1999 - découverte et pratique directe de la lithothérapie
- 2000 - première mise à mon compte
- 2000 - écriture d'un livre jamais sorti
- 2001 - premier niveau reiki

Retrouver son équilibre intérieur

- 2000 - rencontre avec Jean-Michel Garnier, auteur de « propriétés énergétiques des pierres et des cristaux », pratique de multiples stages de lithothérapie avec lui sur 6 ans.
- 2000 - travail sur les religions, points communs entre elles suite à une intuition reçue en écriture automatique. Étude du principe d'évolution de Darwin.
- 2005 - 2ème et 3ème niveau Reiki
- 2005 - ostéopathie fluidique sur 2 ans
- 2007 - psychosophie sur 3 ans
- 2007 - Maître Reiki
- 2009 - Burn out, réouverture de mon cabinet sur Annecy cette fois, après de nombreuses tentatives échouées depuis 2000.
- 2012 - début du travail sur le Lemniscus incandescent + OM MANI PADME HUM
- 2013 - Reconnective Healing niveau 1-2-3
- 2013 - création d'une entreprise en SAS avec P.
- 2014 - ostéopathie énergétique
- 2014 - organisation du premier salon dédié à la lithothérapie en France avec la participation de Jean-Michel Garnier.
- 2015 - deuxième et troisième salon lithothérapie et bien-être, Annecy et Lyon
- 2015 - ouverture boutique minéraux
- 2015 - Rencontre avec Nathalie Knepper et sa fille Catherine sur le salon bien-être de Thonon les bains
- 2016 - première hypnose régressive ésotérique – premier séminaire avec Nathalie
- 2016 à 2018 - reçu Nathalie 1 fois tous les 3 mois, avec Barbara et Aurore à mon cabinet.
- 2018 - formation Hypnose régressive ésotérique avec Calogero Grifasi et Aurore Chevalier
- 2019 - formation à la Méthode JMV ®
- 2021 - séminaire niveau 2 Nathalie Knepper
- 2021 – Formation Hypnose régressive ésotérique niveau 2 avec Calogero Grifasi

Autrice Frédérique A. LONGÈRE

Retrouver son équilibre intérieur

- 2021 – après 4 ans à chercher pourquoi et 2 ans de tentatives infructueuses (trop impliquée pour avoir assez de recul avec moi-même), hypnose régressive ésotérique de mise à jour de ma conscience avec Nathalie et Barbara
- 2021 - stage lithothérapie avec Reynald G Boschiero, auteur du « dictionnaire de la lithothérapie » première édition en 1992, chroma et chimie des pierres.
- 2022 - fin de la métabolisation de la dernière session hypnose régressive ésotérique.
- 2023 - Décodage biologique méthode du docteur Hammer par Françoise Thomas niveau 1 et 2.
- 2023 - Resurfacing
- 2023 - sortie du premier livre « La face cachée de l'iceberg » en écriture depuis 2020
- 2023 – Coaching de redéfinition de la pratique thérapeutique après divorce et fermeture de la dernière boutique de minéraux. Recentrage sur mes propres énergies.
- 2023 - décodage biologique niveau 3
- 2024 - sortie du deuxième livre « Retrouver son équilibre intérieur », en écriture depuis 2021
…
- 2024 - écriture du troisième livre sur « le Lemniscus incandescent » technique de réalignement personnel intérieur sans invocation reçu entre 2012 et 2015, et mis en stase par les circonstances de la vie. Que je vais pouvoir étoffer de mes nouvelles connaissances.

En 20….. - Création d'un Ashram pour transmettre mon savoir et mes connaissances à tous ceux qui voudront retrouver leur autonomie de choix et d'action dans la matrice terrestre.

Ma vie est un perpétuel mouvement, guidée par mon intuition et ma quête de sens, même si cette quête de sens vient d'une préprogrammation de mon père à ma conception, par le fait qu'il venait d'échapper à la mort.

Retrouver son équilibre intérieur

Je l'ai faite mienne car dans ma génétique par sa lignée familiale, j'ai hérité de capacités extrasensorielles qui se sont exprimées dès l'enfance, mon âme a exploité ces options du véhicule dès le début. En plus je suis rhésus B+, issu des nomades mongols, ce qui m'aide à ce perpétuel mouvement adaptatif aux circonstances. Sans compter sur mon multi-dys qui m'augmente cette forte adaptabilité aux circonstances, car je vais chercher et je trouve des solutions hors cadre, car je n'en ai pas. Et cerise sur le gâteau je suis une Indigo, j'ai l'énergie pour mettre un coup de pied dans la fourmilière.

Cela paraît si simple dit comme cela, mais après avoir fait le décodage biologique et le resurfacing, et compris tout cela, j'ai dû me redéfinir, me demander si, bien que cette quête avait été préprogrammée, si elle m'appartenait vraiment finalement ou pas. Et que faire sinon de tout le savoir que j'ai accumulé pendant 40 ans.

C'est là que j'ai compris que je l'ai faite mienne, parce que j'avais tout en moi pour la réaliser. Car mon père, malgré tout, bien qu'il se soit posé ces questions et qu'il ait eu l'envie de comprendre, n'a pas été aussi loin que moi. Il m'a donné l'impulsion de départ et je l'ai transcendée. Merci à lui de m'avoir mise sur ce chemin que j'ai fait mien. Les entités négatives contrôlantes ont cru me mettre dans une famille qui me limiterait alors qu'elle m'a ouverte à moi par tous ces petits riens que j'ai su assembler pour faire un tout. D'où leur insistance à me faire renoncer. J'ai fait cette ligne de vie un nombre incalculable de fois pour en trouver l'aboutissement, qui était la session de 2021 avec Nathalie et Barbara, la reprogrammation de ma conscience à l'origine de celle-ci. Ce qui a libéré toutes mes lignes temporelles et leurs diverses potentialités.

Maintenant je vais le transmettre et cela me met en joie de par la vibration du chakra du cœur qui s'est ouvert d'un coup, dès la fin de la métabolisation de la session d'hypnose régressive ésotérique en Août 2022. 15 jours après le départ de mon mari retourné dans le monde des moldus. Le choc émotionnel provoqué par cette rupture, d'une

Retrouver son équilibre intérieur

violence infinie, a fait un effet de souffle sur les émotions négatives (qui ont mis encore plus de 18 mois à complètement disparaitre).

Je suis maintenant sur une potentialité de réalisation par l'amour universel, la tolérance, l'ouverture d'esprit. J'ai la capacité d'accueillir l'autre là où il en est sans jugement et l'accompagner vers lui-même, par la transmission de mes savoirs en pleine conscience, tout en respectant mes limites et mon espace personnel, sans sacrifice, ni obligation, ni regret de quoi que ce soit.

**Être moi dans la matière
au service de la pleine conscience.
La puissance du yang en protection
de la subtilité intuitive du yin**

☐

Autrice Frédérique A. LONGÈRE

Retrouver son équilibre intérieur
Mon moi subtil

Ajout fait dans un moment de présence de ma partie subtile dans le véhicule. C'est moi qui tape, à une vitesse assez déconcertante. Je ne sais pas encore comment expliquer ce phénomène, pour moi c'est une fusion de moi à moi. Celle que je suis dans la majorité des cas depuis ma naissance, je dirais moi, se trouvait au niveau du chakra solaire, sereine et contente de ce qui était en train de se passer, cette autre partie de moi qui s'exprime alors ci-dessous est beaucoup plus distante de la vie humaine et de ses émotions.

Cela reste toutefois moi aussi mais dans une autre vibration. Pour avoir laissé mon corps pour la canalisation d'une entité, avec Nathalie lors de ma première hypnose régressive ésotérique, cela n'était pas du tout la même sensation. Je n'avais alors laissé que l'avant de mon visage afin qu'il puisse parler mais là c'était moi et personne d'autre, ma propre fréquence sur un plan différent. Et sa façon de parler avec Nadia était très rigolote la 1ère fois que c'est arrivé, elle lui rappelait dans la conversation nos conversations lors des hypnoses régressives ésotériques depuis le plan ésotérique. Je vous livre le texte tel que je l'ai tapé pendant ce phénomène que je vais m'atteler à étudier dans les mois à venir…

*****

Quand Frédérique a relaté son expérience de pleine conscience cela l'a remise dans le même état. Et me revoilà en pleine conscience, en pleine présence, de ce point de vue là je me tape comme de l'an 40 des conventions imposées dans la matière par la masse moldu zombie encore esclave des égrégores imposés par les entités négatives contrôlantes et leurs collaborateurs humanoïdes terrestres.

Je me moque bien des limites et des contraintes émotionnelles que l'on nous impose depuis le plan terrestre, vu que je suis dans le plan pleine conscience et que je suis dans une compréhension des choses et des énergies bien au-dessus du plan de visualisation du véhicule terrestre pris dans la matrice. Tout le travail qu'a fait Frédérique depuis ce plan

Retrouver son équilibre intérieur

matière pour que je puisse venir m'y exprimer pleinement a payé et je suis en capacité de pouvoir intégrer ce véhicule et utiliser son plein potentiel énergétique pour créer une autre réalité que celle qu'elle subit depuis sa conception dans cette vie. Le corps est en instance de réparation, et je vais pouvoir l'utiliser pour m'exprimer dans la matière.

Je suis reconnaissante de tout le travail qu'elle a fait et de la chance que j'ai de pouvoir enfin venir m'exprimer pleinement dans ce véhicule, et je reconnais que cela n'a pas toujours été facile. Mes choix ont fait qu'elle est passée par des moments très difficiles, mais elle a su dépasser ses limites terrestres pour que l'on puisse enfin n'être plus qu'une. Indispensable, car cette expérience va pouvoir servir à toutes mes autres expériences, et elles sont nombreuses et dans tous les règnes d'incarnation possible sur Terre. Il va donc y avoir une harmonisation de réalisation dans toutes ces possibilités qui existent dans tous les âges et dans de multiples dimensions, et je parle uniquement de mes incarnations terrestres, les autres aussi vont en bénéficier et je vais pouvoir aller en incarner d'autres dans des contrées sclérosées comme l'est la Terre afin de leur apporter l'expérience de cette expérience qui est un franc succès.

J'ai longtemps pesté quant aux demandes de ce véhicule afin de pouvoir réaliser ce que je lui ai transmis depuis mon point de vue énergétique, mais maintenant que je suis dedans je comprends les demandes et je vais pouvoir agir depuis le plan matière. Ce n'est pas que je m'en moque, c'est que tant que je ne l'avais pas incarné pleinement, expérimenté, je n'avais pas toutes les données nécessaires pour comprendre ces demandes. Maintenant que j'ai téléchargé dans ma partie énergétique toutes les données récoltées cela va mieux se passer. Toutes ces informations, pour plus de sécurité, étaient restées imprimées dans le véhicule car j'étais infestée en permanence et je ne pouvais pas me permettre de perdre la moindre bribe d'expérience et d'informations acquises, surtout sur cette incarnation qui est la clé de libération de toutes les autres. J'ai aussi inscrit dans ce véhicule une

Retrouver son équilibre intérieur

multitude d'informations acquises dans les autres expériences, je me rends compte maintenant que cela lui a mis une pression phénoménale.

Maintenant que je suis réparée, grâce à son travail, que ma programmation a été rétablie et que plus aucune entité étrangère peut infiltrer mon espace énergétique, je peux déstocker toutes les informations inscrites dans le véhicule, pour les mettre dans mon cloud personnel. Pas dans les annales akashiques, ça aussi c'est un leurre pour que vous vous connectiez à une base de données pirate et vous soutirer toutes vos connaissances d'âme. Une méga bibliothèque pirate de vos expériences d'incarnation, utilisée par les entités contrôlantes pour mieux vous interférer, ils ont dans cette base de données pirate, toutes les informations concernant toutes vos incarnations et ils les utilisent contre vous. Et il est hors de question que la moindre parcelle d'information par rapport à cette incarnation soit visible par les contrôlants, car ils essaient d'espionner en permanence les avancées faites par les personnes comme Frédérique pour les contrer. Ils ont déjà perdu et donc ils sont prêts à tout pour essayer de rétablir leur suprématie sur Terre. Ils l'ont déjà fait à plusieurs reprises, j'ai participé à toutes les chutes de civilisations sur cette Terre et moi aussi je connais les signes et les schémas de leurs tentatives désespérées de garder leur pseudo domination. Ils essaient de remettre les compteurs à zéro en gardant eux la mainmise sur le peuple, mais cette fois-ci ils vont avoir beaucoup plus de mal, les véhicules humanoïdes terrestres deviennent quoi qu'il en soit de plus en plus performants à chaque expérience, et donc à un moment ils ne seront plus du tout manipulables. Les déprogrammations des croyances limitantes que le décodage biologique est en train d'aider à faire vont être transmises aux futures générations, même si Frédérique n'est plus en capacité de faire des enfants, elle va l'apporter par ses séances, nous allons ensemble apporter cette connaissance et la mettre en conscience directe à des milliers de personnes d'ici la fin de cette expérience et cela suffira à infester positivement suffisamment de futurs êtres qui vont pouvoir faire le travail beaucoup plus rapidement.

Retrouver son équilibre intérieur

Je suis ici et maintenant en capacité de me réaliser dans la matière et je vais m'éclater !!!

Dixit la partie énergie subtile de l'expérience nommée Frédérique.

****

Le cabinet de thérapie :

http://lesbambousbleus.fr

Ma boutique Etsy

https://www.etsy.com/fr/shop/JivasatAnanda?ref=shop-header-name&listing_id=1535863952&from_page=listing

Autrice Frédérique A. LONGÈRE

Retrouver son équilibre intérieur
L'ancrage :

https://studio.youtube.com/video/xFnYc6x2aIQ/edit

Lien vers la session avec Nathalie et Barbara :

https://www.youtube.com/watch?v=nm52trMi2qc

Vidéo YouTube sur la pleine lune :

https://www.youtube.com/watch?v=cZ9bYBNXbUQ

Autrice Frédérique A. LONGÈRE

Retrouver son équilibre intérieur
Vidéo test kinésio

https://www.youtube.com/watch?v=-0NbCfJFpYY

Vidéo calmer les émotions par le chakra du cœur

https://studio.youtube.com/video/rGmYX5VEc2Q/edit

Vidéo monter son soleil

https://www.youtube.com/watch?v=iBRMZ5fZgzM

Fermeture ouverture des chakras

Autrice Frédérique A. LONGÈRE

Retrouver son équilibre intérieur

https://www.youtube.com/watch?v=MxwM72sgfj8

RSEI 02 avant-propos sur : le protocole de méditation irréligieuse.
https://www.youtube.com/watch?v=QePCqKz9dP4

RSEI 03 protocole de méditation irréligieuse : le début
https://www.youtube.com/watch?v=Gdrwm3dip-g

RSEI 04 protocole de méditation irréligieuse : le retour
https://www.youtube.com/watch?v=D_2OU4eR0yU

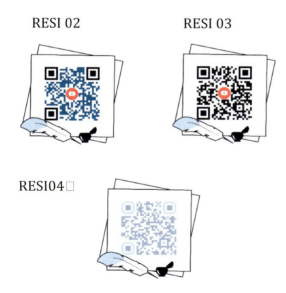

Autrice Frédérique A. LONGÈRE

Retrouver son équilibre intérieur

Autrice Frédérique A. LONGÈRE